신의 화살

Apollo's Arrow

신의 화살

Apollo's Arrow

작은 바이러스는 어떻게 우리의 모든 것을 바꿨는가

니컬러스 A. 크리스타키스 지음

홍한결 옮김

월북

『신의 화살』에 쏟아진 찬사

코로나19 팬데믹은 많은 면에서 참담했다. 바이러스는 인체를 공격해 많은 확진자와 사망자를 낳았고, 인간들은 바이러스와 관련된 혐오, 차별, 가짜뉴스, 헛소문, 빈부격차 등을 끝없이 생산했다. 정돈된 과학적 시선과 깊이 있는 사회적 논의는 묵살되었고, 우리는 편향된 정보에 몸살을 앓았다. 그리고 드디어 『신의 화살』을 만났다. 팬데믹을 둘러싼 많은 담론을 보았지만, 이처럼 다층적 맥락에서 풍부하고 일목요연하게 정리해낸 책은 처음이다. 사회학자이자 의사인 그의 시선은 우리가 간과한 이면의 진실을 중립적으로 낱낱이 보여준다. 모두가 팬데믹을 통과하고 있지만, 진실을 파악하는 일에는 인색하다. 많은 이들이 이 책을 교과서 삼아 공부했으면 하는 마음이다.

남궁인

| 응급의학과 전문의, 작가

팬데믹을 다룬 책 중에 이토록 종합적이고 기지 넘치며 해박한 책이 또 있을까? 게다가 급변하는 위기 상황 속에서 전 세계가 아직 혼란에 휩싸여 있을 때, 이런 책이 나오는 일은 더더욱 드물다. 『신의 화살』은 역사의 초고를 넘어 그 이상의 의미가 있다. 코로나19의 기록으로 인류 역사에 길이 남을 것은 물론이고, 유익한 정보뿐 아니라 통찰을 준다. 흥미로우며 경이롭다. 그야말로 역작이다.

폴 파머 Paul Farmer

| 하버드 의대 교수, 의료 구호 단체 '파트너스 인 헬스'Partners in Health' 창립자

지금 세계는 21세기의 가장 중요한 사건을 설명해줄, 깊이 있고 정확한 정보를 갈망하고 있다. 니컬러스 크리스타키스는 의학, 역학, 사회, 심리, 경제, 역사 등 관련된 모든 분야의 전문가로, 이 문제를 누구보다 깊이 이해하는 사람이다. 세상과 우리 삶을 송두리째 바꾸어놓은 바이러스를 이해하려면 이 책을 읽어야 한다. 현재 우리에게 대단히 중요한 책이다.

스티븐 핑커 Steven Pinker
| **하버드대 심리학 교수, 『우리 본성의 선한 천사』 저자**

과학자이자 의사이자 작가인 니컬러스 크리스타키스의 탁월하면서 시의적절한 책. 이 암흑의 순간을 그 누구보다 밝게 비춘다. 올해의 필독서 중 필독서다.

대니얼 길버트 Daniel Gilbert
| **하버드대 심리학 교수, 『행복에 걸려 비틀거리다』 저자**

심리학적, 사회학적, 역학적 통찰이 가득하다. 오로지 니컬러스 크리스타키스만이 이토록 포괄적이고 깊이 있는 책을 쓸 수 있다.

에이미 커디 Amy Cuddy
| **하버드 경영대학원 교수, 사회심리학자, 『프레즌스』 저자**

참으로 굉장한 재주다. 이처럼 넓은 식견이 모두 담겨 있는 탄탄한 책을, 실시간으로 사건이 진행되는 와중에 써냈다니. 기자 경험이 있는 나로서는 그저 감탄스러울 따름이다. 크리스타키스가 포착해낸 실패사는 비극적이며 엄청난 실망과 분노를 자아낸다. 여러 이유로 두고두고 오랫동안 읽힐 책이다. 나 역시 순식간에 읽어내렸다. 강력히 추천한다.

마이클 코리타 Michael Koryta
| **『내가 죽기를 바라는 자들』 저자**

『신의 화살』은 코로나바이러스 범유행의 과학적, 사회적 측면을 정면으로 충실하게 설명한다. 크리스타키스의 생물학, 의학, 역학, 사회학에 걸친 경력은 이 복잡한 주제를 이해하는 데 적잖이 주효했다. 나는 신이 이 시기에 이 책을 쓰게 하기 위해 니컬러스 크리스타키스를 창조했다고 말하고 싶다. 마음을 단숨에 사로잡는 책이다.

윌리엄 노드하우스 William Nordhaus
| 2018년 노벨 경제학상 수상자, 『기후 카지노』 저자

코로나19 범유행을 제대로 그려내려면 이례적으로 넓고 깊은 학문적 식견이 필요하다. 고립된 영역인 양 다루어지기 일쑤인 과학, 의학, 역학, 사회학, 심리학, 정치학, 역사학 등의 분야를 통합하는 능력도 필요하다. 만만치 않은 과업이지만, 니컬러스 크리스타키스는 누구도 흉내 내기 어려울 만큼 훌륭히 해냈다. 『신의 화살』은 대단히 명쾌하면서 놀라운 통찰을 끝없이 던지는 책이다. 모든 독자에게 필독서가 되리라 믿어 의심치 않는다. 그야말로 역작이다.

제프리 플라이어 Jeffrey Flier
| 전 하버드 의대 학장

아직 절대 끝나지 않은 사건의 역사적 기록. 걸작이다.

《타임스 문예 부록 Times Literary Supplement**》**

손에서 놓을 수 없다. 바뀌어버린 세상의 잊히지 않을 초상이다.

《스타 트리뷴 Star-Tribune**》**

우리 삶을 바꾸어놓은 유행병의 현실을 제대로 점검한, 반가운 책이다.

《커커스 리뷰 Kirkus Reviews**》**

이번 범유행을 현시점에서 탁월하게 개괄한 책. 크리스타키스는 코로나19의 전개 과정과 전망을 자세히 알고자 하는 독자의 관심을 100% 충족해준다.

《**라이브러리 저널**Library Journal》

도발적이다. 범유행이란 단지 바이러스의 문제가 아니라 우리 사회가 지닌 가치관, 지도자의 문제임을 예리하게 드러낸다.

《**사이언스**Science》

탁월하고 시의적절하다.

《**더 뉴요커**The New Yorker》

전염병 유행을 연구하고,

질병과 사회의 관계를 깊이 통찰하며,

오랜 세월 후학 양성에 힘쓴 나의 스승이자 정다운 벗

러네이 C. 폭스에게

그리고 폴 V. 피아차, 톰 S. 리스, 레오폴드 J. 포스피실,

존 B. 멀리컨, 앨런 M. 브랜트, 아서 M. 클라인먼,

폴 D. 앨리슨, 생키 V. 윌리엄스, 아서 H. 루벤스타인을 비롯하여

내 인생의 수많은 스승에게

차례

아폴론이 어깨에 활과 화살통을 메고 크게 노하여 올림포스 정상에서 내려왔다. 등에 진 화살이 노여움에 덜거덕거렸으나 어둠이 땅에 내리듯 들이닥쳤다. 함대에서 멀찌감치 떨어져 앉아서는 배들 한가운데로 화살을 날리니, 그의 은 활이 무시무시한 굉음을 내며 진동했다. 처음에는 노새와 개를 쏘아 죽였으나, 이윽고 사람들을 겨누어 날카로운 화살을 날려 강하게 치니, 화장 더미가 끊임없이 타올랐다. 꼬박 아흐레 동안 화살이 전장을 휩쓸고 열흘째 되던 날 아킬레우스가 전군을 소집했으니, 그리스 사람들이 죽어가는 광경에 초조해진 흰 팔의 여신[헤라]이 그의 마음을 움직인 것이었다.

—호메로스Homeros, 『일리아스Ilias』

자주 쓰이는 약어

COVID-19 • 코로나바이러스감염증-19^{한국어 약칭 '코로나19'-옮긴이}. SARS-2 바이러스에 의해 유발되는 병으로, 다양한 증상이 나타나고 중증도도 심각하다. 이 병이 범지구적으로 유행하는 범유행 현상 자체를 가리키기도 한다.

SARS • 중증급성호흡기증후군severe acute respiratory syndrome. 다양한 병원체 감염 또는 그 밖의 원인으로 폐 손상이 발생하여 호흡곤란 등을 일으키는 심각한 병. SARS-1 바이러스가 유발하는 병을 가리키기도 한다.

SARS-1 • 코로나바이러스과에 속하는 바이러스의 일종. 2003년에 출현해 소규모 범유행을 일으켰다.

SARS-2 • 코로나바이러스과에 속하는 바이러스의 일종. 일명 SARS-CoV-2. 2019년에 출현해 대규모 범유행을 일으켰다.

NPI • 비약물적 개입nonpharmaceutical intervention. 환자 격리 등 약물 이외의 방법으로 유행병 확산을 막는 수단을 말한다.

프롤로그

그리스 신화의 신들은 어린 시절 늘 나와 함께했다. 내 상상 속에 항상 살아 있었고, 그리스 이민자 출신인 부모님이 잠자리에서 들려준 이야기 속에도 등장했다. 그리스의 친척 집에 갔을 때 같이 놀던 아이들 이름이기도 했다. 나를 매료시킨 것은 신들의 이중성이었다. 그리스 신들은 막강한 불멸의 존재이면서 동시에 나약하고 사악했다. 가령 아폴론은 치유의 신이면서 질병의 신이다. 트로이전쟁 중 아폴론은 은 활을 겨누고 화살을 빗발치듯 퍼부어 그리스인들에게 역병을 안겼다. 그리스인들이 자신을 섬기는 신관의 딸 크리세이스를 납치해 가서 풀어주지 않은 데 대한 벌이었다.

『일리아스』에 묘사된 트로이전쟁이 일어난 지 3000년이 지난 지금, 나는 눈앞에 펼쳐지는 사태를 바라보며 나도 모르게 아폴론의 보복을 떠올렸다. 신종 코로나바이러스는 전에 없던 새로운 위협인 동시에 지극히 오래된 위협인 듯했다. 지금의 사태는 우리에게 현대적 수단으로 무장하되 옛 지혜에 의지하여 싸워나가라고 촉구하고 있다.

그간 이루어진 의료와 위생, 통신과 과학기술 분야의 발전에도 불구하고 현재의 범유행pandemic은 지난 세기의 범유행 못지않게 극심한 피해를 낳고 있다. 홀로 죽어가는 사람들, 사랑하는 가족을 작별 인사도 못 나누고 제대로 장례를 치르며 애도하지도 못한 채 떠나보내는 사람들, 생계 수단을 잃은 어른들과 학교에 못 가는 아이들, 배급을 받으려고 늘어선 줄, 부인과 공포, 슬픔과 고통…. 이 글을 쓰는 2020년 8월 1일 현재 전 세계에서 68만 명, 미국에서만 15만 5000명이 목숨을 잃었고 집계되지 않은 사망자도 무수히 많다. 2차 파동이 임박한 상황이다. 백신이 설령 이른 시일 내에 개발된다고 해도 이를 피할 길은 없다.

그러나 바이러스가 이토록 맹위를 떨치는 지금도, 확산을 차단하려는 노력이 과도했다고 보는 사람이 많다. 미국이 과잉 대응을 했다는 일부 국민의 정서는, 현대 미국의 현실 인식 능력이 얼마나 부족한가를 다시 한번 드러내고 있다. 그런 시각은 두 가지 면에서 옳지 않다고 본다. 첫째, 사망자 발생을 '그나마' 이 정도로 막은 것도 현대 미국의 재원과 역량을 총동원하여 막대한 공세를 펼친 덕이라는 점이다. 여러 명석한 과학자들이 지적하듯, 2020년 봄 1차 파동 때 뒤늦게나마 자원을 동원하고 투입하지 않았더라면 인명 피해는 더 엄청나게 늘어났을 것이며 미국에서만 사망자가 100만 명에 이르렀을 수도 있다. '피해 저감' 조치를 취하지 않고 내버려 두었다면 코로나19가 일반적인 계절성 독감과 비슷했으리라는 일각의 생각은 현실의 엄연한 오판이다. 둘째, 전염병 범유행이 전혀 새로운 현상이 아니라는 점이다. 오늘날에는 있을 수 없는 옛날이야기라거나 지금 우리가 겪는 두려움과 외로움, 정치적 양극화, 마스크와 영업 중단을 놓고 벌어지는 소동, 연대와 협력의 목소리 등이 새로운 현상이라고 생각한다면 이는 역사의 엄연한 오판이다.

신종 코로나바이러스가 점점 기승을 부리던 2020년 1월 말, 나는 예일대학교의 내 연구 그룹에 소속된 젊고 유능한 연구원들을 바이러스 연구에 투입했다. 우리는 우선 중국 연구자들과 협력하여 중국인 수백만 명의 휴대전화 데이터를 이용, 2020년 1~2월의 바이러스 확산 양상을 추적해 결과를 발표했다. 이어서 온두라스 코판의 고립 지역에서 바이러스의 생리와 영향을 연구할 채비에 나섰다. 그곳에 현장 연구소를 차리고 176개 마을 3만 명의 주민과 긴밀한 관계를 맺었다. 또 선거와 시위 등 다중 집합이 미국 전역의 바이러스 확산에 미칠 영향에 관한 연구에 들어갔다. 그리고 2020년 5월, 네트워크 과학과 머신 러닝 기술을 활용해 이용자의 감염 위험도를 알려주는 후날라Hunala라는 앱을 개발, 공개했다.

2020년 초의 과학계에는 전반적으로 긴박감과 결의가 감돌았다. 전 세계의 과학자들이 코로나바이러스 연구에 뛰어들어 연구, 협력, 논문 발표의 장벽을 허물었다. 그러나 대중이 접할 수 있는 정보에는 한계가 있었다. 현 상황을 효과적으로 전달할 수 있는 통로가 거의 없었다. 나는 역학, 바이러스학, 의학, 사회학, 경제학 등 다양한 분야의 학자들과 함께 트위터에 코로나바이러스에 관한 정보성 글을 게시했다. 다룬 내용은 아동과 노인의 사망률, '곡선을 평탄화'해야 하는 이유, 감염 후 형성되는 면역의 특성, 중국의 과감한 대처 방식 등이었다.

우리 사회가 당면한 위협을 헤쳐나가는 데 이 책도 조금이나마 이바지할 수 있었으면 한다. 2020년 3월에는 예일대학교가 휴교에 들어갔고, 우리 연구실을 포함한 여러 연구실은 원격으로 활동을 이어가야 했다. 나는 3월부터 8월까지 버몬트주의 집에서 아내 에리카, 열 살짜리 아들과 칩거하는 동안 이 책을 썼다. 성인이 돼 독립한 아이들도 평소처럼 사회 활동을 하지 못했으므로 간간이 찾아와 머물렀다.

이 책에서는 우리가 처한 상황을 생물학적·사회적으로 조망하고, 인류가 과거에 비슷한 재난들을 어떻게 겪어냈는지 알아보고, 우리가 이 상황을 어떻게 극복하게 될지 설명하고자 한다. 큰 아픔은 있겠지만 이 상황은 끝나기 마련이다. 내가 치명적 전염병 분야에 나름의 소견을 갖게 된 것은 여러 방면의 경험 덕분이다. 나는 다년간 공중보건을 가르쳤고, 국제적 공중보건 프로그램을 시행했고, 호스피스 전문의로 일하며 죽음을 앞둔 환자와 유족들을 돌봤고, 네트워크 과학으로 전염 현상을 분석했으며, 사회학자로서 사회현상을 연구했다.

그러나 코로나19 범유행의 양상은 지금도 끊임없이 변화하고 있다. 아직 생물학적·임상적·역학적·사회적·경제적·정치적으로 알려지지 않은 사실이 많다. 우리 행동에 따라 결과가 계속 바뀌기 때문이기도 하다. 앞일을 뚜렷하게 내다보기 어려운 상황이다. 시간이 흘러봐야 알 수 있는 것도 많다. 예컨대 감염자의 건강에 미칠 장기적 영향, 우리의 방역 대응이 가져올 장기적 여파(가령 신체적·사회적 거리두기physical·social distancing가 아이들의 정신건강과 교육에 미칠 영향, 현재 청년 세대의 경제적 전망) 같은 것이다. 백신이 언제 나올지, 위험성은 어느 정도일지, 백신으로 인한 면역력이 얼마나 오래 갈지도 아직 알지 못한다. 이런 불확실성 가운데에서도 모든 개인과 사회는 여러 관점을 두루 살피고 과학적 사실을 최대한 파악하여, 현재 시점에서 최선의 결정을 내려야만 한다.

아폴론이 트로이에 퍼부은 역병은 신들의 여왕 헤라와 아킬레우스의 개입으로 결국 종식됐다. 아폴론은 열흘 동안 무수한 목숨을 앗아간 끝에 죽음의 활을 내려놓았다. 유행병은 언젠가 끝난다. 하지만 그 과정에서 우리의 모습과 우리의 역사가 만들어질 것이다.

백신 그 이후, 신은 아직 활을 거두지 않았다

이 글을 쓰고 있는 2021년 여름, 미국인들은 마스크를 벗고 희망을 품기 시작했다. 일상으로의 복귀라고 하면 1년 전만 해도 무모하고 순진한 이야기 같았지만, 이제는 해볼 만할 뿐 아니라 당연하다는 느낌마저 든다. 파멸적이었던 미국의 코로나19 범유행은 이제 어찌 보면 끝나가거나 적어도 끝나가는 과정에 접어들고 있는 듯하다. 하지만 역경은 끝나지 않았다. 미국은 물론 전 인류는 바이러스가 남길 크나큰 임상적, 심리적, 경제적, 사회적 여파를 겪을 수밖에 없다.

세계 곳곳에는 아직 바이러스 초기의 생물학적 충격을 겪으며 큰 피해를 입고 있는 나라들이 있어 우려를 놓을 수 없는 상황이다. 세계 인구의 거의 5분의 1을 차지하는 인도는 처음에 대규모 사망 피해 없이 지나가는 듯했다. 2020년 9월에 코로나19 사망자 수가 첫 정점을 찍고 하락하자 논평가들은 어리둥절했다. 인구 구성이나 경제와 기후 조건이 비슷한 멕시코, 브라질 등과 비교할 때 인도의 초기 피해 규모는 그리 크지 않아 보였다. 이를 두고 남아시아인의 유전적 특성 덕분이라고 추측하는 의견도 있었다. 인도는 오랜 세월 다양한 감염병을 겪은 나라이기에 면역체계가 어떤 식으로든 강화된 인구가 많으리라고 보는 의견도 있었다. 그런가 하면 인도가 범유행 초기에 사회적 접촉을 줄이는 등 적절한 방역 조치를 취했다고 보는 이들도 있었다.

결국 인도의 행운은 요행에 지나지 않았던 것으로 드러났다. 전염병 범유행은 어떤 지역은 스쳐 가고 어떤 지역은 강타하는 등 종잡을 수 없는 경우가 흔히 있다. 결국 2021년 봄에 2차 파동이 인도를 덮쳤고, 여기에는 전염성과 치명성이 더 높은 변이 바이러스의 출현도 한몫했다. 인도는 병상, 구급차, 의약품 등 모든 물자가 소진되어갔다. 산소 공급 장치를 가동하지 못해 사망하는 환자들이 나왔다.[1] 2021년 5월 1일 델리의 바트라병원에서는 산소 공급이 90분 늦는 바람에 12명의 환자가 사망했다. 3일 후 카르나타카주의 차마라자나가르 지역병원에서도 비슷한 이유로 24명이 숨진 것으로 알려졌다.

믿기 힘든 보도가 쏟아지며 3000년 전 트로이 벌판에서 벌어졌던 참화를 떠올리게 했다. 이를테면 "코로나 사망자 폭증에 화장 시설 부족한 인도, 밤새 장작불 타올라" 등이었다. 뉴델리의 한 화장장 운영자는 "코로나19 이전에는 매일 8~10구를 화장했는데 지금은 매일 100~120구를 화장한다"고 말했다.[2] 항공사진에 찍힌 노천 화장장은 마치 들판에 끝없이 널린 건초더미처럼 장작더미를 시신 위에 쌓아놓고 점화를 기다리고 있는 모습이었다. 급기야 장작조차 동나기 시작했다.

2020년 8월에 탈고한 이 책의 초판에서 나는 미국의 사망자 수가 50만에서 100만 명에 이를 것으로 예상했다. 이 서문을 쓰고 있는 2021년 6월 현재 미국의 사망자 수는 61만 3000명이고, 최종 수치를 확인하려면 시일이 좀 더 지나야겠지만 초과사망은 앞으로도 많이 이어질 것으로 보인다. 전 세계 코로나19 사망자 수는 현재까지 375만 명 이상으로 알려졌지만, 지금도 인도, 인도네시아, 나이지리아, 브라질 등 인구가 많고 인구밀도가 높은 지역에서 코로나19가 기승을 부리고 있다. 그 밖의 나라에서도 범유행이 결국 잦아들기 전까지 많은 사망자가 계속 이어질 것이다.

이제 2019년 코로나바이러스 범유행은 지난 100년간 최악의 호흡기질환 범유행 중 두 번째로 이름을 올릴 것이 분명해 보인다. 첫 번째는 1918년 인플루엔자 범유행(통칭 '스페인 독감')으로, 세계적으로 3900만 명 이상, 미국에서 약 55만 명(오늘날의 170만 명에 해당)의 사망자를 냈다. 두 바이러스가 등장한 시기의 세상은 여러 면에서 서로 달랐지만(가령 오늘날은 현대식 병원, 백신, 위생 설비, 항공 교통이 있고, 세계대전을 치른 직후도 아니다), 우리가 바이러스에 대응하고 맞서 싸운 모습은 놀랄 만큼 비슷하다.

지금도 그때도, 바이러스는 지정학적 경계를 따지지 않으니 전 세계가 함께 대처해야 했다. 지금도 그때도, 과학적 데이터를 수집하고 발표하려는 노력이 세계적으로 전개됐다. 그리고 지금이나 그때나, 신중한 관찰자들은 원활한 대응을 가로막는 사회적, 역학적 난관을 지적했다. 예컨대 1919년 5월 《사이언스》에 게재된 글에서 조지 소퍼George Soper(1907년에 '장티푸스 메리'로 불린 보균자를 추적해낸 위생 기술자)는 "방역을 가로막는 세 가지 주된 요인이 있다"고 지적했다. 소퍼에 따르면 세 요인은 첫째 "대중의 무관심… 중증도가 워낙 복잡·다양한 양상을 보이는 호흡기 감염병이기에 위험성을 제대로 알지 못하고 간과하기 쉽다." 둘째 "개인적 성격의 조치가 필요한 점… 자기 생각에는 그저 가벼운 감기에 걸렸을 뿐인데 남들을 보호하려고 엄격한 자가격리에 들어간다는 것은 인간의 본성에 부합하지 않는다." 셋째 "감염자가 스스로 감염 사실을 인지하기 전에 병이 전파될 수 있다"는 점이다.[3] 예나 지금이나 다른 게 없다.

그런가 하면 우리는 구체적이고 효과적인 바이러스 대응책을 실시간으로 마련해냄으로써 전염병이라는 장구한 위협에 맞선 역사상 첫 세대이기도 하다. 그리하여 범유행이 진행 중인 상황에서 그 흐름을 크게 바꿀 수 있었다. 엄청난 백신을 엄청난 속도로 개발해낸 것이다.

우리는 2020년 1월 말에 이미 밝혀진 바이러스의 기본적 역학 특성에 관한 데이터를 바탕으로, 그리고 수천 년에 걸친 전염병의 역사적·역학적 지식에 힘입어, 코로나19 범유행의 생물학적·사회적 전개 방향을 거의 발생 초기부터 예상할 수 있었다. 예상을 벗어난 일은 거의 일어나지 않았다. 바이러스가 통제를 벗어나 인간 사회에 퍼지기 시작한 순간부터, 우리는 지난 수백 년간 각종 호흡기 질환 범유행마다 일반적으로 나타났던 생물학적 변화 과정을 그대로 밟아왔다. 그리고 사회적 변화 과정 또한—경제 붕괴에서 허위정보 유통에 이르기까지—수천 년간 인류가 여러 심각한 유행병을 겪으며 거쳐온 수순을 그대로 따라갔다. 하지만 좋은 소식은, 회복 과정 또한 그러리라는 사실이다.

1장

극미한 존재

아주 작은 바이러스가 세상을 뒤덮다

인류의 큰 적은 단 셋뿐이니 열병, 기아, 전쟁이다. 그중 단연코 가장 크고 무시무시한 적은 열병이다.

윌리엄 오슬러 경Sir William Osler, 「남부 열병 연구The Study of the Fevers of the South」(1896)

내가 열다섯 살 때, 핵물리학자이던 아버지가 중국에서 나비가 날갯짓을 하면 우리가 사는 워싱턴 D.C. 앞바다에 허리케인이 몰아칠 수 있다는 이야기를 해주었다. 나는 그 말이 믿기지 않았다.

그 비유를 처음 선보인 사람은 에드워드 로렌즈Edward Lorenz MIT 기상학 교수다. 1972년 12월 29일 미국과학진흥협회 139차 총회에서였는데, 처음엔 세부적인 내용이 좀 달랐다. 브라질에서 나비가 날갯짓을 하면 텍사스에 토네이도가 일어난다고 했다.[1] 그런데 그 비유가 워낙 강력했기에 수많은 유사 버전이 파생됐다. 나비가 날개를 친 장소(중국, 브라질), 일어난 결과(폭풍, 쓰나미, 고층 빌딩에서 사람이 추락하는 사건, 주식시장 폭락), 결과가 일어난 장소(일본, 런던, 뉴욕) 등이 조금씩 다른 여러 형태로 전해진다.

이 개념은 수학과 물리학의 다양한 분야에도 영향을 미쳤다. 로렌즈의 주장은 복잡계의 초기 조건에 미미한 교란이나 사소해 보이는 수정을 가하면, 나중에 엄청나게 다른 최종 결과가 나올 수 있다는 것이었다. 영화 〈쥬라기 공원〉(1993)에서 제프 골드블럼이 연기한 등장인물이 이 개념을 설명하던 장면을 기억하는 독자도 있을 것이다. 로라 던의 손마디 위에 물 한 방울을 올려놓고 미세한 진동에 따라 물이 흘러내리는 방향이 좌우될 수 있다고 설명하는 장면이다.

로렌즈가 그와 같은 현상을 관찰하게 된 것은 우연한 사건 때문이었다. 1961년 겨울, 그는 원시적인 컴퓨터로 날씨 변화를 모델링하고 예측하는 작업을 하고 있었다. 한번은 계산 과정을 자세히 살펴보려고 프로그램을 멈췄다가 다시 돌려보기로 했다. 이전 수행 결과의 출력값은 0.506127이었다. 로렌즈는 그 값을 0.506으로 반올림해 입력하고 프로그램을 다시 돌렸다. 밖에 나가 커피를 마시고 왔더니, 조금 전에 얻었던 예측 결과와 전혀 다른 결과가 나와 있었다. 입력값을 미세하게 바꿨을 뿐인데 2개월간의 기상 시뮬레이션 결과가 완전히 바뀐 것이다.[2]

그리하여 아주 극미한 존재가 엄청난 결과를 가져올 수 있다는 개념이 탄생했다. 실제로 어떤 계는 초기 조건에 지극히 민감하므로, 그런 식이라면 미래를 예측한다는 것은 거의 불가능할 수밖에 없다. 1963년에 로렌즈는 이에 관해 「결정론적인 비주기적 유동Deterministic Nonperiodic Flow」이라는 제목의 논문을 썼다.[3] 논문은 처음에는 주목을 받지 못했으나 훗날 고전이 됐다. 로렌즈의 이론은 기상학뿐 아니라 훨씬 많은 분야에 큰 영향을 미쳤고, 1970~1980년대에는 새로 등장한 카오스이론의 토대를 닦은 것으로 인정받았다.

로렌즈의 이론을 두고 한 동료 학자가 만약 그 이론이 옳다면 "갈매기의 날갯짓 한 번이 기상 추이를 영원히 변화시키기에 충분할 것"이라고 언급했고, 로렌즈는 이에 대해 "논란은 아직 종결되지 않았지만, 가장 최근의 증거는 갈매기 쪽으로 기우는 듯하다"라고 적었다.[4] 그러다가 로렌즈는 후에 비유 대상을 갈매기보다 더 시적인 나비로 바꾸었고, 자신의 이론에 좀더 신중한 태도를 보였다. 그리고 남은 평생 자신이 제기한 문제의 답을 고심했다. 2008년에 어느 강연에서 "나는 지금까지도 정답을 잘 모르겠다"라고 말하기도 했다. 0.506127을 0.506으로 반올림한 사건이 그의 인생을 완전히 다른 방향으로 이끌고 간 지 40여 년이 흐른 뒤였다.[5]

나비의 비유가 많은 사람에게 인상적으로 다가오고 대중문화 소재로까지 쓰이게 된 이유 중 하나는, 우리 마음을 불편하게 하기 때문이 아닌가 싶다. 세상은 예측할 수 있고 질서 정연하다, 아니 최소한 이해할 수는 있다는 우리 믿음을 송두리째 뒤집는 이야기니까. 우리는 세상 모든 일에는 이유가 있고, 아무리 난해한 이유라도 결국은 과학적으로 밝혀낼 수 있으리라고 생각한다. 그리고 인간은 합리적으로 예측하고 계획할 수 있다고 생각한다. 하지만 나비의 비유는 그런 생각을 뒤흔든다.

나도 연구 경력의 상당 부분을 사회체계의 '관성'을 이해하는 데 바친 사람이다. 다시 말해 사회체계의 불변성, 진화적 기원, 안정성과 고정성 등을 연구해왔다. 시간이 흐르면서 뚜렷이 깨닫게 된 사실이 있다. 예전에는 내 관심을 끌지 못했던 측면이지만, 사회체계도 날씨처럼 대단히 불안정할 수 있다는 것이다.

바이러스가 인간의 몸으로 훌쩍 옮겨 갔던 2019년 말, 많은 사람이 그랬듯 나도 앞으로의 계획을 착실히 세우고 있었다. 세상의 예측 불가능성이라는 개념은 안중에도 없었다. 우리 가족은 그리스에 사는 내 아버지를 뵈려고 여행을 계획 중이었고, 딸은 대학 졸업을 앞두고 있었다. 내가 있는 대학에서는 누구를 교수로 채용할지, 내 년엔 어떤 학회를 치를지 논의하고 있었다. 나는 연구팀에 새 프로젝트를 배정하고 있었고, 연구팀은 온두라스와 인도에서 지역사회 보건 연구를 수행 중이었다. 2019년 11월, 선거운동 조직원들은 봄철 전략을 짜고 있었다. 업체 사장들은 물품을 발주하고, 농부들은 심을 작물을 고르고, 경제학자들은 경제가 계속 성장하리라고 예측하고 있었다. 전 세계 사람 누구도 직장과 생계 수단이 하루아침에 사라지고, 소중한 이들과 떨어져야 하는 상황이 오리라곤 생각지 못했다. 앞으로의 몇 달이 지난 몇 달과 철저히, 상상을 초월하게 달라지리라곤 전혀 생각지 못했다. 악수하기, 손으로 머리 빗어 넘기기, 합창단에서 노래 부르기 등 너무나도 일상적이던 행동이 갑자기 금기시되고 반감을 일으키리라는 걸 누가 알 수 있었겠는가.

그 모든 예상은 깨졌다. 보이지 않는 어떤 미세한 존재가, 우리가 관찰할 수 없는 어떤 움직임을 일으켰기 때문이다. 중국 나비의 날갯짓이 워싱턴 D.C.에 허리케인을 일으킬 수 있다는 말은 사실이었다.

◦———→

2019년 늦가을, 수십 년간 박쥐 몸속에서 조용히 진화하던 바이러스가 불시에 인간에게 훌쩍 옮겨 갔다. 중국 우한시에서 일어난 일이었다. 그 우발적 사건의 세세한 경위는 아마 영원히 알 수 없을 것이다. 바이러스가 옮겨 간 사람은 물론, 세상 누구도 무슨 일이 일어났는지 알지 못했다. 그야말로 너무나 미미하여 눈에 띄지 않는 사건이었다.

후에 과학자들은 그 첫 감염이 일어난 곳을 우한의 화난華南 수산물 도매시장으로 짐작했다. 최초 보고된 환자 중에 그 시장의 상인이나 손님이 많았기 때문이다. 그러나 사건의 경위는 분명치 않았다. 화난시장과 같은 시장을 영어로는 '웻 마켓wet market'이라고 부른다. 채소와 과일, 활어, 생고기, 살아 있는 동물을 파는 시장을 가리킨다. 그런 시장에선 때때로 고슴도치, 오소리, 뱀, 멧비둘기 등 야생동물을 팔기도 한다. 일부 동물은 즉석에서 도축해 파는데, 청소하느라 뿌린 물로 바닥이 항상 젖어 있어서 그런 이름으로 불린다.[6]

지금까지 알려진 바에 따르면 화난시장에서 박쥐는 팔지 않았다. 다만 중국에서 박쥐고기가 소비되는 것은 맞다.[7] 사건을 1년 전에 예언하다시피 한 논문도 있었다. "중국 남부의 야생동물 재래시장과 식당 등에서 살아 있는 박쥐를 취급하는 등의 박쥐-동물 간, 박쥐-인간 간 접촉으로 인해 전 세계적으로 파괴적인 감염병 확산이 일어날 가능성이 있다."[8]

후에 COVID-19한국어 명칭 '코로나바이러스감염증-19' 또는 '코로나19'-옮긴이로 명명된 이 감염병의 최초 확진자는 2019년 12월 1일에 발생했으며, 중증급성호흡기증후군SARS(사스) 증세를 나타냈다. 이 사람이 최초의 환자가 아닐 가능성도 있지만, 진실은 누구도 알 수 없다. 그런데 이 환자는 화난시장에서 박쥐나 야생동물을 접촉한 일이 전혀 없었다. 다른 초기 환자 몇 명도 마찬가지였다. 그래서 제기된 설이 최초 발원지가 시장이 아니라는 것이었다. 예컨대 우한의 연구시설에서 야생박쥐로부터 바이러스를 직접 채취하여 분석하는 과정에서 보호 조치가 미흡했으리라는 의혹이 불거졌다.[9] 박쥐 바이러스 연구를 수행하는 우한 질병관리본부는 화난시장에서 불과 몇 블록 떨어져 있고, 우한 바이러스연구소도 화난시장에서 몇 킬로미터 거리에 있다. 그러나 중국 당국은 바이러스가 이들 시설에서 유출됐을 가능성은 전혀 없다고 주장했다.[10]

바이러스의 기원은 미궁이지만, 12월 한 달 동안 발생한 최초 감염자 41명 가운데 66%는 화난시장에서 상인으로 일하거나 구매객 또는 방문객으로 다녀간 사람들이었다.[11] 화난시장이 설령 발원지가 아니었다고 하더라도 처음으로 두드러진 확산이 일어난 곳임은 분명했다. 화난시장은 노점이 빼곡하고 이용 인구가 많아서 바이러스가 빠르게 확산되기에 최적의 환경이었으므로, 국지적 집단감염을 일으켜 사태에 이목을 집중시키는 결과를 낳았다.[12]

최초로 경고의 목소리를 낸 의사들 가운데 한 사람이 후베이성 중서의결합병원의 장지셴張繼先이다. 2019년 12월 26일에 비정형 폐렴 환자 7명을 발견했는데, 그중 3명은 가족이었고 4명은 화난시장 관련자이면서 서로 아는 사이였다. 장지셴은 이 사실을 다음 날 우한 질병관리본부에 보고했다.[13] 후에 범유행이 본격화되자 중국 당국은 미비했던 초기 대응을 은폐하려는 시도의 일환으로 장지셴에게 환자 발생을 보고한 공을 들어 공로상을 수여했다.[14] 그러나 이후에 이루어진 조사 결과, 비정형 폐렴 환자가 12월의 그보다 이른 시점에 이미 발생하여 베이징의 중국 질병관리본부에 보고해야 하는 수준을 넘어섰지만 보고가 이루어지지 않았음이 밝혀졌다. 감염병 확산을 차단할 수 있었던 귀중한 시간을 잃은 것이다. 실제로, 이후의 조사 문건에 따르면 12월 한 달 동안 104건의 감염자와 15명의 사망자가 발생했던 것으로 드러났다.[15]

사태의 심각성을 깨달은 중국 당국은 2020년 1월 1일에 화난시장을 폐쇄했다.[16] 여러 병원에 흩어져 있던 초기 발생 환자들을 모두 전담 시설인 진인탄병원으로 이송한 것도 이 무렵이다.[17] 2020년 1월 27일에 발표된 중국 질병관리본부의 분석 결과에 따르면(허위 정보라는 의혹이 제기되기도 한 자료다), 1월 1일부터 1월 12일까지 화난시장에서 면봉 등을 이용해 채취한 환경 검체 585건 중 33건에 신종 코로나바이러스의 RNA가 포함된 것으로 밝혀졌다. 이 바이러스는 후에 SARS-CoV-2로 명명된다. 양성 검체가 집중적으로 채취된 곳은 야생동물을 판매하는 화난시장 서쪽 구역이었다.[18]

화난시장이 폐쇄되기 이틀 전인 2019년 12월 30일, 안과 의사 리원량李文亮은 동료 의사가 전한 검사 보고서를 읽고 집단감염이 발생했다는 사실을 알게 됐다. 우한중앙병원 응급과 주임 아이편艾芬이 비정형 폐렴 환자 1명이 사스에 걸린 것으로 의심된다는 검사

보고서를 접하고 그에게 전해준 것이었다.[19] 리원량은 의대 동기 몇 명이 모인 위챗중국에서 많이 쓰는 모바일 메신저-옮긴이 대화방에서 불길한 소식을 퍼뜨렸다. "화난수산물시장에서 7건의 사스 증상이 확인됐음." 그리고 이렇게 덧붙였다. "최근 소식에 따르면 코로나바이러스 감염으로 확인됐고, 바이러스의 아형 분석이 진행 중. 감염되지 않게 주의하고 가족들에게 조심하라고 알릴 것."[20]

2020년 1월 3일, 리원량의 채팅 내용이 현지 당국의 귀에 들어갔다. 중국공산당대회가 1월 12일에 예정돼 있는 터에 심각한 감염병이 지역사회에서 발생했다는 것은 달가운 소식이 아니었다. 중국 대중은 당대회 전날인 1월 11일까지 우한에서 신규 발병자가 나오지 않았다는 발표를 사실로 믿어야 했다.[21] 리원량은 중국 공안에 소환되어 '유언비어 유포'와 '인터넷상 허위 사실 전파' 혐의에 대해 경고를 받았다. 그는 자신의 발언을 취소해야 했고 '위법 행위'를 하지 않겠다는 서약서도 작성해야 했다.[22] 코로나19가 세계적으로 확산되는 가운데 그 진실을 억압하거나 외면한 사례는 이번이 마지막이 아니었다.

물론 리원량이 알린 정보는 정확한 사실이었다. 후에 당국은 공개적으로 사과했고, 리원량은 표현의 자유를 탄압당하고 당국의 허위 정보 공표에 환멸을 느끼던 중국 대중의 영웅이 된다.[23] 그러나 중국을 비롯한 세계 각국의 많은 의료인에게 닥칠 운명을 예고하듯, 리원량은 안타깝게도 2월 7일 코로나19로 사망했다.[24] 1월 8일 녹내장 환자를 진료하다가 감염된 것으로, 환자는 화난시장에서 일하는 상인이었다.

중국에서는 이 병이 사람 간에 퍼질 수 있으며, 특정 동물 숙주에서 독립적으로 거듭하여 옮겨진 것이 아니라는 사실을 얼마 안 가 알게 됐다. 1월 24일, 최초 발병 사례 41건을 다룬 보고서가 영국 의학 저널 《랜싯》에 온라인으로 게재되면서 그 같은 사실이 확인됐다.[25] 최초 발병 환자 중 15%에 해당하는 6명이 사망했으니, 가벼운 병이 아님도 분명했다. 보고서의 결론은 이 바이러스가 '전 세계적 보건 위협으로 번질 가능성에 대비해 앞으로 심층적인 연구가 필요하다'는 것이었다.

바이러스는 처음엔 서서히, 나중엔 빠르게 우한시 일대로 퍼져 나갔고 이어서 인구 5800만의 후베이성 전역으로 확산됐다. 1월경 우한시의 감염자 비율은 아직 미미한 수준이었으나, 우한 주민의 대규모 이동과 맞물린 바이러스 유출 사태는 피할 수 없었다.

지독히도 운 나쁜 또 한 가지는 바이러스가 등장한 타이밍이다. 2020년 1월 25일의 음력설을 앞두고 민족대이동으로 일컬어지는 '춘윈春運'이 막 시작될 무렵이었다. 춘윈 기간에 중국 전체에서 이동하는 연인원은 30억 명 이상으로, 미국의 추수감사절은 여기에 비하면 명함도 내밀기 어렵다.[26] 설상가상으로 우한은 중국의 교통 중심지다. 1월 한 달 동안 우한을 거친 이동 건수는 1200만 건이었다(우리 연구팀이 중국 학자들과 공동 연구를 통해 밝혀낸 수치다). 그 결과 2월 중순 무렵에는 바이러스가 중국 전역으로 옮겨졌다.[27] 우한에서 이동해 간 인구수가 많은 지역일수록(그림 1) 이후 SARS-2 발

그림 1 ─ 2020년 1월, 우한 주민이 타지로 이동하면서 SARS-2 바이러스를 전파했다.

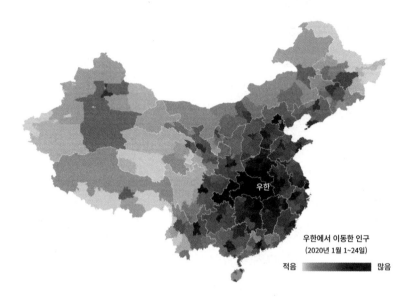

우한에서 이동한 인구
(2020년 1월 1~24일)

적음　　　　　　많음

병 사태가 심각했다. 이런 초기의 '외부 유입' 사례는 전문 역학 용
어로 '지역사회 전파'의 연쇄 발생을 통해 지역 내 감염자 발생을 촉
발했다.

　중국 당국은 처음엔 리원량을 비롯한 이들의 발언을 억압했으나,
얼마 후 돌연 현실을 인정하고 기존 방침을 선회했다. 후에 다른 여
러 나라 정부가 보이게 될 모습과 다르지 않았다. 중국 당국은 확산
을 차단하기 위해 총력을 다했고, 숨김없이 보고하라고 독려했다.
1월 20일, 시진핑 국가주석은 코로나19와 관련해 최초로 낸 성명
에서 "유행병 관련 정보를 적시에 공개하고 국제 협력을 강화할 필

요가 있다"라고 말했다.[28] 평소에 투명성을 장려하는 것과는 거리가 먼 기관이었던 공산당 중앙정치법률위원회도 중국에서 많이 사용하는 소셜미디어 사이트에 엄중한 경고문을 게시했다. "각종 보고를 고의로 지체하거나 은폐하는 자는 역사적인 수치의 기둥에 영원히 못 박힐 것이다." 이 게시글은 후에 삭제됐다.[29]

리원량이 SARS-2에 감염된 날로부터 9일 후인 1월 17일, 저명한 의사이자 역학자인 항저우 소재 저장대학교 의대의 리란쥐안李蘭娟 교수는 우한의 의료진 몇 명이 신종 폐렴에 걸렸다는 소식을 개인적으로 전해 들었다.[30] 리란쥐안 교수는 그날로 베이징의 국가위생건강위원회에 연락해 우한 방문 허가를 요청했고, 다음 날 중국 당국은 그녀를 포함해 6명으로 이루어진 조사팀을 우한에 보냈다. 과거 2003년 SARS 확산 사태 때 바이러스의 특성과 심각성을 밝혀낸 공로로 유명한 호흡기내과 의사 중난산鍾南山 박사도 조사팀의 일원으로 함께했다. 리란쥐안과 중난산 두 사람 모두 중국 국내는 물론 세계적으로 명성이 높은 의사다. 역시 우한의 상황을 우려하고 있던 베이징의 중국 질병관리본부 수장 가오푸高福 박사도 조사팀에 합류했다(그는 12월 말에 비공식 보고를 접한 후로 현지 당국에 더 적극적인 보고를 독려하고 있었다).[31]

1월 19일, 조사팀은 우한 시내 병원들과 우한 질병관리본부, 화난시장을 방문했다. 우한의 의료체계는 이미 포화 상태였다. 당국은 우한의 기반시설을 확충하기 위해 며칠 안에 6만 m^2의 부지에 중환자 병동 30개, 병상 1000개 규모의 야전병원을 착공할 예정이었다. 단 10일 만에 완공한다는 계획이었다.[32] 1월 19일 저녁, 조사팀은 베이징으로 돌아와 국가위생건강위원회에 상황을 보고했는데, 매우 우려스러운 내용이었다. 이튿날인 1월 20일 아침 8시 30분, 조사팀의 전문가 6명은 자금성 인근의 중국 정부 기관 밀집 구역인 중난하이中南海에서 열린 각료 회의에 참석했다. 조사팀은 질병이 사람 간에 전파될 수 있으니 더욱 강력한 방역 조치를 시행할 것을 정부에 요청하면서 우한의 봉쇄를 권고했다. 1월 23일 새벽 2시, 우한시 정부는 그날 오전 10시부로 봉쇄 조치를 시행하겠다고 공표했다. 얼마 지나지 않아 후베이성 전역의 봉쇄가 뒤따랐다.[33]

1월 25일에는 중국 대부분 지역에 봉쇄령이 내려졌다.[34] 그 직후 내 중국인 제자가 분석한 바에 따르면, 이른바 '봉쇄관리' 조치가 시행된 지역의 총인구는 9억 3400만 명에 달했다. 중국의 봉쇄 조치는 마오쩌둥 시절의 사회통제를 연상케 할 만큼 규모와 강도가 엄청났다. 인류 역사상 전례가 없는 규모의 공중보건 조치였다.

'봉쇄관리'에 따라 여러 조치가 시행됐다.[35] 주민들은 집 밖으로 나올 수 없었고, 일주일에 1회 또는 2회 생필품 구매를 위한 외출만 허락됐다. 구매자들은 2m 간격을 유지한 채 줄을 섰다. 평소 중국의 보행자 밀도를 생각하면 누가 봐도 놀라운 광경이었다. 그리고 집 밖에선 누구나 예외 없이 마스크를 써야 했다. 모든 지역 간의 행인과 차량 이동은 검문을 통해 특별 출입 허가증을 소지한 경우에만 허락됐다. 작게는 동네 단위로 출입 통제가 이루어졌다. 출입 허가증에 적힌 문구('바이러스와의 싸움은 만인의 책무')에서 거리에 내

걸린 붉은색 대형 현수막에 이르기까지, 곳곳에 과거를 연상케 하는 집단주의식 표어가 등장했다. 모든 장소의 입장객은 체온을 측정했고, 학교 수업은 온라인으로 실시했으며, 차량과 공공장소를 주기적으로 소독했다. 식품과 기타 생필품이 엄청난 규모로 치밀하게 배송됐다. 중국 당국은 배달 회사의 상품 배달을 장려했고, 배달 회사는 주문용 앱을 통해 차량 운전자들이 마스크를 착용했고 열이 없음을 보증했다.

봉쇄 규칙을 시행하는 역할은 구역 담당자, 지방공무원, 공산당원 등의 몫이었다.[36] 중국의 권위주의적 통치체제와 집단주의적 사회 규범 덕분에 통제가 수월했다. 봉쇄는 그저 상의하달식으로만 시행된 것도 아니었다. 가령 시골 주민들은 베어 쓰러뜨린 나무로 바리케이드를 쌓아 외부인의 접근을 차단하기도 했고, 지역 방언으로 방문객을 심문하여 불청객을 가려내기도 했다.[37]

통제는 현대적인 방식으로도 이루어졌다. 2월에 한 국영 군용 전자기기 제조사가 공개한 앱은 사용자가 이름과 신분증 번호를 입력하면 비행기·열차·버스 이용 중 바이러스 보유자와 접촉했을 가능성이 있는지 알려주는 서비스를 제공했다. 세계 여러 나라 사람들은 이런 기술이 등장한 데 섬뜩한 느낌을 받기도 했지만, 곧 자국 역시 비슷한 기술을 도입하는 것이 바람직하다거나 더 나아가 당연하다고 받아들이게 됐다.[38]

3월 말에 이르러 중국 정부는 지역에 따라 일부 규제를 조심스럽게 서서히 해제했지만, 시민들은 그 밖의 여러 방침을 전반적으로 계속 지켰다.[39] 가령 엘리베이터 안에는 일회용 이쑤시개를 비치해 놓고 그것으로 버튼을 누르게 했다. 도시의 엘리베이터는 최대 4인만 탑승하도록 제한한 곳이 많았고, 탑승자가 설 위치를 바닥에 테이프로 표시해놓았다. 엘리베이터 밖의 표지판에는 "기다리셨다가 다음 엘리베이터를 이용해주시기 바랍니다. 어려운 시기에 모두 일치단결하여 바이러스를 극복합시다"라는 문구가 적혀 있었다. 직장인들이 사무실과 공장으로 복귀하자 음식점과 구내식당은 내부 시설을 변경했다. 테이블에 판지 또는 투명 아크릴로 만든 칸막이를 설치하고, 빠른 식사를 당부했다. 테이블당 1명만 앉을 수 있었고, 대화와 사교는 금지됐다. "테이블마다 한 사람씩 앉으니 학생 때 시험 보던 기분"이라느니 하는 자조적 유머가 나돌았다.

대처의 강도로 볼 때 중국은 한마디로 '사회적 핵무기'를 터뜨린 셈이었다. 그렇게 함으로써 바이러스의 확산을 저지할 수 있었다. 수천 명에 달하던 중국의 일일 신규 확진자 수는 3월 말에 50명 미만으로 줄어들었고,[40] 급기야 4월에는 0에 이르렀다. 인구 14억 명의 나라에서 이루어낸 성과였다. 물론 중국의 확진자 발표 기준에 대해서는 비판이 제기된 바 있다(가령 처음에는 무증상 감염자를 포함하지 않은 수치를 발표했다). 발표의 진실성에 대해서도 마찬가지였다(우한의 초기 발병 사례는 정확하게 발표되지 않은 것이 분명하다).[41] 그러나 공표된 수치에 일부 모호함이 있었다고 하더라도, 중국 정부가 방역 조치에 나선 후에 확진자가 엄청난 폭으로 감소한 것은 공중보건 관점에서 볼 때 놀랄 만한 성과다.

물론 중국도, 후에 봉쇄 조치를 시행한 나라들도 바이러스를 종식한 것은 아니었다. 일시적으로 바이러스의 확산을 막았을 뿐이다. 실제로 봉쇄를 해제하자 바이러스는 재발했다.[42]

내가 코로나19 연구에 처음 발을 들인 것은 우한 봉쇄 다음 날이었다. 1월 24일, 중국의 휴대전화 데이터를 분석하는 연구를 수년간 함께해온 중국 동료들이 내게 연락해왔다. 연구는 고속철도망과 지진의 영향으로 사람들의 상호작용 형태가 변화하여 사회연결망 social networks이 형성되는 과정에 대한 것으로, 내가 2001년부터 관심을 가져온 주제였다. 2020년 1월 말, 나와 동료들은 우리가 연구하던 것과 비슷한 데이터를 활용하여 현재 확산 중인 유행병을 분석할 수도 있겠다는 데 생각이 미쳤다. 그래서 나는 중국의 상황을 본격적으로 연구하기 시작했다. 연구할수록 우려를 금할 수 없었다. 코로나19는 중국만의 문제가 아니었다. 역사적인 규모의 심각한 범유행을 예고하고 있었다.

나는 중국에서 벌어지는 사태를 연구하면서 차츰 깨달았다. 그 모든 것이 남의 이야기가 아니라는 것을 말이다. 병원 포화, 지역 봉쇄, 재택학습, 투명 아크릴 칸막이, 심지어 이쑤시개도 머지않아 미국의 현실이 될 듯했다. 아무리 생각해도 그러지 않을 이유가 없었다. 그러나 2월 초에 우리 가족에게 우려스러운 소식을 알렸더니, 평소 내 말을 어느 정도 귀담아듣는 편인 아내도 별걱정을 다 한다는 반응이었다.

중국 내 확산 사태가 잦아들 무렵, SARS-2 바이러스는 전 세계로 한창 퍼져 나가고 있었다. 이미 1월 중순에는 적어도 1명의 미국인에게 옮겨진 상황이었다. 대중에 알려진 미국 최초 감염자는 우한에서 워싱턴주 시애틀 근교의 스노호미시로 1월 15일 귀국한 후에 확진된 35세 남성이다.[43] 이 사실은 1월 21일 미국 질병관리본부CDC 보도자료를 통해 알려졌다. 유전자 검사 결과 이 환자에게서 발견된 바이러스는 USA/WA1/2020, 줄여서 WA1이라고 명명된 변이체variant로, 중국 푸젠성·저장성·광둥성에서 발견된 변이체와 근연 관계였다.[44] 이 남성은 우연히 우한의 초기 환자 41명 또는 중간 매개자에게 바이러스가 옮은 것이었다. 이 환자의 확진 사실이 발표될 무렵 미국은 우한에서 입국하는 승객을 대상으로 형식적 검사를 하고 있었다. 검사는 뉴욕·로스앤젤레스·샌프란시스코 등 특정 공항에서만, 이 환자가 귀국하고 이틀 후인 1월 17일부터 실시됐다. 이처럼 엉성한 조치에서도 엿볼 수 있듯이, 국경 봉쇄는 코로나19와 같은 범유행에는 보통 큰 효과가 없다는 사실이 후에 점차 분명해진다.

미국 질본은 같은 날 보도자료에서 "사람 간 전염이 제한적으로 발생하고 있다는 징후가 늘고 있음"이라고 언급했다. 이 최초 발견 환자에 대한 임상 보고서에도 사람 간 전염을 짐작할 만한 근거가 실렸다. 환자는 화난시장이나 의료시설에 간 적이 없으며, 본인이 아는 한 아픈 사람과 접촉한 적도 없다고 했다. 무증상 감염자에게서 병이 옮은 것이 거의 틀림없었다. 이 같은 무증상 전파는 코로나 19의 대단히 골치 아픈 특징임이 곧 분명해졌다. 증상 유무만으로는 감염 여부를 알 수 없으니, 바이러스의 세계적 확산 과정에서 추적 통제에 큰 어려움이 존재할 수밖에 없었다.

확진이 이루어진 것만 해도 대단히 운 좋은 사건이었다. 그 남성은 질본의 바이러스 주의보를 접하고는 우한 귀국 나흘 만인 1월 19일 미열과 기침이 나자 시애틀 근교의 응급진료소를 찾았다. 진료소에서는 현명하게도 검체를 채취해 야간 항공편으로 질본에 보냈다. 남성을 퇴원시키면서 자가격리self-isolation를 주문했고, 남성은 이에 따랐다. 1월 20일 오후, 검사 결과가 양성으로 나왔다. 그날 밤 11시, 남성은 투명막으로 밀폐한 환자 수송 침대에 실려 격리병동으로 이송됐다. 과거 에볼라 환자 치료용으로 워싱턴주 에버렛의 프로비던스 지역의료센터 내에 지어진 병동이었다. 이로써 이 남성은 본의 아니게 미국 최초의 확진자, 이른바 '0번 환자'가 됐다.[45]

환자의 상태는 악화하여 폐렴으로 번졌다. 이 환자가 입원 치료를 받는 동안 의료진은 마스크 등 보호장구를 착용했고, 로봇을 이용해 환자의 혈압과 맥박 등을 측정했다. 거리 유지를 위해 환자와 대화할 때는 영상통화를 활용했다. 우한에서 리원량을 비롯해 많은 의료진이 겪은 비극을 피하기 위한 조치였다. 이런 비대면, 격리 치료는 이후 입원 환자들이 받을 치료의 전례가 됐다. 1월 30일경 0번 환자는 상태가 호전됐고, 얼마 후 퇴원했다. 2월 21일에는 타인에게 바이러스를 전파할 위험이 없는 것으로 판단되어 자가격리가 해제됐다.

접촉자 추적(보건 당국에서 확진자가 누구와 접촉했는지를 역추적하는 것) 결과 최소 60명이 0번 환자와 접촉한 것으로 드러났다. 놀랍게도 그중 발병자는 아무도 없었다. 후에 유전자 검사를 해본 결과, 0번 환자가 시애틀의 유행 사태에 원인을 제공하지 않았을 가능성이 매우 큰 것으로 확인됐다. 이렇게 바이러스 전파 사슬에 '종점 dead end', 즉 막다른 지점이 존재한다는 것 역시 코로나19 범유행의 당혹스러우면서도 중요한 특징이다. 뒤에 자세히 이야기하겠지만, 이런 분석 결과로 볼 때 다른 미지의 감염자가 0번 환자와는 다른 변이 바이러스를 워싱턴주 일대에 확산시킨 것으로 보인다. 아마도 중국과 연관이 있는 미국인이며, 2월 13일 전후에 후베이성에서 귀국했을 것으로 추측된다.[46]

인근 도시 커클랜드에 있는 요양시설 라이프케어센터에서 감염 사태를 일으킨 것이 바로 그 변이 바이러스였다. 요양시설은 감염에 취약한 다수의 고령자가 생활하는 공간이니 바이러스가 확산되기 쉬웠고, 국지적 집단감염이 일어나면서 곧 이목이 쏠렸다. 2월, 이 요양시설에 응급 출동이 부쩍 잦아졌다는 사실이 눈에 띄었다. 1월에 7건이었던 것이 2월에는 약 30건으로 늘었다. 현장출동요원 중에서도 발병자가 나왔다. 소방서에서는 이 요양시설을 위험구역으로 선포하고, 구급대원들에게 보호장비를 철저히 착용하고 출입할 것을 의무화했다. 요양시설 근무자들에게 환자 이송 시 마스크를 착용시킨 채 이송용 침대에 눕혀 인도에 옮겨놓게 하고, 응급구조사들이 픽업해 가기도 했다. 2월 28일, 검사 결과가 양성으로 확인되면서 비로소 최근 발생한 몇 건의 사망 원인이 신종 코로나바이러스였음이 확인됐다. 이틀 후인 3월 1일, 70대의 남성이 이 요양시설 입소자 중 최초의 코로나19 사망자로 기록된다.[47] 이후 3월 27일에 질본에서 발표한 보고서에 따르면 이 시설과 연관돼 발생한 감염자는 총 167명으로, 입소자 101명(전체 입소자의 3분의 2 이상), 의료 종사자 50명, 방문객 16명이었다. 이 중 최소 35명이 사망했다.[48] 앞서 얘기한 시애틀 지역에서 보고된 감염자는 3월 8일 기준 118명에 사망자는 18명이었고, 사망자 대다수가 라이프케어센터에서 나왔다.

요양시설은 코로나19에 취약한 노인들이 밀집해 있었으므로 전국에 퍼질 바이러스를 키워내는 배양접시와 같은 역할을 했다. 사망자가 급증하면서 요양시설에 통상적으로 마련된 작은 영안실로는 장례시설이 턱없이 부족해졌다. 4월에는 신문에 암울한 기사 제목이 등장한다. 예컨대 "감염 요양시설에서 익명 제보로 시신 17구 발견", "홀리오크 소재 보훈요양원에서 연일 사망자 발생, 누적 사망자 67명" 등이다. 이 중 두 번째 기사에 언급된 시설에서는 입소자의 3분의 1이 사망했다.[49] 요양시설은 본의 아니게 과거 페스트 환자들을 수용하던 '격리수용소pesthouse'의 21세기판이 되어버렸다. 홀로 사는 노인들도 코로나19로 빠르게 목숨을 잃어갔기 때문에 통계 전문가들은 뒤늦게 파악된 사망 건수를 반영하여 바이러스의 추정 치사율을 상향 조정해야 했다.

시애틀 지역은 0번 환자, 최초 보고된 집단감염, 최초 사망자가 모두 나온 곳이니 미국에서 처음 바이러스가 번진 곳으로 생각됐다. 그러나 이후 연구로 밝혀졌지만, 서부 해안 지역에서 그보다 앞서 나온 환자들도 있었다. 미국에서는 사후 발견된 시신이나 의문사의 경우 지역 검시관이 부검을 수행하게 되어 있다. 캘리포니아주 샌타클래라의 검시관이 퍼트리샤 다우드(57세)의 부검을 수행한 것도 그래서였다. 다우드는 1월 말에 독감과 유사한 증상을 보였다. 직장에 결근하고 가족에게 인근 도시의 가족 모임에 못 간다고 알렸다. 2월 8일 아침 8시에 직장 동료와 통화했는데, 2시간 후에 시신으로 발견됐다.[50] 처음엔 사인이 심장마비로 생각됐으나 부검 결과 SARS-2 바이러스가 검출됐다. 코로나19는 감염 후 사망까지 보통 약 3주가 걸리므로, 바이러스가 샌타클래라를 포함하는 인구가 밀집된 베이에어리어에 이미 1월 중순쯤에는 도달했을 가능성이 크다. 0번 환자가 시애틀에 막 도착했을 무렵이다. 다우드는 중국에 간 적이 없으므로, 이때 이미 지역사회 전파가 일어나고 있었던 셈이다.

감염 경로를 알 수 없는 다우드를 제외하고 최초로 확인된 사람 간 전파는 일리노이주의 한 부부 사이에서 일어났다.[51] 2020년 1월 13일에 우한에서 귀국한 아내가 남편을 감염시켰고, 둘 다 심각한 증상을 보여 입원했다가 회복했다. 그런데 흥미롭게도, 부부는 0번 환자처럼 다른 누구도 감염시키지 않았다. 일리노이주 보건 당국은 의료 종사자 195명을 포함해 부부와 접촉한 372명을 추적 조사했지만, 아무에게도 바이러스가 옮지 않은 것으로 나타났다.

한편 시애틀에서는 앞서 언급한 외부 유입 사례 이후 바이러스가 계속 퍼져 나갔다. 감염병 전문가 헬렌 추Helen Chu는 시애틀의 최초 발병자 소식을 1월 말에 접하고 우려하고 있었지만 다행히도 시도해볼 방법이 있었다. 그녀는 자선사업가 빌 게이츠의 지원으로 2018년에 출범한 시애틀플루스터디Seattle Flu Study라는 프로젝트를 이끌고 있었다. 이 프로젝트에서는 시애틀 지역 공중보건 감시 사업의 일환으로 호흡기질환 증상자들이 자발적으로 보내온 비강 면봉을 수집하고 있었다. 최근 1~2월에 입수된 검체를 검사해보면 바이러스의 확산 여부와 확산 시점을 파악할 수 있으리라는 데 생각이 미쳤다.

그러나 주정부와 연방정부의 승인이 나지 않았고, 헬렌 추는 병의 확산에 점점 초조해졌다. 2월 25일, 헬렌 추는 최종 승인이 떨어지지 않은 상태에서 연구팀을 이끌고 가장 최근 입수된 검체의 분석에 들어갔다. 곧바로, 중국은커녕 어디에도 여행한 적 없는 15세 소년이 몇 주 전 SARS-2에 감염됐다는 사실이 드러났다. 2월 24일 상기도감염증으로 병원을 찾은 소년이었다상기도는 기도를 위아래 부분으로 나눌 때 후두를 기준으로 위쪽을 말한다-옮긴이. 0번 환자 거주지에서 25km 거리에 살았지만, 검출된 바이러스는 0번 환자와 다른 변이체였으므로 0번 환자에게서 옮은 것은 아니었다.[52] 지역 내 의료 관계자들은 다급히 소년을 찾아 나섰다. 나와 아주 잘 아는 사이인 의사 한 사람도 수색에 동참했으며, 그날 학교에서 공부하고 있는 소년을 찾아냈다.

소년이 학교에 간 것은 이상할 게 없었다. 누가 봐도 평범해 보이는 병을 앓다가 회복했으니 일상으로 돌아간 건 당연했다. 관계자들은 소년을 찾아내자마자 급히 이송했고, 학교는 곧 폐쇄됐다.

이 사례를 확인한 헬렌 추는 감염병이 "이미 모든 곳에 퍼져 있음"을 깨닫고 전율했다.[53] 시애틀플루스터디 연구팀은 지난 1월에 입수한 검체의 검사를 이어서 진행해 몇 건의 사례를 더 발견했다(최초의 양성 사례는 2월 21일 자 검체에서 나왔다). 그리고 환자들에게 감염 사실을 알렸다. 이때 코로나19는 이미 시애틀 지역에서 2명의 목숨을 앗아간 후였다. 두 사망자 모두 나이가 많았다. 이처럼 어린이와 청소년에게는 대체로 치명적이지 않다는 경향 또한 코로나19의 특징으로 곧 널리 알려졌다.

해외여행을 하지 않은 소년이 코로나19에 걸렸다는 사실 또한 미국 내에서 지역사회 전파가 한창 진행 중이라는 뚜렷한 증거였다. 그러나 검사 역량이 부족했기에 미국 질본은 호흡기 증상자 중에 중국 여행 이력이 있거나 코로나19 확진자와 접촉한 사람에 한해 검사를 받으라고 권고했고, 이런 지침은 2월 27일까지 변함이 없었다. 이에 따라, 0번 환자 확진 후 6주 동안 전국에서 나온 확진자는 59명에 불과했다.[54] 검사를 제약하는 규정이 곳곳에서 검사를 가로막았는데, 이는 임상적 근거 때문이 아니라 단지 검사 역량이 부족했기 때문이다. 내 아내는 3월 초에 독감 증상이 심해 인근 대형 병원을 찾아 진단검사를 요청했지만 거절당했다. '너무 여러 가지 증상을 보인다'는 이유였다. 믿기 어렵지만, 검사 부족 상황은 전국적으로 여름까지 이어졌다.

미국인들은 마스크 대신 눈가리개를 쓰고 있었던 셈이다. 미국의 검사 건수 부족은 크나큰 실수였으며, 초기 감염 대응이 엄청나게 느려지는 원인이 됐다. 지금은 잘 알려진 사실이지만, 당시 전문가들의 짐작은 옳았다. 다시 말해 코로나19는 이미 모든 곳에 퍼져 있었다. 이후 검사를 늘렸더니 3월 25일까지 워싱턴주에서만 확진자 2580명, 사망자 132명이 나왔다. 같은 날 기준으로 미국 전체적으로는 확진자 6만 8673명, 사망자 1028명이었다.[55]

시애틀에서 발생한 감염 사례는 크루즈선 '그랜드 프린세스호' 발병 사태의 시발점을 제공한 것으로 보인다. 그랜드 프린세스호는 집단감염의 온상이 된 수많은 크루즈선 중 하나다(이후 미국 항공모함 '시어도어 루스벨트호'에서까지 집단감염이 일어났다). 놀랍게도 크루즈선들은 전염병이 선내에 급격히 퍼지는 가운데에도 입항이 금지되어 해상에 머물러야 했고, 치료 여건 미비와 밀집된 환경 탓에 사망자가 더 많이 나올 수밖에 없었다.[56]

2월 11일, 승객 2400여 명과 승무원 1111명을 태운 그랜드 프린세스호는 샌프란시스코를 떠나 멕시코 유람길에 올랐다. 배는 2월 21일에 귀항했고, 승무원 대부분과 승객 68명은 선상에 남았다. 같은 날 배는 새 여행객을 포함해 2460명을 태우고 하와이로 떠났다. 3월 4일, 멕시코 유람을 마치고 돌아온 승객 중 1명이 코로나19 판정을 받았고, 이에 따라 그랜드 프린세스호는 태평양 해상에서 진로를 돌려 복귀에 나섰다. 우려했던 것처럼 이 무렵 코로나19는 이미 선내에 퍼지고 있었고, 승객 2명과 승무원 19명이 양성 판정을 받았다.[57] 배는 3월 8일 미국에 입항했고 승객과 승무원들은 군 기지에 격리됐다.[58] 3월 21일에는 양성 판정자가 총 78명으로 늘어났다. 미국 질본에서는 곧 뼈아픈 주의보를 발령했다. "전 국민은 COVID-19 범유행 중 모든 해외 크루즈 여행을 연기할 것."[59]

이보다 앞서 크루즈선 다이아몬드 프린세스호도 감염자가 발생하여 2월 3일 일본 요코하마에 격리됐다. 이 크루즈선은 과학자들에게 일종의 음울한 '자연실험' 환경을 제공함으로써 코로나19 유행 국면에서 대단히 중요한 역할을 했다. 과학적 지식을 얻는 데 실험의 중요성은 두말할 나위 없지만, 현실적·윤리적 이유로 실험을 할 수 없는 경우도 많다. 예컨대 배우자와 사별하거나 헤어진 사람은 이른바 '상심증후군'으로 사망 위험이 높아진다는 가설을 실험으로 검증할 수는 없다. 무작위로 배우자를 죽거나 떠나가게 할 수는 없으니 말이다.

하지만 때때로 자연실험 환경, 다시 말해 피험자들이 무작위로 '처치 조건'에 놓이는 상황을 관찰할 수 있는 경우가 있다. 예컨대 밀집 공간 거주자들 간에 치명적 세균이 전파되는 양상을 관찰하는 것이다. 물론 자연실험은 계획실험처럼 엄격한 통제가 불가능하므로 한계도 많다. 한 예로, '처치 조건'이 전적으로 우연히 적용된다는 보장이 없다. 가령 다이아몬드 프린세스호의 경우, 크루즈선 승객은 애당초 나이가 많고 부유한 편이며 사교성도 비교적 높다는 사실이 고려되어야 했다.

그래도 어느 정도 참고할 만한 증거가 이 배에서 수집됐다. 범유행 초기의 혼란 속에서, 과학자들은 수십 편의 논문을 통해 데이터를 샅샅이 분석하여 잡음 속에서 신호를 가려냈다. 하선이 금지되어 배 안에 갇혀 있는 3711명의 집단을 토대로, SARS-2가 인구의 몇 퍼센트를 감염시킬지, 그리고 감염자의 치사율은 얼마나 될지를 가늠해봤다.[60] 탑승객 가운데 감염자는 최소 712명, 그중 최종 사망자는 최소 12명(1.7%)으로 나타났다.[61] 승객들이 비교적 고령임을 고려해도, 둘 다 매우 우려스러운 수치였다. 실제로 이 배에서만 워낙 많은 감염자가 발생했기에, 당시 세계보건기구WHO에서 집계하던 국가별 코로나19 발생 현황표에는 다이아몬드 프린세스호를 중국과 이탈리아에 이어 마치 하나의 나라처럼 3위에 올렸다.

3월 중순 무렵 미국은 코로나19 위기에 갑자기 눈을 떴다. 라이프케어센터 집단사망 사태가 닥치자 서부 해안 지역 주지사들은 뭔든 조치가 필요하다고 깨달았다. 3월 5일부터 아마존, 마이크로소프트 등 시애틀의 거대 IT 기업들은 직원들에게 가능하면 재택근무를 하라고 권고했다(아마존 직원 1명이 바이러스 양성 판정을 받고 격리된 지 며칠 후였다).[62] 이후에 식당 예약 건수 등의 데이터를 분석한 결과, 시애틀의 일반 시민들은 지역 내 발병 소식을 접하고 당국의 방침 없이도 외출을 자제한 것으로 나타났다. 3월 17일, 제이 인즐리Jay Inslee 워싱턴 주지사는 모든 술집, 식당, 오락 및 유흥 시설에 영업 금지 명령을 내렸다. 3월 19일에는 개빈 뉴섬Gavin Newsom 캘리포니아 주지사가 생활 필수 활동 이외에는 자택에 머물라는 행정 명령을 주 전역에 내렸다.[63] 3월 23일에는 워싱턴주에도 같은 행정 명령이 내려졌다.

○——→

바이러스의 기본 특성을 이해하고 확산 지역을 파악하는 데 현대 유전학 기술이 매우 중요한 역할을 했다. 첫 단추는 바이러스의 유전체(게놈) 지도 작성이었다. 바이러스는 복잡한 생물체보다 그나마 유전체 지도를 만들기 쉽다. 모든 바이러스의 유전체에는 몇 가지 단백질을 만드는 명령만 들어 있다. 바이러스는 우리 몸의 유전기관을 장악해 우리 몸속에서 번식하므로 단백질을 직접 생산하는 기능은 필요치 않다. 코로나바이러스의 유전암호는 단 2만 9903개의 문자로 되어 있다. 그 유전자 서열을 단시간에 분석해낸 것은 장용젠張永振 중국 푸단대학교 교수 연구팀이었다. 화난시장 상인에게서 채취한 검체를 이용했고, 2020년 1월 11일 진단 테스트 개발의 길을 열기 위해 일반에 공개했다.[64] 다음 날, 중국 정부는 과학적 정보를 통제하려는 의도에서 어처구니없는 조치를 취한다. 중요한 업적을 이루어낸 그 연구실을 '시정 조치'가 필요하다며 폐쇄해버린 것이다.[65]

SARS-2는 코로나바이러스과에 속하는 바이러스다. 코로나바이러스과의 바이러스는 인간에게 감기를 일으키는 종도 있고, 돼지·고양이·닭 등 가축에게 병을 일으키는 종도 있다. 유전자 서열 분석 결과 SARS-2는 중국 윈난성의 동굴에 사는 박쥐에게서 수년 전에 채취한 RaTG13이라는 코로나바이러스와 96.2% 동일한 것으로 나타났다. 그렇다면 SARS-2는 박쥐에서 기원했다는 결론이 나온다. 아마도 박쥐들 사이에서 수십 년간 조용히 돌았던 것으로 추측되지만, 천산갑으로 옮겨져서 어느 정도 있다가 인간에게 옮겨졌을 수도 있다. 정확한 경로는 영원히 알 수 없을지도 모른다.[66]

박쥐에서 기원한 바이러스가 일으킨 유행병은 치명적인 에볼라·마르부르크 출혈열, 헨드라·니파·세인트루이스 뇌염 등 과거에도 여러 사례가 있었다. 인간에게 병을 일으키는 병원체가 박쥐에서 그토록 많이 기원하는 이유는 정확히 알려지지 않았다. 하지만 박쥐는 오랜 세월 죽음과 관련된 상징으로 인류의 전설 속에 꼬박꼬박 등장했다. 박쥐는 나이지리아에서 멕시코와 유럽에 이르기까지 드라큘라 이야기 등 여러 민간 설화에 나타난다. 어느 설에 따르면, 박쥐의 면역체계는 인간과 묘하게도 비슷하여 박쥐 몸에 적응하는 병원체라면 인간에게도 쉽게 병을 일으킬 수 있다고 한다. 또 다른 설에 따르면, 박쥐는 유일하게 날아다니는 포유류이기에 인간을 비롯한 다른 포유류에 바이러스를 널리 퍼뜨리기가 쉽다고 한다.

바이러스 유전체 지도 작성의 중요한 장점 하나는 바이러스의 변이체를 정확히 가려내 전 세계 확산 경로를 추적할 수 있다는 것이다.[67] 시간이 지나면서 바이러스의 유전체는 미세한 돌연변이를 일으킨다. 즉 유전암호에 미미한 변화가 일어나는데, 바이러스의 기능에는 대개 영향이 없다. 변화의 발생 주기는 상당히 일정해서, 평균적으로 2주마다 한 번씩 미세한 돌연변이가 일어난다. 유전암호의 어느 곳이 바뀔지는 알 수 없다. 돌연변이 위치는 무작위적으로 선정되며, 따라서 바이러스는 지역에 따라 그 유전체가 조금씩 다른 모습이 된다. 세계 각지에서 수천수만 건의 검체를 수집해 무작위적으로 누적된 돌연변이를 조사하면, 바이러스의 이동 경로를 재구성할 수 있다. 마치 여권에 찍힌 도장처럼, 바이러스가 어디를 거쳐 왔으며 언제 국경을 넘어왔는가 하는 이력이 고스란히 담겨 있는 것이다. 예컨대 그랜드 프린세스호 발병 사태가 시애틀 발병 사태와 연관된 것이고, 시애틀은 우한의 최초 발병과 연관된 것임을 신속히 파악할 수 있었던 것도 이 기법 덕분이다.

워싱턴주 확산 사태를 일으킨 바이러스의 서열 분석에 착수한 것은 2월 중순 트레버 베드퍼드Trevor Bedford 교수 연구팀이었다. 베드퍼드 교수는 워싱턴대학교의 감염병 전문가로, 시애틀플루스터디에도 참여하고 있었다.[68] 시애틀 확산 초기에 베드퍼드 교수 연구팀은 지역 내 여러 감염자에게서 채취한 바이러스의 유전체를 분석해 바이러스의 기원을 추적해봤다. 한 가지 가능한 시나리오는 SARS-2가 1월 15일 0번 환자와 함께 시애틀 지역에 유입되어서는, 이 환자가 진료를 받기 전후에 알 수 없는 경로로 퍼져 나가다가 결국 라이프케어센터 집단발병을 일으키고, 시애틀플루스터디에서 포착한 10대 소년도 감염시켰다는 것이다. 두 번째로 가능한 시나리오는 0번 환자와 별개로 제2의 외부 유입 사례 또는 여러 외부 유입 사례가 존재했으며 그것들이 지역 내 곳곳의 발병 사태로 이어졌다는 것이다.

이렇게 시나리오를 구분하는 일은 스케일을 가늠하는 데 중요하다. 이를 통해 연구자들은 바이러스와의 싸움이 얼마나 여러 곳의 전선에서 벌어지고 있는지 알 수 있다. 이와 같은 데이터는 또 바이러스의 전염성과 이동 경로를 판단하는 데에도 매우 유용하다. 이렇게 하여 시애틀 지역사회 전파를 일으킨 변이 바이러스는 0번 환자가 아니라 이후의 다른 외부 유입 사례에서 기원했다고 추론할 수 있었다. 더 늦게 유입된 그 변이체가 2월 말에는 시애틀 지역 확진자의 85%를 차지하기에 이르렀다. 물론 다른 변이체들도 여행객들과 함께 시애틀 지역에 속속 도달해 저마다 계통도를 그려나가고 있었다.

정확한 시나리오를 판별하는 일에는 어려움도 따른다. 항상 확실한 판단을 내릴 수는 없기 때문이다. 그 가장 큰 이유는 사람들이 SARS-2 바이러스를 옮기는 속도(감염과 전파 사이 평균 간격이 약 1주)가 바이러스의 고유성 여부를 판단하게 해주는 돌연변이 속도(약 2주에 1회)보다 빠르다는 것이다. 비유하자면 1주마다 새로운 나라에 입국하는데 여권에 도장은 2주마다 받는 셈이다. 그러면 정확히 어느 곳을 거쳐 왔는지 파악하기가 어렵다.

이렇게 구성한 바이러스의 계통도를 대략 그려보면 그림 2와 같다. 애리조나대학교 진화생물학자 마이클 워로비Michael Worobey 교수 연구팀이 다른 연구팀들과 공동으로 작업한 결과에서 발췌한 것이다. 그림에서 각각의 점은 하나의 변이체에 대응한다(유전체의 염기서열을 분석해 판별한 것). 0번 환자가 보유했던 변이체 WA1은 종점에 이르러(그림 왼쪽 아래) 다른 변이체를 낳거나 추가 감염자를 발생시키지 않았음을 알 수 있다. 한편 그와 다른 변이체들이 2월 13일쯤 워싱턴 확산 사태의 시발점을 제공했고(그림 오른쪽 위), 캘리포니아와 뉴욕 등지로도 퍼져 나갔다.[69]

베드퍼드 교수 연구팀은 최초 지역사회 전파(즉, 앞서 언급한 10대 소년)를 일으킨 바이러스의 염기서열을 분석해, 한 달 전 중국의 장용젠 교수 연구팀처럼 즉시 결과를 공개했다. 2월 29일 트위터에

그림 2 ─ SARS-2의 각종 변이체에 대해 유전체 지도를 만들고, 추정 분화 시기에 따라 그래프로 나타내면 바이러스의 이동 경로를 추적할 수 있다.

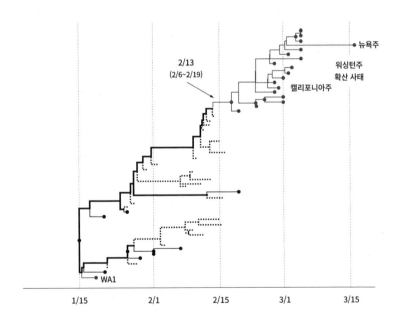

정보를 올렸는데, 트위터는 곧 과학자들이 신속히 정보를 공유하는 주요 수단으로 자리 잡았다. 한 국제 컨소시엄은 전 세계에서 발견된 바이러스의 유전체 염기서열을 '넥스트스트레인Nextstrain'이라는 온라인 플랫폼에서 공유하기 시작했다. 이 플랫폼의 작동 원리는 인간 가문의 족보를 구성하는 데 쓰는 온라인 도구와 비슷하다.

3월에 SARS-2가 코네티컷주에 출현했을 때도 연구자들은 이와 비슷한 방법을 이용해 바이러스가 미국 내 또는 해외에서 유래했는지 추적해봤다.[70] 검체 9건을 수집해 유전체 염기서열을 분석했고, 인근 공항들의 항공 교통 데이터도 조사했다. 그때 이미 미국에는 1월 31일 중국, 2월 29일 이란, 3월 11일 유럽 등 여행 제한이 광범위하게 걸려 있었다. 하지만 연구자들은 유전자 분석으로 미국의 가장 큰 위험 요인은 해외 입국이 아니라 국내 다른 주들에서의 유입이라는 사실을 분명히 밝힐 수 있었다. 코네티컷에 출현한 SARS-2 변이체는 워싱턴주를 비롯한 미국 내 지역 몇 곳에서 유래한 것이었고, 당시 검사받은 환자 중 누구도 외국에 갔다 온 적이 없었다. 외국 여행자보다 국내 여행자의 수 자체가 워낙 많으니 국내 위험 요인이 더 큰 것도 놀랄 일은 아니다. 과학자들은 해외여행 제한이 바이러스 확산을 막는 효과는 크지 않다는 결론을 내렸다.

그러나 해외 유입도 분명히 있었다. 2020년 3월 1일에 뉴욕주에서 코로나바이러스 최초 확진자가 나왔는데, 2월 25일 이란에서 뉴욕시로 귀국한 여행자였다. 여행 금지령이 내려지기 직전에 입국한 것이다.[71] 물론 이미 얼마 전부터 뉴욕시에서는 병이 돌고 있었고,

3월 말에는 밀려드는 환자로 병원들이 포화 상태가 됐다. 4월 초 뉴욕시에서는 매일 1000명에 가까운 코로나바이러스 사망자가 나왔고, 그 숫자는 신체적 거리두기를 전반적으로 시행한 지 몇 주가 지나서야 줄어들었다. 3월 19일에는 미국의 50개 주 모두에서 바이러스가 검출됐다. 그림 3은 미국 내 확산의 시발점이 된 바이러스의

그림 3 ─ 바이러스 변이체의 유전자를 분석해 추정한 2020년 2월 SARS-2의 미국 도달 경로

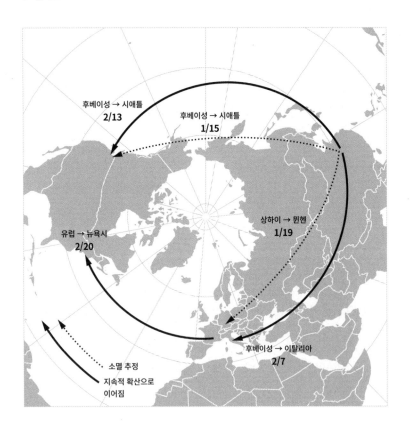

후베이성 → 시애틀
2/13

후베이성 → 시애틀
1/15

상하이 → 뮌헨
1/19

유럽 → 뉴욕시
2/20

후베이성 → 이탈리아
2/7

소멸 추정

지속적 확산으로
이어짐

58 신의 화살

주요 최초 도달 시점을 추정하여 나타낸 것이다.[72]

　1월에 중국에서, 3월에 미국에서 확산된 바이러스는 두 시기 사이에 이탈리아와 이란에서 크게 퍼져 나가 막대한 피해를 냈다.[73] 스페인, 프랑스 등 다른 여러 유럽 나라와 아시아, 라틴아메리카의 몇몇 나라도 피해가 컸다. 4월 초에 전염병이 휩쓴 에콰도르에서는 워낙 빠르게 쌓이는 시신을 감당하지 못해 비닐로 감싼 다음 돌 몇 개를 얹어 인도에 버려두곤 했다.[74] 우리 연구팀은 온두라스 코판에 공중보건 현장 연구소를 두고 주민 3만 명을 대상으로 연구하고 있었는데, 3월에는 바이러스 유입 위험을 막기 위해 활동을 중지해야 했다.

　바이러스가 처음 인간에게 옮겨지고 약 넉 달이 지난 3월 11일, WHO는 코로나19의 팬데믹(범유행)을 선언했다. 물론 형식적인 절차일 뿐이었다. 분별 있는 관찰자와 전 세계의 신음하는 도시 주민들이 보기에 바이러스의 만연은 이미 명백한 현실이었다. 2020년 4월 1일 기준 미국의 확진자는 21만 9622명, 사망자는 5114명이었으며, 전 세계의 확진자는 93만 6851명, 사망자는 4만 7210명이었다. 5월 1일, 코로나19는 미국에서 사망 원인 1위로 올라섰다. 계절성 독감은 물론 암과 심장질환으로 인한 일일 사망자 수를 앞지른 것이다. 7월 1일, 미국의 사망자는 13만 761명, 전 세계 사망자는 51만 8135명을 기록했다. 사태의 끝이 도무지 보이지 않았다.

○———▶

SARS-2를 포함한 일군의 바이러스가 코로나바이러스라는 이름을 얻게 된 것은 전자현미경으로 들여다봤을 때 관찰되는 모습 때문이다. 1968년에 처음 생김새를 관찰하니 둘레에 왕관 같은 형태가 보였는데, 태양 가장자리의 코로나와 비슷해 보였다('코로나corona'의 어원은 '머리에 두르는 화환crown'을 뜻하는 고대 그리스어다).[75] 왕관을 이루는 부분이 바이러스 표면에 솟아 있는 돌기단백질인데, 바로 이 단백질이 인간에게 치명적인 역할을 한다. 돌기단백질이 인체 세포 표면의 단백질('ACE2'로 알려져 있다)에 달라붙으면서 바이러스의 세포 침투가 시작된다. 바이러스는 이어서 자신의 RNA를 세포 내로 주입하고, 우리 몸의 유전기관을 이용해 RNA를 복제함으로써 더 많은 바이러스를 인체에 퍼뜨린다.

SARS-2 바이러스가 일으키는 병인 코로나19는 호흡기 감염병 치고도 특히 변화무쌍한 특성을 보여서 발열, 기침, 근육통에서 후각 상실에 이르기까지 매우 다양한 증상을 나타낸다. 환자에게 나타나는 증상은 바이러스가 몸의 어느 세포를 감염시켰는지 그리고 면역체계가 어떻게 반응하는지에 부분적으로 좌우된다. 기본적으로는 호흡기질환으로, 기침과 발열 증상이 가장 흔하고 호흡곤란이 일어나기도 한다. 더 드물게는 근골격계 증상(근육통, 관절통, 피로감)과 소화계통 증상(복통, 구토, 설사)도 나타난다. 그 밖에 피부 발진, 두통, 어지럼증 등 다양한 증상도 나타날 수 있다. 후각 상실은 흔하지는 않지만 다른 호흡기 감염병보다는 코로나19에서 더 많이 보인다.[76]

환자마다 중증도도 매우 다양하게 나타난다. 감염자 중 절반 정도는 전혀 증상을 보이지 않는 것으로 추측된다. 나머지 절반은 대부분이 가벼운 증상을 보이나, 약 20%는 입원이 필요하고 약 1%는 사망에 이르는 등 다양한 결과를 보인다. 환자 중에는 금방 낫는 사람도 있고 건강 문제에 계속 시달리는 사람도 있다.

경증 환자는 증상이 기껏해야 인후통, 근육통, 미열에 그치기도 한다. 그래서 독감이나 좀 오래가는 감기쯤으로 생각하는 경우도 있다. 심지어 시차증으로 오인한 사람도 있었다.[77] 다이아몬드 프린세스호에 격리됐던 한 67세 남성은 유일하게 겪은 증상이 짧은 발열, 3일간의 가벼운 호흡곤란, 기침이었다.[78] 이 남성은 "집에서 비슷한 증상이 있었다면 아마 평소처럼 출근했을 것"이라고 말했다.[79] 이 부류에 속하는 환자들은 어지럼증과 피로감을 가장 많이 호소했다. 낮잠이 많아지고, 계단을 오르거나 샤워할 때 몸이 천근만근이었다고도 한다. 73세의 한 남성은 이렇게 말했다. "기운이나 욕구가 하나도 없었어요. … 머리도 잘 돌아가지 않았고요. '코로나 혼미 상태'였다고나 할까요."[80]

중증 환자는 증상을 매우 강한 언어로 호소한다. 시카고에 거주하는 한 41세 여성은 병을 앓는 몇 주 동안 "외계인이 내 몸을 장악한 기분"이었다고 말했다.[81] 많은 환자가 그랬듯이 갑자기 발병했고, 전형적인 코로나바이러스 증상이 신속히 진행됐다. 격한 마른기침, 미각과 후각 상실, 두통과 전신통, 극도의 피로감 등이다. "독감과는 달라요. … 지금까지 살면서 이런 건 겪어본 적이 없었어요."

한 43세의 여성은 주초에 요통과 기침 증상이 나타난 후 주말에는 응급실에 실려 가야 했다. 의료진은 급히 인위적 혼수상태를 유도하고 기관내 삽관을 시행했다. "온몸이 두들겨 맞은 것처럼 아팠어요. 마이크 타이슨과 복싱이라도 한 것 같았어요. … 온몸이 뒤틀리도록 기침을 했어요. 자동차 엔진 탁탁거리는 소리 있죠? 꼭 그런 소리가 났어요."[82] 의료 종사자들은 코로나19 환자의 병세가 급격히 나빠지는 경우가 있다고 진술한다. 별문제가 없다가도 갑자기 심각한 호흡곤란이 찾아오고, 곧 기관내 삽관을 해야 하는 상태가 된다는 것이다. 병세가 워낙 급격히 악화해 아무도 모르게 집에서 혼자 사망하는 환자들도 있다.

건강한 젊은 성인조차 말을 하거나 걷기조차 어려울 정도로 숨이 가빠지는 증상을 겪기도 한다. 한 19세 환자는 "코끼리 한 마리가 가슴에 올라탄 느낌"이라고 했다. 어떤 환자는 숨을 쉴 때마다 "얼음송곳으로 가슴을 찌르는" 느낌이라고 했고, 폐 속에 박혀 있는 "솜덩어리"가 뱉어지지 않는 느낌이라고 한 환자도 있었다.[83]

SARS-2 바이러스는 폐 속에 침투하고 나면 폐포산소의 교환이 이루어지는 포도송이 모양의 자루—옮긴이의 벽을 덮고 있는 세포를 죽인다. 그렇게 손상된 폐 조직에서 새어 나온 혈액 등의 체액이 폐포 내로 스며들면 환자는 호흡곤란을 겪게 된다. 자기 자신의 체액으로 인해 숨이 막히는 셈이다. 또 SARS-2 바이러스는 인체 내의 다른 조직도 감염시킬 수 있다. 내장에 침투해 설사를 일으키는 등 호흡계통 이외의 증상도 일으키는 것이 이 때문이다. 설상가상으로, 간혹 면역체계가 바이러스에 과잉 반응하여 '사이토카인 폭풍cytokine storm'이라고 하는 현상을 일으킴으로써 상황을 악화시키기도 한다. 인체는 외부에서 침투한 병원체에 대항하기 위해 면역물질을 분비하는데, 분비가 과다해 폐를 비롯한 부위의 세포들을 자극하고 손상시키는 것이다. 그렇게 되면 산소 교환이 어려워지고 호흡곤란이 일어난다.[84]

마지막으로, SARS-2 바이러스는 종잡을 수 없다는 특성이 있어서 회복기에 들어선 환자라고 해도 갑자기 새로운 증상이 나타나 극도의 피로감 또는 발열이 재발할 수 있다. 코로나19를 심하게 앓았다가 퇴원한 환자의 경우, 열이 떨어진 뒤에도 발작적인 기침과 기력 저하가 오래도록 이어지기도 한다. 경증 환자는 회복하는 데 2주, 중증 환자는 6주 이상 걸릴 수 있다.[85] 코로나19는 강한 전염성 때문에 신체적으로뿐만 아니라 정서적으로 환자를 피폐하게 한다. 특히 무증상 상태에서 자신도 모르게 바이러스를 남들에게 전파한 것에 죄책감을 느끼는 환자가 많았다. 의사들은 또한 SARS-2에 감염됐던 환자 중 다수가 여러 기관계에 장기적 여파를 겪을 수 있다고 본다. 이른바 '포스트 코로나 증후군post-COVID syndrome'이다. 예컨대 폐나 신장이나 심장에 영구적으로 손상이 남을 수 있고, 드물게는 신경에 결함이 생길 수도 있다는 것이다. 코로나19가 환자에게 미치는 지속적 영향이 명확히 밝혀지기까지는 여러 해가 걸릴 것으로 보인다. 가령 어린이는 증상을 잘 보이지 않지만 드문 합병증이 나타날 가능성을 무시할 수는 없다.

살면서 치명적인 유행병을 직접 겪어본 사람은 많지 않다. 하지만 인류는 최소한 3000년 전부터 도시에서 큰 집단을 이루어 살기 시작한 이래 늘 역병에 시달려왔다. 기원전 430년에는 아테네 역병plague of Athens이 돌았다. 기원후 541년에는 유스티니아누스 페스트plague of Justinian가 유행했고, 1347년에는 흑사병Black Death이 창궐했다. 1918년에는 스페인 독감Spanish flu이 맹위를 떨쳤다. 고대 신화에는 역병의 신들이 등장한다. 그리스의 아폴론뿐만 아니라 인도 신화의 루드라Rudra, 중국의 온신瘟神도 있다. 역병은 인류에게 친숙한, 오래된 적이다. 그 역병이 2020년에 다시 등장했다.

21세기를 사는 우리는 여기에 개인적·집단적으로 어떻게 대응해야 할까? 역병이 가져오는 도전과 인간의 응전은 세월이 흘러도 변함이 없다. 좋은 면에서건 나쁜 면에서건 그렇다. 역병은 사회질서를 재편하고, 사람들을 흩뜨리고, 경제를 황폐화하고, 신뢰 대신 공포와 의심을 부추기고, 타인을 비방하게 하고, 거짓이 난무하게 하고, 비탄을 자아낸다. 하지만 다른 한편으로 선의와 협력, 희생과 창의성을 끌어내기도 한다.

예전 역병 때와 비교하면 지금 우리가 사는 세상은 많이 달라졌다. 도시는 극도로 밀집되어 있고, 전자 기술과 현대의학이 발전했으며, 물질적으로 더 풍요롭고, 실시간으로 세상 소식을 알 수 있다. 과학자들은 병의 확산 추이를 우주에서(도시 활동의 마비를 관측함으로써), 지상에서(휴대전화 이용자들의 위치 변화를 감지함으로써), 그리고 분자 수준에서(유전 기술로 바이러스의 돌연변이를 분석해 확산 경로를 파악함으로써) 연구할 수 있다.

하지만 SARS-2 바이러스로서는 이보다 더 좋은 기회가 있을 수 없는 완벽한 상황이다. 바이러스는 지금 제 세상을 만났다. 진화생물학 용어를 빌리자면 '생태적 해방ecological release'을 맞았다. 이는 어떤 종이 기존에 얽매였던 제약에서 풀려나면서 서식 범위와 개체 수가 치솟는 현상을 가리킨다. 전형적인 예가 인간이 새로운 지역에 침입종invasive species을 도입하는 경우다. 호주를 장악한 사탕수수두꺼비, 뉴질랜드를 뒤덮은 쥐(뉴질랜드에서 수백만 년간 살아온 공룡의 후손 투아타라를 1250년 무렵 거의 절멸시켰다), 미국 남동부의 칡 등이 그 예다. 모두 외래종이 갑자기 무주공산을 만나 마음껏 증식한 현상이다. 인간은 SARS-2에 자연적인 면역이 없다. SARS-2는 우리가 지금까지 만나본 적이 없는 병원체니까. 그래서 이른바 '미개척지 유행병virgin soil epidemic'이 일어났고,[86] 코로나바이러스는 인간 세상을 휩쓸었다.

바이러스가 생물인지에 대해서는 전문가들 사이에 논란이 있다. 하지만 지금 SARS-2가 보이는 행동은 여느 생물과 다를 게 전혀 없다. 광대한 천혜의 서식지를 발견해서는 덥석 차지한 모습이다. 그리고 인간이 면역이 생기거나 백신을 발명할 때까지는 계속 인간에게 옮겨져 퍼져 나갈 것이다. 면역이 생기거나 백신을 발명한다고 해도, SARS-2는 인플루엔자, 홍역, 감기 등의 바이러스처럼 계속 인간 사이에 돌게 될 가능성이 크다. 인류는 이 바이러스와의 타협점을 찾아야만 한다. 그러나 그 전까지 많은 이들의 희생이 불가피하다. 새로운 병원체는 이미 인간 세상에 자리 잡았고, 어떤 형태로든 영원히 우리 곁에서 돌게 될 것이다.

2장

천적의 귀환

인류를 위협해온 바이러스와 범유행

역병이 세상에 곧잘 돈다는 걸 모르는 사람이 있겠냐만, 정작 마른하늘에 날벼락처럼 들이닥치면 어쩐지 믿기지 않는다. 역사상 전쟁만큼 잦았던 게 역병이지만, 역병이든 전쟁이든 생각지도 못할 때 닥치는 건 똑같다.

알베르 카뮈Albert Camus, 『페스트La Peste』(1947)

1918년, 6세 소녀 메릴리는 스페인 독감에 걸렸다. 당시 그 나이 아동의 치사율은 1% 정도였다. 2015년 102세가 되어 출간한 자서전에서 그때 일을 회고했는데, 마침내 자기 방에서 아래층으로 내려오니 아침을 먹는 아버지 모습이 보였고 그 순간 병이 나은 것을 깨달았다고 썼다. 긴 격리 끝에 가족과 한 식탁에 앉게 된 순간의 감격이 기억에 선하다고 했다(사실 메릴리가 죽을 고비를 넘긴 것은 그때가 처음이 아니었다. "몸가짐 바른 빅토리아 시대 여성은 40대에 아이를 낳지 않는 법이었기에" 어머니가 임신했을 때 아주까리기름을 마셔 유산을 시도한 일이 있었다).[1]

범유행병이 몰고 온 죽음의 그림자가 그녀를 스쳐 간 것은 그때가 마지막이 아니었다. 2020년, 미술가로 활약하던 메릴리는 워싱턴 D.C.의 한 시니어타운에서 코로나19에 걸렸다. 이때 그녀의 나이 107세였으니 사망할 위험이 50%가 넘었다. 4월 18일, 식사를 하지 못하게 되면서 병원으로 실려 갔고, 몇 시간 내로 사망할 수도 있다는 경고가 가족에게 전해졌다. 그러나 그녀는 5일 만에 인공호흡기 신세도 지지 않고 회복해 퇴원했고, 다시 창작 활동을 이어가려고 준비에 들어갔다.[2]

2020년 현재 미국의 100세 이상 노인 인구는 9만여 명이다. 그 중 상당수는 1918년 스페인 독감을 치른 경험이 있을 것이다. 하지만 그때 일을 기억할 만큼 나이가 많으면서 인지 기능도 건강한 노인은 드물다. 전염병의 대규모 범유행은 워낙 드물게 일어나니 실제로 겪어본 사람은 극소수에 불과하다. 하지만 오늘날 사람들의 기억 속에 남아 있지 않다고 해서 그 위험을 간과해서는 안 된다. 대규모 범유행은 필연적으로 다시 찾아온다. 경계를 늦출 수 없다.

○———→

2020년 범유행을 일으킨 코로나바이러스는 새로운 종류다. 하지만 여러 종류의 코로나바이러스가 이미 오랜 세월 인류와 공존해왔다. 현재 네 종류의 코로나바이러스가 인간에게 '풍토병'으로 자리 잡았다. 인간과 어느 정도 함께 살아가고 있다는 뜻이다. 인간 사회에서 돌아다니면서 일정 수준으로 꾸준히 병을 일으키고 있으며, 인간은 그들 바이러스에 이미 생물학적·사회적으로 적응을 마친 상태다. 이 네 종류의 코로나바이러스는 고작 감기를 일으킬 뿐이며, 감기 환자 발생의 15~30%를 차지한다(감기를 유발하는 바이러스는 코로나바이러스를 포함해 총 200여 종이 있다).[3]

하지만 인류가 겪은 코로나바이러스 중에는 감기 수준을 훌쩍 넘어 큰 피해를 남긴 종류도 있다. 2003년은 코로나바이러스로 인해 최초의 범유행이 일어난 해다. 바이러스 종류도 2020년의 코로나바이러스와 매우 유사했다. 두 바이러스를 비교해 그 **차이점**을 살펴보면, 2020년의 범유행이 이토록 심각해진 이유와 배경을 짐작할 수 있고 더불어 코로나바이러스의 역학적 특성도 조명해볼 수 있을 것이다. 2003년 범유행도 코로나19처럼 중국에서 시작됐다. 알려진 첫 환자는 광둥성 순더구의 농부였으며, 증상이 나타난 시점은 2002년 11월 16일이었다.[4] 이 바이러스 역시 박쥐에서 유래했고 증상으로는 발열과 마른기침, 호흡곤란, 근육통 등이 있었다. 때로는 치명적인 폐렴을 수반했다. 확산 범위 역시 넓어서, 미국을 포함한 30개국에 퍼져 나갔다.[5]

그러나 오늘날 SARS-1이라는 이름으로 불리는 이 바이러스는 어마어마한 확산 사태로까지 번지진 않았는데, 그 이유는 바이러스가 가진 몇 가지 역학적 특성 때문이었다. 세계는 SARS-1 확산을 막는 데 결국 성공했고, WHO는 2003년 7월 5일 범유행이 통제됐다고 선언했다. 유행이 시작된 지 단 8개월 만이었다.[6] 2003년 8월 1일까지 전 세계에서 발생한 감염자는 총 8422명이었다. 이 수치는 코로나19 범유행이 시작되고 7개월 만인 2020년 7월 1일까지 미국 아이다호주 한 곳에서만 발생한 확진자 수와 비슷하다.[7] SARS-2는 어마어마한 규모로 퍼진 반면, 그 사촌인 SARS-1은 그러지 않은 이유가 무엇일까? 두 바이러스의 차이점을 들여다보면 실마리를 얻을 수 있다.

SARS-1 바이러스가 처음 출현한 시점은 2002년 11월이었지만, 중국 정부는 2003년 2월 12일이 되어서야 발병 사실을 WHO

에 알렸다. 환자 305명이 발생했으며, 그중 의료 종사자가 105명이고 사망자가 5명이라고 했다. 당시에는 병의 원인이 알려지지 않았다. 중국 정부는 이런 보고 지연 행위와 더불어 초기 은폐 시도가 드러나면서 후에 큰 비판을 받았다. 처음에 매우 느리게 진행되던 확산 추세가 급격히 빨라진 기점은 1월 31일, 저우쥐펑이라는 수산물 상인이 광저우의 쑨원기념병원에 입원하면서였다. 그 환자가 입원해 있는 동안 간호사와 의사 30명이 감염됐다. 2020년에도 그랬듯, 집단발병 소식과 의료 종사자들의 감염 사실이 경종을 울렸고, 이는 정부 관료들이 대응에 나서게 하는 동시에 병의 심각성과 강한 전염성을 뚜렷이 알리는 계기가 됐다.

저우쥐펑이 감염시킨 의사 중 한 사람이 류젠룬劉儉倫이었다. 류젠룬은 2월 21일에도 별 증세를 느끼지 않아 조카의 결혼식에 참석하고자 홍콩으로 향했다. 아내와 함께 3시간 동안 버스를 타고 갔는데, 가는 도중에 몸이 좀 안 좋아졌지만, 도착해서는 무리 없이 친척들을 만나 점심을 함께 먹었다.[8] 오후 5시에 홍콩 가우룽 지역의 3성급 호텔인 메트로폴호텔 911호에 체크인했다.

이튿날 아침, 몸 상태가 더 안 좋아진 그는 호텔에서 다섯 블록 떨어진 광화병원을 걸어서 찾아갔다. 본인이 사스 환자를 진료한 적이 있으므로 격리해서 치료해달라고 요청했다(그런 요청이 없었더라도 병원 측에서는 이미 발병 사태를 인지하고 있었으므로 격리 조치했을 것으로 보인다).[9] 이튿날인 2월 23일, 류젠룬은 진정제를 투여받고 기관내 삽관 시술을 받아야 했다. 그를 치료한 의사 1명과 간호사 5명도 병에 걸렸다. 다만 미리 대비했기에 모두 N95 마스크와 장갑, 가운을 착용하고 있었고, 바이러스에 노출된 양이 많지 않아서인지(이런 경우 병세가 더 가벼운 경향이 있다) 모두 회복했다. 안타깝게도 류젠룬은 회복하지 못했고, 3월 4일 사망했다.

류젠룬이 의식불명 상태이던 3월 1일에 그의 처남도 같은 병원에 같은 병으로 입원했는데, 역시 상태가 악화해 3월 19일에 사망했다. 의료진은 그가 사망하기 전에 폐의 조직검사를 수행했고, 검체를 전달받은 홍콩대학교 연구팀은 바이러스를 배양해 정체를 확인했다고 3월 21일에 발표했다. 코로나바이러스의 특징인 표면 돌기가 현미경으로 관찰된 것이다.[10]

류젠룬도 저우쭤펑처럼 슈퍼전파자 역할을 한 것으로 드러났다. 메트로폴호텔 투숙객 23명이 사스에 걸렸고, 그중 7명은 류젠룬과 같은 9층에 묵었다. 감염된 투숙객들은 전 세계로 이동해 사스를 퍼뜨렸다. 후에 WHO는 전 세계에서 발생한 사스 환자의 거의 절반이 류젠룬이 메트로폴호텔에 24시간 머문 사건이 시발점이 되어 발생한 것으로 보인다고 발표했다.

메트로폴호텔 9층의 평면도는 역학 전문가들 사이에서 유명해졌다(그림 4). 평면도를 보면 911호에 가까울수록 병에 걸릴 위험이 컸음을 알 수 있다. 홍콩에서 발생한 사스 환자 총 1755명 중 약 80%는 류젠룬에게서 유래한 것으로 추정된다.[11] 그토록 많은 사람이 감염된 이유는 확실치 않지만, 유력한 설은 류젠룬이 복도 카펫에 구토를 했으리라는 것이다. 토사물을 진공청소기로 청소하면서

그림 4 — 2003년 SARS-1의 주요 확산 지점이 된 홍콩 메트로폴호텔 9층. 슈퍼전파자 역할을 한 발단환자 류젠룬이 묵은 방은 911호다.

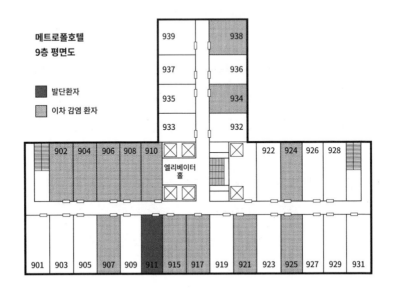

바이러스 입자가 에어로졸화되어 복도 전체로 퍼졌고 환기시설로도 침입했을 가능성이 있다는 것이다. 그러나 놀랍게도 이 호텔의 종업원 300명 중에서 누구도 병에 걸리지 않았는데, 이는 풀리지 않는 의문으로 남아 있다.

바이러스는 경이적인 속도로 퍼져 나갔다. 감염자 중에는 2월 15일에서 23일 사이에 친구를 만나려고 메트로폴호텔에 몇 번 찾아온 26세의 공항 정비사가 있었다. 그는 류젠룬이 사망한 3월 4일에 홍콩중문대학교 부속병원인 프린스오브웨일스병원의 8A 병동에 입원했다.[12] 병원에서는 그의 호흡곤란을 완화하기 위해 분무요법을 시행했다. 요법의 특성상 미세한 분무가 발생하는데, 그 분무로 인해 바이러스가 병동 곳곳에 퍼진 것으로 보인다.[13] 결국 이 환자와 접촉한 병원 관계자 최소 99명이 감염됐다.

프린스오브웨일스병원의 병상은 이 병원의 의료진으로 채워져 갔다. 홍콩중문대학교 의학부 부학장 조지프 성Joseph Sung 박사는 당시 상황을 이렇게 회고했다. "병원 동료 20여 명이 한 병실에 있었다. 하나같이 고열에 몸을 떨었고, 기침을 하는 사람도 많았다. … 악몽의 시작이었다. 그날부터 매일같이 발병자 수가 점점 늘어만 갔다."[14] 성 박사는 의료진을 두 팀으로 나눴다. 한 팀은 사스 이외의 환자를 모두 맡게 하고, '더티팀dirty team'이라고 불리는 다른 한 팀은 감염 위험을 무릅쓰고 사스 환자를 맡게 했다. 어린 자녀가 있는 사람은 더티팀에서 면제해주었다. 반대로 독신이거나 자녀가 장성한 사람은 자원할 것을 독려했다. 성 박사는 당시의 고충을 이렇게 회고했다. "투입할 인력이 끊임없이 공급되어야 하는 상황이었다. 내과 인력을 소진하고 나니 일반외과, 정형외과, 부인과, 심지어 안과 동료들까지 나서서 도와주는 모습에 크게 감동했다."

신장질환으로 혈액검사를 받으려고 3월 13일에 8A 병동에 입원했다가 바이러스에 감염된 남성이 있었다. 그는 입원 이튿날인 3월 14일, 그리고 3월 19일에 홍콩의 고층 아파트 단지 아모이가든스 7층에 사는 형을 찾아갔고, 그 집에서 설사 증세를 느껴 화장실을 사용했다. 그로부터 며칠 만에 이 아파트 단지에서 대규모 확산이 일어나 총 321명의 환자가 발생했다. 이 확산 사태를 설명하기 위해 전문가들이 벌인 추리의 결론은 역학자들 사이에서 유명하다. 그 달 초에 해당 동의 변기 물 내리는 시스템이 고장 나서 일부 세대 변기의 S자 배수관이 장기 미사용으로 말라 있었고, 중앙 배관 속에 존재하던 바이러스 에어로졸이 그곳을 통해 그리고 환기 팬을 통해 세대 내로 유입됐으며, 또 바가지로 물을 부어서 내리는 과정에서도 오염된 물방울이 튀어나왔을 수 있다는 것이다.[15]

공중보건 관점에서 이와 같은 공기 전파는 일반적인 비말 전파보다 훨씬 더 심각하게 여겨진다. 비말 전파는 감염자가 기침이나 재채기를 하거나 힘주어 말을 할 때 바이러스를 다량 포함한 비말이 뿜어 나오면서 이를 통해 바이러스가 전파되는 형태다. 비말은 비교적 무거워서 보통 배출자 주변 2m 이내의 땅에 떨어진다. 2020년 범유행기에 2m 이상의 신체적 거리두기 지침이 시행된 것도 그 때문이다(물론 2m가 반드시 충분하다고는 할 수 없다). 반면 공기 전파는 매우 가볍고 미세한 바이러스 입자가 공기를 타고 장거리를 이동하면서 전파되는 형태다. 아모이가든스 확산 사태는 공기 전파에 의한 것으로 보이며, 감염원은 다름 아닌 배설물이었다.[16]

메트로폴호텔에서 류젠룬이 묵었던 객실 바로 맞은편 910호에는 조니 첸(47세)이라는 상하이의 중국계 미국인 의류 사업가가 묵고 있었다.[17] 첸은 이후 베트남행 비행기에 올랐고, 하노이의 프렌치병원에 2월 26일 입원했다. 3월 5일에 홍콩으로 후송된 후 3월 13일에 사망했는데, 머물렀던 병원의 의료진 38명이 이미 감염된 후였다. 프렌치병원 의료진은 바이러스의 유출을 막기 위해 병원을 봉쇄하고 스스로 격리에 들어가는 비상한 결단을 내렸다.

WHO 업무로 하노이에 와 있던 감염병 전문가 카를로 우르바니 Carlo Urbani도 의료진에 합류했다. 우르바니는 치료의 최전선에서 몇 주 동안 혼신을 다했다. 다른 예리한 의사들이 그랬듯 우르바니도 의료 종사자들이 감염된 사실에서 사람 간 전파가 일어나고 있음을 깨닫고, 심각한 신종 감염증이 출현했음을 직감했다. 2월 28일 우르바니는 자신이 관찰한 사실을 WHO에 알렸다. 조니 첸이 하노이의 병원에 입원한 지 단 이틀 만이었고, 류젠룬이 홍콩의 병원에 입원한 지 겨우 일주일 후, 그리고 중국이 WHO에 상황을 알린 지 불과 16일 후였다.[18] 3월 11일, 우르바니는 베트남을 떠나 태국행 비행기에 올랐으나 비행 중 병세가 나타났다. 방콕에 도착해서는 기다리고 있던 지인에게 자신을 접촉하지 말라고 하고 구급차를 불러 곧장 병원으로 이송되어 갔다.[19] 3월 29일 우르바니는 숨을 거뒀고, 공중보건계에 큰 이름을 남겼다.

감염된 투숙객 가운데에는 콴수이추(78세)라는 여성도 있었다. 콴은 항공사에서 제공받은 무료 숙박권으로 메트로폴호텔에 머물렀다. 2월 23일에 체크아웃하여 캐나다 토론토로 귀국하고, 아들(44세)을 비롯한 다섯 식구에게 바이러스를 옮겼다. 콴은 3월 5일에 그리고 콴의 아들은 3월 13일에 사망했는데, 이미 현지 병원 의료진에 병이 전파된 후였다.[20] 병원은 3월 25일부터 신규 환자와 방문객의 내원을 금지했고, 토론토 주민 수천 명이 자가격리 대상이 됐다. 현지 보건 당국은 홍콩 당국처럼 접촉자를 추적하고 환자를 격리하는 등 확산을 차단하는 데 총력을 쏟았다. 캐나다는 콴을 비롯해 아시아에서 유입된 몇 건의 사례로 인해 최종적으로 감염자 241명(의료 종사자 108명 포함), 사망자 41명을 기록했다.

메트로폴호텔의 투숙객과 방문객들은 그 밖에도 싱가포르와 타이완을 비롯한 세계 각국으로 이동해 병을 확산시켰다. 싱가포르 발병 사태는 미국 발병 사태의 시발점을 제공한 것으로 보인다. 미국에서는 3월 15일에 첫 감염자가 발견됐다. 싱가포르에 다녀왔다가 3월 10일에 발병한 53세의 남성이었다. 이후 몇 건의 집단발병은 광둥성, 베트남, 홍콩에서 유입된 것으로 확인됐다.[21] 미국 내 집단발병 원인을 제공한 감염자 중 3명은 메트로폴호텔 투숙객이었다. 그러나 최종적으로 미국은 감염자 33명에 머물렀고 사망자는 나오지 않았다. 2003년 7월을 마지막으로 미국에서는 감염자가 더는 나오지 않았다.

한편 범유행의 시작점인 중국에서는 확산이 계속되어 최종적으로 감염자 5327명, 사망자 349명을 기록했다. 훗날 2020년 1월 우한에 파견된 전문가 6인방 중 한 사람인 중난산 박사는 당시 광저우 호흡기질환연구소 소장으로 재직하고 있었다. 연구소에 첫 사스 환자가 찾아온 것은 사태 초기인 2002년 12월 20일이었다. 그다음 달에 환자가 계속 늘어나자 박사는 사태의 심각성을 깨달았다. 2003년 2월 11일, 중난산 박사는 광둥성 보건부에서 기자회견을 열고 신종 감염증의 원인과 예방법, 대처법을 설명했다.[22] 병의 원인과 기원, 확산 현황에 대한 공식 입장에 반대하고 나선 것이다. 그리고 다음 날 중국 정부는 WHO에 상황을 공식 통보했다. 4월 20일, 중난산과 달리 사태의 위험성을 대수롭지 않게 여기고 축소했던 베이징 시장과 보건부 장관이 면직됐다. 중난산은 영웅으로 치켜세워졌다.

중국에서 SARS-1 감염 추정 환자가 마지막으로 보고된 것은 2003년 6월 25일이다. 이미 중국 과학자들이 바이러스의 유력한 발생원을 찾아낸 후였다. 2003년 5월, 중국에서 진미로 여겨지는 일부 야생동물에서 인간에게 병을 일으키는 바이러스와 비슷한 바이러스가 검출됐다. 광둥성 선전시의 둥먼시장에서 파는 흰코사향고양이, 너구리, 오소리, 비버, 산토끼 등 야생동물 8종 25마리를 검사해본 결과 흰코사향고양이 6마리 전부와 너구리에서 코로나바이러스 양성 반응이 나타난 것이다. 이 동물들을 검사해본 데는 이유가 있었다. 이미 사태 초기부터 이 동물들에서 사스가 발원했을 가능성을 보여주는 역학 데이터가 나와 있었다. 중국의 초기 환자들 가운데 그와 같은 동물을 취급하거나 요리하는 직업 종사자의 비율이 특히 높았던 것이다.

이후에 수행된 연구에서도 2003년 광둥성에 있는 시장 몇 곳의 야생동물 상인들에게서 SARS-1 항체 수치가 높게 나타나, 이들이 바이러스에 노출된 적이 있음을 짐작할 수 있었다. 야생동물 상인들은 예컨대 같은 시장의 채소 상인들보다 항체 수치가 훨씬 높았다.[23] 유전자 분석 결과 SARS-1 바이러스의 최초 발생원은 박쥐로 드러났고, 배설물을 통해 옮겨졌을 가능성이 큰 것으로 나타났다.[24]

2020년 범유행에서 크루즈선이 전파의 온상이었다면, 첫 사스 범유행 때는 민간 항공기가 그와 비슷한 역할을 했다. 사스 환자들이 이용한 것으로 알려진 여러 항공편 중 전파와 관련해 지목된 항공편은 5개다. 그중 피해가 가장 컸던 항공편에서는 환자 1명이 승객 총 120명 중 22명을 전염시켰다. 환자와 가까운 자리에 앉은 승객일수록 자연히 감염 위험이 높았지만, 꼭 가까이 앉은 승객만 감염된 건 아니었다. 한 항공편에서는 환자와 통로를 사이에 두고 일곱 줄 떨어진 자리에서도 2명의 승객이 감염됐다.[25]

비행기 내 전파를 막기 위해 이때 공항에 처음 도입된 것이 열화상 카메라다. 내가 2005년 홍콩에 갔을 때도 열화상 카메라가 사용되고 있었는데, 마치 SF 영화 속 한 장면 같은 느낌이 들었다. 모니터 화면에 신체 각 부위의 열이 고스란히 표시되고 무표정한 보안요원들이 지켜보는데, 내 몸이든 남의 몸이든 그런 것을 보고 싶지는 않았다. 실익에 비해 과한 조치라는 생각이 들었다. 열화상 카메라로 환자가 발견된 사례는 극소수에 불과했기 때문이다. 그래서인지 2016년에 홍콩을 다시 방문했을 때는 열화상 카메라를 볼 수 없었다. 실제로도 캐나다·중국·타이완·홍콩의 사례를 분석한 어느 연구에 따르면, 국제 여행객 3500만 명 이상을 열화상 카메라로 촬영한 결과 사스 환자가 발견된 경우는 단 1건도 없는 것으로 나타났다.[26] 2020년 여름부터 미국 각지의 공항에서 열화상 카메라가 사용되고 있는 지금도 되새겨볼 만한 사실이다. 전염병 범유행의 역사를 돌아볼 때 불행히도 그런 예는 수두룩하다. 비용이 많이 들거나 무리가 따르는 기술적 수단으로 해결하려 하지만 그에 가려 더 효과적인 수단이 주목받지 못할 때가 많다. 하지만 모든 일은 지난 뒤에야 분명히 알 수 있는 법이니, 보이지 않는 적의 침입을 막기 위해 실시간으로 벌이는 노력 자체를 나무랄 수는 없다.

3월 12일, 우르바니가 태국에서 입원한 지 하루 만이자 그가 WHO에 베트남 확산 사태를 알린 지 두 주 만에 WHO는 비정형 폐렴을 일으키는 신종 감염병 경보를 전 세계에 발령했다.[27] 4월 16일, 감염병의 원인 바이러스가 규명됐다.[28] 5월 13일에 이르자 접촉자 추적, 감염자 격리, 마스크 사용, 공공교육 등의 노력으로 모든 초기 발병 국가에서 확산이 저지됐다.[29] 베트남 등의 국가에 내려졌던 여행경보가 5월 들어 하나둘씩 해제됐다. 북반구의 경우 여름이라는 계절적 요인도 유행 종식에 이바지했을 가능성이 크다.[30] 호흡기질환 유행은 여름철에 잦아드는 경우가 많다.

2003년 사스 범유행은 현대 유전학 기술을 활용해 대처할 수 있었던 첫 범유행이기도 하다. 바이러스의 염기서열 전체가 거의 순식간에 해독됐고, 변이체를 가려냄으로써 각 변이체의 지리적 분포를 파악할 수 있었다. 이와 같은 방법은 앞서 1장에서 살펴봤듯이 훗날 SARS-2 범유행 때도 유익하게 활용됐다. 백신 개발 노력도 신속히 진행되어 동물 실험 단계까지 갔으나 이후 중단됐다. 범유행이 잦아들면서 경제적 타당성이 없어졌기 때문이다. 전 세계 감염자 수는 8422명, 사망자 수는 916명으로 집계됐다. 사망자 중 의료 종사자가 20%를 차지했다.[31]

○———→

그리하여 2003년 사스 범유행은 그 시작이 급작스러웠던 만큼 급작스럽게 종식됐다. WHO는 범유행 선언도 공식적으로 하지 않았다. 다만 나는 '새로운 질병의 세계적 확산'이라는 정의에 분명히 부합했다고 본다.

SARS-1 확산 사태는 초반부터 전 세계에 급속히 퍼지고 슈퍼전파자를 여럿 낳으면서 공포감을 고조시키는 등 예사롭지 않은 출발을 보였다. 그런데 왜 갑자기 사그라졌을까? 반면 SARS-2 확산 사태는 왜 그렇게 되지 않았을까? 2003년에는 공중보건 대응이 좀더 잘 이루어진 면도 있지만 그 때문만은 아니다. SARS-1은 여러 나라로 퍼졌을 뿐 아니라 장소 면에서도 시장, 호텔, 병원, 아파트, 비행기 등 다양한 곳에서 퍼졌다. SARS-1이 소멸된 이유는, 바이러스 자체에 SARS-2와 미묘하지만 중요한 차이점이 있었기 때문이다. 그래서 확산되기가 더 어려웠고, 방역이 더 수월했다. 두 병원체의 특성 차이를 살펴보면 SARS-2가 왜 지금처럼 큰 피해를 낳게 됐는지 알 수 있다.

그중 하나는 상당히 아이러니한데, SARS-1이 너무나 **치명적**이었다는 것이다. 역학자들은 병원체의 치명성을 주로 두 가지 지표로 나타낸다. 하나는 IFR, 즉 감염자 치명률infection fatality rate이라는 것으로, 감염된 사람이 사망할 확률이다. 또 하나는 CFR, 즉 확진자 치명률case fatality rate로, 확진된 사람이 사망할 확률이다. 때로는 CFR

대신 sCFR, 즉 유증상자 치명률symptomatic case fatality rate을 쓰기도 하는데, 이는 감염 증상을 보이는 사람이 사망할 확률을 가리킨다. 증상이 있어도 진단을 받지 않거나 받지 못하는 사람이 있음을 고려하면 sCFR이 CFR보다 나은 척도라고 할 수 있다.

SARS-1 범유행은 이미 오래전에 끝났기 때문에 CFR을 계산하기가 간단하다. 파악된 총사망자 수를 총확진자 수로 나누면 된다. 전 세계에서 총사망자 916명, 총확진자 8472명으로 파악되므로 CFR은 10.9%가 된다. 하지만 인구집단에 따른 차이가 있어서, 가령 홍콩의 노인 인구는 감염 환자의 50%가 사망했다.[32] 아주 치명적인 병은 환자가 빨리 사망해서 병원체가 퍼져 나갈 시간이 많지 않다. 극도로 치명적인 에볼라 유행이 아프리카에서 몇 년에 한 번씩 번졌다가도 저절로 소멸하는 이유다. 에볼라바이러스 그리고 그보다 더 치명적인 마르부르크바이러스의 CFR은 발병 사태에 따라 무려 80~90%에 달하기도 한다.[33] SARS-1은 그런 점에서 에볼라만큼 치명적이지는 않았지만, 환자가 빨리 사망한 편이었으므로 확산에 한계가 있었다.

그렇다면 SARS-2는 얼마나 치명적일까? 유행이 시작되고 처음 몇 달 동안은 SARS-2의 IFR과 CFR을 추정하기가 매우 어려웠다. 새로운 병이 유행할 때마다 나타나는 어려움인데, 여기엔 여러 이유가 있다. 우선 분모가 되는 감염자 수나 증상자 수를 정확히 파악하기가 어렵다. 초기일수록 검사가 충분치 않으므로 누가 감염됐는지 알기 어렵고, 무증상 감염자가 많으면 파악하기가 더 어렵다. 또한 증상이 있더라도 심하지 않으면 병원을 찾지 않는 사람이 많다. 아니면 반대로 병원에 갈 겨를이 없이 너무 빨리 사망해도 진단이 되지 않을 수 있다.

분자도 계산하기 쉽지만은 않다. 다이아몬드 프린세스호의 경우 분모가 명확했지만(탑승객 수가 나와 있고 아무도 배를 떠날 수 없었으므로), 시간이 지나면서 CFR 계산값이 점점 커졌는데, 투병 중이던 환자가 결국 숨을 거두는 경우가 계속 나왔기 때문이다. 그런 이유로 CFR은 유행이 상당히 진전되기 전까지는 계속 커질 수밖에 없다. 분자를 계산할 때의 또 한 가지 문제는 예컨대 심장병이라든지 다른 원인으로 사망한 것으로 파악된 사람이 나중에 코로나19로 사망했음이 밝혀지는 경우다(샌프란시스코에서 사망한 퍼트리샤 다우드의 사인이 처음에 잘못 판단됐던 것처럼). 그런 경우도 사망자 수에 합산해야 한다.

그래서 유행 초기에는 CFR을 알기 어렵다. 그런 어려움이 있음에도 대부분의 보건 당국은 세계 각국의 다양한 데이터, 표본, 기법을 활용해 코로나19의 전체 CFR을 0.5~1.2%로 산정했다. 감염자의 대략 절반(또는 그 이상)이 증상을 보이지 않으므로 IFR은 CFR의 절반인 0.25~0.6%로 추정했다. CFR이 0.5~1.2% 정도면 SARS-1에 비해 10배 이상 낮은 치명률이다. 한편 통상적인 계절성 독감은 전체 CFR이 0.1% 정도다. 한마디로, SARS-2는 일반적인 독감보다 10배 더 치명적이고 SARS-1보다는 10배 덜 치명적인 것으로 나타났다.

하지만 여기엔 문제가 하나 더 있다. 어느 한 환자를 놓고 보면 SARS-2가 SARS-1보다 덜 치명적이라는 말이 맞지만, 그렇다고 해서 SARS-2가 SARS-1보다 전체적으로 덜 위험하다는 결론이 나오진 않는다는 것이다. 예를 들어, 인구 1000명의 집단이 있다고 하자. 어떤 병원체에 그중 20명이 감염되어 심하게 앓다가 2명이 사망했다. 그러면 CFR이 10%가 된다. 역시 인구 1000명인 집단이 또 하나 있다고 하자. 이 집단은 또 다른 병원체에 역시 20명이 감염되어 심하게 앓다가 2명이 사망했다. 그런데 감염된 사람이 그 외에도 180명이 더 있는데 다행히 병세가 가볍거나 심각하지 않아서 사망에 이르지는 않았다. 이 집단은 200명 중 2명이 사망했으니 CFR이 1.0%가 된다. CFR로 보면 두 번째 병이 첫 번째 병보다 훨씬 온건해 보이지만, 전체적으로 볼 때 두 번째 병이 더 나쁘다는 건 두말할 나위 없다. 둘 중 한 집단에 들어가라면 두 번째 집단에 들어갈 사람은 없을 것이다.

1장에서 봤듯이, SARS-2는 증상과 중증도가 다양하다는 사실을 고려할 때 위의 두 번째 경우와 비슷하다는 것이 일부 과학자의 의견이다. SARS-2는 폐를 감염시켜 중증 폐렴을 일으킬 수도 있고, 상기도를 감염시켜 가벼운 증상을 일으킬 수도 있다.[34] 지금까지 파악된 SARS-2의 생물학적 특성을 봐도 그런 점이 드러난다.

코로나바이러스 중에서 사람을 감염시킨다고 알려진 종류는 일곱 가지뿐이다. 그중 네 종류는 감기를 일으키는데, OC43과 HKU1이라는 두 종류는 설치류에서 유래했고, 229E와 NL63이라는 두 종류는 박쥐에서 유래했다. 나머지 세 종류는 SARS-1과 SARS-2, 그리고 중동호흡기증후군을 일으키는 MERS(메르스)다. 물론 코로나바이러스는 그 밖에도 여러 종류가 있고 아직 발견되지 않은 종류도 있지만, 모두 사람이 아니라 박쥐 등 다른 동물을 감염시킨다. 사람에게 감기를 일으키는 코로나바이러스 종류는 상기도의 세포에 더 쉽게 결합한다. 반면 중증을 일으키는 종류는 폐의 세포에 더 쉽게 결합하므로 당연히 훨씬 더 치명적이다. SARS-2는 특이하게 두 곳의 세포에 모두 결합할 수 있는데, 그 점이 곧 증상이 다양하고 전파력이 높은 원인 중 하나다. 다시 말해, SARS-2는 감기 수준의 전파력과 SARS-1 수준의 치명성을 모두 갖추었다고 볼 수 있다.

SARS-1이 SARS-2보다 통제하기 쉬웠던 이유로는 SARS-1의 중요한 특징 또 한 가지를 꼽을 수 있다. 환자가 증상을 보이기 전까지는 대체로 전파력이 없었다는 점이다. SARS-1 감염자의 상당 비율이 의료 종사자였던 것도 그래서다. 의료 종사자는 중증의 환자들에 노출되기 마련이다. 사망 직전의 환자를 비롯해 중증의 환자가 병원에 입원할 때는 전염성이 최고조에 이른 시기다. 반면, SARS-2는 증상이 나타나기 전에도 전파될 수 있다.

미국에서는 2020년 2월은 물론 3월까지도 명확한 증상이 있을 때만 학교와 직장에 나가지 말고 집에 머물라고 권고했다. 교회 신도들은 여전히 주말에 예배에 나가 악수와 포옹 등 인사를 나눴고, 같은 잔으로 성찬 포도주를 나눠 마시기까지 했다. 오로지 열이 나

거나 기침이 심한 경우만 예외였다. 이처럼 안이한 예방 지침은 무
증상 감염자가 심각한 문제라는 사실이 과학계에 알려진 후에도 시
행되곤 했다(미국 질본은 2월 중순에 그 사실을 공표했다).[35] 심지어 놀
랍게도, 조지아 주지사는 무증상 감염이 가능하다는 사실을 4월
1일에야 알게 됐다고 주장했다(조지아주는 미국 질본이 1946년 창설
이래 소재하고 있는 주다). 학술 문헌에서는 이미 1월부터 무증상 감
염이 지적된 상황이었다.[36]

환자가 병원체에 감염된 후 징후나 증상이 나타나기까지 걸리
는 시간을 '잠복기incubation period'라고 한다. SARS-2의 잠복기는
2~14일이며(그래서 격리 기간이 14일로 권고된다), 대개는 6~7일 정
도다. SARS-1은 잠복기가 더 짧아서 2~7일이었다. 그런데 잠복기
말고도 중요한 개념이 있다. 바로 '잠재기latent period'인데, 환자가 병
원체에 감염된 후 **전염성**이 생기기까지 걸리는 시간을 가리킨다. 잠
재기가 지난 환자는 병을 남들에게 전염시킬 수 있다.

잠복기와 잠재기가 항상 일치하지는 않는다. SARS-2는 잠
재기가 잠복기보다 짧은 경우가 많지만, SARS-1은 대개 그
렇지 않았다. 잠복기와 잠재기의 차이를 가리켜 '불일치 기
간mismatch period'이라고도 부른다. 계산 방법은 잠복기에서 잠
재기를 빼면 되는데, 그 값은 양(+)일 수도 있고 음(-)일 수도 있
다. 예를 들어 HIVHuman Immunodeficiency Virus(인간면역결핍바이러
스)는 그 값이 양이다. 즉, 잠복기가 잠재기보다 길다. 따라서 무
증상 감염자도 얼마 동안은 남들을 전염시킬 수 있다(그림 5 참

그림 5 — 감염병의 잠복기와 잠재기. 그림에 보인 것처럼 잠재기가 잠복기보다 짧은 경우 '불일치 기간'에 무증상 전파가 일어날 수 있다. SARS-2도 그런 경우다.

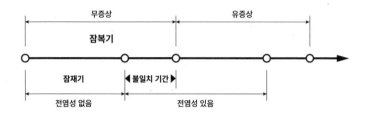

고). 반면 천연두처럼 그 값이 음인 병은 잠재기가 잠복기보다 길거나 같으므로 증상을 보이는 환자만 전염성이 있다.

SARS-1은 잠재기가 잠복기와 같거나 살짝 더 길었다. 즉, 증상 발현 후에 전염성이 생기는 게 보통이었다. 하지만 SARS-2는 다르다. 감염 후 증상 발현까지 평균 약 7일이 걸리는데, 증상 발현 **전에도** 2~4일간 병을 퍼뜨릴 수 있는 감염자가 상당 비율 존재한다. 이런 사실이 확인된 것은 불행한 소식이었다. 정치인을 비롯해 많은 이들이 부정하고 싶어 했고, 나를 포함해 많은 의사가 우려하던 사실이었다. 하지만 중국에서 유행 초기부터 그와 같은 사실을 뒷받침하는 근거가 나왔다. 468쌍의 감염 유발자와 감염자를 세밀하게 연구한 결과(가족이 함께 이동한 경우 등을 대상으로), 그중 12%는 감염 유발자가 증상을 보이기 전에 전염이 이루어진 것으로 나타났다.[37] 또한 우한에서 발생한 환자 중 접촉 이력이 명확한 124명을 조사한 결과, 2차 감염의 73%가 1차 감염자의 증상 발현 전에 일어난 것으로 나타났다.[38] 이후 각국에서 수행된 연구에서도 마찬가지 사실이 확인됐다.[39] 심지어 코로나19는 증상 발현 1~2일 전에 전염성이 가장 높다고 추정해볼 만한 사례도 많았다.

무증상 전파는 공중보건 관리에 큰 애로가 될 수 있다. 감염자가 감염 사실을 까맣게 모른 채 병을 전파할 수 있기 때문이다. 만약 전파가 대부분 증상 발현 전에 이루어진다면(HIV의 경우처럼), 환자가 발견된 후에 접촉자 추적과 격리를 수행하는 **대응** 위주의 방역 조치는 효과가 없다. 반대로 무증상 전파가 적다면, 유증상자를 일찍 가려내고 격리하기는 비교적 쉬우므로 방역에 유리하다. 다시 말해, 설령 SARS-2 유증상자를 모두 격리한다고 해도 감시망을 빠져나간 무증상자가 병을 전파하는 것은 막을 수 없다는 얘기다. 물론 무증상 전파가 존재한다고 해서 유증상자를 가려내 자가격리시키는 노력이 필요 없다는 뜻은 아니다. 감염자나 환자의 격리는 필수다. 다만 그것만으로는 유행을 막을 수 없다는 것이다. 무증상자 또는 미미한 증상자의 검사가 매우 중요한 이유이자, 미국에서 코로나19의 광범위한 검사 도입이 (예컨대 한국 같은 나라보다) 늦어진 점이 참으로 안타까운 이유다. 검사를 통해 무증상자라 할지라도 감염 사실을 알리고 자가격리를 권고 또는 강제할 수 있다.

CFR과 잠복기, 잠재기 이외에 SARS-2의 또 한 가지 주요 지표도 2020년 초에 조사가 이루어졌다. 감염자 1명이 평균적으로 몇 명을 감염시키느냐 하는 것으로, 이를 **실제감염재생산수**effective reproduction number라 하고 R_e로 나타낸다(실제감염재생산율effective reproductive rate이라고도 한다).

R_e보다 더 기초적인 지표가 **기초감염재생산수** basic reproduction number R_0다. 전염병 유행을 다룬 영화 〈컨테이전〉(2011)에서 케이트 윈즐릿이 연기한 인물이 회의 중 화이트보드에 휘갈겨 썼던 것이 R_0다. R_0는 **감염 이력이 없고 면역이 없어서 감염이 가능한 사람으로만 구성된 인구집단에서** 첫 감염자가 평균적으로 감염시킬 것으로 기대되는 2차 감염자의 수를 가리킨다. R_0는 어떤 병원체의 **최초** 확산 능력을 나타내는 지표로, 통제가 없는 상태에서 병원체가 얼마나 쉽게 전염되는지를 보여준다. 반면 R_e는 유행이 어느 정도 진행되고 인구집단에 일부 면역이 생겼을 때 유행이 실시간으로 확산되는 정도를 보여주는 지표다. 즉, R_e는 방역 대응을 어떻게 하느냐에 따라 달라지는 값이다.

본래 전파가 잘되어 사람 간에 쉽게 퍼지는 병원체가 있고, 그렇지 않은 병원체가 있다. 예를 들면, 알려진 병 가운데 전염성이 최고 수준인 홍역은 R_0가 12~18로 추산된다(즉, 감염자 1명이 평균적으로 12명에서 18명을 감염시킬 수 있다). 수두는 10~12, 천연두는 3.5~6, 에볼라는 1.5~1.9, 계절성 인플루엔자는 0.9~2.1이다.[40]

R_0든 R_e든, 감염재생산수가 1보다 크면 감염자 수가 늘어난다. 이는 전염병 유행의 정의이기도 하다. 반대로 감염재생산수가 1보다 작으면, 감염자 1명이 후속 감염자를 1명도 만들지 못하는 것이니 감염자 수가 차츰 줄어든다. 그러면 전염병 유행은 통제된다. 감염재생산수가 (자연적으로 또는 방역에 의해) 대략 1에 머물면, 일정한

상태가 유지된다. 어떤 전염병이 한 인구집단 내에서 풍토병이 됐다고 하려면 충족되어야 할 조건 중 하나다.

다시 말해, 전염병의 확산은 병원체의 전염성뿐만 아니라 숙주 요인, 환경 요인과도 큰 관련이 있다. 그래서 실제감염재생산수 R_e가 중요하다. 예를 들어 사람들이 SARS-2에 극단적으로 대응해서 각자 산꼭대기 오두막에 혼자 살기로 했다고 하자. 그러면 감염자가 누구에게도 병원체를 퍼뜨릴 수가 없다. 아니면 유행이 한참 진행된 끝에 인구 대부분에게 면역이 생겼다고 하자. 그러면 전파력에 당연히 영향이 있을 것이다. 어찌 됐건 유행이 진행될수록 환자가 감염 가능자를 만날 확률은 점점 줄어든다. 감염 가능자들이 계속 감염되어 죽거나, 아니면 생존하여 면역이 (크건 작건) 생기기 때문에 R_e는 유행이 진행될수록 자연히 감소하게 되어 있다. 이렇듯 감염된 숙주의 행동과 특성은 확산과 큰 관련이 있다.

환경은 어떻게 관련될까? 한 예로 병원체가 열에 매우 민감하여 추운 날씨에는 잘 퍼지지만 더운 날씨에는 잘 못 퍼지는 경우를 생각해볼 수 있다. 이렇게 숙주 요인과 환경 요인이 함께 작용하므로, 같은 병원체라도 여름에 산골의 은둔자를 감염시켰을 때와 겨울에 뉴욕의 파티 애호가를 감염시켰을 때는 그 전파 양상이 크게 다를 수밖에 없다.

SARS-1은 R_0가 2.2~3.6으로 집계됐고 좀더 정확히는 2.6~3.0 정도로 볼 수 있다.[41] 하지만 R_e는 사회의 방역 대응 수준에 따라 다르게 나타났다. 예를 들면 싱가포르 SARS-1 발병 사태 때 1주 차에는 R_e가 7 정도였지만, 정부가 유행 차단을 위해 격리 등 대응 조치에 신속히 나선 결과 2주 차에는 1.6으로, 3주 차에는 1 미만으로 떨어졌다.

앞서 살펴본 잠복기와 잠재기처럼, 지금까지 언급한 감염재생산수도 **평균적인** 값을 말한 것이다. SARS-1의 R_0가 평균 3.0이라면 감염자 1명이 평균적으로 3명을 감염시킨 것이다. 하지만 개별 사례에서는 차이가 있었다. 어떤 감염자는 아무도 감염시키지 않거나 단 1명만 감염시키기도 했고, 앞서 언급한 의사 류젠룬처럼 본의 아니게 수십 명을 감염시켜 슈퍼전파자가 된 사람도 있었다. 즉, 전파 사슬은 막다른 종점에 이르기도 하고 여러 명의 피해자로 이어지기도 하는데, 이를 그림 6에 도식화했다.

그림에서 원은 사람을 나타내고 선은 사회적 교류와 전파 기회를 나타낸다. 검은색 원은 감염자, 흰색 원은 미감염자를 나타낸다. 가장 왼쪽의 검은색 원으로 표시된 발단환자가 4명을 감염시키고, 그 4명은 다시 다양한 접촉 양상을 보이면서 아무도 감염시키지 않거나, 3명을 감염시키거나, 수많은 사람을 감염시키는 슈퍼전파를 일으키기도 하는 모습이다.

이렇게 한 인구집단 내에서 R_0가 개인마다 다르게 나타나는 변동성의 정도를 수량화할 수 있는데, 그 수치에 따라 유행의 진행 양상이 미묘하면서도 크게 달라질 수 있다. R_0의 변동성이 클수록 슈퍼전파와 전파 사슬의 막다른 종점이 **둘 다** 나타날 가능성이 크다. 다시 말해 어떤 유행병이 모든 사람의 R_0가 3인 인구집단에 확산되는

그림 6 — 병원체의 전파는 사회적 연결 양상에 따라 다양하게 이루어진다. 슈퍼전파가 일어나기도 하고, 전파 사슬이 막다른 종점에 이르기도 한다(검은색 원은 감염자, 흰색 원은 미감염자).

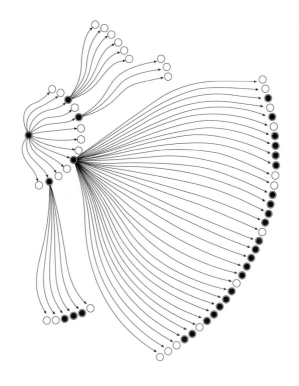

경우 R_0의 평균은 3이되 개별적으로는 0~10으로, 다양한 인구집단에 확산되는 경우와 그 진행 양상이 매우 다를 수 있다. R_0의 변동성이 크면 어떤 한 사람에게서 확산이 시작될 가능성이 현격히 떨어진다. 병원체를 퍼뜨릴 수 있는 사람에 비해 퍼뜨리지 못하는 사람이 많기 때문이다. 그 경우 새로운 지역에 유행이 확산되려면 외부에서 감염자가 여러 명 유입되어야 한다. 1장에서 살펴본 시애틀의 0번

환자도 그 환자에서 전파 사슬이 끝난 예다. 시애틀에서는 그 밖에 몇 건이 더 유입됨으로써 유행이 일어났다.

아주 단순화한 예를 보자. 바이러스에 감염된 사람 100명의 집단이 있다고 하자. 그중 1명은 300명에게 병을 퍼뜨릴 수 있는 슈퍼전파자이고, 나머지 99명은 전혀 전염성이 없다. 이 집단의 평균 R_0는 3.0이지만 집단 내 전염의 변동성은 매우 크다. 그 집단에서 1명을 무작위로 뽑아 다른 지역으로 이동하게 한다면, 100분의 99의 확률로 그 지역에는 유행이 일어나지 않는다. 반면 100명 모두가 각각 3명에게 병을 퍼뜨릴 수 있는 집단이 있다고 하면, 그 집단의 평균 R_0는 역시 3.0이지만 집단 내 전염의 변동성은 전혀 없다. 이 집단에서 1명을 뽑아 다른 지역으로 이동하게 한다면, 그곳에는 100%의 확률로 유행이 일어나게 된다. 두 집단에서 병원체의 평균 R_0는 똑같지만, 두 번째 집단은 R_0의 **변동성이 작기 때문에** 다른 지역에 감염을 일으킬 확률이 훨씬 높은 것이다.

개별적 R_0의 변동성이 큰 유행병에서는 슈퍼전파자가 많이 발생한다. SARS-1의 경우가 그랬다.[42] SARS-1은 전파 사슬이 하나 시작되려면 4건의 유입 사례가 필요한 것으로 추정됐다(3건은 유행을 일으키지 못하고 소멸했다). 그러나 확산이 한번 일어나면 폭발적일 가능성이 컸다. SARS-2는 R_0의 변동성이 SARS-1보다 다소 작은 것으로 보이며, 따라서 슈퍼전파가 일어나긴 하지만 흔치 않고 주로 단조로운 양상으로 전파된다.[43]

슈퍼전파가 일어나는 원인, 그리고 R_0건 R_e건 감염재생산수의 변동성이 나타나는 원인은 역시 병원체뿐 아니라 숙주나 환경과 관련이 있을 수 있다. 이유는 분명히 알려지지 않았지만, 바이러스를 남들보다 더 많이 내뿜거나 더 오랜 기간 내뿜는 사람이 있다. 그런 사람은 2차 감염을 유발하기 쉽다. 또 기침을 자주 하는 사람도 바이러스를 퍼뜨리기 쉽다. 행동의 개인차도 관련이 있을 수 있다. 여러 사람과 만나는 자리를 좋아하는 사람이나 손을 잘 안 씻는 사람은 슈퍼전파자가 될 가능성이 더 크다.

슈퍼전파자 중에는 원래 평소에 사람을 많이 접촉하거나 인맥이 많다 보니 그렇게 된 예도 있다. 물론 인기 있는 사람은 남들을 많이 감염시키기도 쉽지만, 그만큼 자신이 감염되기도 쉽다(코로나19 범유행 초기에 정치인과 배우들이 많이 감염된 것처럼). 한 예로 그림 7의 사회연결망 그래프를 보자. 105명의 실제 사람들을 분석한 결과다. 원은 사람을 나타내고, 선은 두 사람 간의 친구 관계를 나타낸다. A라는 사람은 연결된 선이 4개 있고, B는 6개 있다. 따라서 B가 A보다 병원체를 퍼뜨리기에 유리할 것이다. 그런데 B와 C를 비교해보자. 두 사람은 연결선이 똑같이 6개씩이지만 차이가 있는데, C의 친구들이 B의 친구들보다 연결선이 더 많음을 알 수 있다. 따라서 C가 B보다 연결망에서 더 중심적인 위치를 차지하며, 그래프도 그 점을 반영해 그려져 있다. 이는 일반적으로 A나 B보다는 C가 병원체를 더 많은 사람에게 더 빨리 퍼뜨릴 수 있음을 의미한다.

현실 세계의 사회연결망을 분석해보면 연결고리가 매우 적은 사람이 대부분이고 연결고리가 많은 사람은 소수다. 그 소수의 사람

그림 7 — 실제 인물 105명의 사회연결망을 나타낸 그래프. 세 사람을 비교하면 A는 친구가 4명 있고, B와 C는 6명 있다. 하지만 C가 더 중심적인 위치에 있으므로 병원체가 옮기도, 병원체를 퍼뜨리기도 더 쉽다.

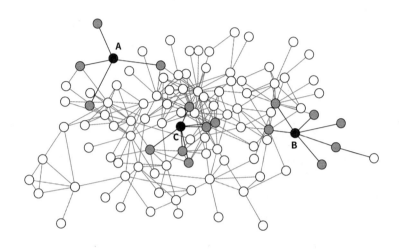

이 흔히 슈퍼전파자가 되곤 한다. 인맥이 많은 그 소수의 사람은 SARS-2가 옮기도 쉽고, 또 많은 사람에게 퍼뜨리기도 쉽다고 볼 수 있다.[44] 실제로 그런 슈퍼전파자를 포함한 집단에 질병이 퍼지는 과정을 수학적으로 모델링해보면, 코로나19 환자의 발생 추이와 매우 비슷한 양상을 보인다.[45] 하지만 연결고리가 많은 사람이라고 해서 (연결고리라는 것을 어떻게 정의하고 확인하든 간에) 꼭 슈퍼전파자가 되는 것은 아니다. 한 예로 앞에서 살펴봤듯이 SARS-2의 사람 간 전파가 최초로 확인된 일리노이주 거주 부부의 경우, 보건 당국의 접촉자 추적 결과 접촉자 372명 중 단 1명도 감염되지 않은 것으로 드러났다.[46]

이렇듯 사람마다 친구나 인맥의 수가 다르다는 사실에서 또 하나의 시사점을 찾을 수 있다. 즉, 한 인구집단이 이른바 '집단면역'에 도달하려면 반드시 많은 사람이 바이러스에 노출될 필요는 없다는 결론이 나온다. 집단면역이란 집단 내의 모든 사람이 감염병에 면역이 있지 않더라도 집단 전체적으로는 면역이 있는 상태를 가리킨다. 용어 자체는 수의학에서 유래했지만, 인간에게도 똑같이 적용될 수 있다. 그 원리는 이렇다. 집단 내에서 어떤 병에 면역이 있는 사람이 어느 정도 이상 많아지면, 어떤 한 사람이 그 병에 걸린다고 해도 그 병에 옮을 수 있는 사람과 접촉할 일이 매우 적어진다. 따라서 설령 전파 사슬이 발생한다고 해도 곧 소멸한다는 것이다.

그런데 여기에 사회연결망의 구조적 특성이 다시 영향을 미친다. 사람마다 가진 연결고리의 수가 다양하므로, 연결고리가 많은 '인기인(가령 그림 7에서 C와 같은 사람)'은 유행 초기에 남들보다 일찍 감염되는 경향이 있다. 사회적 교류가 많아서 그만큼 감염원에 노출될 위험이 크기 때문이다. 한 예로 우리 연구팀이 2009년 H1N1 인플루엔자(신종 플루) 범유행 중에 일어났던 한 확산 사태를 분석한 결과, 친구로 확인된 사람이 1명 늘 때마다 평균 8일 일찍 감염되는 것으로 나타났다. 예컨대 그림 7에서 B는 A보다 친구가 2명 더 많으므로 A보다 대략 16일 먼저 감염된다는 의미다.[47]

한편 이 말은 인기인일수록 유행 초기에 면역이 생기기 쉽다는 뜻도 된다. 그리고 모든 인기인이 일찌감치 면역을 갖추면 사회에 바이러스가 퍼질 수 있는 경로도 상대적으로 더 많이 차단된다. '비인

기인'은 기본적으로 타인에게 감염을 덜 일으키므로 방역 관점에서 상대적으로 우려가 적고, 면역 여부가 확산에 미치는 영향도 적다. 따라서 연결고리가 많은 사람이 예방접종을 받는 것이 연결고리가 적은 사람이 예방접종을 받는 것보다 확산 차단 효과가 크다는 결론도 나온다.

마지막으로, **환경적** 요인도 슈퍼전파 촉발의 원인이 될 수 있다. 2020년 3월 워싱턴주에서 일어난 SARS-2 성가대 확산 사태를 예로 들 수 있다. 노래할 때는 공기가 세게 분출되므로 확산이 쉽게 이루어진 것으로 보인다. 사태는 감염자 1명을 포함한 61명의 성가대가 밀집 공간에서 2시간 반 동안 연습하면서 촉발됐다.[48] 그중 52명이 감염되어 3명이 입원했고, 2명이 사망했다. 비슷한 이유로, 한국의 사례를 분석한 어느 연구에서는 필라테스 수업보다 줌바 수업에서 확산이 많이 이루어진 것으로 나타났다.[49] 숨을 빠르고 깊게 몰아쉬거나 소리를 지르는 경우 숨을 천천히 부드럽게 쉬는 경우보다 전파 위험이 큰 것으로 보인다.

실내 환경 자체도 중요한 확산 요인이 된다. 실내에 많은 사람이 모임으로써 빚어진 슈퍼전파 사례들도 있다. 2020년 2월 29일 조지아주에서 치러진 어느 장례식에서는 감염자 1명이 200명에게 바이러스를 퍼뜨려 조지아주 전역의 유행에 불을 붙였다.[50] 2월에 보스턴의 한 생명과학 기업 임원 회의에서도 수십 명이 감염됐다.[51] 또 교도소, 요양원, 병원, 공장 등 사람이 밀집한 실내 시설에서 슈퍼전파가 다수 일어났다. 범유행 초기에 중국에서 일어난 3명 이상의 발병 사태 318건을 조사한 결과, 단 1건을 제외한 나머지는 모두 실내에서 발생한 것으로 드러났다.[52]

슈퍼전파의 존재와 관련해 긍정적인 점 하나는, 슈퍼전파를 일으키기 쉬운 사람이나 환경을 가려낼 수 있다면 방역 노력을 집중해 효과와 효율을 크게 높일 수 있다는 것이다. 사회적 교류를 꼭 모두 막을 필요 없이, 예컨대 밀집 집회와 나이트클럽 등을 중점적으로 조치하면 된다. 그리고 종교 행사나 기타 행사는 실외에서 또는 온라인으로 치르게 하면 된다.

과거의 치명적이었던 코로나바이러스 유행 사태는 SARS-1 이후에도 한 번 더 있었으니, 그것도 비교를 위해 아주 간단히 살펴보고 넘어가자. 2012년에 처음 출현한 중동호흡기증후군, 즉 메르스다. 메르스의 증상은 SARS-1, SARS-2와 매우 유사하다. 2020년까지 전 세계에서 확인된 감염자는 약 2500명에 불과하다. 감염자는 대부분(80%) 사우디아라비아에서 발생했지만, 그 밖에도 26개국에서 발생했는데 대부분이 중동 지역을 다녀온 사람들이었다.[53] 메르스 역시 박쥐에서 유래했지만, 중간 숙주는 낙타다. 바이러스가 수십 년 전에 낙타에게 옮겨진 것으로 보인다. 메르스는 감염된 낙타(또는 낙타고기나 낙타유)와 접촉하거나 감염자와 상당히 많이 접촉할 때 감염될 수 있다.

메르스의 확진자 치명률(이하 '치명률')은 35%로 추정된다. SARS-1보다 3배 정도 높은 치명률이다. 하지만 R_0가 낮다. 사람 간 전파가 잘 이루어지지 않는다. 대부분의 감염 사례는 가족 간의 밀접한 접촉을 통해서 또는 감염 환자를 돌보는 의료 종사자에게 발생한다. 실제로 몇 건의 연구에서 메르스의 R_0는 대략 1.0 또는 그 미만으로 나타났다(2.0~2.8로 추정한 연구들도 있긴 하다).[54] 앞에서 살펴봤듯이 R_0가 1이면 환자 1명이 겨우 1명에게만 바이러스를 전파하는 것이니, R_0가 1을 넘지 못하면 유행 최저 기준이 충족되지 않는다. 유행 확대가 사실상 불가능한 것이다.

이렇게 기초적 역학 지표를 살펴보면, 2003년의 SARS-1에 비해 2020년의 SARS-2는 기본적으로 훨씬 더 위협적인 특성이 있음을 알 수 있다.

SARS-2의 R_0는 SARS-1과 대략 비슷한 3.0 정도로 추정된다. 병원체의 R_0가 3.0이면 상당히 우려스러운 수준이다. 일반적인 인플루엔자는 R_0가 0.9~2.1 수준이다.[55] 게다가 SARS-2는 R_e의 산포도dispersion흩어져 있는 정도-옮긴이가 더 작아서 전파 사슬이 막다른 종점에 이를 가능성이 더 낮으므로, SARS-1보다 안정적으로 확산되기에 유리하다. 또 SARS-2는 치명률이 1% 미만으로, 치명률 약 10%인 SARS-1에 비해 덜 치명적이다. 앞서 살펴봤듯이, 그 점 때문에 SARS-2는 역설적으로 문제가 더 심각하다. 감염자가 더 많이 생존하고 더 오랫동안 돌아다녀서 전파가 더 많이 이루어지기 때문이다. 마지막으로, 아마 가장 중요한 점일 수도 있는데, SARS-2는 SARS-1과 달리 불일치 기간이 양(+)의 값이다. 따라서 무증상 전파가 가능하므로, 발견과 격리 위주의 기존 방식으로 대응하기가 매우 어렵다.

이 모든 요인을 고려할 때, 결론적으로 SARS-2는 범유행이 끝날 때까지 인구의 큰 비율을 감염시킬 가능성이 매우 크다. 즉 역학 용어로 '발병률attack rate'을 매우 높게 기록할 것으로 보인다. 발병률은 유행이 끝난 후 한 인구집단에서 발생한 총감염자 수를 총인구로 나눈 값이다. SARS-1은 범유행이 끝날 때까지 감염된 사람의 수가 세계 전체 인구에 비하면 미미했다. 63억 1400만 명 중 8422명이었으니 발병률이 0.00013%에 지나지 않았다. 하지만 SARS-2는 최종적으로 전 세계 인구의 40% 이상이 감염될 가능성이 크며, 많으면 60%까지 감염될 가능성도 있다.

○——→

몇 가지 역학 지표로 SARS-2와 그 밖의 코로나바이러스를 비교해봤지만, 코로나바이러스 이외에 호흡기질환 범유행을 유발하는 다른 바이러스 종도 같은 방법으로 살펴볼 수 있다. 인플루엔자(독감) 바이러스가 좋은 예다.

나는 거의 30년 동안 20세기 미국의 사망률 감소에 관해 강의를 해왔다. 사망률 감소엔 많은 원인이 있었다. 사회의 부 증가, 행동 변화와 공중보건 개선(위생 관리와 예방접종 등), 현대의학의 등장을 예로 들 수 있다(다만 뒤의 3장에서 살펴보겠지만 의학적 개입은 흔히 생각하는 것만큼 역할이 크지 않았다). 이유가 무엇이었건 20세기를 통틀어 미국의 사망률 곡선을 관찰해보면, 가끔 조금씩 튀어나온

부분 외에는 사망률이 그야말로 꾸준히 떨어지고 있다. 유일한 예외가 1918년에 나타난 엄청난 급등으로(그림 8), 이른바 스페인 독감 범유행에 의한 것이다. 나는 학생들에게 항상 이 '이상점outlier spike'의 존재를 지적해 보였다. 학생들은 신기해하거나 희한하다는 반응을 보였고, 나는 이미 오래전에 지나간 옛이야기처럼 설명했다. 마치 부모가 장성한 자녀에게 "네가 아기 때 큰 병에 걸렸던 적이 있단다"라고 이야기해주는 것처럼 말이다. 하지만 그런 일이 앞으로는 없을 것처럼 생각한 것은 큰 오산이었다.

1918년 인플루엔자 범유행이 지난 세기 최악의 역병이었지만,

그림 8 — 1900년 이후 미국의 사망률은 꾸준히 감소했지만, 1918년 인플루엔자 범유행으로 인한 사망률 급등이 크게 눈에 띈다.

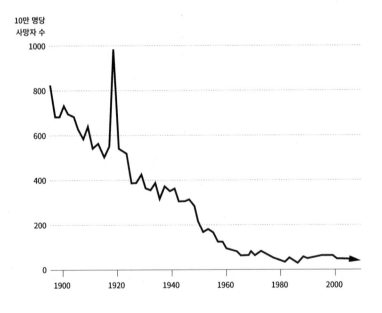

역사가나 역학자 말고는 그 자세한 내용을 기억하지 못하는 것도 놀랄 일은 아니다. 하지만 SARS-2 범유행이 시작된 후 내가 이야기 나눠본 사람들은 대부분, 나이가 꽤 든 사람일지라도 1957년이나 1968년의 인플루엔자 범유행조차 기억하지 못했다. 나는 1968년에 여섯 살이었으니 기억하기에 좀 어리긴 했다. 그러나 나는 대대적으로 대비했지만 결국 발생하지 않은 1976년 돼지 독감 유행은 기억한다. 기억하는 이유는 예방접종이 10만 명당 1명꼴로 심각하지만 회복 가능한 신경계질환인 길랭-바레 증후군Guillain-Barré syndrome을 일으킨 사건 때문에, 그리고 나를 가르친 하버드대학교 공중보건 교수 한 분이 그 주제에 관해 쓴 책을 읽었기 때문이다.[56] 역시 돼지 독감으로 멕시코에서 유래했던 2009년 H1N1(신종 플루) 범유행도 잘 기억한다. 당시 내가 하버드대학교 의대 교수였고 그 발병 사태에 관한 연구를 했기 때문이다.

2009년 범유행은 최근의 일이지만, 병세가 가볍고 사망자가 많지 않았다는 이유로 간과하는 사람이 대부분이다. 그래서 역시 큰 관심을 받지 못한다. 나는 지난 세기의 모든 플루 발병 사례를 연구한 사람으로서, 코로나19가 본격화되기 시작하자 자연히 과거 사례와 비교해봤다. 2020년 2월, SARS-2의 치명률과 R_0의 잠정적 추정값이 중국에서 나오기 시작할 무렵, 나는 코로나19가 과거의 범유행 중 1957년 인플루엔자 범유행을 가장 닮으리라는 확신을 점점 굳혔다. 2009년 H1N1 범유행처럼 가볍게 지나가지는 않을 것이 분명했고, 1918년 수준이 될 가능성도 의심스럽긴 했으나 우려되었다.[57] 당시 나는 예일대학교에서 공중보건 과목을 가르치고 있었다. 학기 초이던 1월, 아직 중국 나비의 날갯짓을 주목하고 있지 않았던 나는 여느 때처럼 학생들에게 20세기의 사망률 감소 그래프를 보여주며 1918년 범유행으로 인한 '비정상적' 사망자 수 급증을 이야기했다. 두 달 후에 세상이 그런 위험을 또다시 맞으리라는 생각은 전혀 하지 못했다.

2020년 3월 5일, 나는 코로나19와 그 심각성을 주제로 강의를 했다. 바로 다음 날이 봄방학이었다. 즐거운 표정으로 질문을 쏟아내는 학생들을 바라보며, 나는 낙관과 태연한 태도를 유지하려고 애썼다. 봄방학 중 유행이 악화할 가능성이 컸기 때문에, 마음속으로는 학생들이 학교에 돌아오지 못할 수도 있으리라 우려했다. 내 우려는 현실이 됐다.

상황의 객관적 비교를 위해 고전적인 방법을 써봤다. 20세기에 발생한 호흡기질환 범유행 몇 건을 추려, 가로축은 치명률(중증도 지표), 세로축은 R_0(전파력 지표)로 놓고 그래프에 표시했다(그림 9).[58] SARS-2는 중국의 2월 발병 사례에서 얻어진 추정값을 사용해 표시했는데, 치명성과 전파력이 둘 다 중간 정도인 것으로 보였다. 그렇다면 최소한 1957년 인플루엔자 범유행 수준으로 심각할 듯했다. 미국에서 1957년 범유행으로 인한 초과사망자excess deaths(이에 관해서는 뒤에서 자세히 논하겠다)는 3년간 11만 5700명이었다(그해에 미국 인구는 1억 7200만 명, 암으로 인한 사망자는 25만 5000명이었다).[59] 지금 미국 인구로 치면 약 30만 명이 사망하는 것과 같다. 현

그림 9 — 100년간의 호흡기질환 범유행을 전파력과 중증도(치명률)에 따라 나타낸 그래프. SARS-2는 기본적 역학 특성상 심각한 위협인 것으로 나타났다.

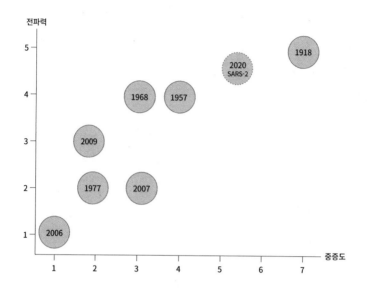

재 대대적으로 실시 중인 봉쇄령에도 불구하고, 코로나19로 인한 미국 사망자 수는 그 수준을 넘어설 것이 틀림없어 보인다.

물론 1957년 범유행을 일으킨 인플루엔자 바이러스는 코로나19를 일으키는 코로나바이러스와 전혀 다르다. 둘은 DNA 대신 RNA를 유전암호로 사용하는 '리보바이러스riboviruses'라는 점에서는 같지만, 이는 매우 대략적인 분류로 돌고래와 코끼리가 같은 포유류라고 하는 것과 비슷하다. 두 바이러스는 유전적 계통이 매우 달라서, 생물 분류 단계 중 문門부터가 다르다. 인플루엔자 바이러스는 크게 A, B, C, D의 네 유형으로 나뉜다. 인플루엔자 범유행이 발생하는 계기는 새로운 종류의 바이러스 출현이다. 흔히 동물 숙주 (보통 조류나 돼지) 내에서 유전자 재조합을 통해 출현한다. 1957년 범유행을 일으킨 바이러스는 인플루엔자 A 중에서도 H2N2 아형 subtype이다.

인플루엔자 A 바이러스를 아형으로 나누는 기준은 표면에 있는 단백질인 헤마글루티닌H과 뉴라미니다아제N의 종류다. 헤마글루 티닌은 18종류가 있고(H1~H18), 뉴라미니다아제는 11종류가 있 다(N1~N11). 이론상으로는 198가지 조합이 가능하지만, 자연계에 서 지금까지 발견된 아형은 131개뿐이다. 현재 인간 사회에 꾸준히 돌면서 계절성 인플루엔자를 일으키는 인플루엔자 바이러스 중에 는 A(H3N2)와 A(H5N1) 아형이 있다. 확산 사태를 일으키는 바이 러스 가운데는 유전적으로 다른 종이면서 표면에 같은 종류의 단백 질을 가진 것들도 있다.

1957년 범유행은 아마도 중국 중부에서 시작된 것으로 보이 며, 1957년 4월에 세계에 알려졌다.[60] 전 세계에서 발생한 사망자 는 총 110만 명이었는데, 지역 간 차이가 컸다. 예를 들어 이집트는 1만 명당 사망자가 0.3명이었던 반면, 칠레는 9.8명이었다. 이와 같 은 지역 간 변동은 호흡기질환 범유행에서 흔히 나타나는데, 때로 는 고개를 갸우뚱하게 한다. 1957년 범유행으로 인한 초과사망률 은 지역 간 변동의 43%를 나라의 경제 수준과 위도로 설명할 수 있 었다.[61] 또 지역 특유의 생활 방식(인구밀도, 가구 규모, 학교 개학 시기 등)도 요인으로 작용했을 수 있다. 그리고 지역 주민들이 비슷한 병원체에 전에 노출된 적이 있어서 어느 정도 면역력을 갖췄을 수도 있고, 초기에 우연히 일어난 슈퍼전파의 여파가 컸을 수도 있다. 하지만 전반적으로 왜 세계의 특정 지역이나 한 나라 안의 특정 지역에 피해가 더 큰지는, 골치 아프게도 설명이 되지 않는 경우가 많다. 그냥 운으로 돌려야 할 때도 있다.

미국에서 1957년 범유행의 첫 징조를 알린 것은 작은 신문 기사였다. 《뉴욕 타임스》 1957년 4월 17일 자에 고작 150단어 분량으로 실린 기사의 제목은 "홍콩에 인플루엔자 유행 확산"이었다. 기사는 홍콩 인구의 10%인 25만 명이 감염됐다고 전했다. 범유행은 6주 후인 6월 2일 미국에 상륙했다. 구축함에 탑승한 군인들을 통해 로드아일랜드주 뉴포트로 바이러스가 유입되면서였다.

하지만 로드아일랜드주와 관계없는 확산 사태가 곧 캘리포니아주에서 잇따라 터져 나왔다. 첫 확산은 6월 20일 캘리포니아주 데이비스의 청소년 캠프에서 시작됐다. 그 후 몇 주에 걸쳐, 비슷한 청소년 캠프 확산 사태가 주 전역에서 15건 이상 일어났다. 또 6월 말에는 미국 43개 주와 해외 몇 나라에서 모인 청소년 1800명의 총회가 아이오와주 그리넬에서 열렸다. 참석자 중 몇 명은 캘리포니아의 환자들과 접촉한 적이 있었다. 총회에서 약 200명이 발병했고, 참석자들이 집에 돌아간 뒤에도 50명이 추가로 발병했다. 반면 7월 10~24일에 펜실베이니아주 밸리포지에서 열린 국제 보이스카우트 대회는 거의 아무 문제 없이 치러졌다. 세계 각지에서 5만 3000명이 넘는 인원이 참가했는데도 환자는 간헐적으로 몇 명 발

견됐을 뿐이다.[62]

1961년에 역학자들이 발표한 한 논문에는 이 모든 발병 사태를 정밀하게 추적하여 손으로 그린 지도가 실리기도 했다. 감염자의 동선을 굵은 검은색 화살표로 나타낸 모습이 마치 제2차 세계대전의 군사 작전 지도를 방불케 했다.[63] 범유행은 여름이 되자 다소 수그러들었지만, 가을에 새 학기가 시작되면서 재발했다. 9월에는 미국 전역으로 유행이 확산했고, 10월에는 초과사망자가 정점에 이르렀다. 1957년 12월 16일쯤에는 1차 파동이 거의 완전히 잦아들었다. 하지만 흔히 그렇듯 범유행의 파동은 한 번으로 끝나지 않아, 1958년 2월에 초과사망자가 다시 정점을 기록하고, 1959년 4월에 또 한 번 치솟았다.

발병자와 사망자가 주기적으로 급증하는 데에는 여러 가지 요인이 있다. 우선 호흡기질환은 날씨의 영향을 받는다. 가령 범유행을 일으키지 않는 일반적인 독감은 평상시에는 계절에 따른 변동성을 보인다. 미국에서 폐렴 또는 독감으로 인한 사망자 수가 전체 사망자 수에서 차지하는 비율은 여름에는 약 6%로 줄어들고 겨울에는 약 8%로 늘어난다.[64] 그런 부류의 호흡기 바이러스는 보통 북반구와 남반구 사이에서 현재 겨울인 쪽으로 옮겨 가는 패턴을 보인다.

여름철의 더위와 습도는 바이러스가 체외에서 생존할 수 있는 시간에 영향을 줄 수 있다(또는 우리 몸의 저항 능력에도 영향을 줄 수 있다).[65] 그러나 온도 요인만 있는 게 아니다. 직업 및 학업 활동의 패턴도 계절에 따라 바뀐다. 겨울철에는 사람들이 실내에 머물고 밀집

하는 경향이 있다. 이 모든 요인 때문에 바이러스의 실제감염재생산수 R_e가 여름철에는 어느 정도 줄어들 수 있다. 따라서 한동안 바이러스의 전파가 줄면서 감염 가능자가 축적되는 효과가 일어난다.[66] 평소 같으면 발병했을 만한 사람들이 발병하지 않고 겨울이 올 때까지 꾸준히 누적되는 것이다. 날씨 요인과 숙주 행동 요인이 마치 댐처럼 유행의 확산을 틀어막는 모습이다. 하지만 댐은 결국 터지고 만다. 확산 사태가 재발하고, 이는 계절에 따른 패턴을 만든다.

한편 학령기 아동과 노동 연령 성인은 감염 후에 회복하는 반면 유아와 고령자는 사망하는 패턴도 일반적으로 나타난다. 바이러스는 학교와 직장 등 외부에서 활동하는 인구에 먼저 퍼진 다음 집 안으로 옮겨져 전파 사슬의 끝에 있는 유아와 고령자의 사망을 유발한다. 덧붙여 말하자면, 이런 이유로 고령자의 면역화는 당사자의 사망을 줄이는 효과는 있을지라도 유행의 실제 추이를 바꾸는 데에는 큰 효과가 없다. 노동 연령 성인의 면역화를 통해 사회연결망을 통한 전파 사슬을 끊는 것이 인구 전체적으로 사망자 수를 줄이는 데 효과가 훨씬 더 클 수 있다. 이는 앞에서 논했던, 사회적 연결고리가 많은 사람을 집중적으로 면역화한다는 개념과 유사한 면이 있다.

중요한 점 하나는, 1957년 범유행이 종식될 무렵 **모든** 사람이 감염을 겪은 것은 아니었다는 사실이다. 지역마다 차이는 있지만(루이지애나주 일부 지역은 41%를 기록했다), 미국 전체의 발병률은 약 24%로 나타났다.[67] 1957년 범유행은 어느 정도 이상의 인구가 면역이 되어 인구집단이 집단면역을 형성하면서 종식됐다. 집단면역을 가능케 한 요인 중 하나는 광범위하게 시행한 예방접종이었다 (독감 백신은 1945년에 발명됐다).[68] 또 시간이 흐르면서 바이러스의 독성이 약해졌을 수도 있다. 독성 약화는 감염병의 또 한 가지 전형적인 특징이다.

○———▶

스페인에서 시작되지 않았지만 스페인 독감이라는 부정확한 이름을 달고 있는 1918년 독감 범유행은, 1957년 범유행보다 훨씬 많은 감염자와 사망자를 냈다. 전 세계 사망자가 3900만 명으로 추정되는데, 이는 당시 세계 인구의 2.1%에 달한다. 전문가에 따라서는 사망 원인 착오와 보고 미비 등을 고려해 사망자를 약 1억 명으로까지 추정하기도 한다.[69] 당시 미국인의 기대수명은 아직 낮았고 (1915년 기준 남성 52.5세, 여성 56.8세), 감염병은 여전히 주요한 사망 원인이었다. 그런 점을 고려한다고 해도 1918년 독감이 남긴 피해는 막대했다. 미국의 경우 25~34세 남성 100명 중 1명이 사망하는 등 누적 사망자가 인구의 0.52%인 55만 명을 기록했다(역시 이보다 더 높게 추정하는 견해도 있다).[70] 2020년 미국 인구로 환산하면 172만 1000명에 해당하는 숫자다. 범유행이 남긴 타격이 워낙 커서 미국인의 평균 기대수명이 10년이나 줄어들 정도였다. 앞의 그림 8에서 봤듯이, 미국의 사망률 감소 추이를 확연히 깨뜨리는 원인이 되기도 했다.

1918년 독감으로 인한 사망률은 나라마다 그리고 지역마다 달랐다. 예를 들어 알래스카 브리스틀만에서는 40%에 달했지만, 낮은 곳은 브라질 리우데자네이루 1.6%, 스페인 사모라 3%, 인도 구자라트 6%, 남아프리카공화국 시스케이 10% 등을 기록했다.[71] 이런 차이는 지역과 나라에 따른 공중보건 대응 방식의 차이 때문인 것으로 보인다.

1918년 범유행이 끔찍한 수의 사망자를 낸 것에 비해 일반 대중의 집단 기억에 그리 선명히 남지 않은 것은 놀라운 일이다. 제1차 세계대전에 관해서는 누구나 배우지만, 훨씬 많은 사람이 죽은 1918년 범유행에 관해서는 그다지 많이 배우지 않는다. 집에 누워 병으로 죽는 것은 참호 속에서 전사하는 것에 비해 덜 극적이어서 그런지도 모르겠다. 하지만 1918년 인플루엔자로 인한 죽음은 더없이 참혹했다. 환자들은 폐에 핏물이 차서 숨을 헐떡였다. 특유의 적갈색 반점이 양쪽 뺨에 하나씩 나타나더니 이내 얼굴 전체를 뒤덮곤 했다. 피부색이 '탁하고 불그스름한 자주색'에서 푸른색으로, 마침내는 검은색으로 변하면서 손발에서 온몸으로 병이 퍼져 나갔다. 가슴과 배는 부풀어 올랐다. 바이러스 감염만으로 급사하는 사람도 있었지만, 2차 세균 감염에 의한 폐렴으로 죽는 사람이 더 많았다. 한마디로, 간혹 드라마에서 묘사되는 것과 같은 우아한 죽음은 결코 아니었다.

1918년 범유행이 어디에서 기원했는지는 분명하지 않다. 다만 H1N1형 인플루엔자였다는 것은 알려져 있다. 당시 기록들을 보면 사람과 돼지가 동시에 발병한 경우가 많았는데, 어느 쪽에서 어느 쪽으로 옮겨졌는지는 분명하지 않다. 인플루엔자 바이러스의 자연 숙주는 야생 물새로 추정되지만, 조류 플루가 사람에게 직접 옮을 수 있는 경우는 많지 않다. 돼지는 조류 플루와 인간 플루에 모두 감염될 수 있으므로, 돼지가 매개체가 되는 어떤 과정에서 바이러스가 인간을 감염시킬 능력을 갖게 된 게 아닌가 추측된다(플루 범유행을 때때로 '조류 독감'이나 '돼지 독감'으로 부르는 이유가 그 때문이다). 간혹 조류 플루의 유전물질이 기존의 인간 플루 또는 돼지 플루와 섞일 때가 있는데, 그렇게 되면 마치 프랑켄슈타인처럼 신종 바이러스가 탄생한다. 그렇게 만들어진 바이러스는 돌연변이 유형에 따라 크고 작은 발병 사태를 일으킬 수 있다.

약 20년 전부터 유전학자들의 연구가 이어져, 1918년에 벌어졌던 사태가 유전학적으로 차츰 규명되고 있다. 1918년 9월에 사망한 미국 군인 2명의 폐에서 채취하여 보존 처리한 조직 표본, 그리고 1918년 11월 이래 영구동토층에 묻혀 있던 이누이트 여성의 몸에서 채취한 귀중한 검체 덕분에 과학자들은 당시 유행했던 바이러스의 유전자 서열을 재구성하고 심지어 바이러스를 (미국 질본의 보안 연구시설 내에서) 되살려내기까지 했다. 이로써 당시 나타났던 돌연변이 유형들을 연구하고 그 생리적·역학적 특성을 밝힐 수 있게 됐다.[72]

범유행의 1차 파동은 1918년 봄과 여름에 걸쳐 찾아왔다(그림 10). 바이러스는 전염성이 매우 높았지만, 사망자는 상대적으로 많이 나오지 않았다. 그 원인은 명확하지 않지만, 훨씬 더 치명적이고 전염성이 강한 형태의 병이 같은 해 8월에 출현해 전 세계로 퍼졌다. 미국에서는 1918년 9월에서 11월까지 가장 피해가 컸고, 한 주 동안 수천 명이 사망하는 도시들도 나왔다. 범유행은 세 차례에 걸쳐 큰 파동을 일으켰다. 1918년 봄에 한 번 정점이 있었고, 1918년 가을에 2차 파동이 순식간에 찾아왔으며(정점은 10월이었다), 한 해가 지난 1919년 겨울에 3차 파동이 찾아왔다. 범유행은 그다음 해 여름에야 마침내 잦아들었다.

그림 10 — 1918년 스페인 독감 범유행으로 인한 사망자 수는 세 차례의 파동을 보였다. 2차 파동은 1차 파동 때보다 4배 많은 사망자를 냈다.

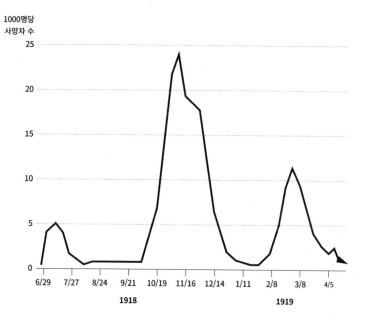

몇몇 근거에 따르면 감염병은 미국 캔자스주에서 처음 돼지에게서 인간으로 옮겨졌다. 미 육군 훈련시설인 캠프 펀스턴의 한 취사병이 1918년 3월 4일에 발병한 것이 시초라는 것이다.[73] 바이러스는 병력 이동과 함께 동해안으로 퍼졌고, 4월 무렵에는 프랑스로 전해졌다. 이렇게 시작된 범유행은 유럽 각국의 군사 작전에 심각한 지장을 초래했다. 발병자 비율은 미 육군에서 26%로 가장 높게 나타났으나(1918년 발병자 수 100만 명 이상), 독일 육군도 발병자 70만 명을 기록했고, 영국 원정군도 프랑스에서 발병자 31만 3000명을 기록했다(전체 병력의 절반 정도가 병에 걸린 것으로 보인다).[74]

1918년 8월, 다시 세 곳에서 확산 사태가 터졌다. 보스턴(유럽 선박들에 의해 전파), 프랑스 브레스트(병력 이동에 의해 전파), 시에라리온 프리타운(영국 해군 군함에 의해 전파)이었다. 바이러스는 이상 세 군데를 비롯한 몇 지역에서 미국 전역과 전 세계로 퍼져 나갔다. 1918년 9월에서 12월 사이에 사망자가 집중적으로 나왔다. 피해 상황은 처참했다. 1918년 9월 초, 미 육군 의무총감 권한대행 빅터 본Victor Vaughan 박사는 긴급 지시를 받고 보스턴 부근의 캠프 데번스 기지를 찾았다. 도착한 그는 눈을 의심했다. "젊고 건장한 군복 차림의 군인 수백 명이 병동으로 밀려들었다. 병상이 없는데도 환자는 계속 쏟아져 들어왔다. 얼굴에 푸르스름한 빛이 돌았고, 기침하면 가래에 피가 섞여 나왔다. 아침이면 시체 안치소 주변에 주검이 장작처럼 쌓였다."[75] 그가 도착한 날에만 63명이 인플루엔자로 사망했다.

노르웨이에서 희생자의 사회경제적 지위를 일부 조사한 연구에 따르면, 1차 파동에서는 가난한 사람들의 피해가 컸지만 2차 파동에서는 부자들의 피해가 컸다.[76] 세계 지도자들도 플루를 피해 가지 못했다. 우드로 윌슨Woodrow Wilson 미국 대통령, 조르주 클레망소Georges Clemenceau 프랑스 총리, 데이비드 로이드 조지David Lloyd George 영국 총리가 모두 병에 걸렸다. 플루가 심지어 제1차 세계대전의 끝을 재촉했다고 보는 전문가들도 있다. 미국의 2차 파동은 매우 급작스럽게 끝났다. 한 예로 뉴욕시에서는 1918년 10월 20일에 정점을 찍은 후 11월 24일 무렵에는 거의 완전히 종식됐다.[77]

2차 파동이 1차 파동보다 피해가 컸던 이유에 대해서는 여러 이론이 있다. 사람들이 1차 파동을 겪으며 허약해진 데다가 전쟁과 기근으로 더욱 피폐해진 상태였기 때문이라고도 한다. 또한 전쟁이라는 특수 상황이 더 치명적인 변종의 진화를 부추긴 측면도 있을 수 있다. 여느 때라면 병원체는 덜 치명적인 쪽으로 진화하기 마련이다. 숙주가 죽으면 병원체에게도 도움이 되지 않기 때문이다. 죽은 숙주는 바이러스를 쉽게 퍼뜨리지 못하니, 병원체는 숙주에게 가벼운 병을 일으키는 편이 자연선택에 유리하다. 다시 말해 증상이 심한 사람은 집에 누워 있거나 죽고, 증상이 가벼운 사람은 계속 활동하면서 더 약한 변종을 퍼뜨리게 된다. 그러나 제1차 세계대전 전장에서는 그 반대 현상이 일어났다. 약한 변종에 감염된 군인은 전투와 근무를 계속 수행하다가 다른 이유로 죽곤 했고, 중증 또는 사망

직전의 환자는 붐비는 열차에 실려 붐비는 병원으로 후송됐다. 그래서 더 치명적인 바이러스 변종이 확산에 유리했을 가능성이 있다.

필라델피아는 미국에서 피츠버그, 로웰, 시카고 등 인구가 밀집한 다른 산업 도시들처럼 피해가 컸던 도시다. 필라델피아에 1차 파동을 일으킨 감염원은 영국 상선이었다. 시의 보건국장은 부인과 의사 윌머 크루선Wilmer Krusen이었는데, 도시를 완전히 봉쇄할 것인지 아니면 부분적인 조치만 내릴 것인지 결정해야 했다. 문제는 전쟁 자금을 조달하기 위한 홍보 퍼레이드가 1918년 9월 28일에 예정되어 있다는 것이었다(2020년 우한에 중국공산당의 대규모 회의가 예정되어 있던 상황과 비슷했다). 퍼레이드는 강행됐고, 도시 인구의 10분의 1이 넘는 20만 명의 인파가 모여든 것으로 추산된다. '필라델피아 자유 국채 퍼레이드'로 불리는 이 행진의 행렬은 3km 넘게 이어졌고, 유명 취주악 지휘자 존 필립 수자John Philip Sousa가 이끄는 행진 악대까지 등장했다. 행사 이틀 만에 필라델피아의 모든 병원은 포화 상태가 됐다. 얼마 지나지 않은 10월 3일, 전염병이 맹렬히 창궐했다. 사람이 워낙 빨리 죽어 나가서 관이 길바닥에 쌓였고, 봉사자들은 집단 묘지를 파야 했다.[78] 이 행진은 '미국 역사상 가장 치명적이었던 퍼레이드'로 불리게 됐다.

뉴욕에도 전염병은 해상으로 전해졌다. 1918년 8월 11일, 노르웨이의 베르겐스피오르호는 입항하기 전에 승객 10명과 승무원 11명이 병에 걸렸다는 무전을 미리 보냈다. 당국은 배를 브루클린에 정박시킨 뒤, 환자들을 인근 병원으로 이송하고 탑승자들을 격리 조치했다.[79] 그럼에도 전염병은 뉴욕시에 전파됐고, 빠르게 번져 나갔다. 1918년 10월 20일에는 인플루엔자와 폐렴으로 인한 일일 사망자 수가 정점을 찍어 800여 명을 기록했다. 2차 파동의 정점에서 기록된 이 일일 사망자 수는 2020년 뉴욕시의 코로나19 1차 파동 때 수치와 크게 다르지 않지만, 당시 뉴욕시 인구는 지금의 3분의 1도 되지 않았다. 1918년 범유행이 끝날 무렵 뉴욕시의 총사망자는 3만 명을 넘었다.

뉴욕시는 당시 기준으로 매우 앞서 있던 공중보건체계를 십분 활용해 인플루엔자 범유행에 대응했다. 다년간 결핵, 황열병, 디프테리아 등 여러 감염병에 대처하는 과정에서 대응 역량을 꾸준히 키워온 뉴욕시였다. 출퇴근 시간대 유동 인구 집중을 막기 위해 사업장마다 영업시간에 차이를 두게 했고, 보건센터 150곳 이상을 설치해 감염병 감시와 자가격리 환자의 지원을 맡게 했다.

지금처럼 그때도 당국자들은 학교, 극장, 지하철을 폐쇄할 것인지의 문제를 놓고 고심했다. 당시 뉴욕시 보건국장은 동종요법인체에 질병 증상과 비슷한 증상을 유발해 치료하는 대체요법―옮긴이 의사이자 후에 상원의원을 지내는 로열 S. 코플랜드Royal S. Copeland였는데, 대체로 각종 시설을 개방하는 쪽을 선호했다. 하지만 환자는 각자의 집이나 특별 시설에 엄격히 격리되게 했다. 환자 대부분은 증상 발현 전에는 전염성이 없었으므로 환자 격리가 방역 수단이 될 수 있었다. 마스크 착용을 권고했고, 식수대에서 공용 컵 사용을 막았다. 공중보건 캠페인도 대대적으로 펼쳤다. 벽보 수천 장과 전단 수백만 장을 영어, 이탈리아어, 독일어, 이디시어로 인쇄해 시민들에게 입과 코를 가리고 길에서 침을 뱉지 말라고 호소했다. 침 뱉지 않기 캠페인은 20년 전부터 벌이고 있었으나 더 강력히 시행했다. '침으로 퍼지는 죽음Spit Spreads Death'과 같은 경고 문구가 도시 곳곳에 나붙었다. 장례식은 공개적으로 치르는 것을 금지하고 배우자만 참석할 수 있게 했다.

코플랜드 보건국장이 학교보다 가정이 더 위험하다는 이유로 학교 문을 닫지 않은 사실은 유명하다. 그의 논리는 다음과 같았다. "뉴욕은 거대한 국제도시이지만 일부 가정에서는 현대적 위생 관리를 등한시하고 신경 쓰지 않는다. … 학교에서는 항상 건강 검사관이 아동의 건강을 주시한다. 이는 뉴욕시 질병관리체계의 일환으로 수행되는 업무다. 만약 학교 문을 닫는다면 100만 명 이상의 아동이 집으로 보내져 100만 명 하나하나가 다 병을 일으킬 수 있다. 게다가 아동이 아파도 알아봐줄 만한 사람도 없다."[80]

뉴욕시의 아동 위생을 담당하던 개혁 성향의 S. 조지핀 베이커 S. Josephine Baker 박사 역시 아이들을 학교에 있게 해야 하며, 그래야 비위생적인 가정환경에 최대한 적게 노출되고 병이 났을 때 식사와 돌봄을 제공받을 수 있다고 주장했다.[81] 학교는 또 건강 정보를 가정에 전달하는 역할도 했다. 코플랜드는 엄청난 비판을 감내해야 했지만, 그의 전략이 옳았음이 결과로 입증됐다. 공중보건 정책을 결정하는 건 늘 다양한 이해관계자의 득실을 저울질하며 전체가 최대의 이익을 누리는 타협점을 찾아야 하는 어려운 문제다.

뉴욕시는 격리 규정을 73일간 시행했고, 격리를 처음 시행한 시점도 다른 도시들보다 앞섰다. 가령 필라델피아보다는 두 주 빨랐다. 그 결과 뉴욕시는 필라델피아의 절반에 불과한 초과사망자를 기록했다.[82]

'초과사망'은 오늘날에도 역학 연구에 자주 쓰는 통계 지표로, 1847년 런던에서 현대 역학의 창시자로 일컬어지는 윌리엄 파William Farr가 제창했다. 윌리엄 파는 초과사망을 '전염병 유행 중에 통상적 수준을 초과해 발생하는 사망자 수'로 정의했다.[83] 특히 과거의 유행병은 당시에 병의 정의가 달랐을 수도 있고 자료가 제대로 남아 있지 않을 수도 있다. 그럴 때는 초과사망으로 계량화하는 것이 적절하다.

초과사망이라는 지표는 2020년 코로나19 범유행 중 다시 요긴하게 쓰였다. 정보가 불명확해 코로나19로 인한 실제 사망자 수를 정확히 파악하는 데 어려움이 있었기 때문이다. 초과사망 전체 또는 '폐렴과 인플루엔자' 같은 특정 사인으로 인한 초과사망의 추이를 관찰해보면, 코로나19의 심각성이 널리 알려지기 전인 2월 말에서 3월 초 사이에도 미국에서 그 수치가 급증한 것을 알 수 있다. 오진이나 누락으로 미보고된 사망자 수를 이런 식으로 어느 정도 추정해볼 수 있다.

한 예로, 예일대학교 연구팀이 2020년 1월 초부터 3월 28일까지의 데이터를 분석한 결과 캘리포니아주에서 그 기간에 보고된 코로나19 사망자는 101명이었지만, 폐렴과 인플루엔자로 인한 초과사망자는 399명으로 드러났다. 초과사망의 상당수 또는 대부분은 코로나19로 발생한 것이 분명했다. 또 같은 기간 코로나19 1차 파동에 휩쓸렸던 뉴욕주와 뉴저지주에서 모든 사인을 망라해 발생한 총 사망자 수를 확인해보니, 실제 확진자 수와는 관계없이 평소의 3배까지 늘어난 것으로 나타났다.[84] 연구팀은 또한 2020년 5월 말까지의 미국 전체 데이터를 분석한 결과, 코로나19 사망자 수가 실제보다 22% 정도 낮게 보고됐을 것이라는 결론을 내렸다.[85]

마지막으로, 초과사망이라는 지표는 전염병 범유행이 대중의 건강에 전반적으로 미친 영향을 압축해 보여줄 수 있다. 바이러스는 사람을 감염시켜 직접 사망을 초래하기도 하지만, 간접적으로도 사망을 유발한다. 가령 다른 질환을 앓는 환자가 제때 진료를 받지 못해 사망하기도 하고, 실직이나 사회적 고립에 따른 우울증으로 자살하는 사람이 늘기도 한다.

반면 전염병 범유행이 생명을 살리는 효과도 있었다. 예를 들어, 사람들의 이동이 줄어들면서 2020년 겨울과 봄에 자동차 사고 사망자가 줄어들었다. 꼭 필요하지 않은 선택적 의료 시술을 포기하게 되면서 시술 후 합병증으로 인한 사망이 줄어들었다. 미숙아 출산도 줄어들었다(임신부들이 외부 활동을 피하면서 무리를 덜 하고 여러 병원체에 덜 노출됐기 때문인 것으로 보인다). 또 제조 활동 중단으로 대기오염이 줄면서 호흡기질환으로 목숨을 잃는 사람도 줄어들었다.[86]

물론 범유행의 출현은 20세기만의 일도 아니고 코로나바이러스 또는 인플루엔자에 의해 발병하는 호흡기질환에만 국한되지도 않는다. 인류는 오랜 세월 감염병의 창궐에 시달려왔다. 병원체는 인류의 진화사에서 우리를 위협하는 포식동물만큼이나 중요한 역할을 했다. 그리고 감염병은 긴 세월에 걸쳐 인류 사회의 모습을 바꾸어왔다. 그 점에서 농경과 도시의 탄생, 경제위기와 전쟁의 발발 등 굵직굵직한 다른 요인들 못지않게 큰 역할을 했다.

흔히 페스트 또는 흑사병으로 불리는 병은 보통 가래톳 페스트 bubonic plague선페스트 또는 림프샘 페스트라고도 한다-옮긴이를 가리킨다. 역사학자 프랭크 스노든Frank Snowden의 표현을 빌리자면, 이 병에는 "네 종류의 주역four protagonists"이 필요하다. 첫째는 병의 원인균인 페스트균이다.[87] 둘째는 페스트균을 옮기는 벼룩이다. 셋째는 벼룩을 실어 나르며 숙주 역할을 하는 쥐다. 마지막으로 넷째는, 쥐와 마찬가지로 이 균에 희생되는 인간이다. 페스트균은 벼룩을 통해 동물 개체에서 동물 개체로, 그리고 종에서 종으로(가령 쥐에서 인간으로) 옮아간다. 이처럼 페스트는 야생 설치류가 주로 걸리는 병이 우연히 인간에게 옮겨지는 것으로 볼 수 있다. 그 점에서는 우리가 지금까지 살펴본 다른 인수공통감염병과 유사하다.

페스트는 쥐의 병이기도 하므로, 보통 사람이 죽기 직전에 쥐가 먼저 끔찍하게 죽었다. 중세 유럽에서는 땅 위에 나와 물을 찾다가 길바닥에서 죽는 쥐들이 많이 목격됐다. 당시 흑사병을 묘사한 그림에 쥐가 자주 등장하는 것은 이 때문이다. 쥐는 불길한 징조였다.

페스트균을 보유한 벼룩이 쥐에서 사람 몸으로 옮겨 가면, 그때부터 균은 걷잡을 수 없이 퍼져 나간다. 벼룩은 사람 간 밀접한 접촉을 통해 사람에게서 사람으로 직접 퍼져 나갈 수 있다. 벼룩은 동물의 몸에서 나는 열을 감지해 숙주로 삼을 대상을 찾게끔 진화되어 있다. 그래서 벼룩은 숙주가 죽어 몸이 싸늘하게 식으면 새 숙주를 찾아 주변으로 뛴다. 아이러니하게도, 결국 소중한 이의 시신을 거두는 사람이 벼룩의 다음 숙주가 되곤 했다.

다른 감염병은 대개 유아와 고령자에게 피해가 크지만, 페스트는 걸렸다 하면 나이를 가리지 않고 죽어 나갔다. 페스트의 또 한 가지 특성은 치명률이 엄청나게 높고 사망에 이르는 속도도 빠르다는 것이었다. 페스트가 창궐할 때마다 그 위력이 어찌나 가공할 만했는지 사람들은 인류 전체가 말살될지도 모른다는 두려움을 글로 남기곤 했다.

페스트 환자는 매우 끔찍한 죽음을 맞았다. 고통 속에서 몸에 병변을 일으키며 참혹한 모습으로 죽는 경우가 많았다. 페스트로 죽어 가는 사람은 몸에서 악취가 났다. 내가 읽은 목격담 중에는 놀랍게도, 전염의 공포보다 악취를 못 견디고 도망가는 간병자가 더 많았다는 언급도 있었다. 몸속에 침입한 페스트균이 림프샘에 도달하면 림프샘이 고통스럽게 부어오르는데, 그 멍울을 부르는 이름이 가래톳이다. 피아차의 미켈레라는 수도사는 1347년 시칠리아의 메시나에 창궐한 흑사병을 이렇게 묘사했다.

물집이 곳곳에 생기고, 종기가 다양한 부위에 났다. 성기에 나는 사람도 있고, 허벅지나 팔에 나는 사람도 있고, 목에 나는 사람도 있다. 종기는 처음에 크기가 개암만 하고, 환자는 발작적으로 심하게 떨다가 이내 기운이 빠져 똑바로 서지를 못하더니, 자리에 쓰러진 채 펄펄 끓는 고열과 크나큰 고통에 겨워 꼼짝하지 못한다. 곧 종기가 호두만 해지고, 다시 달걀이나 거위알만 해지면서, 그 통증이 극에 달하고 몸이 곪아가니, 체액이 변질되어 피가 뿜어 나온다. 병든 폐가 피를 목구멍으로 토해내면서 온몸이 차츰 부패해 문드러진다. 환자는 사흘을 앓다가 길어도 나흘째는 숨을 거두었다.[88]

감염병은 숙주를 죽이면 퍼지는 데 지장이 있으므로 숙주를 죽이려 하지 않는 것이 보통이다. 그렇다면 페스트는 왜 그렇게 치명적이었을까? 벼룩이라는 매개체의 존재를 빼놓고는 설명할 수 없다. 페스트균은 보통 사람에게서 사람으로 혼자 옮겨 가지는 못한다. 페스트균이 한 숙주에서 다른 숙주로 옮겨 가려면 먼저 피와 함께 벼룩에게 빨려 **벼룩 몸속에** 자리 잡아야 한다. 하지만 벼룩은 아무리 포식할 때도 눈곱만큼밖에 피를 빨아먹지 않는다. 페스트균이 퍼지려면 일단 인간의 핏속에 균이 가득해야 벼룩의 눈곱만한 식사에도 충분히 담겨 다음 숙주를 감염시킬 수 있다. 다시 말해 페스트균은 빠르게 증식해서 인간의 몸을 빠르게 가득 메워야 벼룩 몸 안에 충분히 많이 들어갈 수 있다. 그래서 페스트균은 혈액을 엄청난 밀도로 감염시킬 수 있도록 진화했고, 인간 혈액 1ml당 세균 수가 1억 마리에 이르기도 한다.

하지만 상황에 따라서는 페스트균이 벼룩에 의존하지 않고 사람에게서 사람으로 직접 퍼지기도 했다. 바로 폐렴성 페스트라고 하는, 페스트 중에서도 특히 더 심각하고 치명적인 형태다. 폐렴성 페스트는 페스트균이 폐 점액 속에 침투하는 경우에 발생하며, 감염자가 기침이나 재채기를 하면 호흡기에서 다른 사람의 호흡기로 비말이 튀어 전해지게 된다. 그러면 쥐나 벼룩 없이도 확산이 일어날 수 있다. 쥐나 벼룩이 번성하기 힘든 북유럽 같은 곳에서 페스트가 확산된 묘한 현상도 이것으로 설명할 수 있다.

가래톳 페스트는 1400년 동안 세계 곳곳을 휩쓸며 약 2억 명의 사망자를 낸 것으로 추정된다. 크게 세 차례의 대규모 범유행이 있었는데, 각각 6세기, 14세기, 19세기에 시작됐다.[89] 고고학자들이 여러 지역을 연구해봤지만, 인구통계학적 특성이나 건강 수준에 따라 페스트 사망률이 변동했다는 근거는 거의 찾을 수 없었다. 가래톳 페스트는 누구도 비껴갈 수 없었다.[90]

'유스티니아누스 페스트'라는 이름으로 알려진 최초의 페스트 범유행은 서기 541년에 시작됐고, 열여덟 차례의 잇따른 파동을 거쳐 755년에 끝났다. 발원지는 아프리카로 추정된다. 종식된 이유는 분명히 알 수 없다. 그리고 최근에 나온 역사적·고고학적·역학적 근거로 볼 때, 유스티니아누스 페스트는 비록 극심하긴 했으나 지중해와 유럽 지역의 역사에 생각했던 만큼 파괴적인 영향을 미치지는 않았던 것으로 보인다.[91]

두 번째 페스트 범유행은 역사상 가장 파국적인 범유행 가운데 하나였으며, 중앙아시아에서 시작해 1347년에 유럽에 이르렀다.[92] 그후 500년 가까이 유행과 소멸을 거듭하다가 1830년대에 사라졌다. 잉글랜드에서는 마지막으로 발생한 페스트 유행이 1665년이었지만, 이탈리아에서는 1743년에도 상당 규모의 발병 사태가 있었다. 두 번째 페스트 범유행의 1차 파동은 1347년에서 1353년까지였는데, 우리가 흔히 '흑사병'이라고 일컫는 유행이 그 시기다. 다만 당시에는 그 이름으로 불리지 않았다. 1차 파동은 빽빽이 밀집한 마을과 도시, 만연한 빈곤 등 확산에 유리한 환경 때문에 유럽 인구의 절반을 쓸어갔다. 그 위력이 어찌나 막강했는지 선택압selection pressure으로 작용해 인류 진화의 방향을 바꾸기까지 했다. 8장에서 살펴보겠지만, 현대인 중에는 그때 살아남은 선조들이 전해준 유전적 특질을 가진 사람이 많다.

마지막으로, 세 번째 페스트 범유행은 1870년에 인도를 중심으로 발생했고 '현대 페스트modern plague'라는 이름으로 불린다. 사망자는 1898년에서 1910년까지 주로 뭄바이에서 나왔고 1300만에서 1500만 명에 이르렀다. 미국 질본의 추정에 따르면, 20세기 미국에서는 1900년부터 2016년까지 1000명 남짓의 페스트 발병자가 나왔을 뿐이다. 대부분 남서부와 캘리포니아에 집중됐고, 주로 사냥꾼 등 야생동물에 노출된 사람이었다.[93] 페스트는 이제 전염병으로 여겨지지도 않아서, 그냥 예르시니아Yersinia 감염이라고 한다. 이 병은 스트렙토마이신이나 테트라사이클린 같은 표준적 항생제로 어렵지 않게 치료할 수 있다.

중세 유럽에 페스트가 돌 때 의사들의 감염 위험이 특히 컸다. 유행병이 돌 때 의료 종사자가 위험을 감수하는 것은 예나 지금이나 마찬가지다. 하지만 위험한 직업은 그 밖에도 많았으니 사제, 무덤 파는 사람, 제빵사(곡물 창고에는 쥐가 꼬였으므로), 노점상 등이 모두 위험했다. 나는 이렇게 페스트 감염 위험이 컸던 직업의 예를 접하고, 2020년에 우리가 처한 상황과의 유사성을 느꼈다. 우리에게 식량을 공급해주는 필수 노동자들은 항상 위험을 피할 수 없는 듯하다.

배도 위험한 공간이었고, 바다에서는 피할 곳도 없었다. 때로는 페스트가 워낙 강력히 덮쳐 승객과 승무원이 모두 죽은 채로 바다를 떠다니는 배들도 있었다. 유스티니아누스 페스트 때도 예외가 아니어서, 이런 기록이 전해진다. "신의 노여움이 뱃사람들을 급습하니 망망대해에서 선장의 무덤이 된 배들은 주인들의 시신을 싣고 파도 위를 마냥 표류했다."[94] 피해 규모는 물론 달랐지만 2020년 크루즈선 집단발병 사태를 떠올리게 하는 면이 있다.

대니얼 디포Daniel Defoe는 1722년에 쓴 유명한 작품 『전염병 연대기A Journal of the Plague Year』에서, "우리 앞에 닥친 죽음의 위험 앞에 사랑의 끈도, 서로를 염려하는 마음도 모조리 사라졌다"라고 적었다.[95] 방치되어 홀로 죽는 사람도 많았다. 페스트로 인한 갑작스러운 죽음은 사제의 면죄에 의존하던 사회에 종교적 문제를 안겼다. 죽음을 준비하지도, 속죄하지도, 성사를 받지도 못하고 죽는다는 것은 존엄성을 박탈당하는 처사로 여겨졌다. 시대와 장소를 막론하고 사람들은 준비된 상태에서 죽음을 맞고 싶어 한다. 우리 팀이 수행한 연구에서는 미국인의 84%가 '죽음을 맞을 마음의 준비가 된 상태'야말로 '인생의 마지막 순간에 매우 중요하다'고 생각하는 것으로 나타났다.[96] 심각한 전염병이 발발했을 때의 반응은 예나 지금이나 거의 변한 게 없다. 중세 유럽의 페스트 유행은 희생양 만들기와 마녀사냥 사례를 거듭하여 빚기도 했다. 그리고 그 동력이 된 공포심은 신의 노여움을 달래려는 시도 속에서 종교 부흥을 일으키기도 했다.

아이러니하게도 도시 생활과 원거리 무역으로 대표되는 현대적 국민국가의 출현은 감염병의 확산 규모를 엄청나게 키우는 원인이 됐지만, 동시에 방역 수단을 튼튼히 갖추는 계기도 됐다. 한 예로, 15세기 베네치아의 보건 당국은 외곽의 섬들에 검역시설을 세워 입항하는 모든 선박을 40일간 격리했다. 이는 격리를 뜻하는 영어 단어 '쿼런틴quarantine'의 기원이 됐다(이탈리아어로 '40'을 뜻하는 '콰란타quaranta'에서 유래했다). 40일이라는 기간은 성경에 뿌리를 둔 것으로, 성경에는 정화淨化의 맥락에서 40이라는 수가 자주 등장한다. 예컨대 창세기에서 40일간 밤낮으로 계속된 홍수, 모세가 십계명을 받기 전에 시나이산에서 지낸 40일, 광야에서 40일간 유혹을 견딘 예수의 고행, 부활절 전 40일간 지키는 절기인 사순절 등이다.[97]

그러나 육로 이동자는 격리 조치를 하기가 훨씬 더 어려웠다. 감염병의 육로 전파를 막기 위한 노력은 불어로 '코르동 사니테르cordon sanitaire'라고 하는 '검역선檢疫線'을 탄생시키기에 이르렀다.

이는 국경을 따라 요새와 초소를 간간이 설치해놓고 병력을 배치해 오염된 물품과 인원의 이동을 막는 것을 가리킨다. 외부인은 입국을 차단하거나 격리했다. 병이 외부에서 유입될 수 있다는 사실을 완벽히 이해하진 못했다고 하더라도 그런 인식이 어느 정도 있었던 건 분명하다.

> 제노바 사람 몇 명이 역병을 피해 안전한 거처를 찾고자 알프스를 넘어 롬바르디아에 도달했다. 그중 교역품을 가져온 사람이 있어 보비오에 머무는 동안 물건을 팔았는데, 물건을 산 숙소 주인과 그의 온 가족, 그리고 이웃 몇 명까지 감염되어 병으로 급사했다.[98]

18세기 말에서 19세기 초, 오스트리아-헝가리 제국은 그와 같은 검역선을 설치해 발병 사태가 인지될 때마다 방비를 강화했는데, 그 길이가 아드리아해에서 알프스산맥까지 1600km가 넘었다.[99] 과거 사람들도 전염병 유행을 크게 경계했으며 방역에 지대한 노력을 쏟았음을 잘 보여주는 사례다.

페스트가 초래한 어마어마한 사망률은 도저히 가늠하기도 힘들다. 앞서 언급했듯이, 1차 파동이 진행된 1347년에서 1351년까지의 5년 동안 유럽 전체 인구의 30~50%가 사망한 것으로 추정된다.[100] 마을이 통째로 사라진 곳들도 있었다. 피렌체와 시에나에서는 인구의 60%가 사망한 것으로 추정된다.[101] 어찌나 많은 사람이 어찌나 빠르게 죽어 나갔는지 집단 묘지를 파는 일꾼들은 밀려드는 일을 감당하지 못했다. 피렌체의 역사가 발다사레 보나이우티 Baldassarre Bonaiuti는 그 광경을 1348년에 이렇게 묘사했다.

교회란 교회마다 마당에 구덩이를 깊게 팠다. 교구 크기에 맞추어 넓고 깊은 구덩이를 지하수가 나올 때까지 팠다. 사망자 처리를 맡은 이들은 환자가 죽은 밤에 시신을 등에 지고 날라서 구덩이에 던져 넣거나, 아니면 비싼 값을 치르고 다른 사람에게 일을 맡겼다. 이튿날 아침에 봐서 구덩이에 시신이 많이 쌓였으면 흙으로 덮었다. 그 위에 다음 시신들을 또 쌓고, 그 위에 흙을 조금 더 뿌렸다. 라자냐에 치즈를 쌓듯 겹겹이 층을 쌓았다.[102]

그토록 끔찍한 참화를 초래한 것으로도 부족했는지 페스트는 번번이 재유행하곤 했다.

유럽에서 페스트가 마침내 어떻게 종식됐는지를 설명하는 한 가지 설은, 인간의 대응과는 거의 무관한 원인에서 이유를 찾고 있다. 한마디로 쥐들 간의 경쟁 때문이었다는 것. 18세기 초, 쥐 중에서 몸집이 큰 종인 시궁쥐가 유럽에 전해져 토종 쥐인 곰쥐를 서식지에서 몰아낸 것으로 보인다. 시궁쥐는 경쟁 관계에 있는 다른 쥐들에게는 사납게 굴었지만, 인간은 무서워해서 피해 다녔다. 또 한 가지 요인으로 추정되는 것은 1650년, 페스트가 잦아들었던 시점에 닥친 매서운 한파다.[103] 앞에서 살펴봤듯이 전염병 유행은 병원체, 숙주, 환경의 복잡한 상호작용에 따라 양상이 바뀐다.

지금까지 살펴본 전염병 외에도 여러 전염병이 각기 다른 시대에 인류를 위협했다. 그 예는 17세기부터 18세기까지 미국을 강타한 천연두에서 19세기의 콜레라와 황열병 그리고 20세기의 소아마비, 매독, HIV에 이르기까지 다양하다.[104] 그렇지만 코로나19와 같은 규모의 범유행은 역사적으로 드물다.

똑같은 재앙이 50년이나 100년의 주기를 두고 사람들의 기억에서 잊혀갈 때쯤 되풀이해 찾아오는 현상은, 우리 인류를 초라해 보이게 하는 면이 있다. 그런 재앙이 다시금 닥칠 때면, 이런 일이 일어날 줄 알았어야 했다는 자괴감이 우리의 고통을 더한다. 유행병은 대개 인간이 가진 속성 중에서도 가장 근본적이면서 가장 진화된 면들을 파고든다. 인간은 집단을 이루어 서로 어울려 살게끔 진화한 동물이다. 신체를 접촉하며 애정과 친밀감을 나누고, 죽은 자를 땅에 묻고 애도하는 동물이다. 우리가 만약 각자 홀로 은둔 생활을 했더라면 전염병에 희생되는 일은 없었을 것이다. 전염병을 퍼뜨려 우리의 목숨을 앗아가는 병원체는 우리를 인간이게 하는 바로 그 이유 때문에 퍼지는 경우가 많다. 그래서 지난 수천 년간, 우리는 전염병이 유행할 때마다 인간 본연의 속성을 한동안 포기해야만 하는 상황에 놓이곤 했다.

우리는 과거 범유행의 교훈을 여러 이유로 잊는다. 어떤 경우는 너무 오래전 일이라 집단 기억 속에서 희미해졌거나 다른 사건에 가려 주목받지 못한다. 그런 전염병들은 소수의 역사학자나 과학자들의 연구 대상이 되거나, 설화나 신화의 주제가 된다. 2020년 4월 초, 유대교의 절기인 유월절 기간에 내 유대인 친구들 몇 명이 한 말이 있다. 성서 속의 역병 이야기가 늘 추상적으로만 느껴졌는데, 이제는 실감이 난다는 것이었다. 유월절 만찬 때 읽는 「출애굽기」 이야기의 요지가 더 명확히 와닿았다고 했다. 그런가 하면, 더 단순한 이유로 우리의 기억에서 잊히는 경우도 있다. 역학적 측면에서 그 규모나 파장에 한계가 있었다는 이유다. 범유행병이었지만 그리 치명적이지 않았거나(2009년 H1N1 인플루엔자), 전염성이 높지 않아 발병자가 적었거나(메르스), 너무 빨리 소멸했거나(SARS-1), 특정 인구집단 내에서만 발병했거나(에볼라), 백신으로 정복됐거나(홍역과 소아마비), 치료가 가능하거나(HIV), 박멸됐다는(천연두) 이유로 대부분 사람의 기억에서 까맣게 잊히고 있다.

코로나19 시대에 바뀌어버린 우리의 일상이 생경하고 부자연스럽게 느껴질지 모르지만, 사실 생경한 것도 부자연스러운 것도 아니다. 전염병은 인간의 삶에 늘 따라오는 요소 중 하나다. 2020년에 벌어진 사건은 인류가 처음 겪는 일이 아니다. **우리가** 처음 겪는 일일 뿐이다.

3장

단절

코로나19가 세계적 상실을 이끈 방식

그들은 느닷없이 치솟는 절망감도, 안에서 넘쳐나는 광기도 드나들지 못하게 이곳을 봉쇄하기로 마음먹었다. 사원 안에는 물자가 충분했다. 그렇게 만반의 준비를 해놓은 궁정 사람들은 전염병을 무시할 수 있었다. 바깥세상은 어떻게든 알아서 돌아갈 터였다. 이곳에서는 애통해하는 것도, 생각하는 것도 어리석은 일이었다. 대공은 온갖 오락거리를 마련해놓았다. 광대가 있었고, 즉흥시인이 있었고, 무희가 있었고, 연주자가 있었고, 미녀가 있었고, 술이 있었다. 안에는 그 모든 것과 더불어 안전함이 있었다. '적사병'은 밖에 있었다.

에드거 앨런 포Edgar Allan Poe, 「붉은 죽음의 가면극The Masque of the Red Death」(1842)

인류는 오랜 세월 전염병과 더불어 살아왔지만, 코로나바이러스가 2020년 초 전면에 부상했을 때는 과학기술이나 의료 여건 면에서 이전 범유행 때와는 확연히 다른 환경이 갖춰져 있었다. 과학자들은 이제 바이러스의 염기서열을 금방 해독해낼 수 있고, 그 덕분에 바이러스의 새로운 변이체를 식별해 그 확산을 추적할 수 있다. 유전자 검사를 개발하고 도입하여 감염 여부를 빠르고 정확하게 가려낼 수 있다. 휴대전화 데이터를 이용해 전 세계 사람들의 이동을 추적할 수 있다. 과거에는 상상할 수 없었던 수준의 중환자실과 인공호흡 설비를 갖추고 있다. 혁신적인 각종 항바이러스제도 나와 있고, 바이러스 생물학과 약리학도 눈부시게 발전했다. 그뿐 아니라 인터넷을 이용해 정보를 널리 신속하게 공유할 수 있다.

하지만 그 모든 발전이 실제로 얼마나 큰 도움이 됐을까? 바이러스를 얼마나 잘 저지했느냐를 놓고 볼 때, 지금보다 수완이 훨씬 부족했던 선조들에 비해 우리가 특별히 더 잘한 건 없다. 지난 세기 과학과 의료 분야의 온갖 발전에도 불구하고 우리를 둘러싼 상황에 큰 변화가 없음을 생각하면, 허탈함을 넘어 충격이 느껴진다. 다중 집합을 금지하고 마스크를 착용하고 있는 우리 모습은, 태곳적 방역 수단으로 회귀한 것 같은 느낌마저 든다. 그러나 익숙한 재난에는 익숙한 수단으로 대처할 수밖에 없다.

유행병에 대응하는 방법은 크게 두 가지가 있다. 첫 번째는 의약품과 백신 등을 이용한 '**약물적 개입**pharmaceutical interventions'이다. 전세계 과학자들이 지금 분주하게 개발 중인 수단이다. 이 방면에서는 과거보다 훨씬 여건이 나아진 게 사실이다. 인류는 수백 년간 아무런 과학적 근거 없이 경악스러운 각종 혼합물을 제조해 병을 치료하려고 시도했고, 거의 예외 없이 효과를 보지 못했다. 흑사병이 유행하던 시절, 그나마 가장 덜 위험한 치료법은 다진 양파(또는 구할 수 있으면 죽은 뱀)로 문지르기였다. 그 방법이 듣지 않으면 자기 몸 채찍질하기, 비소, 수은 등의 방법이 대기하고 있었다. 수은은 그래도 아주 말이 안 되는 건 아니었다. 실제로 1918년, 매독에 걸린 프랑스 군인들을 수은으로 치료하니 신기하게도 독감에 면역이 생기는 현상이 관찰됐다. 하지만 수은은 독성이 워낙 강해 원래 병보다 더 심한 부작용을 몰고 왔으니, 이는 인류 의학사에서 거듭 반복된 불행이었다.[1]

통념과는 달리, 사실 시대를 불문하고 의술이 감염병 감소에 기여한 효과는 놀라울 정도로 작다. 이 점을 잘 알 수 있는 한 가지 방법은 각종 감염병의 사망률을 1900년부터 그래프로 나타내보는 것이다. 사망률은 언제부턴가 떨어지기 시작해 어느 시점부터는 비교적 평탄하면서 낮은 수준을 유지한다. 그렇다면 예컨대 홍역 사망률의 경우, 1963년에 홍역 백신이 발견되어 보급되면서 급격히 감소했으리라 짐작하기 쉽다. 성홍열, 결핵, 장티푸스, 디프테리아 등 다른 감염병도 같은 패턴을 예상할 수 있다. 하지만 실제로 각 감염병의 백신이나 치료법이 개발된 해를 화살표로 표시해보면, 곡선이 하강을 시작한 지 한참 후 평탄해진 부분에 위치한다(그림 11 참고). 눈썰매장의 하강 코스에 비유하면, 백신 또는 약물 요법이 등장하는 시점은 썰매가 언덕을 거의 다 내려와 평탄한 코스를 관성으로 죽 미끄러져 나가는 지점이다.

그림 11 ─ 매큐언 가설의 예시가 되는 그래프들. 특정한 의학적 개입이 감염병 정복에 기여한 정도는 비교적 크지 않음을 보여준다.

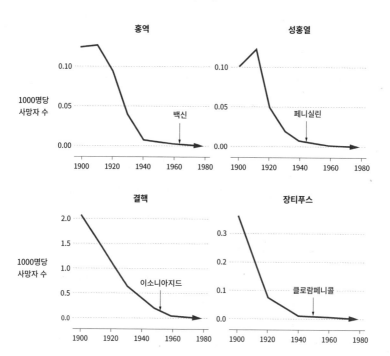

이런 형태의 그래프를 처음 제시한 사람은 1966년 영국의 의학자이자 역사학자인 토머스 매큐언Thomas McKeown이다. 그의 의도도 바로 그 점을 설명하려는 것이었다. 매큐언은 감염병을 소멸시킨 가장 주요한 동력은 현대의학의 발달이 아니라고 주장했다.[2] 그가 주장한 결정적 원인은 사회경제적 환경 개선, 그리고 공중보건 조치의 시행이었다. 가령 지난 두 세기 동안 세계적으로 부가 크게 증대됨으로써, 과학기술의 발전이 가져다준 깨끗한 물과 안전한 음식을 누릴 수 있는 인구의 수가 점점 많아졌다. 여기에 가족계획이 보급되고 교육이 개선되면서, 그런 요인들이 감염병 확산을 줄이는 데 백신이나 치료법보다 훨씬 더 크게 기여했다. '매큐언 가설McKeown hypothesis'이라고 불리는 이 이론은 그 후 철저한 검증을 거쳐 입증됐다. 혹시라도 오해가 있을까 봐 밝혀두자면, 이 말은 약을 쓰지 말아야 한다는 의미가 아니다. 의약품은 질병 희생자를 줄이는 데 큰 역할을 한다. 다만 그 공헌의 정도가 생각보다 크지 않다는 것이다.

사회경제적 요인과 약물적 요인이라는 두 요인의 상보적 관계는, 앞에서 살펴본 통시적 관점뿐 아니라 특정 시점에 유행병에 어떻게 대응해야 하느냐 하는 관점에도 중요하다. 약물적 개입이 아닌 두 번째 대응 방법은 '비약물적 개입nonpharmaceutical interventions, NPI'이다. 간단히 NPI라고 하겠다. NPI는 크게 개인적 NPI와 집단적 NPI로 나뉜다. 개인적 NPI는 개인적으로 취할 수 있는 대응 방법으로 예컨대 손 씻기, 마스크 쓰기, 자가격리하기, 악수하지 않기 등을 가리킨다. 모두 정의상 어느 정도는 개인적 선택에 의한 행동으로, 물론 극단적인 경우에는 규칙 위반 행위가 처벌 대상이 되기도 하지만 (가령 1918년 샌프란시스코에서는 마스크 착용 반대 모임에 가담한 사람들을 구속했다) 보통은 개인이 어느 정도 자신의 의지에 따라 얼마나 채택할지 결정하게 된다.

반면 집단적 NPI는 각국 정부에 의해 조율과 지시가 이루어진다. 모든 사람의 마음에 들지 않더라도 모든 사람에게 적용되고 영향을 미친다. 예컨대 국경 봉쇄, 휴교, 대규모 집합 금지, 공공장소 소독, 검사와 접촉자 추적 및 격리 시행, 공공교육, 외출금지령 등이 여기에 포함된다. 이런 집단적 NPI는 비감염자나 감염 사실을 인지하지 못하는 시민들에게도 의무를 지우기에 불만, 더 나아가 반발을 살 수도 있다.

다양한 NPI를 구분하는 또 하나의 기준은 전염병 유행을 억제하는 방식에 따른 것이다. 어떤 개입 조치는 개인적 형태든 집단적 형태든 병원체의 전파력을 떨어뜨리는 것을 목표로 한다. 마스크 쓰기, 손 씻기, 공공장소 소독 등이 그 예이며 '전파 감소형 개입'이다. 반면 사람들 간의 상호작용 패턴을 변화시켜 병원체 확산을 막고자 하는 개입 조치도 있다. 예컨대 자가격리, 접촉자/의심자 격리quarantine, 휴교 등으로 이런 것은 '접촉 감소형 개입'에 속하며, 2020년 들어 화두가 된 사회적 거리두기가 바로 여기에 해당한다.[3] 여기서 분명히 해야 할 것은, 우리에게 필요한 건 사회적 거리두기가 아니라 **신체적 거리두기**라는 점이다. 신체적 거리를 넓힐 수밖에 없는 시기에 친구와 가족 간에 사회적 거리까지 두라는 것은 대중에게 결코 권고할 만한 일이 아니다.

개인적 대응과 집단적 대응은 상호 배타적인 관계가 아니며, 병행할 때 가장 큰 효과를 낼 수 있다. 암 치료에 화학요법과 방사선요법을 병행하는 것과 마찬가지다. 그렇다면 이제 다양한 유형의 NPI를 살펴보고, 그런 방법들을 어떻게 병행해야 효과적인 대처 전략이 될 수 있는지 알아보자. 그런 다음, 코로나19 확산 과정에서 그런 전략들이 어떤 양상으로 변화해나갔는지 살펴보자.

○———▶

2020년 3월 15일, 앤서니 파우치Anthony Fauci 미국 국립 알레르기 · 감염병연구소NIAID 소장은 '전국적 봉쇄'가 필요할 수도 있다고 공개적으로 언급했다.[4] 곧 미국의 모든 주가 연이어 외출금지령을 발동했다. 캘리포니아주가 3월 19일로 최초였고, 뉴욕주가 3월 22일에 뒤를 이었으며, 미주리주가 제일 마지막으로 4월 6일에 뒤따랐다.[5]

그러나 그런 조치가 있기 전부터도 이미 수많은 회사가 재택근무에 들어갔고, 국민은 앞서 시애틀 사례에서 봤듯이 자발적으로 이동을 줄이기 시작했다. 대다수의 사람은 바보가 아니다. 치명적인 바이러스가 유행하고 있을 때는 차라리 집 밖으로 나가지 않는 쪽을 택한다.《워싱턴 포스트》5월 6일 기사에 실린 휴대전화 데이터 분석에 따르면 미국인들이 집에 가장 많이 머무른 날은 4월 7일로 하루 중 93%의 시간을 집에서 보냈는데, 이는 3월 1일의 72%보다 크게 높아진 수치였다.[6] 다시 말해, 2020년 범유행이 시작되고 처음 몇 달 동안 미국인들은 다른 대안이 없거나 의료, 위생, 식품 생산 및 유통 등 필수 업종에 종사하지 않는 한 최대한 집에 머물렀다.

미국인들이 이런 극단적 조치를 비롯해 여러 대대적인 조치(일테면 뒤에서 논할 휴교 조치)를 취한 데는 이유가 있었고, 비단 각 개인이 살아남기 위해서만은 아니었다. 이는 전파 사슬을 끊음으로써 서로를 돕기 위한 행동이었다. 이 NPI의 목적은 이른바 **곡선 평탄화** flatten the curve, 즉 곡선을 평평하게 만드는 것이었다. 그 전까지 학술지와 질본 웹사이트에서나 찾아볼 수 있었던 이 표현은 이 무렵 모든 신문의 전면을 장식하고 전 국민의 입에 오르면서 대중의 뇌리에 각인되는 유명세를 탔다. 내가 사는 버몬트주에는 댄앤드휘츠라는 잡화점이 있는데, 젊은 점원이 마스크를 고쳐 쓰면서 중얼거리는 말이 "곡선 평탄화 정말 지긋지긋해"였다.

그런데 곡선을 평평하게 만든다는 것이 정확히 무엇을 의미할까? 가령 유행이 시작된 후 10개월 동안 미국인 1000만 명이 감염될 것으로 예상된다고 하자. 이때 1000만 명이 첫 달에 한꺼번에 발병하는 시나리오와 매달 100만 명씩 열 달에 거쳐 발병하는 시나리오는 그 결과가 하늘과 땅 차이다. 첫 달에 한꺼번에 발병하는 경우는 의료체계가 붕괴하게 된다. 미국이 만약 곡선을 평탄화하여 유행병의 거센 충격파를 완화하려는 노력을 기울이지 않았더라면, 처음 몇 개

그림 12 — 유행병의 발병 곡선을 평탄화하면 몇 가지 이점이 있다. 의료 수요의 최고점을 낮출 수 있고, 최고점을 더 뒤로 미룰 수 있으며, 총사망자 수를 줄일 수 있다.

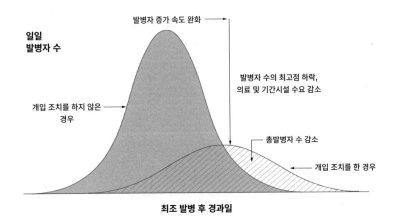

월간 무려 100만 명 이상이 사망했을 수도 있다. 두 시나리오를 비교해 그림 12에 나타냈다. 가로축은 시간이고, 세로축은 일일 발병자 수다. 평탄화를 시도하지 않은 경우는 발병자가 단기에 집중되어 있고, 평탄화한 경우는 발병자가 분산된 모습이다.

초기에 중국·이탈리아·영국·미국에서 나온 연구 결과에 따르면, SARS-2 감염자의 대략 20%가 입원 치료를 필요로 하고 대략 5%가 중환자실 치료를 필요로 한 것으로 나타났다.[7] 1000만 명의 5%에게 중환자실 치료가 필요하다면 중환자실 병상이 50만 개 있어야 한다. 하지만 미국의 중환자실 병상은 10만 개에 불과하다. 그렇게 많은 중환자를 동시에 수용할 만큼 중환자실 병상을 보유한 나라는 어디에도 없다. 게다가 미국은 인구당 병상 수가 다른 선진국들보다 적어서, 1000명당 병상 수가 2.9개에 불과하다. 이에 비해 한국은 11.5개, 일본은 13.4개, 이탈리아는 3.4개, 호주는 3.8개, 중국은 4.2개다.[8]

수많은 환자를 돌볼 의료 및 간호 인력도 물론 필수다. 그뿐 아니라 장비 부족도 큰 문제가 될 수 있다. 일테면 개인보호장구personal protective equipment, PPE나 관, 시신 이송용 냉장 트럭 등이다. 뉴욕시는 곡선을 충분히 평탄화하지 못해 그와 같은 장비들이 소진되는 사태에 처했고, 뉴스 보도를 통해 간호사들이 개인보호장구가 없어 쓰레기봉투를 착용하는 모습, 요양원과 병원에 시신이 쌓여 부패 위험에 놓여 있는 모습이 고스란히 전해졌다. 그러나 뉴욕시는 곡선 평탄화 노력 끝에 다행히 인공호흡기 소진은 막을 수 있었다. 인공호흡기가 소진됐다면 환자를 중증도에 따라 살릴지 말지 결정해야 하는 무척 어려운 상황에 직면했을 것이다. 중환자실 병상도 다량 확보해 급증한 수요를 맞출 수 있었다. 하지만 심각한 유행병이 닥친 상황에서는 어떤 의료체계도 과중한 압박을 받을 수밖에 없다. 곡선을 평탄화해야 의료체계 마비는 물론, 장비 소진과 의료 업무 폭증을 막을 수 있다.

1월과 2월 중 우한과 이탈리아 밀라노에서는 코로나19에 병원이 초토화되다시피 했다는 보도가 이어졌다. 1장에서 언급했듯이, 중국은 우한에 환자 수천 명을 치료할 병원 하나를 열흘 만에 지어 대처했다. 우한 지역에 부족한 의료진을 확충하기 위해 다른 지역에서

버스로 의료 인력을 실어 날랐다.[9] 2월 말 이탈리아 전국의 병원에서는 대대적인 비상조치를 벌였고, 얼마 후 미국에서도 똑같은 조치를 모두 취하게 된다. 일테면 선택적 시술 취소, 수술실을 중환자실로 개조, 포화된 일부 응급실 신규 접수 중단, 다른 과 의료진 투입 등이다.[10] 이탈리아에서는 은퇴한 의사들에게까지 도움을 요청했다.[11] 롬바르디아의 의료인 줄리오 갈레라Giulio Gallera는 이렇게 호소했다. "누구든 와주십시오. 나이가 많건 적건 상관없습니다. 인력이 부족합니다. 특히 의사가 부족합니다."

곡선을 평탄화하면 시간을 벌어 생명을 더 살릴 수 있다. 의약품과 인공호흡기의 소진을 막을 수 있다. 의사와 간호사들의 탈진을 막아 환자 치료의 효과를 높임으로써 사망자를 줄일 수 있다. 의료 환경의 과밀화를 완화해 의료 종사자의 감염을 줄이고 최전선에서 계속 싸우게 할 수 있다. 시간을 벌면 그동안 공중보건체계도 정비해놓을 수 있다. 진단검사를 개발하고 접촉자 추적 절차를 확립할 수 있으며, 바이러스를 연구해 특성을 파악할 수 있다. 곡선을 평탄화한다는 것은 또 일부 감염자의 감염 시점을 뒤로 미루는 것이니, 그때는 과학자들이 백신이나 효과적인 약을 개발했을 수도 있고, 병세를 다스릴 좋은 방법을 찾아냈을 수도 있다. 모두 사망률을 줄여주는 요인들이다.

마지막으로, 바이러스는 항상 돌연변이를 일으키므로 위험성이 낮아질 가능성이 있다. 그러면 나중에 걸리는 사람일수록 더 가볍고 덜 치명적인 병에 걸리게 될 수 있다. 범유행병은 보통 그런 현상을 보인다. 다만 그렇게 되는 데는 시간이 꽤 걸릴 수 있고, 꼭 그렇게 되리라는 보장은 없다(1918년 인플루엔자 범유행도 예외였다). 이상의 모든 혜택을 반영하여, 그림 12에서 평탄화된 곡선은 평탄화되지 않은 곡선에 비해 총사망자 수에 해당하는 곡선 밑의 면적을 더 작게 그려놓았다.

물론 곡선을 평평하게 만든다는 것은 바이러스의 확산 속도를 줄이는 것일 뿐, 박멸하는 것이 아니다. 곡선 평탄화가 성공적으로 이루어진 후에도 바이러스는 중국과 미국, 그리고 모든 나라에 차례로 돌아왔다. 2020년 봄에 미국인들 다수는 그런 훗날의 사태를 예상하지 못했다. 사람들은 승리를 자축하는 분위기에 젖었다. 곡선을 평탄화했으니 이제 성공이라고 생각했다. 불행히도 그렇지 않았다. 미국이 곡선을 비교적 평탄화한 후에도 2020년 봄과 여름의 일일 사망자 수는 1000명 수준을 이어갔다. 최악의 사태는 피했다고 하더라도, 승리와는 한참 거리가 멀었다.

○———→

미국은 2020년 봄에 전국적 봉쇄를 시행한 덕분에 코로나19 1차 파동의 극심한 충격 속에서 6000만 명의 발병을 막고 30만 명 이상의 사망을 막았을 것으로 추정된다.[12] 그러나 곡선 평탄화에는 사회와 경제, 그리고 국민 건강의 희생도 뒤따랐다. 외출금지령을 발동한 덕분에 SARS-2 전파와 코로나19 사망자는 줄었지만, 사회적 격리는 정신건강에 대개 좋지 않으므로 우울증, 자살, 배우자나 연인 간 폭력 등의 발생률이 늘어날 수도 있다. 또 천식 발작이나 뇌졸중 등 다른 심각한 병의 증상을 방치함으로써 사망하는 사람이 늘수도 있다(다만 치료 포기가 건강에 도움이 되는 경우도 있는데 이에 관해서는 7장에서 논한다). 코로나19 유행 초기에 코로나19와 무관한 응급실 방문 환자가 사라지고 외과 응급 환자가 자취를 감춘 현상에 기이하다는 반응을 보인 의사들이 많았다. 물론 비응급 또는 선택적 수술은 코로나19 대비를 위해 일정을 조정하는 경우가 많았지만, 심각한 병을 앓는 환자들조차 진료를 피하리라는 것은 의사들이 미처 예상하지 못한 현상이었다. 나의 예일대학교 동료인 할런 크럼홀츠Harlan Krumholz 교수는 심장병 환자가 별안간 사라진 것을 우려하면서 사람들이 가슴에 통증이 있어도 병원을 찾지 않는 것 같다고 추측했다.[13]

신체적 거리두기는 사회와 경제에도 심각한 희생을 초래한다. 학교가 문을 닫으면 아이들은 학습 기회를 잃고, 부모들은 아이를 맡아줄 곳을 잃게 된다. 사업장이 문을 닫으면 어른들은 일자리를 잃는다. 실제로 실업 규모가 엄청났다. 2020년 5월 7일 미국 노동부 발표 자료에 따르면, 계절 조정 실업률이 15.5%로 나타났다.[14] 누적 실업자 수는 3300만 명을 기록해, 지난 10년간 이룬 취업률 개선을 원점으로 되돌렸다. 발표 자료를 읽어보니, 자료를 작성한 담당자조차 경악하면서 숫자를 적지 않았을까 싶었다. "4월 셋째 주 신규 실업수당 청구 건수는 1891만 9371건으로, 전주보다 241만 6289건이 늘었다. 작년 같은 주의 실업수당 청구 건수는 167만 3740건이었다."

비영리기구인 퓨자선기금The Pew Charitable Trusts에서 4월 말에 발표한 조사 결과에 따르면, 성인의 43%가 본인 또는 함께 사는 가족이 코로나19로 실직했거나 수입이 줄었다고 응답했다. 물론 저소득자와 인종적·민족적 소수자가 받은 타격은 특히 더 컸다.[15] 언론은 "미국 실업률 14.7%로 급증, 대공황기 이후 최악", "미국 실업률 대공황 수준 도달" 등의 기사 제목을 쏟아냈다.[16]

어느 도심 지역에 가거나 어느 지역 신문을 펼쳐봐도 고충이 선명히 드러났다. 다트머스대학교가 있는 뉴햄프셔주 하노버는 5월경 이미 가게들이 줄줄이 폐업한 상태였다. 한 지역 신문이 뽑은 머리기사 제목은 "상권 붕괴로 변모해가는 중심가"였다.[17] 《포브스》가 미국 최고로 꼽은 한 인기 젤라토 가게의 주인은 폐업 이유를 한마디로 설명했다. "빼곡히 줄지어 늘어선 손님들 없이는 아이스크림 장사로 성공할 방법이 없습니다." 지역 공무원들이 황급히 안을 내서 주차장을 개조해 유럽에서 흔히 볼 수 있는 야외 식사 공간을 만들기도 했다. 하지만 지역 식당들에 큰 도움은 되지 않았다.

다우존스산업평균지수는 2월 12일 2만 9551포인트에서 3월 23일 1만 8591포인트로 37% 폭락했다(2020년 7월 1일에는 2만 5734포인트로 반등했다). 미국에서 신체적 거리두기가 광범위하게 시행된 지 얼마 되지 않은 4월 초, 2분기 경기가 전기 대비 약 10% 수축되리라는 예측이 나왔고, 실제 결과도 예측을 벗어나지 않았다.[18] 자료 집계를 시작한 1947년 이래 그때까지 기록된 전기 대비 최고 증감률은 1958년 1분기의 2.6% 수축이었다. 우연히도 그 기록 역시, 미국을 휩쓸었던 마지막 대규모 호흡기질환 범유행으로 인한 것이었다. 금융위기로 인한 경기 수축도 2008년 4분기의 2.2%에 지나지 않았다.[19]

이런 상충 관계를 절충하기 위해서는 냉정한 계산과 판단이 필요하다. 그런데 그게 쉽지가 않다. 학교와 직장이 관계된 부분은 더욱 그렇다. 그래서 2020년에 곡선 평탄화를 위해 시행된 개입 조치들은 대단히 정치화되기 일쑤였고, 이는 공중보건 대응에 큰 지장을 준 것은 물론 국민의 참여도 더욱 힘들게 했다. 신체적 거리두기를 둘러싼 논쟁 속에서 간과되고 있는 점은, 이런 개입 조치의 효과는 워낙 확고히 입증되어 논란의 대상이 될 이유가 없다는 사실이다. 한 예로, 미국 질병관리본부는 「범유행 인플루엔자 예방을 위한 지역사회 피해 저감 지침」이라는 제목의 보고서를 이번 범유행 **3년 전에** 공표한 바 있다. 보고서에는 수십 년간 제공되어온 타당한 권고가 가득 담겨 있었다.

그럼에도, 질본에서 그와 비슷한 기초적 권고를 담은 보고서를 작성하자 백악관에서는 2020년 5월 7일에 그 공표를 금지했다. 이유는 제시되지 않았다. 질본 전문가들이 들은 말은 봉쇄 이후 경제활동 재개 방법을 다룬 권고안이 (위생 수칙과 신체적 거리두기에 관한 기초적 제안이었는데) "실제로 쓰일 가망이 없다"는 것뿐이었다.[20] 물론 보고서는 그래도 유출됐다. 보고서 공표를 금지한 배경에 깔린 정치적 이유는, 연방정부의 역할이 강조되지 않게 함으로써 전국적 영업 활동 재개의 책임을 각 주에 돌리려는 것이었을 가능성이 있다. 그러면 매정하게도, 불가피하게 일어날 재확산에 대한 비난도 각 주가 떠안게 되는 것이었다.

아직 상황이 그리 나빠 보이지 않을 때 NPI를 적시에 실행하고 대중의 지지를 얻는 일은 공중보건 당국자와 정치인에게 중요한 과제다. NPI란 불편하고 부자연스러우며 크나큰 희생이 따르기도 하므로, 많은 사람이 피하고 싶어 하는 것도 이해할 만하다. 특히 눈앞에서 사람이 죽어 나가는 것을 보기 전까지는 더 그럴 수밖에 없다. 유행병이 돌 때 대중에게 현 상황을 정확히 이해시키는 것은 지도자의 기초적 책무다.[21] 더 나아가, 대중의 신뢰를 유지하는 것은 그 자체를 하나의 NPI로 볼 수 있다. 이를 다른 조치들의 효과를 높이는 방편으로만 보는 것은 잘못이다. 사회 기능을 저해하되 인명을 살리는 개입 조치를 시행하려면 대중의 신뢰가 필요하고, 대중의 신뢰를 얻으려면 모든 정책안의 논리적 근거를 정직하게 알려야 한다. 까다로운 절충이 필요하다는 점도 숨김없이 논하고, 여기에 불확실성이 따른다는 점도 알려야 한다. 이것이 공중보건뿐 아니라 시민의 참여의식을 향상시키는 방법이다.

1918년에는 집단적 의지를 끌어모으기가 2020년보다 훨씬 쉬웠는데, 스페인 독감은 제1차 세계대전 중에 터졌기 때문이다. 그때 국민이 자신의 자유를 제한하는 각종 규칙을 지지한 것은, 규칙을 지킴으로써 해외에 파병된 병사들의 안전을 지킬 수 있다고 생각했기 때문이다. 적십자사는 이렇게 공표하기까지 했다. "남녀노소를 막론하고 지금 마스크를 쓰지 않는 사람은 위험천만한 의무 태만자다." 캘리포니아 주지사는 마스크 착용이 모든 미국인의 "애국적 의무"라고 말했다.[22]

유행병의 가장 근본적이면서 흉악한 특성 하나는 지수적exponential, 즉 기하급수적 증가라는 개념이다. 그 때문에 곡선 평탄화가 더더욱 중요하기도 하지만, 그 때문에 대중의 적극적 참여를 끌어내기가 그만큼 어렵기도 하다. 고등학교 수학 시간에 배운 것을 기억하는 사람도 많겠지만, 지수 함수의 그래프를 그려보면 처음엔 한참 평평하게 나가는 듯하다가 둥그스름하게 휘어 올라가자마자 곧 가파르게

그림 13 — 약 1주마다 2배로 늘어나는 지수적 증가를 나타낸 그래프. 발병자가 순식간에 급증하는 모습이다.

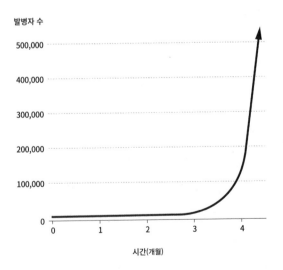

치솟는 모양이 된다(그림 13). 이렇게 지수적 증가가 일어나는 상황에서는 한동안 아무 일도 벌어지지 않는 것처럼 보인다. 그러다가 순식간에 많은 일이 벌어진다. 블라디미르 레닌Vladimir Lenin은 "수십 년간은 아무 일이 없다가 수 주 동안 수십 년 치 일이 벌어진다"라고 했는데, 이런 현상을 두고 한 말이 아닐까 싶다. 하지만 곡선이 아직 평평한 상황에서 사람들을 행동에 나서게 하기란 무척 어렵다.

그러나 2장에서 살펴봤듯이, 초기에 행동을 하는 것과 하지 않는 것은 엄청난 차이가 있다. 한 예로, 필라델피아는 '자유 국채 퍼레이드'를 취소하지 않은 대가로 독감 환자가 순식간에 폭증했다. 유행 초기에 대중에게 추후 벌어질 수 있는 사태를 이해시키는 일은 필수다. 하지만 그래서 경종을 울리기가 그토록 어려운 것이기도 하다. '머지않아' 환자가 속출하고 세상이 달라질 것이라고 말해봤자, 사람들은 주변을 둘러보고는 "뭐 별 특별한 게 없는데? 개입 조치 필요 없겠네" 하고 만다. 다음 날도 별일 없어 보인다. 경고의 목소리는 공연한 호들갑으로 여겨진다. 그러다가 사망자가 나오기 시작할 무렵이면, 개입 조치가 물론 도움이 안 되는 것은 아니지만 효과를 최대한으로 내기엔 이미 너무 늦다.

○──────▶

미국에서 범유행이 막 시작될 무렵 NPI 시행에 반대한 사람들 가운데는 보다 '자연스러운' 전략을 채택하자는 취지의 주장을 하는 이들도 있었다. 유행을 갈 데까지 가게 그냥 놓아두면 집단면역에 더 빨리 도달할 수 있다는 것이었다.

한 사회가 집단면역을 형성하는 데 필요한 면역자의 비율은 질병의 전염성이 얼마나 높은가에 달려 있다. 질병의 전염성이 낮을수록 필요한 면역자의 수는 적어진다. 반대로 R_0가 높을수록 유행 확산을 막는 데 필요한 면역자의 비율은 높아진다. 그래서 전염성이 최고 수준인 홍역의 경우, 확산을 막으려면 예방접종률이 무척 높아야 한다. 한 지역에 예방접종을 받지 않은 사람의 비율이 6%만 되어도 홍역은 확산될 수 있다. 이는 최근에도 많은 인구가 예방접종을 거부한 지역에서 실제로 일어난 사례다.[23] 다시 말해 홍역 유행을 막으려면 인구의 94% 이상이 자연적으로든 예방접종을 통해서든 면역이 형성되어 있어야 한다.

반면 R_0가 상대적으로 낮은 병원체의 경우, 면역자의 비율이 상대적으로 낮아도 된다. 그 필요한 비율을 계산하는 식이 '$(R_0-1)/R_0$'다. SARS-2의 R_0를 3.0이라 하면 인구의 67%가 면역이 있어야 한다는 계산이 나온다. 하지만 이 값은 다소 과도하게 추정한 값이다. 병원체의 감염재생산수 R_0는 한 인구집단 내의 모든 사람이 타인과 교류할 확률이 같다는 가정에서 계산된 값인데, 실제 세상은 그렇지 않기 때문이다. 2장에서 봤듯이, 사회적 인맥 및 교류가 적은 사람도 있고 많은 사람도 있다. '인기인'들이 자연적으로든 예방접종을 통해서든 면역이 되고 나면, 앞의 계산값보다 적은 면역자 수로도 집단면역에 도달하게 된다.

그 효과의 크기는 워낙 여러 요인이 작용하므로 정확히 추산하기 어렵다. 어쨌거나 인기인들이 코로나19 유행 초기에 감염되는 비율이 상대적으로 높다면, 전체 인구 중 면역자의 비율이 그리 높지 않아도(어쩌면 40~50% 정도만 되어도) 집단면역에 도달할 수 있다는 이야기다.

집단면역은 유행병이 인구 전체를 감염시키지 않고도 종식되는 이유 중 하나다. 한마디로, 인구 중 감염을 매개할 수 있는 사람들이 충분히 면역을 갖추면, 병원체는 계속 퍼져 나갈 방법이 없어진다. 가령 1957년 인플루엔자 범유행이 R_0만 가지고 예측한 값보다 적은 비율의 인구만 감염된 후 종식된 이유도 어느 정도 그렇게 설명할 수 있다.

집단면역과 관련해 또 하나 중요한 문제는 감염 취약성이다. 역학자 마크 립시치Marc Lipsitch 연구팀의 모형실험에 따르면, 발병자 수가 일정 수준으로 떨어질 때마다 간헐적으로 NPI를 일정 기간 완화하는 전략을 의도적으로 쓰면 유리할 수 있는 것으로 나타났다. 그렇게 하면 일부 인구, 특히 상대적으로 취약한 사람들을 바이러스에 노출시켜 면역을 형성시킬 수 있다. 그러다가 발병자 수가 늘면 다시 틀어막는 것이다. 바이러스의 계절성(바이러스의 확산 정도와 치명성이 여름보다 겨울에 현저하게 높은 성향)이 얼마나 크냐에 따라 전체 시간의 25%에서 75%만큼 신체적 거리두기를 수행하여 면역을 키우면서, 동시에 의료체계가 포화되지 않도록 유의하고 취약자들은 계속 격리하여 보호하는 것이다. 물론 시간이 지나면서 면역자 수가 점점 늘면, 신체적 거리두기를 시행하는 기간이 점점 짧아지고 그 빈도도 점점 줄게 된다. 이런 식으로 면역자의 수와 취약성을 조절해나가면, 최소한 이론적으로는, 전체적인 감염자와 사망자 수를 최소화하면서 집단면역에 도달할 수 있다는 것이다.

이런 여러 가지 가능성 때문에 범유행이 일어난 후 많은 질문이 제기됐다. 병이 유행하도록 그냥 놓아두는 편이 차라리 낫지 않을까? 정면 돌파하면 되지 않나?

이런 논리가 타당하게 느껴지는 면도 일부 있다. 사실 백신이 나오지 않는 한 많은 사람의 감염을 막을 길은 없지 않은가. 막으려고 애쓰다 보면 어쩔 수 없이 경제가 황폐화될 테고, 그럼으로써 오히려 사망자가 더 많이 나올지도 모른다. 따지고 보면 빈곤도 치명적이긴 마찬가지니 말이다.

실제로 몇몇 나라는 2020년에 이 같은 전략을 고려했다. 영국은 이른바 '맷집으로 버티기taking it on the chin' 전략을 만지작거렸는데, 결국 포기했다. 사망자가 급증하리라는 암울한 예측에 뒤늦게 전국적 봉쇄를 단행한 것이다.[24] 보리스 존슨Boris Johnson 총리마저 여러 달 동안 무사태평해 보이는 태도를 취한 끝에 코로나19에 걸려, 2020년 4월에 며칠 동안 중환자실 신세를 졌다.[25]

스웨덴은 스칸디나비아 국가들 중 유일하게 이 같은 전략을 택하여, 취약자와 고령자를 격리하는 한편 젊고 건강한 사람들은 최대한 분별 있게 일상을 영위하도록 함으로써 인구 전체의 면역을 충분히 끌어올리려고 했다. 하지만 2020년 5월경, 스웨덴은 인구 구성과 경제 수준이 비슷한 다른 북유럽 국가들에 비해 코로나19 사망률을 4배 이상 높게 기록했고, 조심스럽게 대응 방향을 바꿔나가기 시작했다.[26] 결국 그 전략의 입안자조차 정책이 계획했던 효과를 보지 못했다고 인정했다.[27] 더군다나, 경제적으로도 스웨덴은 전면 봉쇄를 시행했던 다른 이웃 나라들 못지않게 큰 타격을 입었다. 신체의 건강과 경제의 건강은 밀접하게 엮여 있을 수밖에 없다.

그럼에도 유행 초기에 미국의 몇몇 정치인과 논평가는 미국이 스웨덴 모델을 따라야 한다거나 여타 방법으로 집단면역을 향해 돌진해야 한다는 주장을 거듭했다. 하지만 스웨덴과 미국을 한데 놓고 비교한다는 것은 어불성설이다. 스웨덴은 인구 1020만 명으로 요람에서 무덤까지 책임지는 사회복지제도를 갖춘 데다가, 국민 건강 문제가 상대적으로 적고, 야외 생활 문화가 있으며, 시민들이 규칙을 잘 지키고 집단의식이 높은 나라다. 이 모든 면에서 미국은 전혀 닮은 점이 없다. 스웨덴과 비교할 때 미국은 빈곤율이 압도적으로 높고, 국민 건강 수준이 낮으며 그 밖의 여러 위험 요인을 안고 있다. 미국에서는 이후에도 나라를 '열라'고 목소리 높여 호소하는 이들이 있었지만(그게 마치 밸브 열듯 쉬운 일인 것처럼), 범유행 대응이란 게 얼마나 복잡하고 미묘한 줄타기가 필요한 일인지를 전혀 고려하지 않은 주장이었다. 그리고 무엇보다도, 곡선 평탄화는 앞서 살펴봤듯이 사망 발생을 지연시키는 데 그치지 않고 사망을 일부 막아준다.

그러나 만약 백신을 개발하지 못한다면, 자의든 타의든 우리 사회와 세계 전체는 결국 집단면역의 길을 택할 수밖에 없다. 다른 나라보다 그 과정을 더 잘 해내는 나라들이 틀림없이 있을 것이며, 추측하건대 가장 잘 해내는 나라는 공적 신뢰도가 높고 과학에 기반한 강력한 지도력을 갖춘 나라일 것이다.

○——→

어떤 병원체가 한 인구집단을 완전히 훑고 지나가면, 확산을 차단하는 조치는 대개 더 필요하지 않게 되고, 전염병 유행은 종식된다. 그렇게 되기 전까지는 유행을 퇴치하려면 R_e를 1 미만으로 끌어내려야 한다. 즉, 감염자 1명이 후속 감염자를 1명도 만들지 못하게 해야 한다. 하지만 그 전까지는 일단 확산 차단과 피해 경감이 목표다. 그 목표를 달성하기 위해 활용할 수 있는 다양한 NPI를 지금부터 살펴보자.

가장 먼저, 위생 대책이다. 전염병과 싸우려면 손 씻기 등의 개인적 실천, 그리고 공중위생 등의 집단적 대책이 모두 중요하다. 1940년 이후에 태어난 미국인들은 위생의 중요성에 대한 인식이 크지 않다. 깨끗한 음식과 물을 기본적으로 누렸고, 전염병의 공포를 기억하지 못하기 때문이다. 1900년 무렵의 기대수명이 그토록 낮았던 데는 5세 미만 아동의 사망률이 워낙 높았던 이유가 컸다. 그 시절엔 심장병이나 암보다 폐렴, 디프테리아, 설사로 죽는 사람이 더 많았다.

2020년 범유행이 시작되면서 손 씻기의 중요성이 강조됐고, 만나서 인사할 때 포옹이나 악수를 하지 않는 사람이 많아졌다. 2020년 4월 말에 미국에서 전국적으로 시행된 대규모 설문조사에 따르면, 손 자주 씻기를 잘 실천하고 있다는 응답자가 (의심스러울 만큼 높은) 96%에 달했고, 자주 만지는 표면 소독하기를 잘 실천하고 있다는 응답자가 88%였다.[28] 장갑을 끼는 사람도 있었다. 하지만 위생 면에서 가장 눈에 띄고 극적인 변화는 마스크 쓰기였다. 마스크가 100년 만에 다시 돌아온 것이다. 앞의 설문조사에서 집 밖에서 마스크 쓰기를 실천하고 있다고 응답한 비율은 75%였다.

마스크는 이번 유행 초기에 논란의 대상이 되고 혼란을 빚기도 했지만, 오랜 세월 동안 호흡기질환 대처에 사용된 수단이다. 1918년 범유행 때 거리 사진을 한 번만 봐도 알 수 있다. 그때도 이미 사람들은 마스크라는 간단한 발명품의 효용을 잘 알고 있었고, 마스크의 효과를 과학적으로 상세히 분석한 연구가 발표된 게 한 세기 전이다.[29] 2020년 5월 무렵, 마스크는 미국 일부 지역에서는 널리 보급됐지만 일부 지역에서는 맹렬한 반발에 부딪혔다. 마스크를 착용해야 입장할 수 있는 업소가 많았고 지자체와 주정부가 마스크 착용을 의무화하는 조례를 통과시키기도 했지만, 역시 대중의 항의로 난항에 부딪혔고 결국 철회하는 경우도 있었다.

초기에는 질본과 공중보건국을 비롯해 각급 보건 당국에서 범국민적 마스크 착용을 하지 말 것을 권고했는데, 그 이유가 미국 내 개인보호장구 공급량이 매우 한정되어 있었기 때문이다. 전 국민 마스크 착용을 권고한다면 의료인에게 돌아가야 할 귀중한 마스크가 부족해지리라는 우려가 있었다. WHO도 2020년 4월까지 마스크 착용을 하지 않는 쪽으로 권고했다.[30] 의료인이 쓸 마스크 확보가 진정한 의도였다면, 대중의 오해를 유발한 것은 누가 봐도 잘못이었다. "마스크란 워낙 귀중한 것이니 의료인들에게 가게 해야 한다. 그런데 어차피 대중에게는 마스크가 도움이 안 돼서 필요가 없다"라는 말이었으니, 그 엇갈리는 메시지에 대중이 혼란스러워한 것도 당연하지 않겠는가. 이렇게 이야기가 갈팡질팡하면서 정책은 신뢰성을 잃고 말았다.

개인보호장구 부족과 관련한 우려 외에도, 마스크가 바이러스 확산을 막는 데 어떻게 도움이 되는지에 대해 근본적인 오해가 있었다. 코로나19는 무증상자도 전파가 가능하므로, 마스크를 쓰는 가장 중요한 목적은 본인의 감염을 막는 것보다 본인에 의한 **타인**의 감염을 막는 데 있다.[31] 마스크를 쓰면 바이러스 입자의 **침입**을 막을 수는 있지만, 그러려면 N95 마스크 같은 특수 마스크를 써야 한다 (물론 천 마스크도 도움은 된다). 하지만 바이러스 입자의 **배출**로부터 타인을 보호하는 데 어떤 마스크나 도움이 된다. 어떤 마스크든 우리 입에서 나가는 비말의 추진력을 떨어뜨려주기 때문이다. 우리 몸의 '배출구' 근처에 놓인 마스크가 비말 분출을 막아주는 이치는, 호스에서 뿜어나오는 물을 막고 싶을 때 허공에 양동이를 휘둘러 물방울을 담는 것보다 호스 끝부분을 틀어막는 게 효과적인 것과 같다.

비말이 퍼지는 걸 막는 데는 특수한 의료장비가 필요하지 않다.

집에서 만든 천 마스크를 써도 병원체를 남들에게 덜 옮길 수 있다. 천 마스크만 해도 재채기나 기침이나 말을 할 때 방출되는 바이러스 입자의 수를 무려 99%까지 줄여줄 수 있다. 더군다나, 집에서 마스크 만들기를 장려한다고 해서(물론 가족 중에 바느질을 할 줄 아는 사람이 있어야겠지만) 의료용 개인보호장구 공급이 줄어들 이유도 없고 마스크 사재기를 부채질할 이유도 없다.

마스크는 또 착용자를 그 밖의 다른 면으로 보호해준다. 우선, 마스크를 쓰면 자기 얼굴을 만지지 않게 된다. 사람은 대략 4분에 한 번꼴로 자기 얼굴을 만진다.[32] 그렇게 보면 17세기 '역병 의사'들이 밀랍 코팅한 외투에 기다란 새 부리 모양 마스크를 착용한 그 기이한 복장도 비슷한 기능을 하지 않았을까 하는 생각이 든다. 보통 그 부리의 역할은, 그 안에 향초를 담아서 당시 사람들이 질병의 원인이라고 생각한 불결한 공기를 몰아내는 것이었다고 설명한다. 하지만 혹시 의사가 자기 얼굴을 만지지 못하게 하는 효과도 있지 않았을까?

마스크를 썼을 때 또 한 가지 이점은, **다른 사람들이** 착용자에게 어느 정도 거리를 두게 하는 효과가 있다는 것이다. 그 사실을 보여준 기발한 실험이 있었는데, 실험자가 마스크를 썼다가 안 썼다가 하면서 슈퍼마켓과 우체국에 함께 줄 선 사람들이 실험자와 두는 거리를 몰래 측정한 방식이었다.[33]

나는 2020년 4월 6일에 예일대학교 동료 교수 몇 명과 함께 마스크의 효용성에 관한 정책 분석 결과를 발표했다. 마스크 착용을 놓고 혼란과 반발이 계속되고 있었기에, 그 문제를 해결하는 데 도움이 되고자 해서다.[34] 세계 46개국의 자료를 분석해본 결과, 범유행 초기 몇 개월 동안 마스크 착용이 항상 일반적이었던 나라들(가령 타이완)은 그렇지 않았던 나라들에 비해 사망자 수가 훨씬 적었다. 물론 나라 간 비교가 쉽지는 않다. 나라 간에는 차이점이 워낙 많고, 마스크 착용 자체가 다른 방역 수칙(가령 손 씻기, 공중보건 정책 협조 등) 준수 여부를 압축해 보여주는 현상일 수도 있기 때문이다. 그럼에도, 마스크 착용이 일반적이지 않은 나라들은 사망자 증가율이 21%, 마스크 착용이 일반적인 나라들은 11%로 나타났다. 만약 미국의 모든 가정에서 천 마스크를 사용한다면, 보수적으로 따져도 바이러스 확산 감소로 인한 사망률 감소 덕에 가구당 최소 3000달러의 경제적 가치를 발생시킬 것으로 예상된다. 그뿐 아니라 마스크가 바이러스의 전파율을 단 10%만 떨어뜨린다고 해도, 우리 연구팀의 모형실험에 따르면, 전 세계적으로 수십만 명의 사망을 막음으로써 수조 달러의 경제적 가치를 발생시키는 것으로 나타났다. 사소한 것이 큰 효과를 가져오는 예다.

즉, 마스크만으로도 R_e를 떨어뜨려 호흡기질환 범유행에 큰 영향을 미칠 수 있다. 가령, 비말 전파를 줄이는 데 50%의 효과만 있는 마스크를 50%의 사람들만 쓴다고 해도 R_e가 2.4에서 1.35로 줄어들 수 있다. 그러면 R_e가 대략 계절성 독감 수준이 된다. 그 차이를 비교하자면, 이달 초에 감염자가 100명 있었다고 할 때, 마스크 미착용 시나리오에서는 이달 말에 감염자가 3만 1280명이 된다. 반면 마스크 착용 시나리오에서는 감염자가 584명이 된다. 이렇게 숫자가 줄면 의료진은 환자 수가 줄어 더 잘 돌볼 수 있고, 접촉자 추적과 격리 조치도 더 효과적으로 벌일 수 있다. 물론 마스크의 효율이 더 높고 착용률도 더 높다면, R_e가 1.0 밑으로 떨어져 유행을 퇴치할 수도 있다. 전형적인 도시 환경에 있는 인구의 70% 이상이 성능이 비교적 양호한(약 70%의 효과가 있는) 마스크를 사용한다면, 코로나19처럼 전염성이 중간 정도인 호흡기 전염병이 대규모로 발병하는 것을 아예 막을 수 있다.[35]

마스크 착용이 원래 일반적이지 않은 나라 사람이 보기엔 사람들이 마스크를 쓰고 돌아다니는 광경이 불편할 수도 있을 것이다. 하지만 일반적인 관습은 얼마든지 바뀔 수 있다. 체코는 마스크 착용이 일반적이지 않았지만, 열흘 만에 거의 누구나 마스크를 착용하는 변화를 이뤄냈다. 여기엔 인터넷 인플루언서들의 영향과 #Mask4All 해시태그를 단 어느 바이럴 영상의 역할이 컸다. 뒤이어 3월 말에 정부령이 공표됐다.[36] 마스크 착용 캠페인은 '당신을 지키는 내 마스크, 나를 지키는 당신의 마스크My mask protects you; Your mask protects me'라는 명쾌한 구호로 국민의 이타성에 호소함으로써 마스크 착용의 의미를 바꿨다. 체코의 캠페인은 범유행 초기에 국제적으로 유명해졌다. 체코 경찰은 나체주의자들에게조차 입과 코를 가리라고 계도하기도 했다.[37] 이로써 처음엔 순전히 자발적인 개인행동이던 마스크 쓰기가 일반적인 집단행동이 되기에 이르렀다.

반면 미국 일부 지역에서는 반발과 시위가 급증했다. 일각에서는 마스크 착용이 신체의 자유를 침해하는 것이라고 주장하며, '내 몸은 내가 결정한다My Body, My Choice'라고 적힌 팻말을 들고 시위를 벌였다. 낙태 권리를 옹호하는 표어를 빌려온 것이다. 2020년 여름, 이미 예민해져 있는 대중이 일상의 변화를 거부하면서 매장 내 승강이와 폭행 사건이 증가했다.[38] 브라이언 켐프Brian Kemp 조지아 주지사는 바람직한 공중보건 수칙을 무시하고, 모든 시와 군에 마스크 착용 의무화 규칙 제정을 아예 금지했다.[39] 앞에서 이미 살펴봤듯이, 우리가 마스크 착용을 의무화할 수 있는 이유는 마스크 착용이 **남들에게** 병을 옮기는 것을 막아주기 때문이다. 간접흡연 피해를 막기 위한 법이 있는 이치와 같다. 마스크 착용은 만인이 각자의 몫을 보태고 혜택을 받는 '공공재'다. 세금을 내서 소방서를 짓는 것과 다를 게 없다.

공익을 위해 작은 희생을 감수하는 행동의 모범을 보이기 위해, 정치인과 관료들은 대중 앞에서 마스크를 써야 한다. 2020년 5월 초에 미국 부통령이 어느 종합병원을 방문한 사진에서, 주변 사람들은 모두 마스크를 쓰고 있는데 부통령만 마스크를 쓰지 않은 모습을 보고 나는 두 눈을 의심했다. 1918년 플루 범유행 때 국민의 애국심에 호소했던 것과는 딴판이었다. 마스크 쓰기는 투표와 다를 게 없는 시민의 의무로 간주해야 마땅하다. 현실적으로도, 미국인들이 마스크 쓰기를 두어 해 정도 실천하지 않고 일상적인 경제활동으로 복귀할 가능성은 매우 희박하다.

하지만 사람들이 아무리 손 씻기와 마스크 쓰기와 신체적 거리두기를 열심히 한다고 한들, 개인이 자발적으로 할 수 있는 행동에는 한계가 있다. 병원체의 확산을 저지하려면 집단행동이 필요하다. 우리가 취할 수 있는 모든 집단 개입 조치를 부담이 가장 작은 것부터 큰 것의 순으로 살펴보자. 즉, 국경 봉쇄, 검사 및 추적, 집합 금지, 휴교, 마지막으로 미국에서 범유행 초기에 결국 발동했던 외출금지령을 차례로 살펴본다.

유행병에 대응하는 가장 직관적이면서 오래된 방법 하나가 국경 봉쇄다.[40] 병이란 게 다른 나라에서 건너오는 것이라면, 사람의 이동을 막는 것이 당연해 보인다. 그래서 누구나 그런 생각을 했고, 역병이 돌 때마다 그런 시도가 이루어졌다. 흑사병 유행기에 그 모습을 이렇게 기록한 사람도 있었다.

그러자 주민들은 공포에 떨며, 이방인을 절대 여관에 묵지 못하게 하고 역병을 퍼뜨리고 있는 상인들을 당장 내쫓으라고 요구했다. 죽음의 역병이 곳곳에서 맹위를 떨쳤으니, 한때 인구가 많던 도시들도 주민들이 죽어 나가자, 외부인이 침입하여 죽은 자의 소유물을 훔쳐 가지 못하도록 문을 단단히 걸어 잠갔다.[41]

2020년 4월 말 미국에서 전국적으로 시행된 대규모 설문조사에서도 94%의 응답자가 국제 이동 제한에 찬성한다고 답했다. 86%는 심지어 미국 내 이동 제한에도 찬성한다고 응답했다.[42]

하지만 1장에서 살펴봤듯이, 대부분의 상황에서는 국경을 닫는 것만으로는 효과가 없다. 병원체의 유입을 지연시킬 수는 있지만, 극히 드문 예외를 제외하고는 유입을 막을 수 없다. 국경 봉쇄가 비교적 용이한 섬나라라고 해도 마찬가지다. 2020년에는 뉴질랜드와 아이슬란드가 국경 봉쇄를 시도했다.[43] 아이슬란드에서는 2020년 2월 28일에 SARS-2 감염 확진자가 처음 나왔다. 이탈리아에서 귀국한 사람이었는데, 그때는 이탈리아가 고위험 국가로 알려지기도 전이었다. 확진자 발생 후 3주가 안 되어 아이슬란드는 외국에서 들어오는 모든 입국자를 고위험군으로 분류했다.[44] 그러나 미처 발견하지 못한 다른 유입원으로 인해 결국 아이슬란드에서도 바이러스가 확산됐다.

한편 뉴질랜드는 저신다 아던Jacinda Ardern 총리의 유능한 대처로 범유행 1차 파동을 대단히 잘 막아냈고, 2020년 6월 바이러스 퇴치를 선언하기에 이르렀다. 하지만 소규모 발병 사태가 곧 뒤를 이었다.

내가 아는 한에서 국경의 완벽한 폐쇄 시도가 어느 정도 성공한 유일한 사례는, 1918년 범유행 때 남태평양의 4개 섬에서 있었던 일이다. 그 섬들은 병원체 유입을 3개월에서 30개월까지 지연시켰지만, 결국 막지는 못했다.[45] 국경을 완벽히 봉쇄한다는 것은 사실상 불가능하다. 외국에 나갔던 자국민이 돌아올 수도 있고, 불법 입국자도 있을 수 있다.

SARS-2처럼 무증상 전파가 일어나는 병원체의 경우는 국경 봉쇄가 더욱 어렵다. 그런 병원체의 은밀한 특성을 생각해보면, 이치에도 맞아 보이고 널리 사용되는 국경 봉쇄라는 방책이 대체로 별 효과가 없는 이유를 이해할 수 있다. 한 예로, 2009년 3월 멕시코에서 처음 발생한 H1N1 범유행 때 중국에서 입국자에 대해 발열 검사와 의무 격리를 시행한 효과를 분석한 연구가 있다. 그에 따르면, 국경 통제는 유행 확산 시점을 기껏해야 4일도 안 되는 기간만큼 늦춘 것으로 나타났다.[46]

더군다나 정책 결정자들이 국경 봉쇄를 생각할 무렵이면, 아니 전염병 유행을 인지할 무렵이면, 바이러스는 이미 그 나라 땅에 들어와 있는 게 보통이다. 그리고 일단 지역사회 전파가 본격적으로 시작되면, 외부 유입을 더 막는 것이 큰 효과가 없다. 그 후로는 외부 유입 감염자가 기존 감염자에 비해 극히 적은 비율인 것이 보통이기 때문이다. 한 연구에서 범유행 시작 30일째에 항공기 운항을 전면 취소하는 경우(엄청나게 빠른 대응인 셈이다) 일어날 결과를 형식적 모형으로 예측해보니, 설령 전체 항공편의 99.9%를 취소한다고 해도 전파력이 중간 정도인($R_0=1.7$) 전염병의 발병 정점을 겨우 42일 늦추는 것으로 나타났다.[47]

미국 같은 나라에서는 국내 항공을 제한해봤자 도로 교통량이 워낙 많으니 효과가 크지 않다. 2020년 3월 말에 몇몇 주에서 인접 주와의 경계를 폐쇄한 조치는, 위헌의 소지도 있었지만 보여주기식 보안 조치라는 성격이 컸다. 론 디샌티스Ron DeSantis 플로리다 주지사가 뉴욕주 번호판을 단 차량을 주 경계에서 막는 방침을 제안했는데, 바이러스의 책임을 외부인에게 돌리려는 행동으로 보는 시각이 많았다. 정치인들이 전염병 범유행에 대처하는 전략으로 흔히 볼 수 있는 형태일지는 몰라도 공중보건 면에서는 의미가 없다.

나는 인구 3000명의 지방 소도시인 버몬트주 노리치에 살고 있다. 2020년 1월 처음 코로나19 범유행 소식을 접하고는 '여기까지 오긴 오겠지만, 한 6개월쯤 후에 미국의 큰 도시들을 다 돌고 나서 오겠지'라고 안이하게 생각했다. 그런데 어떻게 됐던가. 2월 말, 레지던트 과정 중인 한 수련의가 이탈리아에 있다가 뉴햄프셔주 하노버로 귀국했다. 하노버는 다트머스대학교가 있는 소도시로, 내가 사는 노리치에서 겨우 1.6km 거리에 코네티컷강을 사이에 두고 인접해 있다. 수련의는 본인이 의사이고 호흡기 증상이 있어 진료까지 받았으면서도, 자가격리 지시를 따르지 않고 대학원생들과 교수진이 친목 모임을 크게 갖는 자리에 참석했다. 그 결과 나와 같은 동네에 사는 주민들이 감염됐다. 미국의 발병자 현황을 나타낸 지도에는, 세상에서 벗어난 한갓진 구석이라고 생각했던 우리 동네에 아주 초기부터 빨간 점이 보란 듯이 찍혔다.[48]

○———→

외부 유입을 막는다는 건 대개 비현실적이므로 검사, 추적, 격리를 통해 유행 확산을 차단하는 것이 한 가지 대안이 된다. 이는 특히 해당 지역에 초기 발병자들이 유입됐거나 발견됐을 때 주효하다. 16세기 초 의사들도 매독 전파 경로의 추적을 시도하는 등 접촉자 추적의 원리를 기초적으로나마 이해하고 있었던 것으로 보이지만, 오늘날 알려진 형태의 접촉자 추적 사례가 처음 기록된 것은 16세기 후반이다.[49]

1576년, 안드레아 그라티올로Andrea Gratiolo라는 이탈리아 의사가 가르다호 인근 지역에서 가래톳 페스트 환자들을 치료하던 중 한 여성이 이탈리아 북부 도시인 트렌토에서 페스트를 옮겨 왔다는 소문을 들었다. 여성이 다른 승객 10여 명과 함께 작은 배를 타고 왔음을 알게 된 그라티올로는 그 승객들을 조사해보고는 아무도 감염 증상이 없음을 확인했다. 그라티올로는 그 사실을 근거로 그 여성이 트렌토에서 페스트를 옮겨 왔을 리가 없다고 주장했다.[50]

18세기 말, 영국 의사 존 헤이가스John Haygarth는 천연두 감염자들의 접촉자를 추적 조사하여, 천연두란 오로지 감염자 또는 감염된 물건과의 밀접 접촉close contact으로 전파되며 당시 일부 의사들 생각처럼 장거리로 전파되지 않음을 입증했다.[51]

공중보건 역사상 가장 유명한 접촉자 추적 사례는 아마도 '장티푸스 메리'라는 별명으로 불리는 메리 맬런Mary Mallon의 경우일 것이다. 20세기 초, 조지 소퍼George Soper라는 위생 기술자가 메리의 이전 고용 이력을 추적 조사한 결과 그녀가 일했던 7개 가정에서 장티푸스 환자가 나왔다는 사실을 알게 됐다.[52] 메리는 미국에서 최초로 확인된 무증상 장티푸스 보균자가 됐고, 여생의 대부분을 강제 격리된 채 보냈다. 메리 맬런의 일화는 시민 자유와 공중보건의 영원한 대립 관계를 잘 보여주는 사례로 꼽힌다.

접촉자 추적 방침이 처음 광범위하게 강제적으로 시행된 것도 20세기 초였다. 이 무렵 역학자들은 감염병의 잠복기, 면역성, 생물적 발생 원인 등을 밝혀내는 데 많은 진전을 이뤘고, 그렇게 밝혀진 사실들이 보건 정책에 반영됐다.

조사관을 투입해 감염자를 확인하고 접촉자를 추적하는 일은 지난 수십 년간 공중보건 당국이 시행해온 기본적 방역 조치다. 영국의 학교는 엄격한 접촉자 추적으로 홍역에 선구적으로 대응했다. 영국에서 아동이 결핵으로 장기간 학교에 가지 못하는 일이 흔해지면서, 접촉자 추적이 가정 내로 확대되기에 이르렀다. 제1차 세계대전 중 영국에서 결핵 확산 사태가 일어났을 무렵, 접촉자 추적은 이미 도시의 학교에서 일반적인 절차가 되어 있었다.[53]

미국에서 접촉자 추적이 처음 체계적으로 제안된 것은 1937년 토머스 패런Thomas Parran 공중보건국장에 의해서였다. 목적은 군대 내 매독 전파를 막는 것이었고, 추적체계는 1940년대 후반쯤 확고히 정착됐다(다만 패런은 흑인 남성들을 매독 연구 대상으로 삼고 의도적으로 치료하지 않은, 악명 높은 '터스키기 매독 연구Tuskegee syphilis study'에 관여하기도 했다).[54] 20세기 내내 접촉자 추적은 천연두 박멸뿐 아니라 HIV, 결핵, 인플루엔자, 에볼라, 그리고 코로나19에 이르기까지 다양한 감염병의 방역 과정에서 중요한 역할을 했다.[55]

오늘날에는 증상을 보이거나 진단검사에서 양성 판정을 받아 전염병 감염자로 확인된 사람은 전문 요원이 전방위적으로, 더 나아가 사생활 침해 소지가 있는 영역까지 인터뷰하여 전염 가능 시기에 접촉했을 가능성이 있는 사람을 모두 기억해내게 한다. 그런 다음 그 접촉자들을 찾아내 감염원에 노출됐을 수 있음을 알린다. 절차는 신속하게, 익명으로 진행된다(접촉자에게는 전염 유발 가능자가 누구인지 알려주지 않는다). 그런 다음 접촉자에게 질병의 특징과 증상 등을 교육하고, 자가격리하면서 증상이 나타나는지 살피고 보건 당국과 연락을 유지하게 하거나, 시설에 격리 조치한다.

유행이 확산되면 접촉자 추적 업무량은 엄청나게 많아진다. 싱가포르 보건부 관리들과 4월에 대화를 나누면서 많이 놀랐는데, 인구 약 500만 명인 나라에서 추적 조사관 5000명을 두고 있다고 했다. 인구 1000명당 1명의 인력을 이 목적으로만 운영하는 것이다. 당시 싱가포르의 누적 발병자는 9125명에 불과했다. 미국이라면 추적 조사관을 33만 명 두는 셈이 된다.

접촉자 추적의 업무량 자체가 이렇게 많다 보니 수많은 기술 회사들이 앞다투어 솔루션을 내놓는 것도 놀랍지 않다. 심지어 애플과 구글처럼 경쟁 관계에 있는 회사들도 접촉자 추적 기술을 공동으로 개발하려고 힘을 합쳤다. 한국, 싱가포르, 이스라엘, 중국, 타이완에서는 신용카드 기록에 심지어 얼굴 인식 카메라까지 접촉자 추적에 활용했다. 중국에서는 색깔 코드(초록, 노랑, 빨강)를 도입해 휴대전화를 스캐너에 대면 색깔이 표시되게 함으로써 소지자가 미감염 및 미노출자, 노출자, 감염자 중 어디에 속하는지 알 수 있게 했다.[56] 심지어 컴퓨터 모형에 의해 설정된 기준 조건이 충족되면 감염자와 접촉이 있었으니 자가격리하라고 권고하는 문자 메시지를 보내기도 했다. 잘못된 경보가 빈발할 수 있다는 문제는 둘째 치더라도, 시민 자유 침해의 소지가 매우 큰 방법이었다.

중국에서는 **의심** 접촉자를 모두 별도 시설에 즉시 격리해 진단 결과가 나올 때까지 대기하게 한 것과 달리, 미국에서는 범유행 초기에 원칙적으로는 사생활을 비교적 덜 침해하면서도 철저한 추적 방법을 택했다. 미국 질본에서는 코로나바이러스 감염자의 밀접 접촉자를 '감염자의 증상 발현 48시간 전부터 격리 시점까지 감염자와 6피트(약 2m) 이내 거리에 15분 이상 머물렀던 사람'으로 정의했다. 바이러스가 2m 이상 멀리까지 퍼질 수 있음을 생각하면 다소 임의적인 기준이라고 할 수 있다.[57] 그렇긴 하나 이렇게 하면 전파가 일어나는 상황 대부분이 포함된다. 접촉자들에게는 14일간 집에 머무르면서 신체적 거리두기를 준수하고 증상을 관찰하게 했다. 그러나 '밀접 접촉자'를 워낙 넓게 정의했으니 그 모든 접촉자를 다 찾아서 권고하려면 업무량이 얼마나 많을지 짐작할 수 있다.

유입 사례가 몇 건 없을 때 환자를 발견해 접촉자를 찾아낼 기회를 놓치고 나면, 업무 부하가 과도해져 접촉자 추적을 시행하기가 불가능해질 수 있다. 2020년 5월 무렵 미국이 그런 상황을 맞았다. 3월에 버몬트주에서 코로나19 첫 환자가 발견됐을 때는 그 환자와 접촉한 13명을 찾아내는 데 보건 조사관 2명만으로 충분했다. 찾아낸 접촉자는 격리 조치하고 증상을 스스로 관찰하도록 했다. 아무도 증상을 나타내지 않았다. 접촉자 추적을 맡았던 두 조사관 중 한 사람인 대니얼 댈트리Daniel Daltry는 "깔끔하게 마무리 지었다"라고 했다.[58] 하지만 며칠 만에 "밀물처럼 밀려오는" 새 환자들로 두 조사관은 업무를 감당할 수 없게 됐다. 전국에서 환자 수가 가장 적은 버몬트주였지만, 2명의 인원으로 접촉자를 모두 추적해낸다는 것은 불가능했다.

범유행이 닥치자 각 주에서는 접촉자 추적을 시행하고 거기에 필요한 인력을 조달하기 위해 저마다 다양한 방법을 도입했다. 매사추세츠주에서는 '접촉자 추적단'을 만들기로 하고 지역의 비영리단체인 '파트너스인헬스Partners in Health'에 도움을 청했다. 내 의대 친구인 폴 파머Paul Farmer와 오필리아 달Ophelia Dahl이 설립한 이 단체는 세계 여러 지역에서 전염병 접촉자 추적을 벌이면서 힘들여 얻은 경험을 활용해, 1000명의 조사관을 채용하고 교육해 재택근무로 한 사람당 하루에 20~30통의 전화를 돌리게 한다는 계획을 세웠다. 그러면 하루에 2만 명의 접촉자를 처리할 수 있다는 계산이었다. 유타주에서는 다른 직무를 맡은 공무원들을 차출해 접촉자 추적 임무에 배정했다. 샌프란시스코에서는 시립도서관 직원과 의대생으로 150명 규모의 접촉자 추적팀을 구성하려고 나섰다. 일각에서는 평화봉사단을 전국 규모의 접촉자 추적단으로 재편성하자는 아이디어를 내기도 했다. 평화봉사단은 이미 해외 활동을 중단한 상태였으므로, 귀국한 단원 7000명을 이 임무에 투입하자는 것이었다.

《미국의사협회저널》편집장은 전국 의대에 입학 예정인 신입생 2만 명의 1년 차 교육을 미루고 이들을 여기에 투입하자는 의견까지 냈다.[59]

이 모든 계획에는 조사관이 연락하면 사람들이 전화를 받고 조사에 응하거나, 자가격리하거나, 검사를 받으리라는 전제가 깔려 있었다. 하지만 2020년 여름, 일이 그리 쉽지 않다는 신호가 여기저기서 나타났다. 또 연방 차원에서 정립된 접촉자 추적 방식이 없었기에, 지역 차원의 조사는 더딜 수밖에 없었다. 바이러스는 지역 간 경계를 따지지 않지만, 각 주는 바이러스를 알아서 통제해야 하는 현명치 못한 상황이었다.

추적 조사는 보통 감염자나 감염 가능자를 가려내기 위한 **검사**와 연계해 시행하게 된다. 하지만 검사는 그 밖의 다른 목적도 수행한다. 검사를 집중적으로 시행함으로써 병원소reservoir of infection병원체가 다른 숙주에 전파될 수 있는 상태로 생존·증식하고 있는 장소—옮긴이를 찾아낼 수 있다. 의료인, 노숙자, 수감자 등의 집단이 그 예다. 검사는 공장, 요양원 등 특정 장소에서 일어난 발병 사태를 통제하는 데에도 유용하다. 또 유행의 전국적 추이를 파악함으로써 전체적인 시야를 확보할 수 있다. 그러나 검사를 두고 벌어진 열띤 논쟁 속에서 검사의 효과와 한계를 대중이 오해하는 경우가 많았다. 검사는 중요한 수단이지만 완벽한 수단은 아니다.

코로나바이러스 감염 여부를 판정할 수 있는 검사에는 두 가지가 있다. 첫 번째는 바이러스 보유 여부 검사다. 검사 방법은 목구멍이나 콧속에서 면봉으로 점액을 채취한다(보통 꽤 깊숙이 넣어야 하기에 '뇌를 찌르는 기분'이라고 표현한 사람도 있다). 그리고 채취한 점액을 처리해 바이러스의 RNA를 추출한다. 그런 다음, RNA의 염기서열을 판정해 바이러스의 표준 RNA와 비교한다. 아주 이른 초기에는 애틀랜타의 질병관리본부에서 미국 내 모든 검사를 수행했다.

두 번째는 바이러스가 아니라 우리 몸이 바이러스와 싸우기 위해 만들어내는 단백질, 즉 항체의 보유 여부를 검사하는 것이다. 손가락의 모세혈관이나 정맥에서 혈액을 채취한 다음 바이러스에 대한 항체가 있는지 검사한다(타액 검사도 개발되어 있다). 두 가지 주요한 종류의 항체로는 바이러스에 노출된 후 약 3일 만에 생성되어 일시적으로 유지되는 IgM, 그리고 노출 후 약 5일 만에 생성되어 혈액 속을 1년 정도 순환하는 IgG가 있다.

항체가 발견됐다면 그 병원체에 감염된 적이 있다는 뜻이다. 항체 양성 반응을 보이는 사람은 보통 전염성이 없다. 그때쯤이면 바이러스가 몸에서 사라지고 없는 게 일반적이기 때문이다. 코로나19 범유행이 여러 달째에 접어든 시점에서도, 전염성의 지속 기간은 정확히 알려지지 않았다. 감염자의 대부분은 약 2주 이내에 바이러스가 몸에서 깨끗이 사라졌지만, 몇 명은 4주 후에도 (몸이 항체 반응을 개시했음에도) 여전히 바이러스 양성 반응을 보였다.[60]

안타깝게도 미국은 첫 번째 검사, 즉 바이러스 검사의 도입을 완전히 망쳤다. 미국이란 나라가 내 수업을 듣는 학생이었다면, 주저

없이 F 학점을 주었을 것이다. 또 미국은 4월 말에 본격적으로 시작된 항체 검사 도입도 썩 잘했다고는 볼 수 없다. 거기엔 C 학점을 줄 만하다. 중국과 싱가포르의 연구자들은 이미 2020년 1월 말에 두 종류의 검사를 모두 개발해 널리 보급했다.

2020년 초반, 전 세계 여러 나라가 바이러스 검사를 시작했을 때 미국은 하지 못하고 있었다. 미국이 저지른 실수는 세 가지다. 첫 번째이자 가장 중요한 실수는, 질본에서 내놓은 진단키트에 결함이 있었고, 오류가 발견됐을 때 대처가 필요 이상으로 느렸다는 것이다. 둘째는 식품의약국FDA이 민간 병원의 진단키트 개발을 허락하지 않은 것이다. 미국 유수의 병원들은 대부분 그럴 능력이 있었고 의향이 넘쳤는데도 말이다. 셋째는 보건복지부가 민간 연구소들과 협력해 시장 수요가 막대한 상용 진단키트를 확대 배포하려고 했으나 실행이 너무 늦어졌다는 것이다.

정치 성향과 관계없이 수많은 전문가가 실시간으로 이 같은 실수들을 지적했고, 나는 2월과 3월에 그런 글들을 읽으면서 불안감을 떨칠 수 없었다. 이 시기 미국이 범유행에 대처한 모습은 아무리 봐도 '키스톤 캅스무능한 경찰을 희화화한 20세기 초반 미국 인기 무성영화의 주인공들-옮긴이' 느낌을 농후하게 풍겼다. 미국 밖의 사람들도 세계 제일의 부국이, 그 명성 높은(전 세계 질병관리본부의 모델이 되기도 한) 질병관리본부도 있고 최고의 의료 수준을 자랑한다는 나라가, 가장 기초적인 공공보건 개입 조치를 제대로 하지 못하는 모습을 기막히고 경악스럽다는 시선으로 바라봤다. 미국 질본이 과거 비슷한 상황에서 잘하지 못했던 것도 아니었다. 2009년 H1N1 범유행 때는 바이러스 발견 2주 만에 진단키트 100만 개를 개발해 미국 전역에 배포했다.[61]

미국은 연방 차원의 조율이 이루어지지 않아 심각한 애로를 겪었다. 여기엔 사태를 지나치게 정치화하는 흐름도 한몫했다. 톰 프리든Tom Frieden 전 질병관리본부장은 2월과 3월에 연방정부가 보여준 대응을 "어마어마한 실패"라고 평했고, 나도 전적으로 동의한다.[62] 유행 초기에 검사를 충분히 하지 못했으니 지역사회 전파 사례를 발견할 수가 없었고, 감염자나 노출자를 격리 조치하여 확산을 차단할 수도 없었다. 검사를 하지 않으니 바이러스가 도사리고 있는 병원소를 찾아낼 방법도 없었다. 그러다 보니 바이러스가 기하급수적으로 증가해 접촉자 추적이 아예 불가능해지기에 이르렀다. 2020년 봄이 거의 다 갈 때까지 감염자가 어디에 몇 명이나 있는지, 각종 NPI가 곡선 평탄화 효과를 내고 있긴 한지 연구자들은 알 길이 없었다. 검사를 하지 않으니 보건 당국은 환자나 감염자만이 아니라 전 인구를 대상으로 사회적 교류를 제한해야 했고, 게다가 격리 대상자를 정밀하게 규정할 방법도 없었다. 이는 결국 많은 국민에게 지대한 경제적 부담으로 돌아갔다.

4월경, 국가 차원의 방역 계획이 전혀 없다는 사실을 깨달은 주지사들은 서로 손을 잡고 역학 전문가 및 과거 여러 행정부를 거친 전직 관료들의 조언을 받아 공동의 전략을 세우기 시작했다. 당연히 전략의 일부는 검사 및 추적 건수를 대폭 늘림으로써 감염자만 활동을 제한하고 미감염자는 직업에 복귀할 수 있게 하는 것이었다.

그런 노력이 있었지만, 전 국민을 대상으로 바이러스 검사든 항체 검사든 무작위 표본 검사를 벌인다는 정책은 여전히 찾아볼 수 없었다. 이것 역시 무척 중요한 문제였다. 미국에서는 오로지 증상이 있는 사람 아니면 양성 반응자와 접촉한 사람만 검사했다. 증상자만 검사하면 양성 반응률이 높게 나올 수밖에 없다. 그러면 전국에서 현재 감염된 사람의 비율, 즉 '유병률'이 실제보다 높아 보이는 효과가 있다. 정반대로, 위험 요인이 없지만 감염됐을까 봐 걱정하는 사람만 검사한다면, 유병률을 과소평가하게 되기 쉽다. 확실히 알아보려면 무작위 표본 검사를 해보는 수밖에 없다.

게다가 바이러스 검사로는 피검사자가 증상 유무와 관계없이 현재 감염 상태인지 아닌지만 알 수 있을 뿐이어서, 지금까지 얼마나 많은 사람이 바이러스에 노출됐는지, 즉 '누적 노출cumulative exposure'은 알 수가 없다. 그걸 알려면 항체 검사를 해야 한다. 그 정보가 있으면 지금까지 벌인 방역 대응의 효과나 타당성을 파악하는 데 결정적인 도움이 된다. 또 무증상 감염을 겪고 지나간 사람이 얼마나 많은지 추정하여 감염자 치명률IFR을 산정하는 데에도 도움이 된다. 그리고 현재 면역자 수가 집단면역 도달 기준에 얼마나 가까워졌는지도 알 수 있다.

이렇듯 검사는 꼭 필요하지만, 한계도 있다. 검사와 관련된 문제 하나는 측정하려는 속성을 가진 사람이 인구집단 내에 실제로 존재하는 비율, 즉 '기저율base rate'에 따라 결과가 좌우된다는 것이다.

완벽한 검사란 있을 수 없어서, 모든 검사는 양성으로 잘못 판정하거나(거짓 양성) 음성으로 잘못 판정하는(거짓 음성) 결과가 나온다. 인구집단의 해당 속성 보유율 자체가 낮은 경우는 상황이 더 복잡해진다. 예를 들어 어떤 임신 검사가 있는데, 거짓 양성이 나오는 비율이 5%라고 하자. 다시 말해 임신이 아닌데 임신이라고 잘못 판정하는 경우가 5%라는 뜻이다. 만약 임신한 여성 100명의 집단을 검사한다면, 그중엔 어차피 임신하지 않은 사람이 없으므로 이 오류율은 문제가 되지 않아서 100명 모두 임신으로 정확히 판정된다. 하지만 만약 6세 소년 100명의 집단에 똑같은 검사를 적용한다면, 그중엔 임신한 사람이 있을 수가 없으므로 100명 중 5명이 임신으로 잘못 판정된다.[63]

이렇게 어떤 검사가 해당 속성이 있는 사람을 양성으로 옳게 판정하는 비율이 어느 정도 되지만 동시에 해당 속성이 **없는** 사람을 양성으로 잘못 판정하는 비율도 어느 정도 된다면, 그 검사의 정확도는 인구집단의 해당 속성 보유율, 즉 기저율에 따라 달라진다. 기저율이 아주 낮은 경우, 거짓 양성 비율이 조금만 되어도 엄청난 착시 효과가 나타나기 쉽다. 예컨대 바이러스 유행 초기에 항체 검사를 한다면, 인구집단 내에 실제로 항체를 보유한 사람은 아주 적을 테니 양성 판정 결과 중 다수는 거짓 양성이 된다. 그래서 검사 결과만 놓고 보면 바이러스의 확산 현황을 과대평가하게 된다(엄청나게 우수한 검사가 아니라면).

그뿐 아니라 검사와 추적은 서로 크게 의존하는 관계여서 한쪽만으로는 효과를 제대로 볼 수 없다. 검사만 해서는 바이러스를 통제하는 데 딱히 도움이 되지 않는다. 바이러스가 누구에게 있는지만 알 수 있을 뿐, 어디로 퍼졌는지는 알 수 없다. 마찬가지로, 추적만 해서는 무증상 감염자를 확인할 수 없으니 큰 도움이 되지 않는다. 또 추적을 통해 찾아낸 접촉자들을 격리할 방법이 없어도 추적의 의미가 퇴색된다. 자가격리에 응하지 않거나 자가격리가 불가능한 경우 또는 노숙자나 집단 거주자 등을 격리할 시설이 없는 경우다. 검사, 추적, 격리의 삼박자가 **모두** 맞아야만 전파 사슬을 끊고 바이러스를 통제할 수 있다.

하지만 어떤 이유에서건(확산 차단 실패나 병원체의 특성으로 인해) 발병자 수가 너무 크게 늘면, 접촉자 추적을 온전히 수행할 수 없게 된다. 3월 말경 미국 여러 지역도 그런 사태를 맞았다. 이런 상황이면 신체적 거리두기를 광범위하게 시행함으로써 확산 속도를 늦추고 발병자 수를 떨어뜨려, 접촉자 추적에 무리가 없는 수준으로 되돌아가야 한다. 한국에서 엄격한 신체적 거리두기 조치를 피할 수 있었던 이유 하나는 (범국민적 마스크 착용 외에도) 강력한 검사 및 추적 절차를 신속하게 도입했기 때문이다.

◦⟶

검사, 추적, 격리로 확산을 저지하지 못한다면 어떤 대책이 남아 있을까? 이때는 신체적 거리두기 조치를 통해 사회적 교류를 줄여

야만 한다. 국민 1인당 하루 접촉자의 수가 줄어들수록 좋다. 휴교
는 역사적으로 전파 사슬을 끊는 데 가장 효과가 좋은 방법 중 하나
였다. 2020년 3월 말까지 미국 내 학교의 94%가 문을 닫았다. 대부
분은 학년 말(초여름)까지 죽 휴교 예정이었다.[64] 이로써 전국의 아
동 5660만 명과 교사 약 300만 명 간의 사회적 교류가 대폭 줄어들
었다. 이 숫자는 그 외 다양한 학교 업무 종사자(수위, 통학 버스 기사,
급식 공급자 등) 그리고 유치원과 어린이집에 다니는 수많은 아동과
200만 명의 보육자는 제외한 것이다.[65]

코로나바이러스 범유행 초기에 나는 휴교 관련 의견을 내야 했다.
남부의 어느 큰 주와 전국의 학교 몇 곳에서 조언을 요청했다.[66] 다
들 휴교를 할 것이냐 하는 난제를 놓고 힘든 고민을 하고 있었다. 잘
돌아가고 있는 학교의 운영을 불시에 중단한다는 건 매우 어려운 일
이다. 운동장에서 노는 아이들, 통학 버스 운행, 직장에 다니는 부모
들이 출근 전에 아이들을 챙겨서 내보내는 일과 등은 너무나 익숙한
풍경이다. 또 미국 아동 가운데 수백만 명은 점심뿐 아니라 아침 식
사도, 때로는 저녁 식사까지 학교에 의존한다. 이 아이들은 가정환
경상 사실 학교에서 교사의 돌봄을 받는 게 가장 안전하다(1918년
뉴욕시가 전면에 내세웠던 논리다). 학교를 닫으면 가정에서 보살핌을
받지 못하거나 가정환경이 안전하지 않은 아이들에게 피해가 갈 수
있다. 그뿐만이 아니다. 재난 상황에는 의료 종사자도 필요하고, 현
장출동요원도 필요하다. 휴교를 감행하면 이들이 집에서 자녀를 돌
보느라 방역 일손이 부족해질 수도 있다.[67]

반대도 일부 있었지만 결국 전국적인 휴교가 단행됐다. 전면 등교 중단에 이은 원격학습 전환은 미국인들 대부분이 한 번도 경험해보지 못했던 중대 사건이었으며, 전국의 가정은 정도의 차이는 있지만 대체로 황당함, 괴로움, 안도감, 체념 등의 반응을 보였다. 교사도 부모들도 원격학습 전환이 쉽지 않았고 도저히 불가능한 사람도 있었다. 지역마다 정보통신 인프라 수준이 천차만별이어서 교사 중에는 자기 차에서 온라인 강의를 하는 사람도 있었고, 인터넷도 없고 노트북도 없는 집이 허다했다. 당혹스러워하면서 힘겨워하는 부모들의 영상이 인터넷상에서 유행했는데, 그중에는 한 이스라엘 여성이 일하면서 동시에 여러 아이를 홈스쿨링할 일에 기가 막혀 분노를 쏟아내는 영상도 있었다. 블랙 유머로 응수하는 사람들도 있어서, 어느 주류 매장의 광고판에 '홈스쿨링하세요? 준비물 여기서 챙기세요'라는 문구가 적힌 사진이 유명해지기도 했다. 미국 사회에서 일하며 살아간다는 것의 열악한 현실도 고스란히 드러났다. 변화로 인한 타격은 남성보다 여성에게, 부자보다 가난한 이들에게 더 크게 다가왔다. 이번에도 전염병 유행은 오래된 사회문제를 수면 위로 드러내고 증폭하는 역할을 했다.

결과적으로, 휴교 결정은 잘한 일이었을까? 다른 호흡기 감염병을 대상으로 한 연구 대부분에 따르면, 휴교 조치는 유행의 기세를 누그러뜨려 정점을 뒤로 미루고 발병자 수를 줄이는 것으로 나타났다.[68] 코로나19의 경우에도 아마 그럴 것으로 보인다. 다만 최근에 나오는 증거는 엇갈리고 있고, 확신하기는 매우 어렵다.[69] 더 어려운 문제는 공중보건 정책을 결정할 때 늘 따르는, 득실 저울질과 관련이 있다. 휴교로 살리게 될 인명이 과연 아이들과 사회 전반에 끼칠 단기적·장기적 피해를 무릅쓸 가치가 있는가 하는 것이다.

셈법을 더 복잡하게 만드는 요인도 있어서, 소수의 가정에서는 2020년 봄의 휴교 조치가 교육적·사회경제적 측면에서 오히려 이로웠거나 최소한 해롭지는 않았던 것으로 보인다. 예컨대 자녀가 가정에서 격려와 자극을 많이 받는 환경인 경우(일하지 않고 낮에 집에 있는 부모나 조부모가 있는 경우 포함), 고학년 학생 중 기존 학사일정과 교과과정에서 불안, 피로, 학내 괴롭힘, 의욕 상실 등을 경험했고 스스로 시간을 잘 관리할 줄 아는 경우 등이 그렇게 나타났다.

여러 지역사회에서는 2020년 봄 휴교 이후 안전한 **재개교**를 막는 장애물도 만만치 않았으니, 몇 가지만 예를 들면 다음과 같다. 우선, 믿기 어려울 만큼 노후화된 학교 시설 때문에 호흡기질환 감염 위험이 상존하는 경우가 많았다. 학교 재원 부족으로 공중보건 권고 지침에 맞는 새 규칙을 시행하기 어려운 경우도 많았고, 학교에 돌아올 학생들 간에 예상되는 학습 성과 차이와 다양한 심리적 요구에 맞추어 교과과정과 수업 방식을 조정해야 하는 문제도 간단치 않았다. 또 전국의 모든 교육구는 다양한 연령의 성인과 아동이 혼합된 집단 내에서 모든 구성원의 건강과 복지를 증진해야 하는 상황이었으니, 공중보건 조치를 적절한 수준으로 시행하는 문제를 놓고도 고심해야 했다(일테면 유치원 아동은 선생님의 얼굴을 봐야 할 필요가 있고, 고1 학생은 과외 활동이 필요하며, 고령의 교사는 감염을 최대한 피할 필요가 있는 등).

2020년 7월 무렵 전국에서 발병자가 급증하는 가운데 시행된 설문조사에 따르면 미국 학부모의 71%가 재개교는 위험하다고 생각하는 것으로 나타났다.[70]

2020년의 휴교 조치가 사회에 미칠 장기적 영향은 아직 다 알 수 없지만, 미처 예견하지 못했던 주로 부정적인(긍정적인 것도 없진 않겠지만) 결과가 많이 나타나리라는 예상은 충분히 할 수 있을 것으로 생각한다. 하지만 여기서는 휴교 조치가 경제적·사회적 비용을 감수할 만한 가치가 있느냐 하는 문제에 주목하기보다는 휴교가 전염병 유행 억제에 기여하는 원리, 휴교 조치의 다양한 형태, 그리고 다양한 NPI 중에서 휴교령이 외출금지령 발동을 제외하고 최후의 수단으로 간주되는 이유를 집중적으로 논하고자 한다.

휴교에는 두 가지 유형이 있다. 첫 번째는 **대응적**reactive 휴교로, 학교에서 확진자가 나왔을 때 해당 학교(또는 교육구 내 모든 학교)를 폐쇄하는 것이다. 이 방법은 상대적으로 논란의 소지가 작아서, 학교에서 환자가 나왔다고 하면 교사, 학부모, 정치인 할 것 없이 누구나 목소리 높여 요구한다. 정교한 모형에 따르면, 전파력이 중간 정도인 바이러스의 경우 대응적 휴교를 시행할 때 누적 발병자 수가 26% 감소할 수 있으며 유행의 정점이 16일 늦춰질 수 있는 것으로 나타난다.[71]

그러나 대응적 휴교는 비록 합리적이고 효과도 종종 있긴 하지만, 충분치 않다. 애초에 학교를 닫을 생각이 있다면 학교에 첫 환자가 나오기 **전에**, 즉 해당 지역이나 인근 지역에 환자가 발생하기 시작할 때 닫아야 한다는 게 내 생각이다. 이것이 **선제적**proactive 휴교로, 논란의 소지가 더 많은 방법이다. 엄밀한 분석에 따르면 선제적 휴교는 유행병 피해를 줄이는 데 가장 큰 도움이 되는 개입 조치 중 하나다.[72]

어차피 학교에서 발병자가 나오는 순간 대응적으로 휴교할 생각이라면, 조금 더 일찍 선제적으로 휴교할 경우 더 이점이 큰데 그러지 않을 이유가 있을까? 학교 **인근에서** 지역사회 전파가 일어나고 있다면, 얼마 지나지 않아 학교 **내에서도** 전파가 일어나리라는 것은 틀림없는 사실이다. 그러므로 대응적으로 휴교하기 1~2주 전에 선제적으로 휴교하는 방법은 상당한 이점이 있다. 기다렸다가 대응적 휴교를 해봤자 학교와 학부모가 안는 부담은 똑같고, 방역 면에서 이점이 줄어들 뿐이다.

휴교의 이익을 정밀하게 추산하기는 어려울 수 있다. 가령 소아마비처럼 아동이 현저히 많이 걸리는 전염병일 경우 휴교의 이익이 더 큰 것은 자명하다. 그러나 휴교의 주목적은 아이들의 감염을 막는 데에만 있지 않고 사회적 교류를 줄이는 데 있음을 유념해야 한다. SARS-2처럼 아동의 발병률이 비교적 낮은 바이러스도, 학교 문을 닫으면 지역사회 내 사회적 교류가 크게 줄어들면서 강력한 방역 효과를 볼 수 있다. 어느 정도는 아이들이 전염의 매개체 역할을 하지 않게 되기 때문이고(SARS-2의 경우 아이들이 실제로 그런 역할을 한다), 어느 정도는 **부모들이** 집에 있게 되기 때문이다. 역학자들이 휴교의 효과를 추산하는 모형을 개발할 때는 휴교 시 어쩔 수 없이 집에 있어야 할 지역사회 학부모의 비율을 매개변수로 삼기도 한다. 물론 이론상으로는 아이들을 학교에 계속 다니게 하고 어른들을 집에 있도록 권고하거나 강제하는 방법도 가능하다. 하지만 실제로 그렇게 하는 일은 없다. 그렇게 하면 경제에 미치는 타격이 크기 때문이기도 하고, 내 생각이지만 우리 사회가 보통 어른의 필요보다 아이의 필요를 덜 중시하기 때문이다.

미국의 학교에서 생활하는 수천만 아동과 성인들은 직장에 다니는 대다수 성인에 비해 매일같이 훨씬 더 밀집된 환경에서 더 오랜 시간을 함께 지낸다(주당 35시간 또는 그 이상). 휴교 조치는 스포츠 경기나 종교 예배처럼 가끔씩 사람들이 많이 모이는 행사를 금지하는 것과는 효과 면에서 차원이 다르다. 그래서 휴교 조치는 NPI 중에서 전면적인 외출금지령 다음으로 강력하다.

1918년 인플루엔자 범유행 때 휴교 조치를 비롯한 각종 NPI가 발휘한 효과를 각각의 정확한 시점과 함께 분석한 독창적인 연구가 있다. 미국의 43개 대도시를 살펴본 결과, 학교 문을 **일찍**(이상적으로는 발병 사태가 터지기 전에) 닫은 곳일수록 초과사망자 수가 적게 나타났다.[73] 또 휴교령과 집합 금지령 등 NPI를 **오래** 유지한 곳일수록 총사망률이 낮게 나타났다.

그림 14에 두 도시를 비교해서 나타냈다. 세인트루이스는 발병자 수가 배로 늘기 전에 휴교령을 내렸고, 피츠버그(53일)보다 오랫동안(143일) 휴교령을 유지했다. 범유행이 끝날 무렵 세인트루이스는

그림 14 — 1918년 스페인 독감 범유행기에 세인트루이스와 피츠버그에서 시행한 NPI의 시기와 강도를 비교한 그래프다. 결과적으로 세인트루이스가 피츠버그보다 훨씬 낮은 사망률을 기록했다.

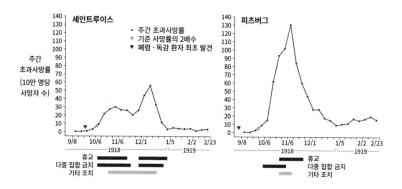

피츠버그(10만 명당 807명)에 비해 절반 미만(10만 명당 358명)의 초과사망자를 기록했다. 물론 두 도시 간에는 다른 중요한 차이점도 있었겠지만, 그런 비교 관찰 연구는 아직 부족하다. 그러나 제대로 된 실험을 한다는 목적으로 도시마다 서로 다른 NPI를 무작위로 배정할 수는 없는 노릇이니, 있는 데이터로 만족할 수밖에 없다.

2020년 세계 각국은 몇 가지 서로 다른 휴교 방식을 취했다. 일본은 2020년 2월 말에 전국 모든 학교에 휴교령을 내렸고 4월까지 휴교를 계속한다는 계획이었다.[74] 일본은 이전에 2009년 H1N1 플루 사태 등을 겪으며 얻은 학습 효과가 있었다.[75] 한편 싱가포르는 휴교 조치를 하지 않는 대신 학교마다 체온 검사와 손 씻기 수칙을 엄격하고 꼼꼼하게 시행했다.[76] 이탈리아는 3월 초에 대응적 조치로 전국에 휴교령을 내렸지만, 유행의 기세를 누그러뜨리기엔 너무 늦은 시점이었다.[77] 미국은 질본의 지침이 계속 미온적이어서 2020년 3월 5일까지도 휴교를 권고하지 않았다.[78] 그러나 3월 초에는 최소 4만 6000개교가 이미 휴교한 상태(또는 휴교 예정이거나 잠깐 휴교한 후에 다시 개교한 상태)여서 전국 유치원·초·중·고교 학생 5660만 명 중 최소 2100만 명이 학교에 가지 않았다. 그 수는 학년 말 무렵 12만 4000개교 5510만 명으로 늘었다.[79]

미국에서는 2020년 가을에 대면수업을 재개할지를 놓고 고민이 가볍지 않았다. 하지만 당국자들 판단에 등교 재개가 불가피하더라도 신체 접촉을 가능한 한 줄일 방안은 있다. 우선 전염병이 유행할 때 아이를 학교에 보내기가 내키지 않는 가정이 있을 것이다. 한 예로 2020년 3월 뉴욕시 같은 위험 지역 내 일부 교육구에서는 휴교 결정이 나기 전부터 자녀를 학교에 보내지 않는 부모가 많았다.[80] 그런 선택을 허용한다면 병의 전파를 줄일 수 있고, 이는 공익을 위한 조치로 간주될 수도 있다. 학교 무단결석은 보통 심각한 문제로 처리되기 마련이다(특히 위험군 학생과 집 없는 아동의 경우). 하지만 그런 규정들을 일시적으로 유예하는 방법도 있고, 필요한 가정에 한해 원격교육을 제공하는 방법도 있다.[81]

또 교사와 학교, 교육 당국 차원에서 현실적으로 감염 위험을 최대한 낮추는 방법을 써볼 수도 있다. 가령 학년과 관계없이 모든 아동의 실외 활동 시간을 대폭 늘리거나 실외 수업을 하는 것이 중요한 변화 방향이 될 수 있다. 실외에서는 실내보다 질병이 전파되기가 훨씬 어렵기 때문이다.[82] 유아교육 전문가들이 실외 학습의 장점

을 수없이 거론하고 있으니, 그와 같은 변화는 아동들에게 방역 이외의 면에서도 유익할 것이다.[83]

그 밖에 시설물 청결 유지 강화, 체온 검사, 손 자주 씻기 등의 조치도 시간과 비용이 많이 들겠지만 최대한으로 시행해야 한다. 아이를 곁에서 지켜본 사람이라면 알겠지만, 꽤 고학년 아동이라고 해도 교사가 개인위생을 일일이 감독할 필요가 있다. 공간이 비좁아 복도에서도 수업하는 학교에서는 쉽지 않겠지만, 학생들 간 신체적 거리를 넓히는 일은 중요하다. 체육 수업과 합주 연습을 중단하고 공용 공간 모임을 금지하는 조치도 안타깝지만 물론 필요하다. 외부인 방문, 현장 체험학습, 꼭 필요하지 않은 단체 행사를 제한하는 조치도 고려할 만하다. 수업 시간표를 조정하고 대면수업과 원격수업을 혼합 시행하는 방법도 도움이 될 것이다. 하지만 이렇게 제약이 많은 학교라면, 우리가 아는 상식 속의 학교와는 거리가 멀다. 이는 만만치 않은 딜레마다.

○——▶

범유행이 한창일 때 NPI를 시행하는 데 따르는 어려움과 시행에 실패했을 때 닥치는 위험을 잘 보여주는 사례로, 2020년 뉴욕시의 대응이 있다. 뉴욕이라고 하면 유명한 공중보건국을 갖춘 데다가 1918년의 방역 대응에 대체로 성공한 역사가 있는 선진 도시이건만, 의아하게도 이번 범유행 대응은 실수투성이였다. 다른 도시들보다 늦게 신체적 거리두기 조치에 들어가는 바람에 환자와 사망자 수에서 대가를 치러야 했다. 물론 어떤 식의 개입을 했더라도 파격적으로 일찍 그리고 극단적으로 하지 않는 이상, '뉴욕시처럼 거대하고 인구 구성이 다양하며 밀집된 교통 중심지에서 유행을 과연 막을 수 있었을까?' 하고 묻는다면 확답하기는 어렵다. 하지만 더 신속히 대처했더라면 1차 파동으로 인한 사망자를 줄일 수 있었으리라는 것만은 확실하다. 톰 프리든 전 질병관리본부장은 뉴욕시가 신체적 거리두기 조치를 1~2주만 더 일찍 전면 시행했더라도 사망자 수를 50~80% 줄일 수 있었을 것으로 추정했다.[84]

국내 및 국제 이동 패턴을 분석한 결과만 봐도, 바이러스는 늦어도 2020년 2월 중순에는 뉴욕시에서 퍼져 나가고 있었을 가능성이 매우 크다.[85] 유전자 분석 결과에서도 그렇게 나타났다. 3월 18일까지 뉴욕시에서 수집된 SARS-2 검체의 유전체 84종을 계통 분석한 결과, 바이러스는 여러 개의 독립된 경로로 유입됐음이 밝혀졌다. 주로 이탈리아 등 유럽에서 유래했지만, 미국 내 다른 지역에서 유래한 경우도 있었다.[86] 굳이 추측해본다면, 바이러스가 뉴욕시에 도달한 시점은 1월이었을 것이다.

뉴욕시 최초의 코로나19 확진자는 3월 1일에야 나왔다. 맨해튼에 거주하는 39세의 여성 의료 종사자였는데, 이란에서 귀국한 직후 확진됐다.[87] 그때까지 뉴욕주에서 코로나19 진단검사를 받은 사람은 32명에 불과했지만, 이동 패턴에 근거한 예측 모형에 따르면 이미 주 전체에 감염자가 1만 명 이상 있을 수 있었던 것으로 나타났다.[88] 최초 확진 사례가 발표된 이튿날, 앤드루 쿠오모Andrew Cuomo 뉴욕 주지사는 빌 더블라지오Bill de Blasio 뉴욕 시장과 함께 언론 브리핑에 나서, 확진자와 같은 항공편을 이용한 탑승자 전원을 추적 조사하겠다고 밝혔다. 그 약속은 이행되지 않은 것으로 후에 드러났다. 소관 부처인 질본에서 그 일을 즉시 착수하지 않고 뒤로 미뤘기 때문이다.[89] 뉴욕의 코로나19 대처는 그렇게 불길하게 시작됐다. 이후 4주 동안 유행이 기하급수적으로 확산되면서 상황은 숨 가쁘게 돌아갔다.

쿠오모 주지사는 첫 확진 관련 성명에서 공황 사태를 막고자 애썼다. "지나치게 불안해할 이유는 전혀 없습니다. 뉴욕 지역의 발병 위험은 전반적으로 아직 낮습니다. 주정부는 상황을 철저하게 관리하고 있으며 관련 정보는 나오는 대로 계속 알려드리겠습니다."[90] 공황 사태를 막으려는 뜻은 좋았으나(뉴욕 시민들이 공황 조짐을 보였다는 근거는 내가 보기에 없었지만), 바이러스가 중국과 유럽에 이미 큰 타격을 입힌 상황에서 그와 같은 거짓 위안은 적절하지 못했다.

이틀 후인 3월 3일, 뉴욕시의 두 번째 확진자가 나왔다. 로런스 가버즈라는 50세의 변호사였는데, 최근에 여행한 적이 없었고 2월 중순부터 병세가 나타났다. 발열 증세로 2월 27일에 응급실을 찾았는데, 이내 혼수상태에 빠졌다가 3주 후에 의식을 되찾았다.[91] 뉴욕시에서 처음 확인된 지역사회 전파 사례였다.[92] 바이러스가 퍼져 나가고 있다는 신호였다. 방역 당국은 빙산의 일각을 우연히 발견했을 뿐이다. 가버즈의 거주지는 뉴욕주 뉴로셸, 직장은 맨해튼 중심부였다. 그가 확진된 후 유대교 회당, 딸이 다니는 학교 등 다수의 시설이 폐쇄됐고, 처음 그를 진료한 의료진을 비롯해 많은 이들이 격리 조치됐다.

감염 확산을 저지하기 위해 주 방위군도 동원됐다. 3월 10일, 뉴욕 주지사는 뉴로셸을 중심으로 약 1.6km 반경을 '확산 차단 구역'으로 선포하고 3월 12일부터 3월 25일까지 감염 확산 조치를 시행했다.[93] 주방위군은 학교 소독, 격리 대상자 생필품 전달 등을 하는 동시에 설정된 구역 내에서 학교, 종교시설, 대규모 집합 시설 폐쇄 및 집합 금지를 감시하는 역할도 했다. 그러나 이는 우한 수준의 격리와는 거리가 멀었다. 이동을 전혀 제한하지 않았으므로 주민들은 예컨대 맨해튼의 직장에 자유롭게 출퇴근할 수 있었다.

3월 6일까지 뉴욕시의 확진자는 22명이 더 늘었다. 뉴욕주 전체 확진자 44명 가운데, 가버즈와 관련돼 감염된 것으로 의심되는 사람은 29명이었다. 뉴욕시는 연방정부에 진단키트를 더 보내줄 것을 호소했다. 3월 6일까지 검사받은 사람이 100명이 채 되지 않은 상황에서, 시 당국은 진단키트 부족이 "방역 역량에 큰 지장을 주고 있다"라고 연방정부에 통보했다.[94]

뉴욕시의 검사 건수는 앞에서 논한 국가 차원의 제약 때문에 2월부터 계속 심각한 부족 상태였다. 뉴욕시의 감염병 전문가들은 2월 7일 전화 회의에서 연방 당국의 검사 기준을 통보받았다. 발열이 입원을 필요로 할 만큼 심하고 최근 14일 이내에 중국을 방문한 적이 있는 환자에 한해 검사가 가능하다고 했다. 한 의사는 그때를 떠올리며 나중에 이렇게 말하기도 했다. "그 순간 회의실 안에 있던 사람들은 모두 '우린 죽었구나' 하고 생각했습니다."[95] 검사량도 부족하고 추적 조사 인력도 매우 제한되어 있었으니 접촉자 추적이란 아예 불가능했다. 당시 뉴욕시의 추적 조사관은 50명이었다. 이에 비해 우한의 추적 조사관은 9000명이었다.

모든 것이 정상이라는 메시지를 주려는 의도였는지, 더블라지오 시장은 시민들에게 지하철 이용을 권했다. 3월 5일에는 시장이 만원 지하철 안에서 빙긋 웃는 사진이 보도되기도 했다.[96] 시장은 이렇게 말했다. "여러분께 이 말씀을 드리려고 지하철에 탔습니다. 우려하실 것 없습니다. 평소처럼 일상생활을 하시면 됩니다. 평소 하던 행동을 바꿔야 할 때가 되면 알려드리겠습니다. 그런데 지금은 아닙니다." 내 생각으로는 더할 나위 없이 무책임한 행동이었다. 3월 10일 《뉴욕 타임스》는 뉴욕 시민들 사이에 불안감이 커지고 있다고 전했다. "그 같은 정서가 뉴욕시의 지하철과 보도에 만연하다. 지금은 신종 코로나바이러스 시대, 이 도시의 매력이자 숨결을 이루는 무심한 인파의 스침 속에도, 모르는 이들 간의 대화 속에도, 불안과 경계가 서려 있다."[97]

3월 9일, 선제적 휴교를 놓고 여전히 논의가 진행 중인 가운데,[98] 일부 학교는 대응적 휴교를 했다. 뉴욕의 호러스맨 사립고등학교는 학생 1명이 코로나바이러스 검사를 받고 있다고 학부모들에게 알린 뒤 학교 문을 닫았다.[99] 사태를 우려한 전문가들의 경고 목소리가 이어졌다. 뉴욕시의 감염병 전문의 36명은 시장에게 보낸 3월

12일 자 공개서한에서 시 전체의 휴교를 강력히 권고했다.

그러나 더블라지오 시장은 3월 13일, 휴교령을 내리지 않겠다고 밝혔다. "휴교 사태를 막으려고 죽을힘을 다하고 있습니다"라고 했다.[100] 휴교를 하면 빈곤 가정 아동은 갈 데가 없다는, 1918년에 제기됐던 것과 같은 우려 때문이었다. 시장의 한 보좌관은 이런 의견을 밝히기도 했다. "학교가 하루아침에 문을 닫으면, 아이들과 부모들의 기본적 요구를 어떻게 충족시키겠습니까? 여기가 교외 주택가도 아닌데, 사람들에게 집에만 있어라, 마당에서 놀아라 할 수는 없지 않습니까."[101] 그러나 시장의 또 다른 조언자이자 뉴욕시의 질병관리 책임자인 드미트리 다스칼라키스Demetre Daskalakis는 학교 문을 닫지 않으면 사표를 쓰겠다며 강하게 나왔다. 공립학교 교사들도 반발에 나섰다.

휴교는 어차피 불가피했으니, 지연으로 얻은 이득이 무엇인지는 분명치 않다. 더블라지오 시장은 이틀 후인 3월 15일 뜻을 굽히고 마침내 휴교령을 내렸다. 의료 종사자와 현장출동요원 가정에 대한 보육 지원 방안이 수립됐다. 뉴욕시의 코로나19 확진자가 329명에 이른 시점이었다. 이에 비해 샌프란시스코는 뉴욕보다 3일 일찍, 확진자가 18명 나온 시점에서 휴교령을 내렸다.

당국의 의사결정은 3월 내내 난항을 거듭했다. 유행은 빠르게 확산됐고 당국은 사후대응에 급급했다. 3월 11일, 나를 포함한 공중보건 전문가들의 강력한 항의가 잇따른 끝에 성 패트릭의 날 퍼레이드가 취소됐다. 참가자 15만 명에 관람자 200만 명이 모여드는 큰 행사가 250년 만에 처음으로 취소된 것이다. 이로써 뉴욕은 현명하게도 1918년 필라델피아에서 저지른 실수의 반복을 피했다.[102] 3월 12일, 쿠오모 주지사와 더블라지오 시장은 각각 주와 시에 비상사태를 선포하고 대규모 집합 금지령을 내렸다.[103] 3월 17일에는 극장, 공연장, 나이트클럽, 식당에 폐쇄 조치가 내려졌다.[104]

3월 20일, 뉴욕주는 결국 자택대피령을 내렸다. 발효 시점은 3월 22일이었으며, 모든 비필수 사업장을 폐쇄하고 기본적으로 모든 주민을 최대한 집에 머무르도록 강제하는 내용이었다. 뉴욕주에서 이때까지 발생한 확진자는 8452명이었다. 인구가 전국의 6% 정도인 뉴욕주에서 확진자는 전국의 절반이 나온 것이다.[105] 이에 비해 캘리포니아주는 확진자 1009명이던 3월 19일에 이미 신체적 거리두기를 이 수준으로 강화했다. 자택대피령의 내용은 다음과 같았다.

- 주 전역의 모든 비필수 사업장은 폐쇄한다.
- 비필수적인 모임(파티, 축하 행사, 기타 사교 모임)은 규모 및 사유와 관계없이 취소 또는 연기한다.
- 필수 서비스를 제공하는 노동자에 한해 집 밖에서 집합이 허용되지만, 사회적 거리두기를 준수해야 한다.
- 공공장소에서는 누구나 타인과 6피트(약 2m) 이상의 사회적 거리두기를 준수해야 한다.
- 기타 필수 서비스를 제공하는 사업장과 사업체는 6피트 이상의 사회적 거리두기가 이행될 수 있도록 적절한 규칙을 시행해

야 한다.

- 병이 있는 사람은 진료를 받는 목적에 한해, 그리고 원격 진단 결과 외출이 본인의 건강에 최선이라고 판단되는 경우에만 외출할 수 있다.

뉴욕시의 거리는 인적이 끊어져 스산해졌다. 후에 쿠오모 주지사는 자택대피령을 4월 말까지 연장했다.[106] 물론 규칙을 무시하고 공공장소에 모여드는 사람들도 있었다(뉴욕시의 주거공간은 협소하기에 집에 갇혀 있기 힘들어하는 사람이 많았다).

그러나 너무 늦은 조치였다. 3월 22일 무렵 뉴욕시는 이미 미국 범유행의 진원지가 되어 있었고, 전 세계 확진자의 약 5%를 배출한 상태였다.[107] 유행이 처음 일어날 때, 뉴욕 시장과 주지사는 뉴욕의 발달한 대규모 의료체계에 많은 기대를 걸었다. 위기에 대처할 의료 역량이 충분하리라는 판단이었다. 병원 경영자들도 자신감을 나타냈다. 그러나 3월 18일, 더블라지오 시장은 전날 은퇴 의료인들에게 자발적 지원을 호소한 후 1000여 명이 참여 의사를 전해왔다고 밝혔다.[108] 응급실과 중환자실은 복귀한 피부과, 안과, 신경과 의사들로 북적거렸다.[109]

3월 25일, 의료 현장의 비참한 상황이 보도되기 시작했다.[110] 3월 27일에는 우한에서와 비슷하게, 육군 공병대가 뉴욕시에 투입돼 총면적 17만 m²의 제이컵 재비츠 컨벤션 센터를 2910병상 규모의 민간 병원으로 개조하는 공사에 들어갔다.[111] 시는 빠르게 소진되어

가는 개인보호장구와 인공호흡기 생산을 국유화해달라고 연방 당국에 호소했다. 남아 있는 재고는 고작 10일분으로 추산됐다. 쿠오모 주지사는 체념한 듯 성명을 냈다. "인구의 40%에서 최고 80%가 이 바이러스에 결국 감염될 것입니다. 확산을 더디게 하려고 노력하고 있을 뿐, 확산을 막을 수는 없습니다."[112] 불과 3주 전에 주지사가 했던 말과 비교하면 급격히 달라진 내용과 논조였다. 고약한 유행병이 급속히 확산할 때 흔히 나타나는 모습이다. 같은 시기 뉴욕시의 입원 환자는 1800명, 그중 중환자실에 입원한 환자는 450명이었고 사망자는 99명이었다.

지하철 이용을 권한 지 3주 만에 더블라지오 시장도 논조를 바꾸어 이렇게 경고했다. "최악의 상황은 아직 오지 않았습니다. 4월은 3월보다 훨씬 나쁠 겁니다. 그리고 5월은 4월보다 더 나쁠 수도 있습니다."[113]

4월 초에는 중국과 오리건주에서 인공호흡기를 뉴욕시로 보내왔다.[114] 시장은 수의사를 포함해 인공호흡기가 있는 사람은 누구든 지원해달라고 호소하며, "하나라도 더 있으면 요긴한 상황"이라고 했다.[115] 4월 21일, 뉴욕주는 결국 코로나19 환자의 폭증을 이유로 응급구조사들에게 현장 출동 시 맥박이 없는 환자는 소생을 시도하지 말라는 내용의 극단적인 새 지침을 내놓았다. 뉴욕시 응급구조사들을 대변하는 협회 대표는 "이건 사람들에게 소생의 기회를 주지 않겠다는 것"이라면서, "환자를 되살려내는 게 우리 일인데, 새 지침은 그 일을 하지 말라는 것"이라고 말했다.[116]

의료체계에 과부하가 걸리면서, 뉴욕시의 의료계 지인들이 내게 심히 우려스러운 소식들을 전해왔다. 위중한 환자가 쉴 새 없이 밀려들고 중환자실이 넘쳐나는 상황이 "처참하다", "현실감이 나지 않는다"라고 했다. 한 간호사는 "전쟁 지역의 난민 수용소" 같다고 현장의 모습을 전했다.[117] 의료진은 개인보호장구를 겹겹이 착용한 채 대단히 힘든 환경에서 일해야 했다. 불편하기도 했지만, 그마저 곧 부족해질 사태가 우려스러웠다. 사무용품으로 개인보호장구를 임시로 만들어 쓰거나 집에 있는 것을 가져다 쓰기도 했다. 병원 영안실은 포화 상태가 됐다. 3월 25일, 연방재난관리청FEMA에서 시신 안치용으로 냉장 트레일러 85대를 보내왔다.[118] 당국은 화장시설을 24시간 가동할 수 있도록 관련 규정을 완화했다.[119]

의료진 가운데 병에 걸리는 사람이 나오기 시작했고, 많은 이들이 사망했다. 흰색 우주복 같은 복장의 의료 종사자들이 진 빠진 표정으로 병원 밖에서 쉬는 사진들이 보도를 통해 전해졌다. 전쟁터로 돌아가기 전에 해를 잠깐 쪼이는 모습이었다. 꽉 끼는 마스크를 온종일 착용한 탓에 얼굴이 물집과 멍투성이인 사람들도 있었다. 예전에 산불 끄던 소방관들이 근방에 아직 불길이 치솟는 가운데 쓰러져 눈을 붙이고 있는 유명한 사진을 떠올리게 하는 모습이었다. 2003년 SARS-1 유행 때 아시아 몇 나라 수도의 병원들 상황이 떠오르기도 했다. 침대 옆 카트마다 물품이 넘쳐나는 일류 병원에서 근무했고 미국이라는 부자 나라의 시민으로 평생 살아온 나로서는, 이 사태를 믿을 수 없었다. GDP의 17.7%를 의료에 쓰는 나라가,

유행병 대비 수준은 이 정도밖에 안 된다는 말인가.[120]

처음에 바이러스는 대중교통 종사자든 유명인이든 가리지 않고 골고루 생명을 앗아가는 듯했다. 하지만 얼마 안 가 자연히, 경제·사회적 약자의 희생이 두드러졌다. 퀸스 중부 등에 있는 이주 노동자 거주 지역은 특히 타격이 컸다. 서로 인접한 네 지역, 즉 코로나 Corona, 엘름허스트, 이스트 엘름허스트, 잭슨하이츠는 '진원지 내의 진원지'로 떠올랐다. 네 지역은 총인구 60만 명 중 4월 8일 기준 확진자가 7260명에 달했다. 이에 비해 총인구가 그 3배인 맨해튼은 확진자가 1만 860명이었다.[121]

과거에 역병이 돌 때도 그랬지만, 달아날 수 있는 사람은 달아났다. 3월 한 달 뉴욕시의 휴대전화 데이터를 대규모로 분석한 연구에 따르면, 시 전체 인구가 4~5% 감소했는데 부촌 몇 곳의 인구는 50% 이상 감소한 것으로 나타났다.[122] 인구 유출이 시작된 시점은 3월 초, 각종 NPI가 공식적으로 시행되기 전이었다. 부촌 주민들은 대부분 인근의 뉴욕주 북부나 코네티컷주로 대피했고 애리조나주, 미시간주, 캘리포니아주 남부까지 이동한 이들도 많았다.[123]

3월 31일, 쿠오모 주지사는 "바이러스 뒤꽁무니 쫓기도 이제 지긋지긋합니다. 지금까진 따라잡느라 바빴습니다. 따라잡기에만 매달려선 이길 수 없습니다"라고 했다.[124] 맞는 말이다. 그때 뉴욕주 확진자는 7만 6946명이었다.[125] 4월 6일에는 뉴욕시에서만 확진자가 7만 2181명, 사망자가 2475명에 이르러 미국 전체 코로나19 사망자의 25%를 차지했다. 주 전역에 발령된 자택대피령은 4월 29일까지 연장됐다.[126] 마침내 4월 15일을 정점으로, 뉴욕의 발병자 수가 감소세에 들어섰다. 3주 전부터 시행한 NPI의 효과가 나타난 것으로, 코로나19의 확산 특성 및 임상적 진행 속도(감염 후 증상 발현까지 최고 2주, 중증으로 발전하기까지 약 1주)와 맞아떨어지는 결과였다.

4월 말 무렵, 곡선이 평탄화되기에 이르렀다. 그러나 그 여파는 엄청났다. 뉴욕주 전역에서 시행한 항체 검사 결과, 뉴욕시 거주자의 21.2%가 1차 파동에서 코로나19에 감염된 것으로 나타났다.[127] 또 연구 결과, 뉴욕시에서 다른 지역으로의 이동이 미국 전역에 걸친 코로나바이러스 확산 사태의 시발점을 제공한 것으로 드러났다.[128]

o———▶

뉴욕시의 NPI 전략은 결국 효과를 봤지만, 대응 방식에 따라 타격이 더 크거나 작았을 가능성에 대해선 아직 풀리지 않은 의문이 많다. 전염병 범유행의 가장 큰 수수께끼 중 하나는 왜 지역에 따라 어떤 곳은 피해가 크고 어떤 곳은 그렇지 않은가 하는 것이다. 2장에서 살펴봤듯이, 1957년 플루 범유행 때도 지역별로 환자와 사망자 수가 엄청난 격차를 보였다. 2020년 코로나19 범유행 중에도 세계적으로 같은 현상이 나타났다. 사태가 진정된 후 사망자 수를 색깔로 나타낸 세계지도에는 일부 지역이 특히 진한 색깔로 표시될 것이 틀림없다.

이런 차이가 생기는 이유는 무엇일까? 중앙정부 또는 지방정부마다 시행한 방역 대책이 다른 것도 이유일 것이다. 중국과 미국의 예에서 봤듯이, 지역마다 유행을 촉발한 외부 유입 사례가 많거나 적은 것도 이유일 것이다. 환경 조건이나 인구 구성의 차이도 이유일 것이다. 심지어 어떤 지역에 침투한 바이러스 변종의 특이한 유전적 특성도 이유가 됐을 수 있다. 또 극히 일부의 차이는 지역별로 다른 인간의 유전적 특성과 관계가 있을 수도 있다. 가령 어떤 지역 주민들은 우연히 유전적으로 내성이 있을 수도 있으니 말이다. 그러나 지역별 차이의 대부분은, 그저 우연에서 비롯됐을 것이다. 마치 토네이도가 휩쓸고 간 사진에서 다른 집들은 다 날아가 버렸는데 멀쩡하게 남아 있는 집이 있는 것처럼.

범유행 초기 몇 달 동안 전문가들은 몇몇 나라가 우수한 대응 성과를 보이는 이유를 밝혀내려고 궁리했다. 중국은 무슨 대책을 어떻게 시행한 것인가? 한국과 타이완은 어떻게 유행 확산을 막아낸 것인가? 뒤의 두 나라는 부유한 민주국가이니 유럽이나 미국이 지향할 모델이 될 수 있을까? 사람들은 우상향하는 나라별 유행 추이 곡선을 매일같이 비교했다. 한국, 중국, 일본, 싱가포르, 타이완 등 아시아 국가들의 곡선은 다른 나라들과 달리 낮고 평평하게 뻗어 나가고 있었다.

하지만 내 눈길을 끈 것은 나라 간의 차이보다는(아마 NPI의 실행 시점과 성격이 다르고 기타 사회적 특징이 다른 것이 이유겠지만) 나라 간의 유사함이었다. 개입 조치가 시행되기 **전까지는** 나라별 추이 곡선이 죄다 무척 비슷했다. 초기에 바이러스는 그저 마구 생명을 앗아갈 뿐이었다. 정치체제, 종교, 의료체계, 언론 환경, 그 밖의 수많은 사회적 특징은 거의 상관이 없었다. 인간 세상의 세세한 특징이 어떻든, 바이러스에게는 관심 밖이었다. 각국에서 유행이 막 시작되던 시기의 **상승** 궤적은 오싹할 만큼 서로 비슷했다.

게다가 사람들은 나라에서 방역 대응을 잘하든 못하든, 각자 할 일을 알고 있었다. 권고나 명령이 있기 전부터 알아서 신체적 거리두기에 들어갔다. 한 예로 전 세계의 매장 방문자 수와 식당 예약 건수를 분석한 자료들이 있는데, 집단적 NPI가 시행되기 약 2주 전부터 그런 수치가 줄기 시작한 것으로 나타났다. 식당 예약 앱 '오픈테이블OpenTable'을 통해 확인되는, OECD 국가의 식당 예약 건수가 동시에 줄어든 현상은 주목할 만하다. 나라마다 거리두기 방침도 달랐고, 법규와 문화도 달랐고, 코로나19가 성행하는 정도도 달랐지만 유행이 닥치고 15일 만에 식당 예약 건수가 모두 0으로 떨어졌다.[129] 학교가 정식 휴교에 들어가기 전부터 자녀의 등교를 중단시키는 부모도 늘기 시작했다. 앞서 살펴봤듯이 뉴욕시에 공립학교 휴교령이 내려질 무렵, 상당 비율의 아동은 이미 학교에 나가지 않고 있었다.[130]

이렇게 사람들이 집단적 대응에 나서서 서로 떨어지고 거리를 유지하기 전까지는, 어떤 사람들이 무엇을 하건 방역 관점에서는 아무 차이가 없었다. 그렇게 보면 확산세를 꺾는 데 필요한 것은 그저 전반적인 대응 수준을 어느 정도 이상으로 올리는 것뿐인지도 모른다. NPI를 어떤 조합으로 병행하든 상관없이, 어떤 임계점만 넘으면 유행병을 제압할 수 있다.

이 같은 신체적 거리두기와 경제 붕괴, 그리고 **침체된** 세상은 모두 전염병의 특징이다. 1500년 전 유스티니아누스 페스트가 유행할 때도 사제이자 역사가였던 에페수스의 요한John of Ephesus이 같은 이야기를 했다.

사방의 만물이 무로 돌아가고 허물어지고 애달픔만 남았으니… 매매가 그치고, 이루 말할 수 없는 온갖 세속적 부를 누리던 상점들과 사채업자의 거대한 업소들이 문을 닫았다. 그러자 온 도시가 소멸하기라도 한 듯 멎어버렸으니… 그렇게 모든 것이 그치고 멈춰버렸다.[131]

이처럼 전염병의 참상을 다룬 기록들을 읽으면 섬뜩할 만큼 낯익은 느낌이 든다. 경제는 교환을 바탕으로 하고, 교환은 사람들 간 교류에 의존한다. 사람들이 교류를 할 수 없다면 경제도, 제대로 돌아가는 사회도 성립하기 어렵다. 전염병 유행기는 생명뿐 아니라 생계를 잃는 시기다. 일상을, 사람들과의 연결고리를, 자유를, 그 밖의 많은 것을 잃는 시기다.

4장

비탄, 공포, 거짓말

감정의 전염병은 어떻게 퍼지고 왜곡되는가

역병은 아무것도 아니었다. 훨씬 더 무서운 강적은 역병의 공포였다.

앙리 푸앵카레 Henri Poincaré, 「프랑스 측지학 La Géodésie française」(1900)

캘리포니아주 마데라에 거주하는 간호사 완다 드셀(76세)은 2020년 3월 30일, 곁에서 임종을 지키는 가족 없이 코로나바이러스로 사망했다. 딸 모리나 실바는 며칠 전 페이스타임으로 엄마에게 작별 인사를 고하며 자기 목소리가 들리면 눈을 깜박여보라고 했다. 드셀은 3주 전, 40년간 몸담은 의료원의 젊은 동료 직원 장례식에 참석했다가 바이러스에 감염됐다. 같은 장례식에서 일어난 슈퍼전파로 그녀 외에도 최소 14명이 감염됐다. 드셀을 간호하다가 딸도 감염됐고, 딸에 의해 손녀도 감염됐다. 딸과 손녀는 결국 회복해 드셀의 장례식에 참석할 수 있었다. 하지만 장례식 풍경은 몇 주 전까지만 해도 아무도 상상하지 못했던 모습이었다. 고인의 가족과 몇몇 지인은 마스크와 흰 장갑을 낀 장례식장 직원 4명이 관을 내려 묘지에 안장하는 모습을 2m 이상의 거리에서 각자 차 안에 앉아 지켜봐야 했다.[1]

브루클린 크라운하이츠에 모여 사는 초정통파 유대인 공동체는 매일같이 의식을 함께하고 긴밀히 교류하며 살기에, 코로나19로 인한 높은 사망률과 그에 따른 신체적 거리두기에 따른 타격이 특히 컸다. 한 랍비는 격리 중환자실에 스피커폰을 이용한 방송 설비를 차려놓고 유대교 기도문을 낭독하는 목소리가 계속 흘러나오게 했다. 스피커폰에서는 위안의 목소리가 흘러나왔다. "형제들이여, 당신의 가족이 당신 곁에 있고 싶어 하는 마음이 큽니다. 하지만 안전과 규칙상 그리할 수가 없는 상황입니다."[2] 랍비는 그 말에 이어 「시편」 91편 10절을 낭송했다. "어떤 불행도 너를 덮치지 못하리라. 어떤 재앙도 네 집을 가까이 못 하리라. 주께서 너를 두고 천사들을 명하여 너 가는 길마다 지키게 하셨으니." 탈무드에서는 이 구절을 '재앙의 노래'라고 부른다. 모세가 구름 덮인 시나이산을 오르면서 재앙의 천사들을 물리치기 위해 그 글귀를 써서 낭송했다고 해석하기도 한다.

호스피스 시설에서 환자를 보던 시절, 나와 동료 의사들이 환자가 홀로 죽는 것을 막으려고 얼마나 애를 썼는지는 이루 말하기 어렵다. 죽음이 머지않았음을 가족들에게 알리고, 가족들이 임종을 지킬 수 있도록 공을 많이 들였다. 환자와 가족 모두를 위한 일이었다. 그러려면 꼭 필요한 것이 예후 판단 능력이었으니, 그 능력을 계속 연마해야 했다. 환자가 '잘 떠나갈' 수 있게 해주는 데 워낙 중요한 것이다 보니, 나는 예후를 주제로 책을 두 권 쓰기도 했다.[3] 혹여 가족을 곁에 두지 못하고 사망하게 된 환자가 있으면, 우리 의사들이 곁에 앉아 지키며 손을 잡아주기도 했다. 나는 그 일을 여러 번 했다. 환자가 숨을 거두기 전에 흔히 보이는, 깊어졌다가 얕아졌다가를 반복하는 호흡 패턴(체인-스토크스 호흡Cheyne-Stokes respiration이라고 한다)을 지켜보며, 숨이 멎기 직전에 때때로 나타나는 나지막하게 가래 끓는 소리를 두렵게 기다리곤 했다. 그럴 때면, 환자가 숨을 거두기 직전 손이 이상하게 부드러워지는 느낌을 받게 되는데, 설명하기 어려운 현상이다. 어쩌면 저항을 내려놓는 '투항'의 신호인지도 모른다.

호스피스 의사들은 환자를 퇴원시켜 가족들이 있는 집에서 숨을 거둘 수 있게 하려고 기발한 방법들을 고안해내기도 했다. 절차와 규정을 우회할 방법을 찾기도 하고, 정맥주사를 쓰지 않고 투약하는 방법을 연구하기도 했다. 그렇게 하는 것에 워낙 익숙했기에, 코로나19 초기에 (감염 확산을 막거나 개인보호장구를 아끼려는 목적에서) 환자 가족의 면회가 금지됐다는 내용을 기사로 숱하게 접할 때마다 비인간적인 것을 넘어 비윤리적이라는 느낌을 금할 수 없었다.

그러나 심각한 유행병 때 항상 그랬듯이, 2020년에도 수많은 사람이 홀로 죽어갔다. 가족들은 작별 인사를 전하거나 제대로 애도할 기회가 없었다. 내가 참여한 연구팀이 2000년에 발표한 연구에 따르면, 환자의 81%와 가족의 95%는 가족이 임종을 지키는 것이 매우 중요하다고 응답했다(환자의 경우 비율이 낮은 이유는 가족에게 부담을 주는 데 대한 우려 때문일 수 있다).[4] 하지만 미국 의료체계는 코로나19 범유행 중에 이런 바람을 존중해주지 못했다.

의사로서 가족에게 전화해 환자의 사망을 알리는 일은 쉽지 않았다. 내가 1990년에 펜실베이니아대학교 레지던트 때 했던 전화는 특히 기억에 생생하다. 환자의 배우자는 내가 전하는 말을 전혀 이해하지 못했다. 마치 내가 외국어로 말하고 있기라도 한 것처럼. 뉴욕시에 코로나19 1차 파동이 닥쳤을 때, 한 의사는 사망한 환자의 남편에게 전화로 위로를 전했던 경험을 이야기했다. "남편분이 많이 힘들어했어요. 연로한 분이었는데 집에 혼자 있었고, 가족도 없었어요." 그러면서 예전에 아프리카에서 겪었던 일이 생각났다고 했다. "에볼라 때도 그랬어요. 가족이 찾아올 수도 없고, 장례식도 없고…. 그때 같은 느낌이에요."[5]

심각한 전염병의 유행기는 비탄의 시간이다. 사망률이 특히 높은 전염병이라면, 상황은 처참하다. 이탈리아 시인 페트라르카Petrarca는 흑사병 당시의 상황을 이렇게 묘사했다.

형제여, 이제 어찌하리오? 가진 것은 거의 다 사라졌고 쉴 곳은 보이지 않으니. 언제나 되찾으리오? 어디서 찾아보리오? 시간은 옛말처럼 손가락 사이로 빠져나갔고, 옛 희망은 벗들과 함께 파묻혔나니. 1348년의 우리는 외롭고 참담하니, 한 해 동안 빼앗긴 풍요를 인도양으로도 카스피해로도 에게해로도 메꿀 수 없음이라. 이미 잃은 것은 되찾을 길이 없고, 죽음의 상처는 치유할 길이 없노라.[6]

다행히 코로나19의 피해는 가래톳 페스트의 참화에는 미치지 않는 수준이다. 하지만 치명적인 유행병은 늘 심리적·실존적 유행병을 동시에 수반한다. 피부에는 덜 와닿지만, 고약하기는 매한가지다. 비탄, 분노, 공포, 부정, 절망, 더 나아가 가치관 붕괴는 감염병의 심각한 확산으로 인한 개인적·집단적 상실 속에서 드물지 않게 나타나는 정서적 반응이다.

그와 같은 아픔을 깊이 자각하기가 어려울 수도 있다. 전염병 유행기에는 누구나 자기 자신에게 닥칠 화를 피해 바짝 엎드리기 때문일 수도 있고, 어마어마한 상실에 압도되기 때문일 수도 있다. "1명의 죽음은 비극이지만, 100만 명의 죽음은 통계 숫자일 뿐"이라는 옛말처럼(스탈린이 그 비슷한 말을 한 것으로 알려져 있다), 사람이 워낙 많이 죽으면 오히려 무심해지기 쉽다. 작가 로라 스피니Laura Spinney는 1918년 플루 범유행을 다룬 저서에서 (제1차 세계대전으로 인한 희생과 상실에 더해) 수천만 명의 목숨을 앗아간 전염병을 가리켜 "우주를 이루는 암흑물질처럼, 워낙 익숙하고 낯익은 것이라 아무도 입에 올리는 일이 없었다"라고 했다.[7]

100년이 지난 오늘날 미국에서는 사람이 불시에 죽는 일도 더 드물고, 그런 일을 체념하듯 받아들이는 경향도 더 적다. 죽음을 직접 목격할 일도 일생을 통틀어 몇 번 없는 사람이 대부분이다. 100년 전 미국에서는 집에 누워 가족들이 모두 보는 앞에서 죽는 게 보통이었지만, 이제는 그런 일이 그리 흔치 않다.[8] 그런데도 2020년 미국에서 코로나19 사망자 증가를 바라보는 시선에서는, 어딘지 불편한 체념 또는 말 없는 수긍의 분위기가 느껴졌다. 미국 내 사망자가 (우연히도 전쟁 등 군사 작전으로 사망한 사람을 기리는 메모리얼 데이 Memorial Day에) 10만 명에 이르자, 애도의 목소리가 잠깐 쏟아진 것은 사실이다. 2020년 5월 24일 자《뉴욕 타임스》는 코로나19 사망자의 이름으로 1면을 가득 채웠다. 그러나 사망자 소식은 곧 정치

스캔들과 대규모 시위 소식에 밀려났다. 코로나19 환자의 모습이나 죽음에 이르는 과정을 피부로 실감하지 못하는 사람이 많았다. 고통스러운지? 흉한 모습인지? 외로운 죽음인지?

물론 인명을 잃은 것만 안타까운 것은 아니다. 옛 생활 모습을 잃은 것도 비통하긴 마찬가지다. 어른들은 직장을 잃었고, 심지어 쌓아온 경력이 물거품이 되기도 했다. 주택담보대출을 갚지 못해 살던 집을 잃기도 했다. 내가 아는 어느 연구팀은 오랜 세월 매달렸던 과학 장비 개발 프로젝트를 포기해야 했다. 아이들은 학교에 가지 못하고, 친구를 만나지 못하고, 바깥에서 놀지 못했다. 수많은 결혼식과 여행이 취소되거나 없던 일이 됐다. 기업은 영업을 하지 못하게 됐다. 온라인으로 진행된 예배·수업·상담·기타 모임은 우리가 본능적으로 갈구하지만 포기할 수밖에 없는, 사람 간의 진짜 교류를 대신하기에는 부족했다.

범유행이 강요한 새로운 현실 속에서, 누구나 상실을 겪었다. 인명, 인간관계, 직업, 사업 등 돌이킬 수 없거나 심각한 상실도 있었다. 하지만 곳곳에 널린 비교적 작은 상실들도 괴롭게 느껴졌다. 이웃과 악수할 수도 없고, 함께 저녁을 먹을 수도 없었다. 레스토랑, 술집, 카페, 나이트클럽, 미용실, 체육관도 닫혀 있거나 평소처럼 이용할 수 없었다. 때로는 일상 속의 사소한 일도 우리에게 상실을 상기시키기에 충분하다. 나는 패션에 민감한 사람은 아니지만, 석 달 동안 집에 갇혀 지내면서 매일같이 티셔츠와 청바지만 입고 살다가 옷장 속에 걸린 정장을 보니 그 옷을 입고 다니던 시절이 그리웠다.

직업상 출장이 잦은 것에 평소 불평하곤 했지만, 5월 어느 날 벽장 안에 놓인 짐가방을 보니 문득 아련한 기분이 들었다.

역병이 사람의 마음을 황폐화한다는 것은 예부터 잘 알려져 있었다. 기원전 5세기 고대 아테네에 돌던 원인 불명의 역병을 두고(발진티푸스, 에볼라 등 다양한 병으로 추정되고 있다) 아테네의 장군이자 역사가인 투키디데스Thucydides는 이렇게 적었다.

> 이 병의 무엇보다 끔찍한 점이라면 병세를 깨닫는 순간 찾아오는 절망감이었으니, 환자는 순식간에 빠져드는 실의에 저항할 힘을 잃고 병의 손쉬운 먹잇감이 되고 말았으며, 또한 서로 간호하다가 감염된 병사들이 양처럼 죽어나가는 광경도 참담하기 그지없었다.[9]

2세기 로마의 철인 황제 마르쿠스 아우렐리우스Marcus Aurelius Antoninus는 전염병 유행기에 "마음의 혼탁해짐은 우리가 들이마시는 그 어떤 독기와 썩은 공기보다 훨씬 더 해악이 크다"라고 했다.[10]

○——▶

2020년 4월에 미국인의 정서 건강을 살펴보기 위해 전국적으로 시행된 설문조사 결과는 인구의 상당 비율이 몇몇 영역에서 현저한 고통을 겪고 있음을 보여줬다. 2019년 응답과 비교하면 여러 측면에서 더 부정적인 감정을 느끼고 있었다. 즐거움을 느낀다고 응답한 비율은 2019년의 83%에 비해 64%로 낮아졌다. 반면 걱정(35%→52%), 슬픔(23%→32%), 분노(15%→24%)는 응답 비율이 높아졌다.[11] 지루함(44%)과 외로움(25%)을 느낀다고 응답한 비율도 높았다. 2020년 4월 말에 시행된 또 다른 설문조사에서는, 미국인의 67%가 자신이 코로나바이러스에 감염될까 봐 '다소 걱정된다' 또는 '매우 걱정된다'라고 답했다. 가족에 대해서는 같은 응답을 한 비율이 79%로, 가족의 감염을 더 걱정하는 것으로 나타났다.[12] 또한 한 임상 연구에 따르면 2018년에는 미국인의 3.9%가 심한 심리적 고통을 겪고 있었으나, 2020년 4월에는 13.6%가 같은 상태를 겪고 있어 장기적 정신질환을 일으킬 위험이 큰 것으로 나타났다.[13]

코로나19 유행기에 조사된 미국인의 감정 상태는 가계소득과 성별 등의 변수에 따라서도 차이를 보였다. 연간 가계소득 9만 달러 이상인 성인에 비해 연간 가계소득 3만 6000달러 미만인 성인은 행복을 느끼는 비율이 낮았고(75% 대 56%), 걱정(48% 대 58%), 지루함(39% 대 49%), 외로움(19% 대 38%)을 느끼는 비율은 높았다. 남성과 비교할 때 여성은 행복을 느끼는 비율은 비슷했으나(73% 대 71%), 걱정(44% 대 51%), 외로움(20% 대 27%)을 느끼는 비율은 높았다.[14]

시간이 조금 지나 곡선 평탄화를 위한 피해 저감 조치가 원만히 이루어지고 있을 때 시행된 설문조사 결과, 코로나바이러스 감염에 대한 걱정은 살짝 줄었지만(4월 57%, 5월 51%), 심각한 재정난에 대한 걱정은 조금 늘었다(4월 48%, 5월 53%).[15] 이런 불안감에도 불구하고, 미국인들은 바이러스를 통제하지 않고서는 예전 일상을 되찾을 수 없다는 사실을 대체로 이해하고 있었다. 전체 응답자의 3분의 2 이상이 정상적인 일상 활동을 재개하기 위해 다음의 조건이 '매우 중요하다'고 평가했다.

첫째 코로나바이러스 양성 판정자의 의무 격리, 둘째 코로나19 예방 또는 치료 방법의 개선, 셋째 신규 발병자 또는 사망자 수의 현저한 감소.[16]

○———▶

유행병은 비탄 외에 두려움도 자아낸다. 두려움 자체도 전염되므로, 일종의 유행병이 또 하나 퍼지는 셈이다. 병원체·감정·행동의 전염 경로는 독립적일 수도 있고, 서로 교차할 수도 있다.[17] 그런가 하면 아무리 전염성이 높은 병원체도 두려움의 전염성을 이기지는 못한다. 병은 감염된 사람과 접촉해야만 전염되지만, 두려움은 감염된 사람이나 두려워하는 사람 어느 쪽과 접촉함으로써도 전염될 수 있다.[18]

우리는 다양한 방법으로 전염병의 공포에 대처한다. 그중에는 전염병이라는 위협에 대한 통제권을 발휘하려는 시도가 많다. 예를 들면 전염병 유행을 남들 탓으로 돌리려는 경향이 있다. 그러면 뭔가 어떻게 해볼 수 있는 재난이라는 기분이 든다. 인간적 요인에 의해 일어난 문제라고 생각하면 마음이 더 편한 법이다. 그렇다면 인간의 힘으로 대처해볼 수 있다는 얘기니까. 아폴론처럼 복수심에 불타 말릴 수 없는 신이라거나 무심하고 무자비한 자연에서 비롯된 재앙이라고 생각하면 두려움만 커질 뿐이다.

이렇게 통제감을 가지려는 욕구는 해로운 결과를 낳을 수 있는데, 비난의 화살이 소수집단에, 아니면 이방인으로 여겨지는 사람들에게 쏠리기 쉽기 때문이다. 이를 막기 위해 전염병 범유행 중에 정부와 보건 당국이 해결해야 할 중요한 과제는 부정적 감정과 무력감이 만연한 현실을 인정하고, 국민이 그런 감정을 적절한 통로로 배출하여 건설적으로 다스릴 수 있도록 돕는 것이다.[19]

그 점으로만 봐도 보건 당국은 마스크 착용을 권장할 만한 이유가 충분하고, 국민에게는 마스크 착용이 득이 될 수 있다. 마스크의 이점이 정확히 무엇이건 간에(물론 상당히 크지만) 재난이 닥친 상황에서 뭔가 구체적으로 할 수 있는 행동이 생기기 때문이다. 그러면 통제감을 되찾는 데 도움이 된다. 또 한 예는 의료 종사자들에 대한 국민의 집단적 격려다. 뉴욕시를 비롯한 세계 각지에서 볼 수 있었지만, 이 역시 통제감과 사회적 연대감을 고취하는 행동이다.[20] 이런 행동이 주는 심리적 혜택은 그 자체로도 중요하지만, 다른 더 고생스럽고 어렵고 힘든 일들에 참여할 의향을 불러일으키기도 한다. 공포와 불안을 통제하는 일은 더없이 중요하다.

하지만 그게 말만큼 쉽지는 않다. 때로 사람들은 공포를 몰아내고 통제감을 되찾고 비난의 화살을 겨누는 데 엄청난 공을 들이기도 한다. 1916년 미국에서 소아마비가 유행했을 때, 대중은 난제에 부딪혔다. 교외 주택가나 인구밀도가 낮은 시골 지역의 어린아이가 병에 걸리는 일이 두드러지게 많았던 것이다. 도시의 공동주택에 사는 이민자들이 병을 옮긴다는 뿌리 깊은 고정관념과 맞지 않는 현상이었다. 뉴저지의 한 신문이 이를 해결하는 새로운 시각을 제시했다. 거대한 말파리가 아기를 위협하는 그림을 지면에 싣고, 이런 설명글을 달았다.

나는 아기 목숨을 앗아가는 존재!
내 고향은 뚜껑 없는 쓰레기통,
물 고인 배수로와 거리의 오물,
방치된 마구간과 뒤뜰,
지저분한 집,
즉 온갖 더러운 곳이지.
나는 아기 젖병과 아기 입술 위를 기어 다니고,
독 묻은 발을 덮개 없는 음식에 문지르지.
바보들이 즐겨 찾는 상점과 시장에서.

파리라는 **가상의** 매개체를 창조함으로써, 죄 없는 아이들이 받는 고통을 비난하기 좋은 집단의 탓으로 돌리는 동시에 위험을 피하고 통제감을 되찾을 방안도 제시한 것이다. 바이러스는 눈에 보이지 않지만 파리는 눈에 보이므로, 파리를 막는 활동(방충망, 파리채 사용 등)은 누가 봐도 긍정적이었고 사람들의 통제감을 높여주는 효과가 있었다. 게다가 파리 매개설은 깨끗한 교외 주택가에서 병이 확산되는 이유를 설명하기에도 좋았다. 감염원이 외부에 있었으니 말이다. 물론 소아마비는 사실 주로 감염자의 분변에서 경구로(가령 오염된 물이나 음식을 통해) 전염된다. 작가 앤 핑거Anne Finger는 본인의 소아마비 투병 경험과 미국 문화사를 다룬 회고록에서 이렇게 말했다. "파리는 전염병의 매개체뿐 아니라 갈 곳 없는 감정의 매개체가 됐다."[21]

전염병의 공포는 방역 최전선에서 일하고자 나선 사람들의 도움을 거절하는 결과를 낳기도 한다. 2020년 3월 30일, 응급의학 전문의인 리처드 레비탠Richard Levitan은 뉴욕 벨뷰병원에서 근무하겠다고 자원했다. 그는 뉴햄프셔주 주민이지만 전국의 다른 자원자들처럼 앤드루 쿠오모 주지사의 요청에 응해 과도한 업무에 시달리는 뉴욕시 병원 중환자실의 의료진을 돕기 위해 한달음에 달려왔다. 레비탠은 벨뷰병원에서 수련의로 근무하기도 한, 기관내 삽관 전문가였다. 기관내 삽관이라면 병세가 위독해 기계호흡이 필요한 환자의 기관내에 튜브를 삽입하고 관리하는 까다로운 작업이다. 레비탠은 "지금은 100년 만에 기도氣道 확보가 가장 중요한 시기입니다. 전 기도 전문가입니다. 가만히 보고 있을 순 없지요"라고 했다.[22]

레비탠은 동생 소유의 빈 아파트에 머물 생각이었지만, 골치 아픈 문제에 부딪혔다. 뉴욕의 주택조합이라면 까다롭기로 유명하지만, 이 아파트의 조합에서 그가 머무는 것을 허락하지 않았는데 이유는 그가 감염 환자들을 상대할 의사라는 것이었다. 아파트 전체가 거의 텅 비어 있고 남아 있는 입주자 중에도 감염자가 있을 것이며 자신은 오히려 코로나19 환자가 적은 주에서 왔다는 사실을 호소해봤지만, 소용이 없었다.

그 밖에도 출장 간호사(수주 또는 수개월 단위로 병원을 옮겨 다니며 일하는 간호사)들이 거처에서 갑작스럽게 내쫓기면서 야박한 대접을 받고 짐을 갖다 버리겠다는 협박까지 들어야 했다는 등의 이야기가 전해졌다. 하와이의 한 간호사는 동료들이 겪는 어려움을 한탄하며 "누구든 병원에 오게 되면 결국 저희한테 간호를 받아야 할 텐데요. … 저희가 차에서 잠을 자야 한다면 최상의 상태로 일할 수 없지 않겠어요?"라고 말했다.[23]

의사와 간호사들은 본인과 타인을 위해 안전수칙을 준수하도록 훈련받은 사람들이고, 병원 안에서나 밖에서나 타인의 안전을 위해 비상한 주의를 기울인다. 저술가이자 의사인 아툴 가완디Atul Gawande는 "어마어마한 위험에 직면한 미국의 병원들은 확산의 현장이 되지 않는 방법을 터득했다"라고 하기도 했다.[24] 가완디는 의료진 7만 5000명이 일하는 보스턴에서 2020년 봄에 병원 내 전파 사례가 극히 적었던 것을 예로 들며, 병원이 다른 업종의 영업 재개에 참고할 본보기가 되어야 한다고 강조했다. 그럼에도 플로리다주의 한 법원에서는 네 살짜리 아이를 응급실 의사인 엄마 품에서 떼어 전남편이 임시로 24시간 양육할 것을 명령하는 판결을 내렸다. 의사 엄마가 딸의 안전을 위해 더할 나위 없는 최선을 다하고 있다, 그리고 이혼하지 않았다면 집에 멀쩡히 있는 아이를 데려가지는 않

았을 것 아니냐고 항변했지만 소용없었다.[25]

차에서 자거나 아이를 빼앗기기를 바랄 의료인이 어디 있겠는가만은, 인간은 강한 감정에 휩쓸리면 개인이건 집단이건 역효과를 낳는 방향으로 행동하기 쉽다. 앞의 사례들은 유행병이 빚어낸 공포 분위기의 산물이라고밖에 볼 수 없을 것 같다.

그러나 다른 한편으로, 공포는 긍정적 역할을 하기도 한다. 두려움에 질린 사람은 스스로 격리하거나 마스크를 쓰거나, 그 밖에 본인과 사회에 이로운 행동을 하기 때문이다. 그러면 활동 인구가 줄기 때문에 유행병의 피해가 일반적으로 줄어든다. 겁에 질린 사람은 동네 술집에서 남들과 어울리지 않기 마련이다. 하지만 이런 이로움도 반드시 오래간다고는 할 수 없다. 움츠렸던 사람들이 때 이르게 공포에서 '회복'하게 되면, 부적절한 시기에(예컨대 아직 확산이 충분히 통제되지 않았을 때) 사회 활동을 재개하기도 한다. 이는 2차, 3차 파동을 일으키는 원인이 될 수 있다. 또 일이 더 복잡해질 수도 있는 것이, 공포로 인해 달아나는 사람들이 생기면(앞에서 살펴봤듯이 전염병 발병기에 흔히 나타나는 현상이다), 그때까지 탈이 없던 지역에 확산의 씨앗이 뿌려지면서 유행이 전체적으로 더 심각해질 수 있다. 그런가 하면 공포로 인해 낙인찍기와 희생양 만들기가 성행하거나 정보를 제대로 습득하지 못할 만큼 대중의 불안감이 고조될 경우, 이 역시 유행병의 피해를 키울 수 있다.

공포라는 유행병이 일으킨 피해의 특이한 사례는 1994년 인도에서 일어난 페스트 발병 사태다. 인도는 역사적으로 콜레라·천연두

·페스트라는 3대 감염병에 시달린 곳으로, 현대 인도에서 페스트는 거의 정복된 상태다. 1994년 8월 초, 마하라슈트라주 비드의 맘라라는 마을에서 벼룩이 늘어나고 쥐가 죽는 등의 전형적 조짐이 보이더니, 급기야 환자 몇 명이 가래톳 페스트 진단을 받았다.[26] 9월 14일, 인도 정부는 비드 지역에 페스트가 발병했다고 발표했다.

발표 몇 시간 만에 공황 분위기가 전국에 퍼졌다. 1994년 9월 23일, 인접한 구자라트주의 공업 도시 수라트에서 가래톳 페스트보다도 더 치명적인 폐렴성 페스트가 발병했다는 보도가 갑자기 나왔다. 9월 21일에서 10월 20일까지 수라트에서 중증 폐렴 환자 1027명이 입원했는데, 어떤 이유에선지 그중 146명은 폐렴성 페스트로 추정됐다.[27] 하지만 조사관들은 회의적이었는데, 구자라트주에서는 가래톳 페스트 발병이나 쥐의 발병 사태가 나타나지 않았기 때문이다. 두 현상 모두 폐렴성 페스트에 앞서 일어나는 것이 보통이다. 그 밖에도 폐렴성 페스트 진단을 의심케 하는 역학적 특징이 상당히 여러 가지 있었다. 예를 들면, 지역사회 전파 사례가 거의 보고된 게 없었다. 어떤 집안에서 환자가 나와도, 식구들은 병에 걸리지 않았다. 도시 내에서 환자 발생 지점이 군집을 이루지 않고 흩어져 있었다. 수라트 발병 사태의 또 한 가지 특이한 점은, 초기 환자 대부분이 다이아몬드 가공업에 종사하는 젊은 남성이었다는 것이다.[28] 그리고 폐렴성 페스트에 1차 감염되는 일은 극히 드물다(보통 감염된 동물을 취급하다가 감염된다).

의심스러운 이유가 한둘이 아니었음에도, 사람들은 엄청난 공황

반응을 보였다. DDT를 비롯한 살충제가 대규모로 살포됐다. 식당과 식품 노점, 사람들이 모이는 장소는 모두 폐쇄됐다. 거의 모든 공업 생산이 한 달 이상 중단됐다. 인도 관광객은 거의 절반으로 줄었다. 인도 전역의 수많은 사람이 (수라트에서 멀리 떨어진 지역에서까지) 항생제 테트라사이클린으로 무분별한 자가치료를 시도하곤 했다. 봄베이(현재 뭄바이)와 뉴델리처럼 멀리 떨어진 도시에서도 마스크를 쓰기 시작했다. 수라트 인구의 4분의 1인 약 100만 명이 붐비는 열차에 실려 도시를 빠져나왔다.

결국, 페스트의 대대적인 발병은 없었던 것으로 드러났다. 감염자가 사실 1명도 없었다는 말도 있다.[29] 세월이 흐른 후 실험 분석과 유전자 분석을 통해, 수라트에서 발생한 페스트 환자는 단 18명이었던 것으로 밝혀졌다. 다만 환자들 간의 연관성은 드러나지 않았다.[30] 그러나 이때 사람들이 일으킨 반응을 보면, 질병에 대한 공포는 나름의 역학적 특성을 보이면서 나름의 방식으로 퍼져 나간다는 사실을 알 수 있다.

공포가 전염되는 현상이라면, 가장 흥미로운 것이 건강한 사람들 사이에 심리 상태가 전염되는 '집단 심인성 질환'이다. 예전에 부르던 말로는 '집단 히스테리'라고도 한다.[31] 이는 아무 생리적 원인이 없어도 불안과 공포로 인해 신체 증상이 일어나는 상태로, 다시 두 종류로 나뉜다. '순수 불안형'은 복통, 두통, 실신, 어지럼증, 호흡 곤란, 메스꺼움 등 다양한 증상을 나타낸다. '운동형'은 걷잡을 수 없이 춤을 추거나 유사 발작을 일으키는 등의 증상을 보인다.

17세기 미국에서 벌어진 '세일럼 마녀재판Salem witch trials'도 집단 심인성 질환의 광풍이 불러일으킨 사건이었다. 그 발단은 청교도 집안의 소녀 몇 명이 원인을 알 수 없는 '발작'을 일으키다가 자신들에게 악령이 씌게 한 마녀가 동네의 몇몇 여인이라고 지목한 것이었다. 그와 같은 현상의 역사적 기록은 1374년으로 거슬러 올라간다. 흑사병이 휩쓸고 지나간 직후, 독일 아헨을 필두로 유럽 곳곳에서 '무도광dancing manias'이라 불리는 춤바람 사태가 일어났다. 다음과 같은 모습이었다고 전해진다.

사람들은 무언가 하나의 망상에 사로잡혀, 남들이 보는 노상이나 교회 안에서 다음의 기이한 광경을 연출했다. 둥글게 모여 손에 손을 잡고는 자기 몸이 전혀 자기 몸이 아닌 듯 보는 이들은 상관하지 않고 광란 상태에서 몇 시간이고 계속 춤을 추다가, 마침내는 진이 빠져 바닥에 쓰러졌다. 그러고는 극도의 압박감을 호소하며, 숨이 넘어갈 듯 괴롭게 신음했다.32

그 시절에는 이런 증상을 흔히 악령 또는 마녀의 탓으로 돌렸지만, 오늘날에는 일종의 환경 오염으로 유발된 증상이라고 보는 것이 보통이다. 그와 같은 집단발병 사태는 대개 구성원들이 밀접하게 접촉하며 생활하는 학교나 일터에서 일어난다(수라트 다이아몬드 가공업자들의 경우도 그런 설명이 아마 가능할 것이다).

그 한 예로 1998년 테네시주 맥민빌의 워런카운티 고등학교에서 일어난 발병 사태를 들 수 있다. 학생 1825명에 교직원 140명인 학교였는데, 어느 날 한 교사가 휘발유 냄새가 난다며 두통과 호흡 곤란, 어지럼증, 메스꺼움을 호소했다. 수업을 듣던 학생 몇 명도 곧 비슷한 증상을 보였다. 반 전체가 교실을 나와 대피했는데, 그 광경을 본 다른 학생들도 같은 증상을 호소하기 시작했다. 학교 전체에 화재 경보가 울렸고, 모든 인원이 건물 밖으로 대피했다. 처음 증상을 느꼈던 교사와 학생 몇 명은 밖에 나와 있는 학생과 교사들이 보는 앞에서 구급차에 실려 인근 병원으로 이송됐다.

결국 그날 100명이 병원을 찾았고, 38명이 입원했다. 학교는 휴교에 들어갔다.[33] 질본에서 병의 원인을 찾기 위해 철저히 조사했다. 대대적인 검사와 연구를 벌였지만 물리적 원인을 찾을 수 없었다. 조사관들은 심인성 요인이 원인이었다고 결론지었다. 다른 환자를 목격함으로써 심리 상태가 연쇄적으로 전염되어 일어난 증상이라는 것이었다.[34] 이와 비슷한 사례는 미국 어딘가에서 대략 2년마다 한 번씩 꼭 일어난다.

그런가 하면 어떤 정서적 반응은 사회적 규범의 전염을 촉진한다. 한 예로, 2020년 5월 미국에서 일부 주민들이 마스크 착용과 신체적 거리두기를 공공연히 무시한 사태는, 사람들의 안전 및 통제 의식을 개인과 사회에 해가 되는 방향으로 강화하는 역할을 했다.[35] 2020년 6월 미주리·미시간·플로리다 등지에서 벌어진 대규모 파티의 사진들을 보면서, 나는 오래전 무도광 사태의 축소판이라는 생각을 했다. 앞서 말했듯이, 바이러스와 공포가 동시에 유행하는 상황에서는 생물적 전염과 사회적 전염이 동시에 일어날 수 있다. 사람은 대개 주변 사람들에게서 관찰되는 행동을 따라 하기 마련이므로, 양방향 어느 쪽으로나 대세가 뒤집히는 급변점이 존재한다. 마스크를 쓰고 신체적 거리두기를 지키는 사람이 늘기 시작하면, 점점 많은 사람이 따르기 마련이다. 반대로, 그런 수칙을 무시하는 사람이 많아질수록 수칙을 지키는 분위기는 시들기 마련이다. 심리학자 매슈 리버먼Matthew Lieberman은 이런 현상을 가리켜 "우리 뇌는 주변 사람들의 신념과 가치를 결국 품게끔 만들어져 있다"라고 했다.[36]

○——→

진실은 역병의 또 다른 희생자다. 유행병에 대한 반응 중 가장 해롭고 자멸적인 것은 부인과 거짓말이다. 치명적 유행병은 항상 그 둘을 그림자처럼 끌고 다닌다. 불행히도 현대 사회는 발전된 미디어 기술 덕에 옛날 사기꾼들은 꿈도 꾸지 못했을 허위 정보의 천국이 되었다.

코로나바이러스 범유행도 유달리 큰 거짓말 하나와 함께 시작됐다. 중국에서 시작되어 1월 중순까지 이어진 그 거짓말은 우한에서 벌어지고 있는 사태에 대한 정보를 은폐한 것이었다. 의사 리원량이 수많은 중국인에게 자유롭고 진실한 정보 소통을 상징하는 인물이 된 이유도 그와 무관치 않다. 리원량은 코로나19로 사망하기 전 병상에서 중국 잡지와 가진 인터뷰에서 이렇게 말했다. "건강한 사회라면 하나가 아닌 여러 목소리가 있어야 한다고 생각합니다. 그리고 공권력을 과도한 간섭에 쓰는 것은 옳지 않다고 생각합니다."[37]

3월, 미국 각지의 병원에서도 비슷한 일이 일어나기 시작했다. 확산이 정점에 이르렀을 무렵, 워싱턴주 시애틀 인근에서 일하던 의사 밍 린Ming Lin은 17년간 몸담았던 병원에서 해고됐다. 개인보호장구 지원을 호소하는 글을 페이스북에 올리면서 병원 측이 환자와 의료진의 안전을 지키는 일에 충분한 성의를 기울이지 않는다고 비판했다는 것이 이유였다. 9·11 테러 때 뉴욕시에서 근무하기도 했던 밍 린은 지극히 합당한 우려를 표명했을 뿐이다. 붐비는 응급실로 환자를 들여오기 전에 시설 밖에서 바이러스 검사를 해야 한다는 요구를 병원 측에서 거절하고 있어서 감염 확산이 우려된다는 내용이었다.[38] 나는 이 소식을 처음 듣고 의사가 의견을 표명했다는 이유로, 그것도 의사가 어느 때보다도 절실히 필요한 유행병 절정기에 의사를 해고한 그 어처구니없고 무신경한 처사에 놀라움을 금할 수 없었다.

코로나19가 기승을 부리던 북동부 도시의 한 정형외과 의사는 이렇게 전했다. "개인 계정에 올리는 글에 신중을 기하라는 경고를 매일같이 듣는다. 환자 수, 중증도, 검사 여력, 개인보호장구 등 여러 문제와 관련해 주의를 당부받았다."[39] 인디애나주의 한 의사는 소셜미디어에 N95 마스크 지원을 호소하는 글을 올리고 나서, 병원 측으로부터 그런 글을 쓰지 말라는 경고를 받았다. 병원이 무능해 보일 수 있다는 이유였다.[40] 시카고의 한 간호사는 동료들에게 보내는 이메일에 근무 중 개인보호장구를 더 충분히 착용하면 좋겠다는 바람을 적었다가 병원에서 해고당했다. 그녀가 표한 우려 중에는 호흡기질환을 앓고 있는 75세의 아버지에게 바이러스를 옮길까 봐 걱정된다는 것도 있었다.[41] 2020년 봄 미국에서 이 같은 일들은 비일비재했다.

전국 각지의 병원에서 의료진의 의견 표명을 막으려는 어설픈 지시가 잇따라 내려졌다. 뉴욕대학교 랭곤헬스 의료센터의 대외홍보 부사장은 교수진과 의료진에게 모든 언론 문의는 대외홍보실로 보내라고 통보했다. "본 방침을 따르지 않거나 대외홍보실의 명시적 허락 없이 언론에 정보를 제공 또는 유포하는 경우 해고를 포함한 징계 처분 대상이 된다."[42] 이 통보에 대한 교수진의 반응을 몇몇 교수에게서 전해 들었는데, 점잖게 표현하면, 썩 반가워하지 않았다고 했다.

최근 30년 동안 의사들의 위상은 독립적인 전문인에서 임상 의료에 무지한 사업주가 경영하는 대기업의 직원으로 점점 변해갔다. 코로나19는 이로 인한 갈등 관계를 극명히 드러냈다. 매사추세츠주의 한 가정의학과 의사는 "자율성 훼손과 폄훼가 수십 년째 계속되고 있다"면서, 코로나바이러스 유행으로 "그런 상황이 폭발하고 있다"고 했다.[43] 병원 효율 개선과 의료장비 확보에 힘써야 할 행정가들이 불리한 정보를 검열 및 은폐하여 유행병을 통제하려는 엉뚱한 시도를 벌이는 일이 미국 전역에서 발생했다.

의사들의 입에 재갈을 물리는 행위는 정부 최고위자 수준에서도 자행됐다. 트럼프 대통령은 질본 산하 국립면역호흡기질환센터 NCIRD 국장 낸시 메소니에Nancy Messonnier를 업무에서 배제하고 해고 직전까지 몰아세웠는데, 이유는 2020년 2월 25일 기자회견에서 메소니에가 질본이 범유행에 대비하고 있다고 사실대로 밝혔기 때문이다. 메소니에는 "[지역사회 전파는] 일어나느냐 아니냐의 문제가 아니고 언제 일어날지, 그리고 중증 환자가 얼마나 발생할지의 문제"라고 말했다. 트럼프는 이 발언 때문에 주식시장이 살짝 하락한 것을 좋아하지 않았다. 임박한 범유행에 대해 입을 닫고 있으면 병을 막을 수 있거나 아니면 경제 피해를 막을 수 있기라도 하다는 생각이었을까?

아닌 게 아니라, 코로나19 범유행 중 미국에서 일어난 어처구니없는 일 하나는 널리 신뢰를 얻고 있는 질병관리본부의 권위를 폄훼하고 입을 막은 것이었다.[44] 같은 날 앨릭스 에이자Alex Azar 보건복지부 장관은 미국에서 바이러스 확산이 '차단됐다'는 어이없는 주장을 하기도 했다.[45] 그러나 바이러스를 침묵이나 거짓말로 퇴치할 수는 없다. 바이러스와의 싸움에서는 진실을 널리 알리는 것만이 우리의 우군이다.

또 한 가지 예를 들면, 2020년 5월 22일 질본은 종교 단체에 "종교 관행에 부합하는 경우 예배나 기타 행사 중 합창단·합주단 참여와 신도들의 찬송 및 낭송을 중지하거나 최소한 줄이는 방안을 고려해" 달라고 촉구하는 개정 권고문을 게시했다. SARS-2 바이러스는 그와 같은 활동으로 퍼진다는 것이 알려져 있었으니, 질본의 지침은 사실에 근거한 것이었고 생명을 구할 수도 있었다.

백악관은 이 정보를 내릴 것을 요구했다. 중국에서 그랬던 것처럼, 역학 정보를 유통하는 데 정치적 승인을 받아야 했던 것이다.[46] 백악관은 그 지침에 '수정헌법 제1조에 보장된 [종교의 자유 관련] 권리를 침해할 의도가 없다'라는 문구를 넣어야 한다고 고집했다. 그럴듯해 보이지만 초점이 엉뚱한 발상이다. 사람이 많이 모이는 다른 건물처럼 교회도 얼마든지 질병의 확산 지점이 될 수 있고, 이미 교회발 확산 사태 몇 건에서 사망자가 발생한 상황이었다.[47] 모든 걸 떠나서, 여기서 핵심이 되는 문제는 (대법원이 이 무렵 캘리포니아 교회와 관련된 판결에서 밝힌 것처럼) 공중보건 비상 상황에서 국가가 왜 비종교단체와 종교단체를 차별 대우하냐 하는 것이다.[48] 호흡기 전염병과 관련해 노래나 집회의 위험성에 대한 정보를 제공하는 행위는 그 대상이 교회건 여타 시설이건 위헌적일 이유가 없다. 이렇게 정보 유통을 가로막는 행위가 공황을 진정시킨다든지 정책 일관성을 기한다는 이유로 합리화되곤 하지만, 해로운 결과를 낳는 일이 워낙 잦으니 그런 설명을 믿기는 어렵다.

물론 이 모든 것은 새로운 일이 아니다. 이전 유행병 시기에도 정치적으로 곤란하다는 이유로 연방정부 소속 과학자들의 기초적인 과학적 사실 공표를 막은 일들이 있었다. 에버렛 쿠프Everett Koop 공중보건국장은 낙태를 반대한 덕분에 레이건 대통령에게 임명받은 인물이었는데, 1987년 HIV가 유행할 때 HIV 예방책을 설명하면서 항문성교와 콘돔 사용 등도 터놓고 말해서 보수와 진보를 불문하고 많은 사람을 놀라게 했다. 쿠프는 이렇게 생각을 밝혔다.

사람들은 동성애자나 약물 남용자나 성적으로 문란한 사람은 선을 넘
은 것이며 에이즈AIDS에 걸려 마땅하다고 생각해서 저를 비난합니다.
그에 대한 제 답은 이렇습니다. 저는 이성애자와 동성애자, 젊은이와
늙은이, 도덕적인 사람과 부도덕한 사람, 기혼자와 미혼자 모두의 공
중보건국장입니다. 저는 어느 쪽 편에 서고 말고 할 여유가 없습니다.
어떤 사람에게든 죽지 않고 잘 살 방법을 알려줘야 하니까요. 그게 제
일입니다.[49]

그러나 쿠프의 뜻은 윌리엄 베넷William J. Bennett 교육부 장관에게
가로막혔다. 베넷은 에이즈 교육이란 "가치체계에 근거"해야 하고
"도덕적으로 모호한 교육자료"를 이용해서는 안 된다고 주장하며,
에이즈라는 공중보건 문제에 이념을 개입시켰다.[50]
베넷이 개입한 결과, 정부의 에이즈 교육자료는 역학적 관점에서
모호한 데다 오해까지 낳을 수 있는 내용으로 만들어졌다. 당시는
에이즈 치료법이나 백신이 없었으니 공공교육과 공중보건 조치 외
에는 대처할 수단이 없었다. 반드시 전파를 줄이거나(가령 콘돔을 사
용함으로써) 접촉을 줄여야(가령 성관계 파트너 수를 줄임으로써) 하는
상황이었다. 레이건은 집권 6년이 지나서야 에이즈를 언급했다. 그
역시 입을 다물고 있으면 병이 사라지기라도 할 것처럼 생각했던
걸까.

SARS-2의 경우도 비슷한 역학 관계가 심리적·정치적으로 펼쳐졌다. SARS-2 바이러스가 '독감과 큰 차이 없다'라든지 저절로 퇴치되리라는 소망적 사고에 빠진 사람은 평범한 미국인들뿐만이 아니었다. 세계 최고의 역학자들과 정보기관을 거느린 미국 대통령조차 공개적으로 철저히 현실을 부인했다. 트럼프는 "누구도 이런 일이 일어날 수 있으리라는 생각은 하지 못했을 것"이라고 주장하며, 이전 행정부가 범유행 대비 계획을 세우지 않았다고 비난했다. 2018년에 본인이 유행병 대응팀을 해체한 것은 잊은 듯했다.[51]

이후에 유출된 자료를 통해, 트럼프 대통령은 바이러스의 심각성과 범유행 가능성에 대해 적어도 2020년 1월 초부터 보고받은 것으로 드러났다.[52] 그럼에도 그는 바이러스가 "사라질 것"이라고 거듭 말했다. 《워싱턴 포스트》의 보도가 이를 잘 보여준다. 2월 10일, 확진자가 12명일 때 트럼프는 4월이면 "날씨가 더워지면서" 바이러스가 "사라질 것"으로 본다고 말했다. 2월 25일, 확진자가 53명일 때는 "그건 곧 사라질 문제로 본다"라고 했다. 2월 27일, 확진자가 60명일 때는 "지금까지 굉장히 잘 대응했다. 계속 대응해나갈 것이다. 곧 사라진다. 어느 날, 기적처럼 사라질 것이다"라는 유명한 말을 했다. 3월 6일, 확진자 278명에 사망자가 14명일 때도 또다시 "사라질 것"이라고 했다. 3월 10일, 확진자 959명에 사망자가 28명일 때는 "우리는 준비가 되어 있고, 지금 아주 잘 대응하고 있다. 사라질 것이다. 침착하게 기다려달라. 사라질 것이다"라고 했다. 3월 12일, 확진자 1663명에 사망자가 40명일 때도 "곧 사라진다"라고 했다. 3월 30일, 확진자 16만 1807명에 사망자가 2978명일 때도 여전히 "사라질 것이다. 다들 알다시피 사라져가고 있고, 사라질 것이다. 우리는 대승을 거둘 것이다"라고 했다. 4월 3일, 확진자 27만 5586명에 사망자 7087명일 때 또다시 "곧 사라진다"라고 했다. 그러고는 이어서 같은 말을 반복했다. "사라져가고 있다. … 내가 사라진다고 했고, 실제로 사라져가고 있다."[53] 확진자 250만 명, 사망자 12만 6060명에 이른 6월 23일에는 "우리는 전염병 이전에도 아주 잘했고, 전염병 이후에도 아주 잘하고 있다. 지금 사라져가고 있다"라고 했다.[54] 확진자와 사망자가 계속 늘어나는 가운데 그 같은 발언은 계속됐다. 하지만 바이러스도, 대통령의 발언도 사라지지 않았다.

트럼프는 바이러스의 심각성을 부인하는 데 그치지 않고, 방역 필수 대책에 대해서도 허위 정보를 퍼뜨렸다. 2020년 3월 2일에는 백신이 "몇 달 안에" 준비될 것이라고 주장했다. 실제로는 그보다 훨씬 오랜 시간이 소요될 일이었다.[55] 3월 6일에는 "검사받고 싶은 사람은 누구든 검사받을 수 있다"라고 사실이 아닌 주장을 했다. 당시는 진단키트 공급이 현저히 부족해 전국의 의사와 환자들이 속을 태우던 때였다.[56] 트럼프는 그와 같은 발언을 여러 차례 반복했다. 검사가 "아름답게" 대량으로 시행되고 있다며 미국의 우수성을 자랑했으나, 인구 대비 검사 비율을 다른 나라와 비교하진 않았다.[57]

이처럼 현실과 동떨어진 행보는 어떻게 설명할 수 있을까? 그리고 이런 일이 수많은 사람에게 분노는커녕 논란의 대상도 되지 않는 이유는 무엇일까? 한 가지 설명은 트럼프가 재난이 그냥 눈앞에서 사라져버렸으면 하는, 많은 미국인의 막연한 바람에 영합했다는 것이다. 하지만 그뿐만은 아니다. 코로나19의 실상에 대한 부정은 미국에서 지난 수십 년간 깊어져 온 과학과 정치 사이의 균열을 다시 한번 드러낸 현상이기도 하다. 그 균열은 특히 과학적 합의가 정책결정자들에게 곤란을 초래할 때 커지곤 했는데, 이에 대해선 7장에서 자세히 논한다.[58] 그러나 전염병 범유행은 과학과 관련된 다른 대중적 논란거리(일테면 기후변화)보다 훨씬 더 급속히 진행된다. 그래서 그 정확한 실상, 그리고 과학적 사실과 동떨어진 정치적 행위의 귀결은 훨씬 더 빨리 만인의 눈앞에 드러날 수밖에 없다.[59]

미국 곳곳 그리고 세계 곳곳에서, 사람들은 자신의 지역에 바이러스가 창궐하고 환자들이 병원에 쇄도할 수 있다는 사실에 충격을 받은 듯했다. 불과 몇 주 전에 다른 지역에서 똑같은 일이 벌어졌어도 실감하지 못한 것이다. 6월에 병원이 포화 상태에 이른 휴스턴에서는 3월에 같은 일을 겪은 뉴욕시의 운명을 예상하지 못한 듯했다. 뉴욕시에서 2월의 우한 사태를 남의 일로 생각한 것처럼. 이런 부인 행위는 그 자체가 코로나19의 매우 위험한 단면이었다.

하지만 부인 행위는 전염병의 오랜 친구다. 서유럽에서 가래톳 페스트가 마지막으로 창궐했던 1720년 마르세유 대역병 때, 당시의 모습을 한 의사는 이렇게 기록했다.

망상에 잘 빠지고 소망을 사실로 쉽게 착각하는 대중은 이미 이 사람들의 병을 전염병이 아닌 다른 것으로 간주했고, 심지어 자기들이 깜짝 놀랐던 일에 대해 농담을 하기 시작했다. 하지만 그 교묘한 파괴자는 현명한 자들의 경계와 못 믿는 자들의 농담을 모두 비웃으며, 사방팔방으로 은밀히 퍼져 나가고 있었다.[60]

모두 매우 인간적인 현상이다. 그리고 앞에서 공포가 범유행병 대응에 유리할 수도 있는 점을 살펴봤지만, 부인 행위 역시 어떤 이점이 있을지도 모른다. 가령 위협에 흔들리지 않고 일상생활을 영위하게 해준다든지 하는 것이다.[61]

이와 비슷한 소망적 사고는 2020년 5월 25일 미니애폴리스에서 흑인 조지 플로이드George Floyd가 잔인하게 살해당한 후 일어난 대대적 시위 속에서도 나타났다. 이미 수갑을 찬 채 바닥에 엎드려 있던 플로이드를 경찰관이 무릎으로 목을 눌러 죽음에 이르게 한 사건이다. 여러 유사한 사건이 잇따르던 끝에 벌어진 이 사건은 전국에서 대규모 시위를 촉발했다.[62] 사람들이 시위에 나선 주된 원인은 인종 불평등과 관련해 쌓여 있던 분노였지만, 그 밖에 높은 실업률, 장기간의 격리 생활, 많은 이들에게 닥친 비극(가족의 죽음 등)으로 인한 정서적 소진, 그리고 대통령에 대한 환멸 같은 요인들도 시위를 부추기는 역할을 했을 것이다. 시위 현장의 영상으로 볼 때, 실로 다양한 민족적·인종적 배경의 미국인들이 참여한 듯했다.

그런데 그 전까지는 휴교를 주장하며 작은 장례식조차 위험하다는 의견을 내놓던 여러 전문가가 이제는 본인이 정치적으로 지지하는 대의를 위해 다중 집합의 위험을 묵과하는 것처럼 보였다.[63] 물론 시위자 대부분은 마스크를 썼고 실외에서 벌인 시위이니 위험성은 훨씬 덜하다고 할 수 있다. 하지만 공중보건 관점에서는 메시지가 일관되지 않았다. 그 엇비슷한 시기에 여러 주에서는 확진자가 급증하는데도 봉쇄령을 해제했다. 6월 초 테네시주에서는 통제를 완화해 야외 축제와 퍼레이드를 허락했다. 빌 리Bill Lee 주지사는 "테네시 주민 여러분의 지속적인 노고와 책임감 있게 영업해준 사업주들 덕분에 우리 주의 경제활동을 더 많이 재개할 수 있게 됐습니다"라며 낙관적인 메시지를 냈다.[64] 그러나 바이러스는 사람들이 모이는 이유가 시위든 장례식이든 퍼레이드든, 전혀 개의치 않는다.

비단 권력자들만이 아니라, 현실은 '사회적 구성물'이라고 믿는 사람이 많다. 객관적 현실이란 존재하지 않으며, 오로지 우리가 인간으로서 가진 능력을 이용해 정의하는 것만이 존재한다는 믿음이다. 매우 흥미로운 사상이다. 그런데 그렇게 생각하다 보니 언어나 이미지를 조작함으로써 현실을 바꿀 수 있다고 믿는 사람도 생겨났다. 우리가 무언가의 이름을 바꿔 부르면, 실제로 다른 것이 된다는 것이다. 그 말은 오직 좁은 의미에서만 옳다. 바이러스는 실재하는 존재이며 우리가 자기를 어떻게 보든, 뭐라고 이야기하든 개의치 않는다. 그런 식의 사고방식은 코로나19 범유행기 내내 만연했다. 처음부터 세계 각국과 미국의 정치인들은 범유행을 부인할 수 있다거나 긍정적 발언으로 사라지게 만들 수 있다고 생각했는가 하면, 2020년 봄과 여름에 벌어진 우파와 좌파의 각종 시위는 마치 바이러스가 이미 사라졌다거나 목적이 정당한 시위라면 바이러스가 크게 건드리지 않으리라는 믿음을 깔고 있는 듯했다.

그러나 현실은 중요하다. 한 연구에 따르면, 미국에서 신체적 거리두기 등의 방역 조치가 한 주만 더 일찍 시행됐어도 2020년 5월 3일 기준으로 전국의 감염자가 61.6% 더 적었을 것이며 사망자는 55.0% 더 적었을 것으로 추정됐다.[65] 범유행의 책임을 어느 개인이나 집단 또는 기관에만 지울 수는 없고, 바이러스의 조기 징후를 과소평가한 나라가 미국뿐이었던 것도 아니다. 하지만 이번 코로나19 범유행의 더없이 안타까운 점 하나는, 위기를 적절한 시기에 인정하고 조치했더라면 최악의 사태는 일부 피할 수 있었다는 사실이다.

o———→

코로나19 범유행 중에 허위 정보는 곳곳에 만연했다. 2020년 3월 18일에 발표된 8914명을 대상으로 한 설문조사에 따르면, 미국인의 29%는 SARS-2 바이러스가 중국 우한의 실험실에서 만들어졌다고 믿는 것으로 드러났다.[66] 우한에 바이러스 연구소가 있는 것은 사실이다. '우한 바이러스연구소'는 극히 치명적인 바이러스를 연구하는 시설로, 1950년대에 처음 설립됐고 2017년에 생물안전 4등급BSL-4 기준을 충족하는 시설로 화려하게 다시 문을 열었다. 그리고 재개소 당시에 "중국 국외의 일부 과학자는 병원체 유출 가능성 그리고 중국과 세계 각국 간 지정학적 긴장 관계에 생물적 측

면이 추가되는 것을 우려했다"라고 말한 것도 사실이다.[67]

그러나 SARS-2가 **의도적으로** 유전자 조작을 통해 만들어졌다는 음모론은 바이러스가 출현한 지 얼마 되지 않은 2020년 1월에 등장했다.[68] 2월 말경에는 일부 논평가가 음모론을 지지하고 나섰는데, 이들이 제시한 근거 중 하나는 중국 정부가 미생물연구소들의 안전관리 개선책을 발표한 것이었다.[69] SARS-2 유출 사고가 없었다면 왜 안전관리를 개선하려고 하겠냐는 논리였다. 하지만 SARS-2 유출 사고가 정말 있었다면 왜 그런 대책을 공개적으로 발표하겠는가. 나는 의아할 따름이었다. 톰 코튼Tom Cotton 아칸소주 상원의원도 이 바이러스 기원설을 공개적으로 제기해 퍼뜨렸다.[70] 트럼프 대통령도 2020년 5월까지 이 음모론을 계속 퍼뜨렸다. 정통한 유전학자들과 미국 정보기관에서 바이러스가 유전자 조작으로 만들어지지 않았다고 결론지었지만, 소용없었다.[71]

이 음모론에 반하는 증거는 많다. SARS-2는 고령자와 만성질환자에게 특히 치명적이니, 생물무기로서 딱히 효과가 크지 않다. 즉, 피해를 최대화하려면 젊은 사람과 건강한 사람을 표적으로 하는 바이러스가 더 적합했을 것이다. 가장 설득력 있는 증거는 따로 있다. 바이러스의 유전자를 자세히 분석한 결과 이전에 출현했던 박쥐 코로나바이러스 후손의 특징을 보이며, 의도적인 유전자 조작으로는 나타날 수 없는 무작위적 돌연변이가 관찰된다는 것이다.[72]

물론 **자연적으로** 발생한 바이러스를 연구 목적으로 박쥐에서 채취해 보관하고 있다가 이것이 **사고로** 유출됐을 가능성을 완전히 배제하기는 어렵다. 그러나 정상적인 상황에서도 SARS-1을 포함해 인수공통감염병이 인간에게 옮겨진 사례는 많이 알려져 있기에, 확률적으로 따지자면 자연적으로 발생한 바이러스가 우연히 사람에게 옮겨졌을 개연성이 훨씬 높다는 게 나와 대부분 전문가의 생각이다.

초기에 등장했던 또 하나의 수상쩍은 설은 바이러스가 5G(5세대 이동통신) 기지국을 타고 모종의 방법으로 퍼지고 있다는 것이었다. 이 때문에 영국에서는 기지국들을 불 지르고 파손하는 사건이 잇따랐다. 처음에 미국의 몇몇 비주류 인터넷 사이트에서 돌던 이야기를 몇몇 미국 유명 인사가 확산시켰는데, 배우 우디 해럴슨은 팔로워 200만 명을 보유한 인스타그램에 이 주장을 다룬 영상의 링크를 올렸다가 나중에 게시글을 지우기도 했다. 영국 뮤지션 M.I.A.도 이 음모론을 전파했다. 또 4월에는 '다이아몬드 앤드 실크'라는 예명으로 활동하는 미국 유튜버 리넷 하더웨이와 로셸 리처드슨이 수백만 팔로워에게 5G와 코로나바이러스의 연관성을 경고했다.[73]

이에 질세라 중국 정부의 선전기관도 작업에 착수했다. 2019년 10월 우한에서 개최된 세계군인체육대회(일종의 군인 올림픽)에 사이클링 선수로 참가했던, 마티예 베나시라는 미 육군 예비역 군인이자 두 아이의 어머니가 있었다. 이유는 알 수 없지만, 미국의 한 음모론자가 베나시가 모종의 방법으로 코로나바이러스를 우한에 반입했다고 주장하며 이를 기존에 돌던 루머와 연결 지었다. 바이러스가 다름 아닌 미국의 음모이며 애초에 미국에서 중국으로 전파됐다는 내용이었다. 이 음모론자는 그 주장을 10만 유튜브 구독자에게 전파했다. 중국 관영 언론들은 이 음모론을 열심히 보도하여, 중국의 여러 소셜미디어에서 엄청난 반향을 일으켰다. 이 거짓말 때문에 음모론자들의 표적이 된 베나시와 그녀의 가족은 곤욕을 치러야 했다. 마크 에스퍼Mark Esper 미 국방장관은 중국 정부가 이 주장을 퍼뜨리는 행위를 가리켜 "실로 어처구니없고 무책임하다"라고 말했지만, 트럼프 대통령부터가 코로나19 관련 다양한 주제에 대해 허위 발언을 한 것을 생각하면 아이러니한 상황이 아닐 수 없다.[74]

이 같은 각종 허위 정보는 범유행 기간 내내 증식을 거듭했다. 아닌 게 아니라 음모론이란 바이러스와 닮은 점이 많아서, 돌연변이를 일으키면서 환경에 맞추어 진화함으로써 살아남고 퍼져 나간다. 그리고 그런 허위 정보는 폐해가 클 수 있다는 점에서도 바이러스와 다르지 않다.

○———→

바이러스 치료제와 관련된 허위 정보도 넘쳐났다. 범유행이 번지기 시작하자마자, 마치 기다렸다는 듯 온갖 장사꾼이 엉터리 약을 치료제라며 내놓았다.[75] 이들은 현대 미디어의 전파력을 등에 업고 수백만 명의 귀를 솔깃하게 했다. '창세기 2장 건강치유교회'라고 하는 플로리다의 한 단체는 이른바 '성스러운 코로나바이러스 약'의 판매를 중지하라는 법원 명령을 받았다. 약의 성분은 보통 공업용으로 쓰이는 강력 표백제였다.[76] 이 단체는 자신들이 파는 영약을

'기적의 미네랄 용액'이라는 이름으로 불렸다.

대안 언론인 앨릭스 존스도 여기에 동참했다. 샌디훅 초등학교 총기 난사 사건을 연출이라고 주장하는 등 타인의 불행에서 이익을 취할 방법을 끊임없이 연구하는 듯한 존스는, 자신의 사이트 '인포워스'에서 콜로이드은을 함유한 제품을 코로나바이러스 치료제로 홍보하며 판매했다. 콜로이드은은 알려진 항바이러스 효과가 없고, 과용하면 피부가 파래지는 물질이다. 존스는 "이 물질은 사스-코로나바이러스 종류를 모조리 직통으로 죽여줍니다"라고 2020년 3월 10일 라이브 방송에서 주장했다.[77] 또 에너제틱스라는 오클라호마의 한 회사도 "콜로이드은銀은 인간을 감염시키는 코로나바이러스 7종을 모두 죽일 수 있는 것으로 지금까지 유일하게 알려진 항바이러스 보충제다. … 중국 우한발 독감 폐렴에 효과적인 대체 치료제로, 100년 전부터 독감 바이러스에서 범유행병에 이르기까지 각종 코로나바이러스를 죽이는 효과가 시험관 실험으로 확인된 물질이다"라고 주장했다.[78] 1980년대에 TV 전도사로 활동했던 사기 전과자 짐 베이커도 사업에 뛰어들어, 은 성분이 함유된 유사한 제품을 팔았다.

여러 허브 회사도 기회를 놓칠세라 사업에 뛰어들었다. 그리고 표백제나 은 제품을 판매한 업자들과 마찬가지로 FDA 또는 연방거래위원회FTC의 경고장을 받았다. 캘리포니아의 한 업체는 소셜미디어와 웹사이트를 통해 "신종 코로나바이러스란 과연 무엇이며, 예방책과 치료법은 무엇인가?"라고 자문하고는, 자사가 판매하는 허브 제품을 쓰면 "감염 가능성을 낮출 수 있다"라고 주장했다.[79] 로스앤젤레스에서는 한 동물권리 운동가가 코로나바이러스 치료제라며 허브 제품을 불법으로 판매하다가 FTC에게 판매 금지 명령을 받았다. 제품에는 "수작업으로 추려낸 허브 추출물 16종"이 들어 있으며 코로나19를 예방 및 치료할 수 있다는 주장이었다.[80] 인스타그램에서는 미셸 판 등 이른바 '뷰티 인플루언서'들이 '에센셜 오일(방향유)'을 치료제로 홍보했다. 역시 인스타그램에서 '건강 전문가' 어맨다 샨탈 베이컨은 '식물 기반 연금술'을 사용하라고 권했다.[81] 캘리포니아의 한 목사는 향신료인 오레가노의 기름을 권했다. 그 밖에도 많은 사례가 있다.

가짜 약들이 범람하고 있음을 인지한 FDA는 이에 제동을 걸고자 2020년 3월 6일 공개서한을 발표해 국민에게 주의를 당부했다. "현재는 코로나바이러스 질환을 치료할 수 있는 어떤 백신, 알약, 물약, 로션, 약용 사탕 또는 그 밖의 전문의약품이나 일반의약품도 나와 있지 않습니다."[82] 하지만 진실이 신발 끈을 매는 동안 거짓말은 지구를 반 바퀴 도는 법이다. 게다가 트럼프 대통령이 이번에도 정부 기관의 메시지를 폄훼했다. 2020년 4월 23일에 있었던 충격적인 기자회견에서, 트럼프는 표백제를 바르거나 복용하거나 심지어 주사로 맞으면 도움이 될 수 있으며, 자외선을 쬐는 것도 치료 방법이 될 수 있으리라는 추측을 제시했다.[83] 클로락스와 라이솔 등 살균·표백제 업체들은 성명을 발표해 자신들의 제품을 주사를 통해 투여하거나 섭취하면 목숨을 잃을 수 있으니 그러지 말라고 국민에게 간곡히 당부해야 했다. 라이솔이 예전에 '여성용' 살균제로 홍보된 적이 있었음을 생각하면(즉 피임약으로 쓰였으나 효과가 없었다) 다소 아이러니한 일이다.[84]

트럼프는 여기에 그치지 않고 대통령으로서의 발언권을 십분 활용해, 말라리아 치료제인 하이드록시클로로퀸으로 코로나19를 치료 또는 예방할 수 있다고 거듭 주장했다. 몇 차례의 무대조군 연구에서 하이드록시클로로퀸이 효과가 있을 가능성이 제기되기는 했으나, 나를 포함한 많은 의사는 그의 권고를 크게 우려했다. 하이드록시클로로퀸은 심장 독성을 일으킬 수 있을 뿐 아니라, 그 효용성의 확실한 근거가 없었기 때문이다. 과학계에서 효과가 확실히 입증되지 않았음을 거듭 경고했음에도, 트럼프는 이 약을 열렬히 지지했다. 하이드록시클로로퀸의 효과에 대한 의견은, 마스크 착용에 대한 의견처럼, 정치성을 확인하는 리트머스 시험지가 되어버렸다.

클로로퀸, 그리고 그와 같은 계열인 하이드록시클로로퀸은 오래전부터 말라리아와 관절염, 루푸스 치료에 쓰인 약이다. 2020년 2월에 중국 과학자들의 논문 몇 편이 온라인에 게재됐는데 두 약이 코로나19 치료에 도움이 될 가능성을 제시하는 내용이었다.[85] 그러나 하이드록시클로로퀸과 코로나19의 연관성이 주목받기 시작한 것은 2020년 3월 11일, 투자자 몇 명과 철학자 1명이 트위터에서 이 약이 치료제가 될 수 있다는 논의를 하면서부터였다. 이들은 하이드록시클로로퀸으로 코로나19를 치료 및 예방할 수 있다는 논문을 써서 구글 독스에 올리면서(논문은 후에 삭제됐다), 대학교 몇 곳과 국립과학원이 승인한 연구 결과라고 잘못된 정보를 기재했다. 그리고 얼마 후 폭스뉴스의 두 프로그램에서 이 저자들을 초대했다.[86]

2020년 3월 21일에 폭스뉴스 방송이 나가고 몇 시간 후, 트럼프는 하이드록시클로로퀸과 아지트로마이신(항생제의 일종)을 함께 쓰는 치료법이 "의학 역사상 가장 획기적인 전환점의 하나"가 될 수도 있다고 트위터에 글을 올렸다.[87] 그러고는 다음 날 백악관 단상에 서서 "유망한 약[하이드록시클로로퀸]"이 즉각적인 사용을 승인받았다고 발표했다. 하지만 이는 사실이 아니었다.[88] 같은 브리핑에서 파우치 감염병연구소장 등 백악관 코로나바이러스 대책반 관계자들은 하이드록시클로로퀸의 권고를 주저했다. FDA는 3월 29일에 이 약의 긴급 사용을 승인하긴 했다. 단, 이미 입원한 코로나19 환자에게만, 그리고 임상시험 참여가 불가능한 상황에서만 투여되어야 한다는 단서를 달았다.

불행히도, 대통령의 발언은 초기에 과학 논문보다 더 큰 영향력을 발휘했다. 2020년 4월 말에 전국 각계각층을 대상으로 한 대규모 설문조사에서, 응답자의 40%가 최근 24시간 동안 대통령의 브리핑에서 정보를 얻었다고 했다. 이는 CNN(37%), 폭스뉴스(37%), MSNBC(19%) 등의 언론 매체와 대등하거나 앞서는 비율이었다.[89] 3월 23일부터 25일까지의 기간에만 폭스뉴스는 하이드록시클로로퀸을 146회 홍보했다.[90] 3월 22일, 애리조나주에 거주하는 한 부부는 어항 세제에 인산클로로퀸(이것은 약으로 쓸 수 있는 클로로퀸 화합물이 아니다) 성분이 들어 있는 것을 보고 세제를 마셨고, 결국 남편

이 사망했다. 아내는 "어, 그거 요즘 TV에서 얘기하는 거 아냐?" 하고 생각했다고 후에 말했다.[91]

4월부터 5월에 걸쳐 과학계와 FDA는 하이드록시클로로퀸이 유해하거나 치명적인 부작용을 일으킬 수 있음을 대중에게 경고하는 자료를 수없이 발표했다. 4월 24일, FDA는 이 약이 위험한 부정맥을 유발할 수 있음을 들어 안전경보를 발령했다. 의학 학술지들도 같은 부작용을 경고하는 논문들을 게재했다. 이처럼 심장에 일어나는 부작용은 고령이거나 심장질환이 있기 쉬운 코로나19 중증 환자들에게는 특히 치명적일 수 있다.[92] 인간을 대상으로 한 소규모의 초기 연구 결과가 나오기 시작했지만, 확실한 결론이 얻어지지 않았거나 심장 독성을 일으킬 가능성이 제기됐다.[93] 5월과 6월에 더 큰 규모의 관찰 연구가 몇 건 이루어졌지만 하이드록시클로로퀸과 기관내 삽관 환자의 호전 또는 사망 위험 감소 간에 유익한 연관성을 찾지 못했다. 발병 초기에 투여하건 후기에 투여하건 마찬가지였다.[94] 이어진 2020년 6월 초의 연구에서는 환자 821명을 대상으로 정교한 무작위 시험을 했는데 코로나19 예방 효과가 없는 것으로 나타났다. 7월에 2건의 무작위 시험을 각각 환자 4716명과 667명을 대상으로 수행한 결과는, 이미 발병한 환자들에게도 도움이 되지 않는 것으로 나타났다.[95]

그럼에도 2020년 5월 18일, 하이드록시클로로퀸은 트럼프가 더없이 강력한 지지 발언을 하면서 다시 한번 전국 신문의 머리기사를 장식했다. 자신이 예방 목적으로 그 약을 직접 복용하겠다고 밝힌

것이다. 왜 그 같은 말을 했는지는 분명치 않지만, 그 전 주에 백악
관의 대통령 측근들 몇 명이 바이러스 양성 판정을 받은 후였다.

이처럼 사회 각층에서 엉터리 약장수들이 우리 감정의 약점을 파
고드는 행위는 그 폐해가 적지 않다. 개인과 집단의 시간과 노력을
허비하게 하고, 과학과 합리성이 어느 때보다 필요한 시기에 그 권
위를 폄훼한다. 또 그릇된 안전감을 심어주어 위험한 행동을 부추김
으로써 바이러스를 확산시킨다.

역사적으로 역병이 돌 때는 늘 예방약과 치료제에 대한 갈망이 일
면서 미신이 횡행했다. 한 예로, 유스티니아누스 페스트 때 에페수
스의 요한은 이렇게 기록했다.

어디에선가 전해진 풍문이 살아남은 자들 사이에 퍼졌는데, 집 위층
창에서 항아리를 길바닥으로 내던져 항아리가 깨지면 죽음의 기운이
도시에서 달아난다고 했다. 어느 동네 우매한 여인들이 분별을 잃고
이 어리석은 이야기에 넘어가 항아리를 내던지면서 … 풍문은 구역에
서 구역으로, 이내 온 도시에 퍼져 나갔고, 누구나 할 것 없이 이 우매
한 짓에 빠져들었으니, 사흘 동안 사람들은 거리를 나다닐 수 없었는
데, 역병의 죽음을 면한 자들이 혼자 또는 몇몇씩 집 안에 틀어박혀서
는 항아리를 깨어 죽음을 내쫓느라 바빴기 때문이다.[96]

코로나19에 관해서도 이와 비슷한 이야기들이 숱하게 유포되는
것을 볼 수 있다. 2020년 3월 말 각계각층의 미국인을 대상으로 한

설문조사에서는, 최근 한 주 동안 소셜미디어에서 누군가가 코로나
19 관련 잘못된 정보를 공유했다고 지적받는 것을 봤다고 응답한
비율이 34%였고, 온라인에서 다른 사람의 잘못된 언급을 직접 바
로잡아주고 싶었다고 응답한 비율이 23%였다. 또 응답자의 68%는
다른 사람이 잘못된 정보를 공유하는 것을 보면 대응하는 것이 옳다
고 답했다.[97]

2020년 1월 16일부터 3월 15일까지의 트위터 데이터를 자세히
분석한 연구 결과, 허위 정보가 가득한 사이트를 공유하는 경우가
질본 등 믿을 만한 사이트를 공유하는 경우와 거의 비슷한 정도로
많았던 것으로 나타났다.[98] 특히 다섯 가지 잘못된 속설에 관한 언
급이 3월 초에 확연히 늘어났다. 일테면 '마늘, 생강차, 은, 물' 등을
섭취하는 민간요법, '중국 또는 미국 정부, 진보 언론, 빌 게이츠' 등
이 생물무기로 삼기 위해 바이러스를 의도적으로 만들어냈다는 음
모론 등이다.

그런가 하면 2020년 1월부터 5월까지 수집된 코로나19 관련 트
윗 2억 건을 분석한 연구 결과, 리트윗 횟수 상위 1000명 중 62%
는 봇(자동 프로그램)인 것으로 나타났다. 엉터리 치료법을 포함해
100종 이상의 부정확한 정보가 유통됐지만, 봇이 특히 많이 끼어든
온라인 대화 주제는 외출금지령 해제와 일상 활동 재개와 관련된 것
이었다. 연구자들은 봇 활동이 조직적으로 이루어진 것으로 보이며
운영 주체는 러시아 또는 중국 정부 요원일 가능성이 있다고 결론지
었다. 봇이 홍보한 트윗의 상당수는 5G 기지국 바이러스 유포설 등

음모론을 언급한 것이었다.[99] 중국과 러시아 정부가 미국인들의 과학과 과학자에 대한 신뢰를 허물려는 목적으로 오래전부터 현재까지 작업을 벌여오고 있다는 증거는 점점 늘고 있다.[100] 또한 페이스북 사용자 1억 명의 상호작용 네트워크에 대해 형식 분석을 수행한 연구들에 따르면, 거짓 정보(일테면 예방접종의 위험성 등)를 퍼뜨리는 사용자들은 네트워크상에서 구조적 권력을 누리는 위치를 차지하는 경우가 남들보다 많았다. 따라서 대화를 주도하고 옳은 정보를 몰아내기에 더 유리해진다.[101]

○———→

코로나바이러스 범유행 시기에 진실과 거짓이 동시에 유포되는 현상을 본의 아니게 부각한 또 하나의 매체는, 요즘 과학자들이 점점 많이 사용하고 있는 소통 도구인 '출판 전 논문 보관소preprint server'다. 출판되기 전의 논문들을 모아둔 사이트인데, 이들도 혼란에 기여한 면이 없지 않다. 학술지에 논문을 게재하는 방법은 약 60년 전부터 지금까지 변한 게 없다. 연구자가 논문을 학술지에 제출하면, 학술지 편집장은 논문을 익명 상태로 같은 분야의 동료 연구자들에게 돌린다. 동료 연구자들은 논문을 검토하여 문제점을 찾거나 개선할 점을 제안한다.[102] 그런 다음 논문 저자가 비평에 대응하게 되는데, 이런 검토 과정이 보통 여러 차례 반복되므로 시간이 상당히 걸린다. 그러고 나면 논문이 게재되거나, (더 높은 비율로) 거절당한다. 이 동료 평가peer-review 제도는 정확성이 반드시 보장되지는 않는다. 하지만 마치 재판의 배심제처럼 (내 동료들이 하는 농담을 빌리면) "최악이지만 그나마 다른 것보다는 덜 최악"인 제도라고 할 수 있다.

그러다가 1990년대 초부터 일부 과학자가 동료 평가를 받기 전의 논문을 출판 전 논문 보관소에 공개하기 시작했다. 그러면 수많은 동료 연구자가 정식 검토에 들어가기 전의 논문을 읽고 코멘트를 할 수 있다. 그와 같은 기능을 제공하는 사이트와 시스템은 여러 개가 있는데, 예를 들면 arXiv, BioRxiv, medRxiv, socARxiv, psyARxiv, SSRN, NBER 등이다. 이런 시스템들은 보통 과학자뿐 아니라 모든 사람에게 공개되어 있어서, 이곳의 정보를 이용하는 언론인과 일반인이 점점 늘고 있다. 이렇게 출판 전 논문을 공개하면 유용한 정보의 전파 속도를 높이고, 최대한 광범위한 사용자의 도움으로 부정확한 정보를 걸러낼 수 있다는 이점이 있다. 하지만 다른 한편으로 여기에 실린 정보들은 오류가 있거나 불완전할 수 있고, 적어도 검토가 충분히 이루어지지 않은 상태일 수 있다(아무리 엄밀한 연구도 동료 평가를 거치면서 크게 개선되기 마련이다). 게다가 비전문가들은 이곳에 실린 정보의 과학적 타당성을 판단할 능력이 대개 부족하다. 그런 까닭에 코로나바이러스 범유행 시기에 출판 전 논문 보관소들은 옳은 정보를 전파하는 데에도 기여했지만, WHO가 말하는 '인포데믹infodemic(거짓 정보의 유행)'을 부추기기도 했다.

트위터와 미디엄Medium 같은 온라인 플랫폼들도 이런 현상을 키왔다. 많은 과학자가 온라인상에서 잘못된 정보의 퇴치에 힘쓰고 생산적인 대화를 나누었다. 하지만 보건 정책과 의료 현장에 악영향을 끼칠 수 있는 허위 정보와 황당한 이야기가 널리 유포되기도 했다. 예를 들어 범유행 초기에 SARS-2의 R_0를 충격적으로 크게 추정한 값이 대중의 이목을 사로잡은 일이 있었다. R_0의 정확한 값은 3.0 부근일 가능성이 크지만, 최고 7.0에 이르는 훨씬 높은 추정값들이 1월 말에 등장했다. 그 정보는 널리 퍼졌고, 결과적으로 엄청난 거짓 경보를 양산한 셈이 됐다.[103] SARS-2 바이러스의 특성은 이런 과장 사태로 인한 혼란이 없었더라도 이미 충분히 심각했다.

또 하나 뺄 수 없는 사례는, 코로나바이러스에 HIV의 유전물질이 삽입되어 있다는 터무니없는 주장이 한 출판 전 논문에 실린 것이었다. 과학자들이 이 논문을 논박해 완전히 철회시켰을 때는, 이미 이 정보가 트위터에서 대대적으로 퍼져 나가고 주류 언론에까지 진출한 후였다.

○——→

감정과 거짓 정보의 유행은 그 바탕에 깔린 바이러스의 유행과 우려스러운 모습으로 서로 뒤얽힌다. 여기서 우리는 또다시 범유행 시기 공공교육의 역할에 주목하지 않을 수 없다. 비록 과학적 지식이 빈약하고 알려진 사실들은 상황에 따라 바뀔지라도, 당국자들은 얼마든지 기민한 동시에 정직한 자세로 대처할 수 있고, 또 그래야만

한다. 물론 당국자들도 생각이 바뀔 수 있고, 이전에 했던 권고를 수정하거나 숫제 뒤집을 수도 있다. 하지만 그럴 때 변경의 이유를 설명한다면, 그리고 정보를 공유할 때마다 근거가 얼마나 믿을 만한지(그리고 예측이 얼마나 불확실한지)를 같이 논한다면 대중의 냉소를 줄이고 참여 의지를 높일 수 있다.

바이러스 자체가 초래한 상처로, 또 바이러스에 대한 우리의 대응이 초래한 상처로 우리는 수없이 절망을 겪어야 했다. 그렇게 이중으로 가해진 생물적·사회적 충격에 더해, 우리는 우리 앞에 과연 어떤 험로가 놓여 있는지 알 수 없는 불확실성을 마주해야 했다. 역경 속에서 우리는 모든 인간이 공통으로 보이는 심리 반응을 나타냈다. 슬픔과 비탄을 느꼈고, 불안과 공포, 분노의 반응을 보였다. 그리고 진실을 서로에게서, 심지어 자기 자신에게서 감추려고 애썼다.

그와 같은 정서적 반응과 행동은 그 자체를 유행병의 기본 요소로 볼 수 있다. 아니, 어쩌면 유행병의 정의에 크나큰 심리적 영향을 미칠 수 있다는 사실을 포함해야 할지도 모른다. 그리고 유행병에 대한 공중보건 대응은 의료적·사회적·경제적 측면뿐 아니라 심리적 차원에도 초점을 맞춰야 한다. 우리는 21세기에 다시 찾아온 역병에 맞서면서, 예부터 써온 방책을 다시 사용했다. 그리고 예부터 느꼈던 감정들도 다시 느꼈다.

5장

우리와 타인

확산의 두려움을 타고 온 선 긋기와 마녀사냥

서로 돕거나 긍휼히 여기는 마음 따위는 그들의 머릿속에서 사라지고 없었다. 누구나 제 한 몸 간수할 생각밖에는 없었다. 병든 자는 공동의 적으로 여겨졌고, 혹시 그런 자가 역병으로 고열 발작을 일으키면서 맥이 빠져 운 없게 노상에 쓰러지기라도 하면 그에게 문을 열어주는 집이란 한 곳도 없었고, 오히려 창으로 찌르고 돌을 던져 건강한 자들에게 폐가 되지 않게끔 몸을 질질 끌고 빠져나가도록 압박할 뿐이었다.

엔스 페테르 야콥센Jens Peter Jacobsen, 『베르가모의 페스트Pesten i Bergamo』(1882)

1349년 성 발렌티누스 축일, 스트라스부르시 당국자들은 시에 거주하는 약 2000명의 유대인이 역병을 일으킨 주범이라는 결론을 내렸다. 유대인들이 물에 독을 풀었거나 냄비에서 거미를 키웠거나…, 여하튼 이유는 상관이 없었고 유대인들의 소행이라는 결론이었다.[1] 스트라스부르의 유대인들은 기독교로 개종하거나 사형에 처해지거나 양자택일할 것을 강요받았고, 절반이 개종을 택했다. 시 당국은 나머지 유대인들을 모두 잡아들여 유대인 묘지로 끌고 가 산 채로 화형에 처했다. 유대인이 스트라스부르에 발을 들이는 것을 금지하는 법도 통과시켰다.

전염병을 퍼뜨렸다거나 전염병에 걸렸다는 이유로 타인을 박해하려는 인간의 충동은 무척 강력해서, 역사적으로 끔찍한 사례들이 차고 넘친다. 그 밖의 여러 도시에서 기독교인들도 비슷한 식으로 대량 학살됐다. 이런 당대의 기록이 전해진다.

주지하다시피 빌뇌브에 거주하는 유대인은 모두 적법한 절차에 따라 화형에 처해졌으며, 8월에는 기독교인 3명이 독을 유포한 죄로 살가죽이 벗겨지는 형에 처해졌다. 나도 그때 현장에 있었다. 같은 죄목으로 에비앙, 제네바, 라크루아제트, 오트빌 등 그 밖의 여러 곳에서 다수의 기독교인이 체포됐는데, 이들은 죽음에 이르기 직전 마지막 순간에 자신들이 유대인들에게서 독을 건네받아 유포했다고 자백했다. 이 기독교인들은 사지가 찢겨 죽임을 당하기도 하고, 살가죽이 벗겨진 후 교수형에 처해지기도 했다. 백작이 집행위원 몇 명을 임명해 유대인들의 형을 집행하게 했고, 살아남은 유대인은 없는 것으로 안다.[2]

그로부터 300년이 지난 1630년 밀라노에서도 역병이 퍼지자 희생양이 필요했다. 분노의 표적이 된 이들은 4명의 스페인 사람이었는데, 집집마다 문에 연고를 발라 역병을 의도적으로 퍼뜨렸다는 혐의를 받았다. 이들은 고문 끝에 죄를 자백했다. 이들에게 내려진 처벌은 손목 자르기, 수레바퀴로 뼈 부러뜨리기에 이어 마지막으로 화형이었다. 처형 장소에는 이들의 악행을 상징하는 탑을 세워 아무도 도시에 역병을 퍼뜨릴 생각을 하지 못하게 했다. 물론 이때 벌어진 진짜 악행은 역병의 참화를 이방인이나 소수자 등 타인의 탓으로 돌린 것이었다.

참혹한 사례들이고, 먼 옛날 미개하던 시절의 역사로만 느껴진다. 하지만 그와 같은 원시적인 사고는 늘 존재했고, 치명적인 감염병이 창궐할 때 손쉽게 쓸 수 있는 방책이었다. 한 예로, 프랭클린 루스벨트가 소아마비로 얻은 장애를 딛고 대통령에 네 번이나 당선되어 (그것도 대공황과 제2차 세계대전을 치러내며) 미국을 이끈 사실은 잘 알려진 일이었음에도, 소아마비를 앓았던 이들과 그 가족들에 대한 시선은 종종 무지하고 매정하기 그지없었다. 국민을 위험으로부터 보호한다는 명목으로 소아마비에 걸린 아이의 신원을 밝히는 공고가 신문에 꾸준히 실렸다. 이 같은 공고는 때로 선의와 자선의 손길을 끌어내기도 했으나, 1949년 소아마비에 걸린 다섯 살 마이크 피어스의 부모는 코네티컷주 사우딩턴의 지역사회에서 따돌림받고 급기야 집단 탄원으로 추방당하면서 "친구를 모두 잃었다." 성년이 된 피어스는 탄원을 주도했던 이와 어느 날 대면하게 됐다. 그를 죽이겠다고 벼르고 있던 차였다. 하지만 마침내 맞닥뜨린 노인에게, 피어스는 악수를 청했다. "그의 손을 으스러뜨릴 수도 있었지만, 잡고 흔들기만 했다. '만나서 반갑습니다' 하고 인사했다. 그는 나를 보더니 시선을 피했다. 승리자는 나였다. 그는 슬그머니 달아났다."[3]

심지어는 소아마비를 앓고 나서 심한 장애를 갖게 된 사람들을 본보기로 내세워 건강한 아이들에게 겁을 주고 안전수칙을 잘 지키도록 교육하기도 했다. 매사추세츠주 로웰에 살던 주디스 윌러미는 초등학교 때 소아마비 장애 아동을 보러 갔던 일을 기억한다.

우리는 줄지어 이동했고, 학교 밖에 큰 트럭 하나가 서 있었다. 우리는 트럭 앞에 놓인 계단을 올라 트럭 안으로 들어갔다. 한가운데 놓인 탁자 위에 아기 바구니가 올려져 있고, 그 안에 한 아이가 들어 있었다. 몸은 가려져서 얼굴만 보였고, 머리 위에는 거울이 있었다. 소아마비를 앓았던 아이라서 걸을 수 없다는 건 알았지만, 큰 아기 바구니 안에 들어 있으니, 몸이 대체 얼마나 작은 걸까? 하지 말라는 나쁜 짓을 한 걸까? 물에서 놀기라도 했나? 우리는 서커스 구경하듯 아이를 물끄러미 바라보며 지나갔다. … 그 아이도 사람이라는 것을 아무도 가르쳐주지 않았다는 사실이, 우리가 지나갈 때 아이가 어떤 기분이었을지 하는 상상이, 그 뒤로도 잊히지 않았다. 끔찍한 일이었고, 그 아이가 그렇게 고통받아야 했던 것이 너무나 안타깝다.[4]

이렇게 두려움에 사로잡혀 타인을 인간 이하의 존재로 간주하는 사고방식은 또 다른 형태로도 나타난다. 4장에서 살펴본 것처럼 '외부인'을 문제의 근원으로 규정하며 국경을 폐쇄하고자 하는, 일견 합리적으로 보이는 욕구다. 2020년 미국에서는 대통령을 포함해 많은 이들이 아시아인에 대한 차별의 불길을 부채질했다. 바이러스가 중국에서 유래했다고 사실을 사실대로 말하는 것과 이것을 공격으로 규정짓는 허위 주장은 전혀 다른 이야기다. 2020년 5월 초에 트럼프 대통령은 이런 말을 했다. "이건 미국 역사를 통틀어 가장 심한 공격을 받은 겁니다. 진주만보다도 심합니다. 세계무역센터보다도 심합니다. 이런 공격은 지금까지 한 번도 없었습니다."[5]

WHO가 수년 전부터 병원체의 이름을 지을 때 유래한 지역 이름을 붙이지 않기로 한 것도 그와 같은 차별 행위를 막고자 하는 목적이 있었다.[6] 이는 관행에 작별을 고한 것으로, 그 전까지는 로키산홍반열, 라임병, 웨스트나일 바이러스, 세인트루이스 뇌염, 에볼라, 중동호흡기증후군을 비롯한 많은 병원체에 처음 유래했거나 발견된 지역의 이름을 붙였다. 심지어, 앞서 살펴본 것처럼 스페인이 아니라 캔자스주에서 출현했음을 암시하는 증거가 있는 스페인 독감 조차도 이름에 지역명이 붙었다. 게다가 중국에서도 이 바이러스를 지역명으로 부르는 게 보통이었다. 내가 중국 연구자들과 함께 수행한 연구를 통해 드러났는데, 범유행 초기에 중국인들은 인터넷에서 '우한 폐렴'이라는 키워드로 수없이 검색을 했다.[7]

물론, 전 세계에 엄청난 의료적·경제적 피해가 초래되면서 이 문제는 지정학적으로 중요해졌다. 중국에서도 막대한 인명 피해와 경제적 피해가 일어났음을 생각하면, 중국이 이 전염병을 원했을 것 같지는 않다. 앞서 살펴본 것처럼 여러 범유행이 중국에서 기원한 것은 사실이고, 이는 그 지역의 농업 방식 및 음식 문화와 일부 관련이 있는 것도 맞다. 하지만 중국은 크고 인구가 많은 (그리고 곳곳의 인구밀도도 높은) 나라이므로, 그 이유만으로도 범유행이 중국에서 유래할 가능성은 비교적 크다. 그리고 범유행은 지금까지 모든 대륙에서 기원한 역사가 있다.

하지만 범유행 초기 미국에서는 중국인 아니면 단순히 아시아인처럼 보이는 사람에게 바이러스의 책임을 뒤집어씌우려는 시도가 많았다. 아시아계 미국인들을 대상으로 일어난 차별 행위가 여러 차례 보도되기도 했다.[8] 9·11 테러 이후에 많은 아랍계 미국인과 무슬림 미국인이 배척당하고 폭행당했던 일과 다르지 않았다.[9]

물론 진정한 문제는 사람이 아니라 바이러스다. 바이러스는 자연계의 일원일 뿐이고, 계속 번성하려는 것 말고는 다른 의도가 없다. 그러나 일부 정치인과 종교 지도자들은 전염병이 개인과 사회에 대한 징벌이라는 시각을 전파하느라 여념이 없다. 1980년대 미국에서 HIV가 유행하기 시작할 때도 지도적 위치에 있는 많은 이들이 동성애자에 대한 탄압의 목소리를 높였던 것을 기억한다. 선구적인 동성애자 단체인 게이 남성 건강 공동체Gay Men's Health Collective가 '성도착적 행위'를 조장한다는 이유로 지원을 끊은 제시 헬름스Jesse Helms 상원의원부터 윌리엄 베넷 교육부 장관, 가수 애니타 브라이언트에 이르기까지 질병을 구실로 삼아 자신들이 외부인으로 간주하는 사람들에 대해 증오를 표출한 공인의 행렬은 끝이 없다.[10] HIV 감염은 성적 정체성뿐 아니라 사회경제적 요인에 따라서도 차이를 보였다. 아프리카계 미국인과 가난한 이들이 감염되는 비율이 더 높았고, 이들에게도 병에 걸려 마땅하다는 듯 손가락질하는 사람들이 많았다.

이번에도 다르지 않았다. 이민자 집단을 탓하고, 빈자와 고령자에게 등을 돌리는 행태가 2020년에도 다시 등장했다. 심지어 일부 목사들까지 그와 같은 구태를 되풀이하고 나섰다. 하지만 사람을 구별하지 않을뿐더러 아무 의도도 없는 바이러스에 감염됐다고 해서 그 사람을 비난해야 할 이유가 무엇일까? 바이러스는 사람을 차별하지 않는데, 우리는 왜 차별해야 할까?

분명히 밝혀두지만, 안전하지 않은 성행위를 하거나 마스크를 쓰지 않는 사람은 본인과 주변 사람들의 불행에 일조하는 셈이다. 이를 부정하는 게 아니다. 그러나 우리가 짚어야 할 것은 병에 걸리는 개인이나 그 개인이 우연히 속한 집단이 아니라, 개인의 **행동**이다.

성공한 공중보건 운동은 늘 그런 원칙을 중심에 두었다.

범유행 초기에 우리는 갖은 수단을 동원해 의아한 구분을 짓고 자의적인 경계를 만들려고 하는 시도를 절망적일 만큼 많이 봤다. 2020년 4월 1일, 크루즈선 잔담호는 승객과 승무원 193명이 독감 비슷한 증상을 보이고 8명이 코로나19 양성 판정을 받아 플로리다주 앞바다에 정박한 채 떠 있었다. 3주 전 부에노스아이레스에서 출항한 후 이미 승객 4명이 사망한 상태였다. 론 디샌티스 플로리다 주지사는 배의 입항을 허락하지 않겠다고 했다. 해사법에 따라 그런 경우 선박은 기국, 즉 게양한 국기가 나타내는 나라(이 배의 경우는 바하마)로 돌아가게 되어 있다. 하지만 승객 다수는 미국인이었고 귀국을 원했다.

4월 1일 늦은 시간, 디샌티스 주지사는 플로리다 주민 49명에게만 하선을 허락하겠다고 밝혔다.[11] 선상에는 그 외에도 미국인 약 250명이 더 있었다. 플로리다 주민이 아니면 왜 안 되는 것이었을까? 물론 그 밖에 캐나다와 유럽 등에서 온 승객 수백 명도 모두 배에서 내리길 간절히 원했다. 지도 위에 그려진 경계선이, 시급한 의료나 도덕의 문제와 무슨 관계가 있다는 말인가?

범유행 한참 전인 2019년 9월, 뉴저지주 출신 노동자 3명이 건설 현장에서 일하려고 메인주의 어느 작은 섬에 거처를 잡았다. 2020년 3월 말, 그중 누구도 코로나바이러스 감염 증세가 없었는데도 이 외부인들이 전염병을 옮길 위험이 있다는 루머가 주민들 사이에 퍼지기 시작했다. 어느 날 세 사람의 거처에 인터넷이 작동하지 않았다. 나가서 살펴보니 누가 나무 한 그루를 베어 쓰러뜨려 놓은 게 보였다. 길을 막아 이 사람들을 나오지 못하게 하려고 한 것이었다. 나무가 쓰러지면서 통신선도 망가진 상태였다. 밖에 서 있으니 무장한 사내들 몇 명이 나타났다. 노동자들은 집으로 다시 들어와 무전으로 해안경비대에 도움을 청하고, 드론을 띄워 무장한 무리의 동태를 살폈다. 이 섬을 대표하는 제너비브 맥도널드Genevieve McDonald 메인주 하원의원은 후에 이렇게 당부했다. "지금은 우리와 타인을 가르는 사고방식을 키우거나 부추길 때가 아닙니다. 출신 지역이 다르다는 이유로 비난하고 공격하는 행태는 아무에게도 도움이 되지 않습니다."

가끔은 '우리 대 타인' 식으로 경계를 확실히 하는 것이 합리적일 때도 있다. 2020년 3월 27일, 캐나다 유콘 북쪽 끝 인구 약 280명의 외딴 마을 올드크로에 비행기 1대가 착륙하더니 젊은 부부가 내렸다. 범유행 조짐을 피해 퀘벡에서 빠져나온 것이었다. 주민들은 외지인을 곧바로 알아보고 마을의 유일한 식료품점 위층 아파트에 격리하라고 요구했다. 이곳에 의료시설이라곤 간호소 한 곳뿐이었고 의사는 두 달마다 한 번씩 비행기를 타고 왕진 오는 게 전부였으니, 코로나바이러스 발병 사태는 무슨 일이 있어도 피해야 했다. 48시간 안에 현지 경찰관이 부부를 호송해 돌아가는 비행기에 태웠다. 후에 마을 촌장은 이 부부가 자신에게 "꿈을 통해 이 마을과 연락이 닿았다"라고 하더라면서,[12] "하지만 꿈이 여권은 아니죠"라고 말했다.

적어도 이론적으로는, 바이러스나 세균은 무차별적으로 퍼지고 창궐하는 특성상 사람들 사이의 분열을 완화하는 효과도 있을 수 있다. 사람은 공동의 적 앞에서라면 서로 같은 운명임을 절감할 수도 있으니까. 즉, 전염병이 인간 본연의 평등함을 더 부각할 수 있다는 것으로, 이 같은 낙관적 발상은 역사 속에서 꾸준히 등장한다. 고대 역사가 프로코피우스Procopius는 유스티니아누스 페스트에 대해 이런 글을 남겼다.

그러나 이 재앙은 어떤 설명을 말로 제시할 길도, 머릿속으로 떠올릴 길도 없어 신의 뜻으로 돌릴 수밖에 없다. 그 까닭인즉 병이 세상 한 곳에만 나타나거나 특정한 사람에게만 닥친 것도 아니요 정해진 계절에만 찾아온 것도 아니라 일어난 상황으로 미루어 원인을 조금이나마 설명할 길조차 없는 데다 온 세상을 휩쓸며 천양지차인 이들의 삶을 모두 망가뜨렸으니, 거기엔 성별도 나이도 중요치 않았음이라. 인간이란 서로 무척이나 다른 존재이지만 … 이 병에서만큼은 그런 차이가 아무 소용이 없었다.[13]

2020년에 일부 평론가는 세균이나 바이러스가 여러 면에서 평등을 촉진하는 역할을 할 수 있다고 주장했는데, 다음과 같은 이유에서였다. 첫째, 사람들에게 주변 사람들의 안녕이 나와 무관하지 않다는 인식을 (이기적인 이유에서일지라도) 불러일으킬 수 있다. 예를 들어 그 전까지 노숙자에게 관심이 없었던 사람도 노숙자들이 바이러스가 증식·상존하는 병원소가 되지 않도록 그들이 처한 환경을 개선해야 한다는 데 생각이 미칠 수 있다. 둘째는 경제학자 로버트 실러Robert Shiller 등이 제기한 의견으로, 범유행이 중기적으로 경제적 불평등을 완화하는 구실을 할 수 있는데 주식 투자자의 자산이 줄거나 진보적인 방향으로 세제 개편이 일어나기 때문이다.[14] 곧, 부자는 빈자보다 잃을 것이 많으므로 부의 전체적 감소는 평등을 증대시킨다는 것이다. 셋째는 암울하면서 아이러니한 이유인데, 병으로 고령자와 연소자가 많이 사망하면 중간 나이의 사람들이 많이 남아서 인구 내 연령 차가 줄어든다는 것이다. 또 만성질환자가 상대적으로 많이 사망하는 경우, 전반적으로 비교적 건강한 사람들만 남게된다.

하지만 현실적으로 전염병 범유행은 불평등을 더 키우고 고스란히 드러내는 것이 보통이다. 부자는 다른 사람보다 건강과 생계를 유지할 방법이 많다. 부자들은 수천 년 전부터 늘 역병을 피해 시골 별장으로 몸을 피했다는 사실을 기억하자. 그리고 전염병은 누구에게나 공평하게 죽음을 안기지 않는다. 먼저 희생당하는 사람은 만성질환자건 고령자건 빈자건, 거의 항상 약자다.

사회적 조건의 차이가 무의미해지는 것은 오직 한 지역의 인구 중 대단히 큰 비율이 병으로 사망할 때뿐이다. 페스트와 에볼라의 경우, 북미 원주민 사이에 천연두가 돌았을 때가 그런 예다. 흑사병

1차 파동 때, 교황 클레멘스 6세도 반유대주의를 경계하면서 그와 같은 지적을 했다. 그야말로 논리정연한 글이었다.

그러나 최근 사람들 사이에 명성이, 아니 악명이 자자하여 우리가 주목하게 된 일이 있으니, 수많은 기독교인이 하느님이 기독교인의 죄에 노여워하시어 기독교인에게 내리신 역병을 유대인이 악마의 사주를 받고 독극물을 유포한 탓으로 돌리고 있고, 격앙한 기독교인들이 불경스럽게도 많은 유대인의 목숨을 남녀노소 가리지 않고 앗았으며, 유대인들을 적절한 법관 앞에 적법하게 세우려고 그런 극악 행위를 저질렀다는 혐의를 거짓으로 씌웠으나 기독교인들의 분노가 다스려지기는커녕 오히려 더 격앙되기만 했다는 것이다. 이 같은 행위가 아무 반대 없이 벌어지고 있으니, 그 잘못된 행동이 마치 승인을 받은 것처럼 보인다. 만에 하나 유대인들이 그처럼 무도한 행위를 실제로 저질렀거나 인지했다면 어떤 중벌도 충분치 않을 것이나, 세계 수많은 곳에서 하느님의 숨은 징벌로 인해 유대인들 자신 그리고 유대인과 함께 산 적이 없는 다른 여러 인종이 똑같은 역병을 앓았고 또 앓고 있으니, 유대인들이 그처럼 흉악한 범죄를 저지름으로써 역병을 초래하거나 야기했다는 이야기는 사실일 수가 없다는 논거의 강력함을 우리는 기꺼이 수긍해야 마땅하다.[15]

교황은 역병이 돌 때 아비뇽에 머물면서 병자와 죽어가는 자의 간호를 감독했다. 교황은 병에 걸리지 않았지만, 죽는 사람이 너무 많아 묘지가 부족해지자 론강 전체를 축성祝聖하느님에게 봉헌하여 성스럽게 하는 일-옮긴이하여 시신을 던져 넣을 수 있게 했다. 이것으로도 충분하지 않았기에, 교황은 역병으로 죽은 자는 누구든 죄를 용서받았다고 선언했다.[16]

물론 바이러스는 의지가 없는 존재이니 의도를 가지고 사람을 차별하지 않는다. 하지만 여러 사회적·경제적 요인 때문에 그 사람이 누구냐가 중요해진다. 전염병이 돌면 기존에 있던 사회적 구분이 증폭되기도 하지만, 전에 없던 구분이 생겨나기도 한다. 병자와 건강한 자가 나뉜다. 사람들의 인식 속에서 깨끗한 자와 오염된 자가 나뉘고, 떳떳한 자와 비난받을 자가 갈리면서 그 사이의 골이 깊어진다. 단순하기 짝이 없는 이원론적 사고가 팽배하면서, 사람들은 선과 악, 우리와 타인으로 세상을 나눈다. 먼저 코로나바이러스로 인해 더욱 두드러지는 기존의 사회적 구분, 즉 연령·성별·인종·사회경제적 지위 등을 살펴보고, 그런 다음 새로이 조장될 것으로 보이는 구분을 살펴보자.

○——→

SARS-2의 특이한 점 하나는 나이에 따른 피해 정도의 차이다. 대부분의 호흡기 감염증은 나이별 발병자 사망률을 그래프로 그려보면(그림 15) U자형 곡선이 나타난다. 1957년 플루 범유행이 그런 예다.[17] 유아와 저연령 아동, 고령자는 사망 위험이 높았고, 고연령 아동과 노동 연령 성인은 사망 위험이 낮았다. 그런가 하면 1918년 플루 범유행은 W자형 곡선으로 유명했다. 어린아이와 고령자도 위험이 높았지만, 중간대 나이에서도 위험이 높아 약 25세에서 정점을 이뤘다. 그 이유는 지금까지도 확실히 밝혀지지 않았다. 이전의 범유행 때 바이러스에 노출된 특정 연령대의 일부 집단이 일종의 면역을 획득했기 때문일 수도 있고, 제1차 세계대전을 앞둔 시기에 사람들 사이에 어떤 형태의 노출이 일어났기 때문일 수도 있다. 마지막으로, L자형 곡선을 나타내는 유행병도 있다. 정상 L자형의 경우

그림 15 — 호흡기 감염병의 치명률과 나이의 관계는 몇 가지 패턴을 보인다. 그림에 나타난 곡선들은 가상의 예다.

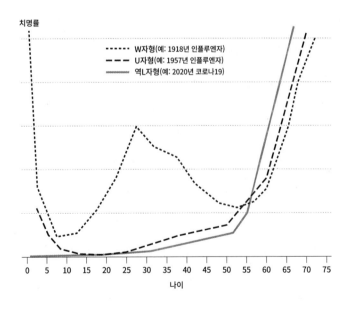

는 어린아이의 위험이 높고 나머지 연령대는 위험이 전반적으로 낮다. 호흡기질환은 아니지만 소아마비가 그런 경우로, 아이들에게는 피해가 컸지만 어른들은 거의 앓지 않았다. 그런가 하면 고령자만 위험이 높은 역 L자형도 있다. 바로 2020년 코로나바이러스 범유행에서 나타나는 특이한 패턴이다.

아이들은 감염병의 피해를 크게 입는 게 보통이다. 감염병은 전 세계 아동 사망 원인 가운데 수위를 차지한다. 5세 미만 아동의 사망 원인 중 58%가 감염병이고 원인으로는 파상풍, 말라리아, 홍역, HIV, 백일해, 그 밖에 치명적 폐렴과 설사를 일으키는 수많은 병이 있다.[18] 그렇기에 코로나19의 마수가 아이들을 피해 가는 듯한 모습에서 나는 많은 감정을 느꼈다. 10세부터 28세에 이르는 네 아이의 부모로서 나와 아내는 전 세계의 수많은 부모처럼, 아이들이 SARS-2로 죽을 위험이 비교적 낮다는 사실에 크게 안도했다.

감염병의 진행 과정에서 나이에 따른 차이는 몇 가지 방식으로 나타난다. 우선 발병률, 즉 병에 걸릴 확률의 차이가 있다.[19] 코로나19는 발병률 자체가 나이에 따라 달라서, 나이가 어리면 감염 위험이 낮다. 유행 초기부터 이 현상은 뚜렷했다. 우한에서 2019년 11월부터 2020년 1월 중반까지 바이러스 양성 판정을 받은 어린이는 1명도 없었다.[20] 함께 거주하고 함께 여행한 가족들을 추적 조사한 중국의 초기 연구에서는, 그처럼 긴밀한 집단 내에서도 어린이는 발병 확률이 비교적 낮은 것으로 나타났다. 구체적으로, 가족 중 감염자가 1명 있는 상황에서 9세 미만 아동은 발병률이 7.4%였고, 비슷한 상황에서 60~69세 성인의 발병률은 15.4%였다.[21] 여러 후속 연구에서도 같은 현상이 관찰됐다.[22] 임신부에게서 태아로 옮겨지는 '수직감염' 사례도 비교적 드문 것으로 보인다.[23]

어린이는 코로나19 발병률이 낮을 뿐 아니라 감염이 됐다고 하더라도 치명률이 매우 낮다(다만 드물게는 심각한 합병증 사례도 있었다).[24] 한 초기 연구에 따르면 우한의 19세 미만 감염자 중 중증(2.5%)이나 위중(0.2%) 환자로 발전하는 비율은 매우 낮았다. 여러 후속 연구에서도 같은 현상이 확인됐다.[25] 한 예로, 중국의 소아 환자 2143명을 대상으로 한 연구에서 사망한 아동은 1명(14세)뿐이었다.[26] 미국에서도 비슷한 연령 패턴이 관찰됐다.[27] 20세 미만 인구의 치명률은 전반적으로 매우 낮아서, 환자 1만 명당 1~3명 수준이다. 반면 50대 말 환자는 이 수치가 100명당 1명으로 높아지고, 80세 이상 환자는 5명당 1명으로 높아진다.[28] 이것이 바로 역 L자형 곡선이다. 물론 어린 환자들도 치명적이지 않은 합병증으로 인해 폐, 신경, 심장, 신장 등의 질환을 장기간 앓을 수 있다. 그리고 물론, 미국의 경우 수백만 명이 감염됐으니 나이 어린 환자가 사망하는 사례도 있었고 앞으로도 있을 것이다.

이 같은 사망률 패턴은 2003년 SARS-1 범유행 때도 관찰됐다. 홍콩에서 24세 미만 환자는 사망한 사례가 없었지만 65세 이상 환자는 절반 이상이 사망했다.[29] 한편, 전체 사망률이 미국 내에서 그리고 전 세계에서 지역별로 차이를 보이는 이유도 연령 분포와 어느 정도 관련이 있을 수 있다. 그래서 나이지리아처럼 평균연령이 낮은 나라는 이탈리아처럼 노령 인구가 많은 나라보다 범유행의 피해가 덜한 것인지도 모른다.

어린이가 SARS-2에 비교적 잘 감염되지 않는 이유는 어떻게 설명할 수 있을까? 행동적·환경적 차이(가령 흡연과 공해에 대한 장기적 노출이 덜한 점)도 있지만, 유력한 몇 가지 생물학 가설에 따르면 바이러스가 우리 몸에 침투하는 통로로 이용하는 ACE2 수용체의 차이, 바이러스를 막아내는 면역체계의 차이, 백신 또는 다른 바이러스 노출 경험의 차이 등과도 관련이 있다.

몇몇 연구에 따르면 ACE2 수용체는 나이가 들수록 적게 발현되는 것으로 나타나, ACE2 수용체의 풍부성 또는 수용체 활동의 차이로 인해 어린이의 SARS-2 면역력이 역설적으로 강화되는 효과가 있을 수 있는 것으로 보인다.[30] 또한 고령, 고혈압, 당뇨, 심장질환 등 코로나19 감염 위험 요인 몇 가지는 모두 ACE2 수용체 결핍과 어느 정도 연관이 있다.[31] 폐 내 ACE2 수용체의 정확한 분포 상태도 나이에 따라 달라질 수 있고 이 역시 원인이 될 수 있다. 코로나19와 관련된 ACE2 수용체의 생리적 역할을 밝히기 위해서는 앞으로 많은 연구가 필요하다.[32]

나이에 따라 본래 달라지는 면역체계의 특성을 지적하는 가설들도 있다. 예컨대 어린이의 면역은 적응적인 특성이 강하고(즉 경험하지 못한 병원체를 막는 데 최적화되어 있고), 어른의 면역은 기억에 의존하는 특성이 강하다(즉 이전에 경험한 병원체를 대비하는 데 맞춰져 있다).[33] 어린이의 면역세포가 어른의 면역세포보다 효율적이어서 SARS-2 등의 병원체에 대해 항체를 더 효과적으로 만들어내는지도 모른다.[34] 또 어린이의 면역체계는 아직 미성숙하여 사이토카인 폭풍을 일으키기 어려운지도 모른다. 사이토카인 폭풍은 면역체계가 과도하게 반응하는 현상으로, 코로나19의 병세와 사망률에 큰 영향을 미친다.[35]

또 한 가지 설은, 소아기에 일반적으로 시행되는 예방접종이 SARS-2에 대해서도 '교차면역cross-immunity'을 형성시켜 줄 수 있다는 것이다. 특히 결핵 백신인 BCG(현재 미국에서는 사용되지 않음)는 여러 병원체를 막아주는 비특이적 효과가 있어 신종 바이러스에도 효과가 있을 수 있다는 점에서 큰 주목을 받은 바 있다.[36] 그 밖에 어린이들이 전에 다른 바이러스에 노출된 경험으로 인해 SARS-2에 교차면역을 갖게 됐다는 추측도 있고(이는 지역별 차이를 설명하는 데에도 유용할 수 있다), 이와는 반대로 어른들이 다른 코로나바이러스에 면역이 있어서 신종 코로나바이러스에 과잉면역반응이 일어나기 때문에 코로나19를 심하게 앓는 것이라는 설도 있다.[37] 그런가 하면 경쟁 관계에 있는 바이러스 간 상호작용 때문이라는 설도 있다. 어린이들의 폐에 있는 다른 바이러스가 SARS-2의 증식을 막아 코로나19를 가볍게 앓게 해준다는 것이다.[38] 한마디로 수없이 많은 가설이 나와 있고, 연구가 더 필요한 상황이다.

어린이의 발병률과 사망률이 낮은 것은 틀림없지만, 어린이가 병을 어른만큼 잘 퍼뜨리느냐, 다시 말해 **전염성**이 어른보다 높으냐 낮으냐 하는 문제가 여전히 남는다. 물론 어린이도 병을 전파할 수 있다는 것은 맞다. 이는 휴교가 코로나19 유행을 차단하는 데 효과적인 수단으로 여겨졌던 이유 중 하나이기도 하다. 하지만 의문은, 어린이의 전염성이 어른보다 얼마나 낮은가 하는 것이다. 극단적인 경우, 만약 어린이가 병을 전혀 옮기지 않는다면 휴교 주장은 설득력이 줄어들었을 것이다. 수천만 교사와 학부모가 돌아다니면서 병을 옮길 수는 있겠지만 말이다.

어린이의 전염성은 연구가 치열하게 이루어진 주제다. 대부분의 연구는 어린이가 아마도 코로나19 범유행 확산에 주된 역할을 하지 않았을 것이라고 결론지었다.[39] 하지만 여기엔 아직 불확실한 면이 있고, 연구에 사용한 근거 자료의 대부분은 봉쇄 상황에서 수집한 것이니 정상적인 상황에 적용되지 않을 수도 있다. 어린이의 SARS-2 전파 실태를 접촉자 추적 등의 방법으로 직접 다룬 연구는 소수에 불과한데, 스위스와 프랑스 등에서 그렇게 한 연구에 따르면 어린이의 전염성은 어른과 비슷하거나 다소 낮은 것으로 나타났다.[40] 전염성이 낮은 데 대한 설명으로 한 가지 가능한 것은, 어린이는 증상이 가벼워 기침을 더 약하게 덜 자주 하므로 전염성 입자를 덜 퍼뜨린다는 것이다. 또 어린이는 어른보다 키가 작아서 전파가 덜 이루어지는 것일 수도 있다. 비말은 아래로 떨어지니까. 그런가 하면 어린이들은 휴교로 감염률이 낮았으므로 애초에 발단환자 역할을 할 가능성이 적었을 수도 있다. 그러나 어린이는 사회적 상호작용이 어른보다 많은 경향이 있으므로, 이것이 낮은 전파 확률을 상쇄할 수도 있다.[41]

어린이의 전파 기여도가 크고 작음에 상관없이, 휴교는 어린이들에게 부당한 조치일 수 있다. 3장에서 봤듯이 학교에 나가지 않음으로써 초래되는 위험은 많다. 더욱이 어린이가 코로나19로 사망하는 일은 비록 드물다고 해도 실업, 일상의 붕괴, 공포 등 방역 **대응**으로 초래되는 피해를 겪는 것은 어린이도 마찬가지다. 재난 속에서 아이들은 고통받는다.

나는 어린이가 대체로 무사한 것에 크게 안도하긴 했지만, '노인들만 죽는 병'이라는 일각의 관점은 대단히 불편했다. 더욱이 그 같은 '희생'은 사실 막을 수 있지 않은가. 그런 말은 마치 어떤 이의 생명은 다른 이의 생명보다 가치가 적다거나 노년층이 사회나 가족에 기여하는 게 없다는 말처럼 들린다. 전염병으로 죽는 일은, 우리가 아닌 남의 일로 치부하고 싶다는 유혹이 항상 존재함을 생각하면, 사람들이 그런 말을 하는 것은 놀랍지 않다. 그러나 나이 많은 이들 역시 우리 모두의 부모, 조부모, 친구, 이웃이다.

고령자는 또 다른 면에서도 위험을 안는다. 2020년 4월 초, 미국 전역의 여러 병원에서는 나이 기준을 포함한 중증도 분류 방침을 세우기 시작했다. 그 전달 이탈리아에서 중증도 분류가 필요했다는 보도가 나온 후였다.[42] 이는 상황이 불가피하면 고령자에게는 인공호흡기를 배정하지 않거나 쓰던 것을 제거하여 생존 가능성이 더 큰 젊은 환자에게 배정하는 것을 뜻한다. 전쟁터에서나 볼 수 있던 비정한 상황이 우리가 사는 대도시에, 최신 시설을 갖춘 병원에 등장한 것이다. 나로서는 상상하기도 어려운 일이었다. 허리케인 카트리나로 빚어진 긴급 상황 중에 뉴올리언스의 한 병원에서 비자발적인 생명 유지장치 제거와 안락사가 이루어진 유명한 사건은 잘 알고 있었다.[43] 하지만 미국 곳곳에서 대규모로 중증도 분류를 해야 하는 상황이라니, 그런 건 생각해본 적이 없다.

그러나 그런 가능성을 고려하지 않는다면 현명치 못한 일이었을 것이다. 내가 소속된 예일뉴헤이븐병원은 2020년 4월 10일, 심사숙고해 작성한 방침을 회람시켰다. 내용은 다음과 같았다.

[본 규정은] 최대한 많은 환자의 생명을 살린다는 목표에 근거해 만들어졌다. 본 규정은 개별 환자 보호 임무와 희소 자원을 최대한 공정하게 배분하여 최선의 공중보건을 제공해야 할 당위성 사이에 필연적으로 발생하는 갈등 상황에서 임상의들이 겪는 도덕적 고뇌와 고립을 경감하는 것을 목적으로 한다. 본 지침은 다른 기관에서 제정한 여러 지침의 영향을 크게 받았고, 본원의 지침 역시 코네티컷주 전역의 다른 병원에서 마련하고 있는 지침에 참고가 될 것이며 … 모든 중증도 점수 재산정 및 관련 결정은 환자마다 개별적으로, 이용 가능한 최선의 객관적 임상 데이터를 사용해 수행하여야 한다. 모든 경우에서 임상과 무관한 요인은 고려하지 않아야 하며, 그런 요인은 다음을 포함하되 이에 한정되지 않는다. 사회적 가치 판단, 인종, 민족, 성별, 성 정체성, 성적 지향, 종교, 이민 관련 신분, 수감 상태, 지급 능력, 노숙인 여부, 'VIP' 간주 신분, 생존 가능성과 무관한 장애 등.

병원 측에서는 덧붙여 이 규정은 "정보 제공 차원에서" 회람된 것으로, "발효된 상태가 아니며 그 밖의 어떤 역량 확대 수단도 남아 있지 않을 때 오로지 최후의 수단으로 발효될 예정"이라고 밝혔다. 미국에서는 범유행 1차 파동을 겪는 동안 적어도 2020년 7월까지는 어느 병원에서도 그런 조치의 필요성이 발생하지 않았다. 하지만 뉴욕시의 현장 전언에서 여실히 드러나듯, 의료체계에 가해진 압박은 실로 막대했다.

논란이 또 한 차례 점화된 것은 연방정부에서 나이가 고려 요인이 되어서는 안 된다는 의견을 제시하면서였다. 그러면 나이 차별에 해당하며 장애인법에 위반된다는 이유였다. 그러나 중증도 분류의 핵심은, 자원을 할당할 때의 혜택이 충분히 예상되느냐 아니면 그 자원을 다른 곳에 할당하는 것이 낫느냐를 결정하는 데 있다. 중증도 분류는 정의상 어렵고 불완전하며, 득실을 저울질하는 행위일 수밖에 없다. 그리고 의료 분야에서는 중증도 분류가 항상 이루어지고 있다. 예를 들어 장기 이식이 그런 경우로, 일부 환자는 장기 이식을 더 우선하여 받게끔 되어 있다.[44]

이 같은 절충 행위의 사례는 2020년 4월 말 뉴욕시 응급구조사들에게 전달된 규칙에서도 찾아볼 수 있다(3장 참고). "최대한 많은 인명을 살리기 위해" 구조사의 위험을 줄이고 귀중한 자원을 보존할 수 있도록 일부 환자는 소생을 시도하지 말라는 지시였다.[45] 지시는 후에 철회됐지만, 평상시 같으면 필요하지 않았을 이해득실 절충의 필요성을 분명히 드러낸 사건이었다.

이렇게 의료 자원을 제한적으로 할당해야 하는 상황은, 결국 생존 가능성의 문제로 귀결된다. 환자가 생존할 가능성이 큰가, 작은가? 생존한다면 얼마나 오래? 그리고 생존 가능성은 환자의 나이와 이전 병력에 크게 좌우된다. 중증도 분류를 하면서 그런 요인을 무시하는 건 불가능하다. 전염병 유행기에는 나이와 건강 상태 같은 사회적 차이가 불가피하게 부각될 수밖에 없다.

○———→

우한의 최초 코로나19 환자들을 조사하여 2020년 1월 24일에 발표한 첫 논문에서부터 남성이 여성보다 발병률이 높다는 사실은 뚜렷이 나타났다. 최초 보고된 환자 41명 중 남성이 73%였다.[46] 그리고 남성은 증상 발현율도, 발병 시 사망률도 여성보다 높았다. 3월 한 달 동안 뉴욕대학병원의 환자 4103명을 대상으로 한 연구에 따르면, 바이러스 양성 판정자는 남녀가 동수였으나, 증상이 심해져 입원하는 비율은 남성이 높았고, 병세가 위중해져 사망하는 비율도 남성이 높았다.[47] 전반적으로, 남성의 사망률은 여성보다 50% 높게 나타난다.[48]

이와 같은 성별 간 불균형이 처음 중국에서 관찰됐을 때는 중국 남성의 흡연율이 여성보다 훨씬 높기 때문으로 추정됐으나, 추후 연구 결과 흡연이 주원인은 아닌 것으로 밝혀졌다. 더 설득력 있는 가설은 노년기 남성이 일반적으로 여성보다 건강 상태가 나쁘기 때문이라는 것이다. 노년기 남성은 고혈압, 당뇨, 심장질환, 암 등 코로나19 중증으로 발전할 수 있는 위험 요인을 보유하는 경향이 있다. 뉴욕시의 환자를 대상으로 한 앞의 연구에서는 그와 같은 요인들을 보정한 결과 입원율과 사망률 모두에서 성별 간 차이가 나타나지 않았다.

그러나 이 같은 차이는 남녀의 면역체계 특성으로 어느 정도 설명할 수도 있다. 성호르몬인 에스트로겐·프로게스테론·테스토스테론은 바이러스 감염 등 다양한 감염병에 대한 선천적 면역세포 반응을 조절하는 역할을 하므로, 코로나19 감염 가능성과 중증도에도 영향을 미칠 가능성이 있다.[49] 여성 호르몬인 에스트로겐과 프로게스테론은 SARS-2 바이러스를 막아줄 수 있는 ACE2 수용체의 발현 또는 활동을 촉진하고 해로운 면역 과잉 반응을 완화함으로써 여성의 코로나19 피해를 줄여줄 수도 있다. 남성 호르몬인 테스토스테론은 그 반대의 효과를 낼 수도 있다.[50] 또한 X염색체에는 면역 관련 유전자가 높은 밀도로 존재하므로, 그 때문에 여성의 코로나19 면역력이 더 우수한지도 모른다. 남성의 세포는 X염색체가 어머니에게서 온 것 하나밖에 없지만, 여성의 세포는 X염색체가 어머니·아버지에게서 온 것 하나씩 2개가 있다. 여성의 세포는 세포마다 2개의 X염색체 중 하나를 비활성화하여 독특한 유전자 조합으로 이루어진 모자이크 형태를 보인다. 여성은 이 같은 다양성 덕분에 비교적 유전자 발현이 고정된 남성에 비해 면역 면에서 이점이 있는지도 모른다.[51]

모든 감염병이 그렇듯 코로나바이러스도 사회경제적 지위에 따라 피해를 초래하는 정도가 다르다. 코로나19는 우리 사회의 구조적 불평등을 야기하지는 않았을지라도 극명히 드러내는 역할을 했다.

앞서 뉴욕시의 퀸스 중부 등 저소득 지역과 이민자 밀집 지역에서는 감염률이 훨씬 높았다는 사실을 살펴봤다. 또 뉴욕시의 부자들은 확산 중심지를 피해 다른 곳으로 빠져나가 원격근무를 하면 그만이었다. 그러나 저소득 직업은 대개 원격근무가 불가능하다. 요리사, 간호조무사, 마트 계산원, 건설 노동자, 건물 관리인, 보육교사, 트럭 운전사는 재택근무를 할 방법이 없다. 이런 직업에 종사하는 사람들은 경기 침체로 일자리를 잃지 않은 이상 감염 위험이 높아진 환경에서 일해야 했다. 게다가 건강보험에 제대로 가입되지 않은 경우가 많아 아파도 의료 접근이 어렵고 병가를 내기조차 쉽지 않다. 그래서 몸이 안 좋아도 병원에 가지 않고 계속 출근하는 노동자가 많았고, 아픈 채로 일하는 근무자는 유행을 더욱 확산시키는 역할을 했다.

전염성이 강한 감염병은 극명한 불평등과 보편적 의료보장의 부재가 사회 전반에 미치는 폐해를 고스란히 드러내게 되어 있다. 감염을 치료는커녕 진단조차 하지 않고 내버려 둔다면, 사회학에서 말하는 외부 효과가 유발된다. 즉, 직접 관련된 당사자 이외의 사람에게 부작용을 발생시키게 된다. 감염 확산을 막는 방향이든(가령 출근하지 않게) 감염 위험이 높아지는 방향이든(가령 아파도 출근하게) 사람들에게 어떤 행동을 강제하려고 한다면, 의료 접근권 보장이야말로 반드시 선행되어야 할 요건이다. 더군다나 미국은 병가를 보장하는 제도가 보편적이지 않은, 부유한 민주국가 중에서도 특이한 나라다. 이런 점들을 생각하면 우리 모두 (비단 전염병 유행 때만이 아니라 평소에도) 이웃의 건강 문제에 관심을 기울여야 한다는 사실이 분명해진다.

이번 범유행 중에 가난한 이들은 때로 형언할 수 없을 만큼 모진 어려움을 겪어야 했다. 디트로이트의 극빈 지역에서 어린 두 딸을 키우는 어머니 아키바 두르의 이야기는 특히 가슴 아프다. 공과금을 내지 못해 여섯 달 전부터 집에 수도가 들어오지 않았다. 코로나19 전에는 이웃과 지인들에게 물을 얻어 아이들을 씻겼다. "이틀마다 씻겨주거나 아니면 물을 아끼려고 스펀지로 닦아줬어요. 마음이 무겁죠."[52] 이전에는 학교나 직장에서 화장실을 사용하고 식수를 얻었는데, 외출금지령이 내려진 후로는 그마저도 불가능해졌다. 이 같은 상황을 겪는 사람은 드물지 않다. 코로나19 이전에도 미국에서 해마다 1500만 명이 단수 사태를 겪은 것으로 추정된다. 하지만 유행병 확산 시기에 물 부족으로 위생을 챙기지 못하는 이들이 존재하는 현실은 지역사회 전체의 안전을 위해서도 우려스러울 수밖에 없다.

코로나19로 인한 경제난의 참담한 실상을 고스란히 보여준 것은 2020년 4월의 푸드뱅크food banks식품 지원 복지 서비스 단체―옮긴이 배급 현장 사진이었다. 각지의 푸드뱅크는 교회 음식 나눔 운동이나 식당의 기부 등 공급원이 끊어지면서 운영이 빠듯해졌다. 텍사스주 샌안

토니오의 한 푸드뱅크는 2020년 4월 9일에 약 1만 가구분의 식량을 지원했다. 아침부터 트랙터 트레일러 25대가 식량 500t을 싣고 도착했고, 광활한 주차장에서 직원들이 식품을 배급했다. 하지만 몰려온 인파가 워낙 많아 준비한 식량이 바닥을 보이자, 에릭 쿠퍼Eric Cooper 샌안토니오 푸드뱅크 대표는 창고에 전화해 트레일러를 더 보내라고 했다. 항공사진에는 자동차 수천 대가 줄지어 선 행렬이 고속도로까지 수 킬로미터에 걸쳐 뻗어 있었다. 차 1대마다 식료품 약 100kg이 돌아갔다. 이날 지급된 양은 푸드뱅크의 40년 운영 역사상 하루 배급량으로 최대 기록이었다. 쿠퍼는 "힘든 하루였다. 이렇게 수요가 많은 상황에서 운영하는 건 처음"이라며, 수요를 따라갈 여력이 없어 "주 방위군이든 누구든" 좀 도와주었으면 한다는 바람을 밝혔다.[53]

텍사스에서만 그런 것이 아니었다. 전국의 푸드뱅크에 수백만 실직자가 밀려들면서 배급 수요가 엄청나게 치솟았다. 나는 전국 방방곡곡 푸드뱅크의 배급 현장 사진들을 보면서, 1918년에 사람들이 줄지어 음식을 배급받는 비슷한 사진들을 떠올리지 않을 수 없었다.[54]

○───→

저소득층의 위험 요인 또 한 가지는 가정과 직장의 밀집 환경이다. 미국의 빈곤층은 가정 내에서 신체적 거리두기가 쉽지 않은 경우가 많았다. 중산층 가정이라고 해도 가족 한 사람을 화장실 딸린 방에 격리하기는 어려웠다. 하물며 미국의 50만 노숙자에게 '밖에 다니지 말고 안전한 집에stay home, stay safe'라는 구호는 황당함을 넘어 분노를 자아냈을지도 모른다.[55] 2020년 4월 2일과 3일에 보스턴의 한 쉼터에서 묵었던 노숙자 402명을 조사한 연구에서 그중 36%가 SARS-2 양성 판정을 받았다는 결과가 나왔는데, 사실상 놀랍지도 않다. 당시 보스턴 전체의 추정 감염률은 2% 미만이었다.[56]

전국의 교도소와 구치소에서도 밀집 환경 탓에 감염이 폭증했다. 미국은 인구 대비 수감자 수가 세계 1위다. 비교하기에 따라서는 스탈린 치하의 소련에 필적하는 수준이다. 그리고 수감자들 가운데는 저소득층 출신이 압도적으로 많다. 미국의 교도소에서 수감자들이 신체적 거리두기를 한다는 것은 불가능하다. 정해진 일과에 따라 모든 수감자는 같은 곳을 접촉하며 좁은 복도를 함께 지나갈 수밖에 없다. 밀집 생활 공간의 정의에 완벽히 부합하는 환경이니, 한번 감염이 발생하면 걷잡을 수 없이 번지기 마련이다. 《뉴욕 타임스》에 게시된 미국 내 집단발병 순위표에 따르면, 2020년 5월 17일 기준 상위 50위 중 30건이 교도소에서 발생했고, 특히 1위부터 4위까지가 모두 교도소에서 발생한 건이었다.

육가공 공장도 타격이 컸다. 요양시설과 교도소를(그리고 괌에 정박해 있던 항공모함 시어도어 루스벨트호까지) 제외하면, 육가공 공장은 2020년 5월 17일 기준으로 집단발병이 가장 빈번히 발생한 장소였다(상위 50위 중 15건). 교도소를 제외하고 가장 큰 집단발병도 육가공 공장에서 일어났다.[57] 사우스다코타주 수폴스의 스미스필드 육가공 공장에서만 1095명의 환자가 발생했다. 집단발병이 일어난 회사 중에는 공중보건 관점에서 참으로 어리석은 정책을 시행한 곳도 있었는데, 일테면 개근을 장려하는 성과급 지급 등이었다. 그 한 예로 스미스필드 공장에서는 '책임 보너스'라는 이름으로 4월 한 달 동안 한 번도 결근하지 않은 노동자에게 500달러의 특별 수당을 지급했는데, 이 때문에 집단발병 사태가 더 심각해질 수밖에 없었다.[58] 그보다는 일급을 늘려주어 직장 만족도를 높임으로써 노동력을 확충하는 한편, 병가를 늘리고 자유롭게 쓸 수 있게 하여 아픈 직원이 집에서 쉴 수 있게 해주는 방법이 나았을 것이다(집단발병이 터지고 나면 생산량이 줄어들 수밖에 없으니 말이다). 그렇게 인력 운용 방식을 바꾸면 육류의 소비자 가격은 올라가겠지만, 그건 범유행 대응을 위해 사회가 치러야 할 비용의 일부다. 바이러스 유행기에는 누구나 비용을 더 치를 수밖에 없다.

육가공 공장의 코로나19 집단발병 빈도가 워낙 잦아지자 일각에서는 전국의 식품 공급망에 미칠 타격을 걱정하는 목소리가 나왔다.[59] 트럼프 대통령은 4월 28일 백악관 웹사이트를 통해 (원래는 전시 비상사태에 대비하기 위해 제정된) 국방물자생산법을 발동하여 육가공 업체의 영업을 강제할 생각이라고 밝혔다.[60] 그는 육가공 공장이 미국의 "대단히 중요한 기반시설"이라고 선언하면서, "이들 공장이 한 곳이라도 문을 닫으면 식품 공급망의 혼란이 초래되어 땀 흘려 일하는 농부들과 목장주들에게 피해를 줄 수 있다"라는 이유를 들었다. 안타깝게도, 코로나19 감염 위험 환경에서 땀 흘려 일하는 육가공 노동자의 피해에 대해서는 아무 언급이 없었다.

육가공 공장의 열악한 근무 환경은 오래전부터 유명했다. 업턴 싱클레어Upton Sinclair의 유명한 소설 『정글The Jungle』에서는 20세기 초 시카고의 육가공 시설에서 고되게 일하는 이민자들의 삶이 중심 소재로 다뤄지기도 했다. 미국 질본에서 2020년 5월에 낸 집단발병 보고서에 따르면, 19개 주 115개 시설에서 일하는 육가공 노동자 13만 명 중 확진자 4913명(전체 노동자의 3%), 사망자 20명(치명률 0.4%)이 발생했다.[61] 보고서는 밀집 근무 환경과 과밀한 공동 주거 및 출퇴근 환경을 중요한 요인으로 꼽았다. 2020년 5월 7일 기자회견에서 앨릭스 에이자 보건복지부 장관은 작업시설 내 환경이 아니라 노동자들의 집단 주거 환경을 탓하느라 급급했다. 하지만 이 설명은 이치에 맞지 않는다. 미국 외에도 브라질·호주·스페인·아일랜드·포르투갈·캐나다·독일·이스라엘 등의 육가공 공장에서 집단발병이 일어나는 등 전 세계의 육가공 공장이 모두 피해를 입었지만, 그 나라들에서는 육가공 노동자들이 그런 환경에서 주거하지 않는다. 게다가 미국에서 육가공업 외에 주거 환경이 그와 비슷한 다른 업종들의 노동자들은 그런 피해를 보지 않았다.

육가공 공장은 왜 다른 작업 환경보다 코로나19 집단발병에 취약할까? 질본의 발표처럼 밀집 근무 환경이 감염에 일조하는 것은 틀림없다. 하지만 그게 전부는 아니다. 육가공 작업은 베이거나 긁히는 부상이 흔한, 위험도가 높은 일이다. 공장 내부는 저온을 유지하게 되어 있으며, 실내 공기 흐름이 격렬하고 불규칙하다. 장비 가동음이 시끄러워서 작업자들은 (흔히 가까이 또는 마주 보고 선 채로) 고성을 질러 소통하는데, 이때 바이러스가 입에서 분출된다.[62] 교회 성가대 집단발병과 비슷한 환경이다. 또 작업 중 사용하는 절단기 등에서 미세한 입자가 공기 중에 섞인 에어로졸이 생성되는데, 이는 이전에도 집단발병의 원인이 됐던 것으로 추측된다.[63] 2003년 SARS-1 사태 때 오염된 인체 분비물이 에어로졸화되면서 슈퍼전파 사건을 일으킨 사례를 앞서 몇 가지 살펴본 바 있다. 2020년에도 중환자실 환자의 분비물에 들어 있던 바이러스가 결함 있는 인공호흡기나 분무기를 통해 에어로졸화된 후 의료진에 전파된 것으로 추측되는 사례들이 있었다.[64] 안타깝게도, 육가공 공장 집단발병을 방치함으로써 몇 주 후 주변 지역사회에 확산이 초래됐을 가능성이 있다. 공장에서 증식한 바이러스가 바깥으로 퍼져 나간 것이다.[65]

○——→

　민족과 인종 간 코로나바이러스 발병률 및 치명률의 차이 역시 미국에서 범유행 초기부터 뚜렷이 나타났다. 과거 감염병 때도 일반적으로 나타났던 전형적인 패턴이다.

　소수집단은 일반적으로 환자와 사망자가 지역 인구 구성비에 비해 많이 발생했다. 질본에서 2020년 5월 28일까지 취합한 자료에 따르면, 미국에서 히스패닉과 아프리카계 미국인은 백인보다

SARS-2 감염률이 약 3배, 치명률이 약 2배 높았다. 그런 경향은 시골, 교외, 도시 할 것 없이 뚜렷하게 나타났다. 예를 들어 미주리주 캔자스시티의 감염자 중 40%는 흑인과 히스패닉인데, 미주리주 주민 중 흑인과 히스패닉은 16%에 불과하다. 미시간주 켄트 카운티에서는 흑인과 히스패닉이 인구의 20%에 불과한데 감염자의 63%를 차지한다.[66]

미국 전역에서 2020년 7월 8일까지 발생한 코로나19 환자를 대상으로 민족과 인종을 분석한 연구 결과에서도, 흑인과 백인 간 사망률의 현저한 차이가 관찰됐다. 연구 대상인 45개 주와 워싱턴 D.C.에서 흑인은 인구의 12.4%를 차지하는데, 사망자 중 차지하는 비율은 22.6%였다. 흑인 집단과 백인 집단의 나이 차이를 고려하면 격차는 더 커진다. 흑인 집단은 백인 집단보다 평균 연령이 낮으므로 그 이유만으로도 사망률이 낮아진다. 그런데 연령 효과를 보정한 어느 연구에서는 흑인이 백인보다 사망 위험이 평균 3.8배 높은 것으로 나타났다.[67] 흥미롭게도, 이 같은 인종 간 차이는 연령 효과를 보정하고 나서도 주마다 달랐다. 캔자스주에서는 흑인이 백인보다 사망 위험이 8.1배 높았고, 뉴욕주에서는 4.5배, 미시시피주에서는 3.4배, 매사추세츠주에서는 2.1배 높았다.

총사망률로 봐도 상황을 어느 정도 짐작할 수 있다. 피해가 컸던 코네티컷, 미시간, 뉴저지, 뉴욕주에서는 범유행이 닥친 후 넉 달 동안 코로나바이러스로 흑인 주민 1000명당 1명이 조금 넘게 사망했다. 뉴욕주에만 한정하면 흑인 주민 1000명당 2명이 사망했다. 뉴욕시의 사망률 자체가 워낙 높았기 때문으로, 뉴욕시에서는 몇 달 만에 흑인 주민 1000명당 사망자 수가 3명에 육박했다. 비교를 위한 통계를 제시하자면, 40세의 평균적인 미국인은 **모든 사망 원인**을 합해서 **1년** 동안 1000명당 약 2명이 사망한다.

옛날에는 흑인이 전염병에 비교적 면역이 강하다고 생각하기도 했다. 그러면서도 또 전염병에 걸리면 걸려 마땅하다고 보는 시각이 있었다. 1793년 필라델피아에서 (모기가 옮기는 바이러스가 원인인) 황열병이 유행해 인구 5만 명 중 5000명 이상의 목숨을 앗아갔을 때, 아프리카계 미국인 성직자이자 노예제도 폐지 운동가였던 압살롬 존스Absalom Jones가 남긴 말이 있다.

우리 흑인은 백인만큼 이 병에 잘 걸리지 않는다는 게 지금까지도 이 도시에서는 일반적인 통념이다. 이 문제를 옳게 바로잡으려 하니 우리의 벗들이 너그러이 이해해주었으면 한다.

널리 전해진 바로는, 서인도제도 등지에서 이 끔찍한 병이 돌 때 흑인들은 병에 걸리지 않았다고 했다. 우리가 겪은 바도 그러했더라면 당신들에게도 좋은 일이었을 테고 우리에게는 더더욱 좋은 일이었을 것이다.

흑인이 이 병에 걸려 죽으면, 우리에게 위압적으로 말하길 유행하는 병 때문이 아니라고 했다. 그러다가 상황이 누가 봐도 나빠져 부인할 수 없게 되면, 몇 명이 죽었을 뿐 많이 죽진 않았다고 했다. 그렇게 우리는 '목숨을 내건 채' 노동을 갈취당했으나, 당신들은 우리가 '돈을

조금' 갈취해갔다고 비난한다.[68]

　존스가 지적하는 것은 노동자 계급을 소모품처럼 간주했던 실상이다. 생명이 위험할지라도 그들의 노동은 꼭 필요했던 것이다. 오늘날에도 필수 노동자들이 더 위험한 환경에서 일해야 하는 상황과 크게 다르지 않다.

　코로나19는 히스패닉 지역사회에도 큰 피해를 끼쳤다. 전국적으로 단순 비교를 했을 때는 그 점이 뚜렷이 나타나지 않는다. 앞서 45개 주와 워싱턴 D.C.를 대상으로 한 조사에서 히스패닉의 인구비는 18.3%인데 사망자 중 히스패닉의 비율은 16.8%였다. 하지만 연령 차이를 보정하면 히스패닉은 백인에 비해 사망률이 2.5배인 것으로 나타났다.[69] 뉴욕주에서는 첫 몇 개월 동안 히스패닉 주민 1000명당 1명이 코로나19로 사망했다. 역시 뉴욕시가 사망률을 주도했는데, 뉴욕시에서는 히스패닉 주민 1000명당 사망자가 2명이 넘었다. 2020년 4월 11일 기준으로 뉴욕시의 히스패닉 인구는 29%였지만 사망자 중 히스패닉의 비율은 34%였다.[70]

　미국 인디언보건국의 자료에 따르면 아메리칸 인디언 부족들에게서도 비슷한 현상이 관찰된다. 2020년 7월 17일 기준 아메리칸 인디언 가운데 코로나바이러스 확진자는 2만 6470명이었고 그중 9000여 명은 나바호 자치국에서 발생했다. 뉴멕시코·유타·애리조나주에 걸친 광활한 보호구역으로 25만 명의 인구가 살고 있는 나바호 자치국은, 인구 대비 코로나바이러스 감염률이 4월 말에 뉴저지주와 뉴욕주에 이어 미국 내 3위를 기록했다.[71] 아메리칸 인디언은 미국 내 인구비가 1%이지만 2020년 7월 기준 사망자의 2%를 차지한 것으로 조사됐다.[72]

심각한 어려움을 겪은 부족들이 많았는데, 아메리칸 인디언 부족들은 보호구역 내에서 여러 업무를 맡고 있지만 주민들에게 과세는 하지 못하게 되어 있다. 그래서 카지노 등의 사업에 의존해야 하는데, 신체적 거리두기 조치의 일환으로 모두 영업이 중단됐다. 그리고 아메리칸 인디언 가정은 경제적 안전망을 갖추지 못한 경우가 많다. 아메리칸 인디언 가구 중위소득은 3만 9700달러로, 미국 전체 가구 중위소득 5만 7600달러에 비해 현저히 낮다.

민족·인종에 따른 코로나19 피해의 차이는 이 병의 발병과 사망 위험을 높이는 다른 요인들과 관계가 많다. 가령 고혈압·당뇨·비만·심장질환은 SARS-2 감염자의 사망 위험을 높이는 것으로 알려져 있는데, 이 같은 질환은 대부분 소수집단에서 훨씬 더 흔하게 나타난다. 사망률 차이의 일부 또는 대부분은 이런 요인들로 설명될 수도 있을 것이다. 또 가구 구성 형태도 어느 정도 관계가 있을 수 있다. 미국에서 흑인의 26%와 히스패닉의 27%는 조부모를 포함해 여러 대가 함께 사는 대가족의 일원인 데 반해, 백인은 그 비율이 16%다.[73]

전염병 피해의 차이에 일조하는 또 한 가지 원인은 주거지 분리다. 주거지 분리는 다양한 체계적 요인에서 비롯되지만, 실제적으로는 동종선호homophily 효과를 강화하는 결과를 낳는다. 동종선호는 한마디로 '유유상종', 즉 끼리끼리 모이는 경향을 가리키는 말로 인간 사회의 한 구성 원리다. 사회 내에서 우리는 모든 구성원과 동등하게 교류하지 않는다. 사람들이 '동종' 집단 구성원들과 주로 교류하는 경향이 있다면(그런 집단을 어떻게 정의하든 간에), 전염병이 특정 공동체에 우연히 침입할 경우 우선 그 공동체 내에서 퍼지므로 피해가 더 크게 나타날 수밖에 없다. 다른 집단으로 퍼지는 것은 그다음 일이다.

1980년대에 HIV가 출현했을 때도 비슷한 일이 있었다. 남성 동성애자의 성 관습이 질병 전파에 일조한 것은 맞다. 한 사람당 파트너 수가 훨씬 많고, 동시에 만나는 파트너 수가 더 많으며, 항문성교가 더 흔하다는 점에서 특히 그렇다. 하지만 바이러스가 침입한 곳이 우연히 남성 동성애자 사회였기에 다른 집단보다 그 집단에서 처음에 감염률이 높을 수밖에 없었고, 그 집단에서 유행이 더 강력하게, 훨씬 오래갈 수밖에 없었다. 만약 HIV가 처음에 이성애자들 사이에서 확산됐다면, 최소한 초기에는 남성 동성애자가 비교적 잘 감염되지 않는 것처럼 보였을 것이다. 그리고 어떤 이유에서든 폐쇄성이 특히 높은 집단이라면, 그 집단에서 유행이 돌 만큼 돈 후에야 다른 집단으로 새어 나가게 된다. 어쨌든 바이러스는 결국 퍼지기 마련이다.

어떤 민족 또는 인종 집단의 감염률이 높은 데는 이런 구조적·사회적 요인 외에 아직 밝혀지지 않은 생물학적 이유가 있을 수도 있다. 8장에서 알아보겠지만, 예컨대 다른 병원체에 노출된 이력이나

이 바이러스에 대한 선천 면역력의 차이와 관련이 있는지도 모른다. 하지만 앞에서 논한 건강 및 사회 관련 요인을 모두 통계적 방법으로 고려하고 나면, 다시 말해 가령 흑인과 백인의 치명률을 비교하되 소득, 건강 상태, 교육, 직업, 거주 환경 등 다른 변수가 모두 동일한 조건에서 비교해보면 민족이나 인종에 따른 격차는 흔히 사라지곤 한다.

두 집단을 비교할 때 집단 간에 차이를 보이는 각종 변인을 통제하는 문제는 통계학에서 말하는 '인과 모형causal model'의 문제를 제기한다. 거주 환경, 재산, 직업, 건강 상태 등의 차이를 모두 보정하고 나면 인종에 의한 '효과'가 사라지거나 거의 남지 않는 것은 사실이다. 하지만 그건 과연 무엇을 의미할까?

이와 같은 해석은 인종만의 순수 효과는 없다는 의미니까 좋은 소식이라고 반길 만도 하다. 인종 자체가 중요한 게 아니라 건강 상태의 차이, 직업 특성의 차이 등등이 중요하다는 것이니까. 하지만 다른 한편으로, 만약 우리 사회의 구조 자체가 민족 또는 인종과 그런 사회적 요인의 악화가 불가분의 관계를 가질 수밖에 없게 되어 있다면, 그런 요인들을 보정하고 나서 인종에 의한 효과가 없다고 결론 짓는 건 더없이 큰 잘못이다. 나는 이 문제를 학부 수업에서 가르칠 때 이렇게 설명한다. 인종 간 질병 피해의 차이를 인종 이외의 다른 매개 요인에 의한 것이라는 이유로 무시한다면, 그건 재료의 질, 분위기, 메뉴의 품격, 좋은 와인 리스트 등의 변인을 보정하고 나면 맥도날드에서 한 끼 먹는 것이나 뉴욕의 최고급 레스토랑에서 한 끼 먹는 것이나 차이가 없다고 말하는 것과 비슷하다고.

○———→

그렇게 2020년의 코로나19 범유행은 해묵은 격차와 불평등을 고스란히 드러냈다. 게다가 전에 없던 구분선이 새로 그어지기도 했다.

중국에서는 우한 출신자와 그 외 지역 출신자 사이에 뚜렷한 구분이 생겼다. 우한 주민에 대한 차별이 만연했다. 감염자가 아니고 여러 해 동안 우한에 간 적이 없는 사람도 우한 출신이라는 이유만으로(중국인은 신분증으로 출신지가 확인된다), 1000km 떨어진 베이징에서 세 들 아파트를 구할 수 없었다.[74] 미국으로 치면 아이오와주의 집주인이 뉴욕주 운전면허증 소지자에게 아파트 임대를 거부한 셈이다. 물론 그런 식의 지역 차별은 형태는 다르지만 미국에서도 나타났다. 예컨대 일부 주에서는 다른 주 운전자의 차량 진입을 막으려고 시도했다.

그 밖에도 재택근무가 가능한 자와 불가능한 자, 그리고 마스크 착용과 안전거리 유지를 비롯한 NPI 수칙을 지키는 자와 지키지 않는 자 등이 뚜렷이 나뉘었다.

바이러스가 만들어낸 또 하나의 새로운 구분은, 면역자와 비면역자다. 범유행 처음 몇 년 동안은 바이러스가 인간 사회에서 돌면서 점점 더 많은 사람이 병에 걸렸다가 회복할 것이다. 다른 코로나바이러스에 관해 알려진 바로 판단할 때, 그러면 어느 정도의 기간은 면역을 갖게 된다. 그리고 만약 같은 바이러스에 재감염된다고 해도 두 번째는 아마 가볍게 앓고 지나갈 것으로 보인다(다만 단정하기는 너무 이르다).[75]

유행 초기에 나는 다른 전문가들과 함께 광범위한 항체 검사 시행을 주장했다. 방역 노력을 적소에 집중하고, 안전하게 직장에 복귀할 수 있는 면역자(특히 의료 종사자)를 가려내기 위해서였다. 하지만 어쩌면 고용주들이 더 높은 임금을 내걸고 면역자를 채용하려고 하는 디스토피아적인 상황이 벌어질 수도 있겠다는 생각이 들었다. 실제로 처음엔 유럽에서 그리고 나중에는 미국에서도, 면역 여부를 검사해 일종의 증명서를 발급하는 안이 논의됐다. 이 '면역증'을 발급받은 사람은 필수 직종이 아닌 비필수 직종에도 복귀할 수 있고 면역이 증명된 다른 사람들과 함께 대규모 집합 행사에도 참여할 수 있게 된다.[76]

예방접종을 받거나 병에서 회복한 후 면역 증명을 받는 개념은 전례가 없지 않다. 병원이나 학교에서는 직원들에게 각종 예방접종 및 결핵 검사 증명을 요구한다. 내가 1991년에 필라델피아에서 결혼할 때는 부부 모두 매독에 걸리지 않았음을 증명하기 위해 혈액검사를 받아야 했다. 수의업 종사자는 광견병 예방접종 증명이 필요한 경우가 있다. 미국을 비롯한 여러 나라에서는 이민자들에게 다양한 전염병 예방접종 증명을 요구한다(2020년 미국에서는 14개 질병이 여기에 포함됐다).[77] 남북전쟁 전 뉴올리언스에서는 황열병에 면역이 있는 사람에게 특별 지위를 부여했다.[78]

하지만 면역증 제도는 앞서 든 사례들과 달라서 실제적·윤리적으로 몇 가지 문제가 있다. 무엇보다도, 범유행 초기에는 안전한 백신이 없으니 면역을 획득할 방법이 자연적인 방법밖에 없다. 또한 면역 여권은 앞의 사례들과 달리 특정 직업인이나 특정 활동에 국한되지 않고 훨씬 더 광범위한 특권을 부여하게 된다. 일테면 여행, 등교, 예배, 직업 활동, 온라인 데이트 서비스 이용 등의 자유가 모두 주어질 수 있다.

이렇게 면역 여부로 차별을 두는 방법은 좀 불편한 느낌은 있지만 꼭 윤리적으로 문제가 있다고는 할 수 없다. 인종이나 성별로 차별하는 것과 달리 면역은 소속이 고정되어 있지 않다. 코로나19에 걸렸다가 회복하면 면역 집단의 일원이 될 수 있다. 아이러니하게도 처음에 남들보다 바이러스에 많이 노출됐던 일부 소수집단은 그 덕분에 오히려 면역 증명을 남들보다 먼저 받을 수 있게 된다. 우리 사회의 누군가가 남들보다 높은 감염 위험을 감수했다면, 감염된 후 자신의 면역을 증명할 수 있는 혜택을 주지 말아야 할 이유가 있을까? 자격자가 면역 증명을 쉽게 받을 수 있게 된다면, 일부 집단을 코로나19 감염 위험에 내몰았던 기존의 사회경제적 격차를 일부 만회하는 효과마저 있을 수 있다.

하지만 이렇게 면역 증명을 요건으로 온갖 다양한 사회 활동 자격을 부여하려면, 투명하고 공정하고 저렴한 검사를 시행할 필요가 있다. 그러면 그 밖의 다른 유익한 효과도 거둘 수 있다. 설령 면역 증명제를 공식으로 도입하는 방안이 적절치 않다고 해도, 면역 정보는 공익적 성격이 있다. 즉, 사람들이 자신의 면역 여부를 알수록 사회 전체적으로 이롭다. 실제로 2020년에 통과된 '코로나바이러스 원조, 구제 및 경제안보법CARES'은 민간 및 공공 보험사에 코로나바이러스 검사 비용 보장을 의무화했고, 각급 병원에는 무보험 환자의 검사 비용을 상환해주겠다고 명시했다. 즉, 원칙적으로는 미국 국민 누구나 무상으로 검사받을 수 있게 된 것이다.

그리고 면역자와 비면역자가 구분된다면 이론상으로는 기존의 패턴이 뒤집히는 효과가 있다. 병에 노출됐던 사람들이 따가운 시선을 받는 게 아니라 오히려 특혜를 받게 된다. 하지만 2020년 5월 초의 현실은 여전히 그런 것과 거리가 멀었다. 한 예로, 미 국군에서 코로나19 병력이 있는 신병에 대해 '자격을 영구적으로 박탈'한다는 보도가 나왔다.[79] 이 방침은 여러 면에서 현명치 못해 보인다. 다른 것은 차치하고서라도 그런 병사들은 아마 면역이 있을 테고, 면역이 있는 병사를 확보하면 군이 집단면역에 이르는 속도가 빨라진다(설령 코로나19 병력을 따지지 않음으로써 발생하는 비용이 있다고 하더라도).

5월 들어서 이미 일부 코로나19 생존자는 이웃과 가족의 회피 대상이 되고 있었다. 뉴욕 맨해튼에 사는 서맨사 호펜버그는 4월에 아버지를 코로나19로 잃어야 했다. 아버지는 치매 치료를 위해 입원한 병원에서 코로나19에 걸렸다. 후에 서맨사 본인도 코로나19에 걸렸고, 완전히 나을 때까지 가족들과 철저히 거리를 두었다. 4월 23일, 사는 건물에 불이 나서 연기 흡입으로 입원했다. 서맨사는 전염성이 없는 상태였음에도, 서맨사의 가족은 입원한 그녀에게 찾아오지 않겠다고 했다. "이렇게 슬프고 깜깜한 곳에 놓인 기분은 처음이에요. 가족인데도 나를 무서워하고, 병문안조차 오지 않다니요."[80] 전염병이 유행할 때 예나 지금이나 사람들이 겪는 일이다.

마지막으로, 면역자에게 그토록 혜택이 많다면, 일부러 병에 걸리려고 하는 사람들이 나올 가능성을 고려해야 한다. 이는 공중보건 관점에서 역효과를 낳는다. 그러는 사람들이 분명히 있겠지만 빈도는 아마 낮을 것이다. 목숨을 위협할 수 있는 병인 데다가, 면역 증명의 혜택이 아무리 많다고 해도 효과적인 백신이 나오면 사라지기 때문이다. 결국은 (아마도 2022년께 언젠가는) 우리 사회가 집단면역에 이르거나 백신이 널리 보급되거나 둘 중 하나가 이루어질 테니, 면역 증명은 일시적인 역할을 하는 데 머무를 것이다. 우리 사회의 다른 구분은 몰라도 면역자와 비면역자의 구분만큼은, 최초 범유행기가 끝나면 그리 두드러지지 않게 될 것이다.

○——————▶

과거 흑사병 때 소수집단이 표적이 된 사례에서 봤듯이, 전염병이 빚어내는 각종 구분은 폭력과 사회 불안으로 번질 수 있다. 바이러스의 위험만으로도 버거운데, 사람들끼리 서로 반목할 가능성도 걱정해야 한다. 막대한 경제적 타격 그리고 환자와 사망자의 증가로 인한 압박을 생각하면, 미국 사회가 심각한 갈등에 직면하게 될 가능성도 우려할 만하다. 코로나19 범유행 속에서 미국인들이 그런 가능성을 염려했음을 분명히 보여준 신호는 총기 판매량 급증이었다. 2020년 3월은 총기 190만 정이 팔려 역대 최고 수준을 기록했다.[81] 총기 관련 정보의 인터넷 검색 건수도 역대 최고 수준이었다.[82] 총기 구입은 식량과 휘발유 구입만큼이나 필수로 간주됐고, 여러 주에서는 총기 판매점의 영업을 계속 허락했다. 다행히, 지금까지는 세계적으로 바이러스에 직접 기인한 심각한 폭력 사태가 일어나지 않았다.

코로나19의 심각성을 사람들이 잘 받아들지 못한 이유 중 하나는, 대부분의 경우 눈에 띄는 증상이 없다는 것이다. 콜레라는 심한 설사와 탈수로 수척해져서 죽는다. 천연두는 끔찍한 흉터를 남긴다. 가래톳 페스트는 몸이 흉측하게 변하고 악취를 풍긴다. 1918년 스페인 독감은 몸이 온통 검푸르게 변했고, 환자는 숨을 헐떡거리면서 죽곤 했다. 이 병들은 치명률도 훨씬 높았지만 이렇게 증상이 확연하다 보니 사람들의 눈길을 확 끌었다. 게다가 코로나19는 언론에서 보도한 죽음의 현장이라고 해봤자 예컨대 천에 싸인 시신들이 요양원 바닥이나 트럭에 쌓여 있는 모습 등이었는데, 초현실적이고 실감이 나지 않았다. 워낙 환자 다수가 의료시설에 격리되어 있었거나 집에 혼자 있었기에 죽음의 고통을 기록할 사람이 없는 경우가 많았던 데다가 언론 보도는 대부분 경제 붕괴의 실상을 보여주는 장면(문 닫은 매장, 푸드뱅크에 줄지어 선 인파 등)에 집중했기에, 미국인들은 바이러스가 마수를 휘두르는 실제 모습을 알지 못했다. 희생자들의 죽음이나 유족들의 애도는 묘하게도 시선이 미치지 않는 곳에서 일어났기에 실감하기가 어려웠다.

이는 대對바이러스 투쟁 전선에서 우리의 단합력을 떨어뜨리는 요소가 되었다. 사망 위험이라는 게 요원하고 추상적으로 보인다면, 내가 아닌 타인의 문제로 보인다면, 꼭 경제를 희생하고 일상 활동을 중단할 만한 이유가 없어 보이기 마련이다. '시애틀 요양원의 노인 몇 명 얘기'라거나 '육가공 노동자 얘기' 또는 '뉴욕 사람 얘기'라고 치부하며 현실을 외면하면 그만이다.

이렇게 볼 때, 전염병 유행기에 나타나는 온갖 사회적 구분 중에서도 가장 의미심장한 것은 어쩌면 아는 사람 중에 죽은 사람이 있는 사람과 그렇지 않은 사람의 구분인지도 모른다. 그러나 사망자가 점점 늘고 아는 사람이 죽었거나 죽음을 목격한 사람이 점점 늘면서, 전염병은 점점 피부로 실감되고 조직적으로 대응할 필요성도 더 절감될 것이다. 10만 명이 죽으면, 죽은 사람과 친했던 사람이 100만 명이고 알고 지냈던 사람이 1000만 명이다.[83] 사망자가 늘어가면서 서서히 확실하게, 이 문제가 우리 모두의 문제임을 다들 깨닫게 될 것이다.

기존의 사회경제적 위치에 따른 코로나19 발병률의 차이는, 우리 서로 간의 차이를 더욱 부각했다. 발병률의 차이는 엄연히 존재하고 또 중요하기도 하지만, 그 차이를 과도하게 강조하는 것은 실제적인 면에서도 도덕적인 면에서도 해로울 수 있다. 실제적인 면에서 우리 모두의 취약성이 아니라 집단 간 발병률의 차이를 강조한다면, 이 문제를 남의 문제로 묘사하고 더 나아가 걸린 사람들의 탓으로 돌리기가 그만큼 쉬워진다. 내 생각에 가장 유익한 방법은 우리가 모두 같은 인간임을 강조하는 것이다. 범유행에 맞서는 데 필요한 것은 연대와 집단적 방역 의지다.

6장

연대

인간의 선한 본능에서 자라난 희망

"세상 모든 악이 그렇듯이, 역병도 인간의 한계를 뛰어넘게 해주는 효과가 있소. 그렇지만 그 참상을 보고 나면, 광인이나 겁쟁이나 눈먼 자가 아니고서야 역병에 순순히 굴복할 사람은 없소."

알베르 카뮈, 『페스트』(1947)

2020년 3월 중순, 예일대학교의 대면수업이 취소된 후 학부생 리엄 엘킨드Liam Elkind는 맨해튼의 집에서 지내고 있었다. 범유행이 확산되는 가운데 사람들을 도울 방법을 찾던 그는 한 친구와 함께 보이지 않는 손Invisible Hands이라는 단체를 만들었다. 지역 내 고령자와 건강 위험군 주민들에게 식품과 기타 생필품을 배달해주는 것이 목표였다. 웹사이트가 문을 열자마자 자원봉사자들과 언론의 관심이 쇄도했다. 4일 만에 자원봉사자 1200명이 등록했다. 인터넷 사용이 어려운 이들에게도 소식을 전하려고 전단을 찍었고, 자원봉사자들이 여러 언어로 번역해 뉴욕시 곳곳의 건물에 붙였다. 이 단체는 한 달 만에 등록된 자원봉사자가 1만 2000명에 이르렀고, 4000건이 넘는 지원 요청을 처리했으며, 보조금을 받아 식품을 무상 지원하는 사업도 시작했다.[1]

전국 곳곳에서 이와 유사한 많은 단체가 행동에 나섰다.[2] 100년 이상의 역사가 있는 상호부조회들이 다시금 크게 부상했다. 한 예로 상호부조재난구호회Mutual Aid Disaster Relief라는 조직은 집단적·호혜적 보살핌과 평등한 사회관계라는 목표 아래 활동 중이다. "상호부조는 '자선이 아닌 연대'다. 상부의 어떤 기관에서 배급하는 것도 아니요, 돈 받고 직업적으로 하는 일도 아니다. 공감, 후의, 품위의 정신을 실천하는 활동이다"라고 이 단체의 웹사이트는 소개한다.[3] 또 미국코로나19상호부조회COVID-19 Mutual Aid USA처럼, 도우려는 사람과 도움이 필요한 사람이 모두 참고할 수 있도록 전국 각지의 상호부조단체 목록을 상세히 제공한 곳들도 있다.[4] 샌프란시스코의 한 라디오 방송국 웹사이트는 수많은 지역 내 상호부조단체로 연결되는 링크 수십 개를 제공했다. 링크를 클릭해 서식을 작성하면 식량, 의료, 세입자 권리, 임시 거처 등의 문제에 도움을 주거나 받을 수 있다.[5] 또 비슷한 예로 뉴욕시 상호부조회Mutual Aid NYC는 노인 돌봄, 배달 및 수송, 인터넷 및 전자기기, 정신건강, 안전, 반려동물 관리 등 카테고리별로 나누어 상호부조단체 정보를 제공했다.[6]

미국인들은 그 밖에도 푸드뱅크 기부 및 봉사, 쇼핑 돕기 등의 방법으로 이웃과 지역사회를 돕는 일에 나섰다. 시간을 내서 천 마스크를 만들기도 하고, 외로움에 힘들어하는 이들과 전화로 대화를 나눠주기도 했다. 여러 도서관에서는 직원들이 시설을 개조해 식사, 무료 와이파이, 개인보호장구 3D 프린팅 서비스를 제공하고 임시 노숙자 쉼터를 만드는 등 놀랄 만큼 다양한 서비스를 제공했다.[7] 사업주들 가운데는 출근하지 않는 직원에게도 급여를 계속 지급해 기업을 유지하고 직원들을 도우려 한 이들도 많았다. 여유가 되는 수많은 이들이, 그리고 여유가 없는 많은 이들도 자선 기부액을 늘렸다.

집에 갇혀 있던 대학생과 의대생들은 의료 종사자와 건물 관리인, 구내식당 종업원 등 병원 필수 근무자들의 가정에 아이 돌봄 서비스를 지원하는 활동을 조직했다. 미네소타주의 코비드시터스 CovidSitters라는 단체는 수백 명의 자원봉사자를 아이 돌봄이 필요한 가정에 연결해주었다.[8] 선례를 따라 곧 전국에서 비슷한 단체들이 생겨났다. 코로나19 관련 의료 종사자 가정의 아이 돌봄을 자원한 공립학교 교사 대니엘 챌피Danielle Chalfie는 "방역 최전선 근무자들은 도움이 절실하기에, 조금이라도 보탬이 되고 싶었다"라면서, "그분들이 밖에서 환자들을 볼 수 있도록, 내가 그분들 집 일을 봐주는 것"이라고 했다.[9]

2020년 5월 말에 시행된 설문조사에 따르면, 미국인 중 이번 범유행이 시작된 이후 지역사회의 다른 주민을 돕기 위해 돈이나 물품이나 시간을 낸 적이 있다고 응답한 비율은 37%, 지역 업체를 지원했다고 응답한 비율은 75%였다.[10] 또 연로하거나 병환이 있는 이웃의 집을 찾아가 봤다거나(43%), 다른 사람을 돕기 위해 감염 위험이 따르는 일을 했다고(17%) 응답한 사람도 많았다. 한편 지역사회 주민에게 도움을 청했다고 응답한 사람은 14%, 도움을 받았다고 응답한 사람은 16%였다.

미국인은 자선을 많이 하는 것으로 유명하다. 1831년에 프랑스 정치학자 알렉시 드 토크빌Alexis de Tocqueville은 저서 『미국의 민주주의De la democratie en Amerique』를 쓰기 위해 신생국 미국을 여행하며 자료를 수집하던 중 전국의 상호부조회를 보고 감탄을 금치 못했다고 한다. 적어도 이 점에서 미국은 지난 두 세기 동안 크게 변하지 않았다. 미국은 자선 기부액이 세계 1위인 나라로, 1인당 기부액이 유럽의 7배 이상이다. 미국의 부와 신앙심, 기부에 유리한 세제를 생각하면 놀랄 일이 아닌지도 모르겠다. 지리적·문화적 이웃인 캐나다조차도 미국의 자선 활동 규모에 비할 바 아니다. 더 놀라운 것은, 미국인의 자선 기부 중 개인 기부액이 차지하는 비중이 81%로, 재단(14%)이나 기업(고작 5%)의 기부액보다 훨씬 많다는 점이다.[11]

그러니 범유행 중 비열하고 이기적인 행동들 가운데서 범상치 않은 선행들이 나타난 것도 놀랄 일은 아닐 것이다. 2020년 3월에 미국인 1만 1000명을 대상으로 시행한 설문조사에서 46%의 응답자는 코로나19가 사람들의 좋은 면을 끌어내고 있다는 데 동의했는데, 이는 최악의 모습을 끌어내고 있다고 생각하는 사람과 비슷한 비율이었다.[12] 그리고 61%의 미국인은 동료 시민들의 선함과 이타성을 크게 믿는다고 응답해, 2018년에 조사된 비율과 차이를 보이지 않았다.[13]

그러나 전염병 유행기에 사람들이 보이는 선행은 평소와 다른 면이 있다. 선행 자체가 건강에 큰 위험이 될 수 있다는 점에서 그렇다. 허리케인이 휩쓸고 간 현장에 돈이나 시간이나 혈액을 기부하는 것과 집에 갇혀 있는 이웃에게 감염 위험을 무릅쓰고 식료품을 직접 배달해주는 것은 차원이 다르다. 전염병 유행기의 이타적 행동은 타인, 그것도 자신과 전혀 남인 타인의 필요를 자신의 필요보다 우선시해야 나올 수 있다. 이렇게 자신의 안위를 잊고 남을 보살피는 행동은 특히 의사, 간호사, 소방관, 교사처럼 약자의 필요를 우선시하는 훈련이 몸이 배어 있는 사람들에게서 나타난다.

작가 어니스트 헤밍웨이Ernest Hemingway는 제1차 세계대전 중에 그런 모습을 생생히 목격했다. 열아홉 살의 헤밍웨이는 구급차를 운전하다가 입은 부상에서 회복하던 중, 자신이 흠모하던 간호사 애그니스 본 쿠로스키가 스페인 독감으로 죽어가던 젊은 군인을 돌보는 모습을 지켜봤다. 헤밍웨이는 들끓는 가래에 숨이 넘어갈 듯 힘겨워하는 군인의 모습을 보고 적잖이 당황한 듯하다. 본 쿠로스키는 한 편지에서(그 편지에서 헤밍웨이를 '그 아이'라고 불렀다) 그 "다정하고", "사랑스럽고 미소를 머금은" 군인이 자신의 품에서 죽은 것에 깊은 상심을 표현했다. 그리고 후에 "훈련받은 간호사는 대개 자기 건강은 내팽개치고 남들 건강을 지키려고 애쓰는 것으로 유명하다"라고 말하기도 했다.

헤밍웨이는 그녀의 이타심과 용기에 감동하여 그 사건을 토대로 제목 없는 단편소설 하나를 쓰기도 했다. 소설의 화자는 이렇게 고백한다.

인플루엔자로 사람이 죽는 모습을 처음 본 것이었으니 소름이 끼쳤다. 두 간호사가 그의 몸을 씻겼고, 나는 내 방으로 돌아와 얼굴과 손을 씻고 입을 헹구고는 침대에 다시 누웠다. 씻기는 일을 도와주겠다고 했지만 간호사들은 괜찮다고 했다. 방에 혼자 있으니 코너가 죽던 모습이 생각나서 너무 무서웠고 잠이 오지 않았다. 나는 무서워 어쩔 줄 몰랐다. 얼마 후 내가 흠모하는 간호사가 문을 열고 방에 들어와 내 침대로 왔다.[14]

화자는 자기에게 병을 옮길까 봐 사랑하는 사람이 옆에 오는 것도 겁을 낸다. 그녀가 "겁나서 나한테 입도 못 맞추네"라고 하자 걱정을 털어놓는다. 잠깐의 정적 후에 간호사는 "도움이 되기만 했다면 [환자의 점액을] 튜브로 다 빨아냈을 것"이라고 한다.

그러나 '평범한' 사람들도 위험을 무릅쓰고 사회에 보탬이 되고 싶어 하는 마음이 있다. 한 예로, 코로나19에 걸렸다가 회복한 후에 병원에 다시 와서 항체 치료에 필요한 혈액을 기증한 사람도 많다 (이에 대해서는 뒤에서 자세히 다룬다). 코로나19로 특히 큰 피해를 본 브루클린의 하시디즘 유대인들이 이 일에 가장 많이 참여한 것으로 조사됐다. "뉴욕시의 정통파 유대인들이 단연 가장 크게 기여한 집단"이었다고 연구자는 밝혔다. 뉴욕의 혈액은행들에 혈액이 충분히 확보되자, 폐쇄적인 집단으로 이름난 이 공동체의 유대인들은 한밤중에 차로 펜실베이니아주와 델라웨어주까지 가서 혈액을 기증했다. 필요한 경우엔 안식일에 타지로 이동해도 좋다는 허락을 랍비에게서 받은 후였다. 한 기증자는 "우리가 회복한 건 하느님의 선물이라고 생각합니다. 저희 모두는 이 항체라는 선물을 받은 사람들이니, 잘 활용해서 생명을 살리고 싶습니다"라고 밝혔다.[15]

마스크를 쓰는 행위도 어떤 면에서는 선행이다. 더군다나 선의가 보답을 받는다는 보장도 없다. 심지어 미국 일부 지역의 매장과 식당에서는 마스크 착용자의 입장을 금지하기도 했는데, 마스크 착용을 피해망상이라거나 자유에 반하는 반미국적 태도라고 오해했기 때문이다. 한 술집 주인은 "순한 양 같은 손님은 받기 싫다"라고 했다.[16] 그러나 마스크 착용은 이타적인 행위다. 3장에서 살펴봤듯이, 마스크를 착용함으로써 착용자 본인이 보호받는 효과는 대개 제한적이기 때문이다.

이 같은 선행, 연대, 협동은 코로나19 때만 나타난 것이 아니다. 역사를 통틀어 사실상 모든 전염병 유행기에 인간은 그런 모습을 보였다. 1954년에 소아마비를 앓았던 앤 핑거는 입원했을 때 동네 이웃들에게서 엄청난 성원을 받았다. 워낙 선물을 많이 받아서 "모래 속에 목까지 파묻힌 것 같았다"라고 했다. 휘발유를 사러 간 그녀의 아버지는 "벌써 다 해결해뒀어"라는 말을 들었다.[17]

전쟁이나 기근 또는 허리케인과 지진 같은 자연재해 때는 사람들이 함께 모일 수 있지만, 유행병은 집단적 재해이면서도 개별적으로 겪어내야 한다. 보이지 않는 어떤 힘이 우리를 물리적으로 갈라놓는다. 과거 수백 년간 유행병이 돌 때 사람들은 집에 틀어박혀 이웃과 친구들을 피했고, 심지어 홀로 죽기도 했다. 또 앞서 살펴봤듯이 유행병은 우리의 어두운 성향을 자극하여 공포, 분노, 비난을 부추길 수 있다. 하지만 유행병은 함께 뭉칠 기회를, 아니 반드시 뭉쳐야 하는 상황을 제시하기도 한다. 유행병은 우리 모두의 취약성과 인간다움을 고스란히 드러내준다. 다른 집단적 재해처럼 유행병에 맞설 때도 연대가 필요하다. 다행히도 인류는 유익한 특성들을 발전시켜왔다. 바로 사랑, 협동, 교육이다.

○——→

누군가와의 사랑이나 교감이 있으면 고통도 더 참을 만해진다. 실험을 해보면 무언가 고통스럽거나(집게손가락을 강하게 누르는 등) 스트레스를 유발하는(한쪽 발을 얼음물에 담그고 있는 등) 일을 참아야 할 때, 배우자가 옆에 있으면 더 잘 참는 것으로 나타난다. 사랑이 주는 통증 및 스트레스 완화 효과는 연인이나 배우자를 생각하는 것만으로 발동되기도 한다.[18] 위기 속에서 유지하는 연인 간의 사랑은 더없이 귀중한 힘이 될 수 있다. 역사학자 미리엄 슬레이터Miriam Slater는 어릴 적 어느 부부에게서 들은 이야기를 생생히 기억한다. 부부는 제2차 세계대전 중 수용소에서 만나 사랑에 빠졌다. "두 사람은 수용소에서 서로 떨어지게 됐다. 아저씨는 몰래 빠져나가 울타리로 갔고 … 아줌마도 울타리로 와서는 울타리를 사이에 두고 서로 만났다고 했다. 나는 '많이 위험했을 텐데 어떻게 그러셨어요?' 하고 물었다. 아저씨가 말했다. '그러다가 나치 놈들한테 걸리면 흠씬 두들겨 맞았지. 하지만 그래도 보고 싶은 마음이 더 컸어.'"[19]

재난심리학 분야의 연구 결과에 따르면, 자연재해와 인공재해가 동반자 관계에 미치는 영향은 구체적 상황에 따라 크게 다르다. 재해로 인한 실직이나 우울증 같은 경제적, 정신건강적 문제는 결혼 생활의 불안정을 초래하는 직접적 요인이 될 수도 있다. 하지만 배우자의 지지에 의존해 위험한 시기를 버티는 사람들도 있다. 죽음의 그림자가 점점 눈앞에 다가올 때, 사랑하는 이들과 더 친밀감을 나눔으로써 죽음의 두려움에 맞서는 인지적·물리적 완충막을 만들려고 하는 건 극히 자연스러운 현상이다. 한 예로, 학부생들을 대상으로 한 실험에서 자신의 생명이 유한하다는 사실을 의식적으로 생각하게 만드는 질문('나 자신의 죽음을 생각하면 어떤 감정이 드는지 간단히 적어주십시오', '내 몸이 죽는 순간, 그리고 내 몸이 죽은 후, 어떤 일이 일어난다고 생각합니까?' 등)을 받은 피실험자들은 정서적으로 중립적인 집단, 그리고 신체적 고통에 집중한 집단보다 연인에게 헌신하려는 마음이 더 강해지는 반응을 보였다.[20]

위기 중에는 높아진 친밀감뿐 아니라 실질적인 이유에서 결혼하려는 사람들도 생긴다. 2020년 3월, 세계적으로 이동이 봉쇄되기 전날, 컬럼비아대학교 우주공학과에 다니는 나탈리 하거와 미하일 카라세프는 깊은 연인 관계였지만 가슴 아픈 이별을 앞두고 있었다. 독일 시민권자인 하거는 베를린의 집으로 떠날 예정이었으나, 러시아 시민권자인 카라세프는 유럽연합 입국이 금지되어 있었다. 두 사람은 해결책을 힘겹게 모색한 끝에 시청에서 약식 결혼식을 올리기로 했다. 카라세프는 그러고 나서도 무수한 난관 끝에 독일 거주 허가증을 발급받았고, 부부는 베를린으로 함께 떠날 수 있었다. 21세의 카라세프는 결혼을 서두르지 않아야 할 이유가 없었다고 말했다. "저는 일생을 정말 이 사람과 함께하고 싶어요. 결정이 이른 감은 있었지만, 우리가 함께할 방법은 이것밖에 없었어요."[21]

과거에도 재난이 지나가고 난 후에는 결혼율이 급상승했다. 재난 시기에는 낭만적인 감정이 증폭되는 효과가 있을 수 있는데, '자극 원인 착오misattribution of arousal'라는 현상 때문이다. 감정적 자극 또는 더 나아가 신체적 위험을 낭만적 흥분으로 혼동하는 현상이다.[22] 한 예로 1989년에는 4등급 규모의 허리케인 휴고가 사우스캐롤라이나주를 강타하여 60억 달러의 재산 피해를 내고 전체 가옥의 40%에 피해를 끼쳤는데, 그해에 주 전체 결혼율이 현저히 상승했다(1000명당 0.70건이 높아졌는데, 얼마 안 되는 것 같지만 매우 큰 차이다). 그때까지 20년 이상 꾸준히 하락하던 결혼율 추이가 잠깐 뒤집힌 것이다. 출생률도 1990년에 10만 명당 41명의 순증가를 보였고, 재난 지역으로 선포된 주 내 24개 카운티에서는 출생률이 특히 현저히 높아졌다.[23] 두 차례 세계대전 때도 전쟁 초반에 결혼 건수가 늘었고, 전후에는 급증했다. 미국이 제2차 세계대전에 참전한 직후인 1942년에 미국의 결혼율은 역대 최고를 기록했고(1000명당 13.1건), 전쟁이 끝난 후 1946년에는 정점에 이르렀다(1000명당 16.4건). 제2차 세계대전 중에는 통상적인 경향보다 적거나 많은 나이에 결혼하는 사람들도 늘었다.[24] 심리치료사 에스터 퍼렐Esther Perel이 말한 것처럼 위기는 "관계를 가속하는 요인"인지도 모른다. 위기 시에 행복한 커플은 관계가 더 굳건해지고, 불행한 커플은 갈라서는 경향이 있다.[25]

반면 사우스캐롤라이나주의 이혼율 역시 허리케인 휴고가 지나간 후 현저히 높아졌고, 재난 지역으로 선포된 24개 카운티에서 증가율이 가장 컸다.[26] 이혼은 과거 전쟁 시기에도 늘어나곤 했다. 이혼율은 제2차 세계대전 직후인 1946년에 정점에 이르러 인구 1000명당 4.3건을 기록했고, 1948년에는 다시 2.8로 떨어졌다. 이혼율은 베트남전쟁(1965~1973) 중 그리고 전쟁 직후에도 증가

했다.[27]

이렇게 재난과 애정 관계의 연관성은 복잡하니, 코로나19가 애정 관계의 시작이나 지속에 미치는 효과도 아직은 판단하기 이르다. 한 예로, 가정폭력은 2020년 봄 외출금지령이 내려졌던 시기에 급증한 것으로 보인다. 전체 범죄는 25% 감소한 것으로 추정되는 반면, 가정폭력은 미국의 5개 대도시에서 5% 이상 늘어났다.[28] 시카고에서는 자택대피령이 내려진 기간에 가정폭력 신고 건수가 2019년 동 기간보다 7% 늘었다.[29] 하지만 뉴욕시에서는 가정폭력 신고 건수가 전년보다 15% 줄었는데, 운동가들은 시에 철저한 이동 제한령이 내려진 상황에서 가정폭력 피해자가 학대를 신고할 기회나 여건이 안 됐을 수 있다며 우려했다. 더모트 시어Dermot Shea 뉴욕시 경찰국장은 "사례는 발생하고 있는데 신고가 되지 않는 것 같다"라며 우려를 표했다.[30]

그런가 하면 범유행은 또 다른 형태로도 연애에 영향을 미쳤다. 코로나19로 인해 옛 연인에 대한 애정과 친밀감이 다시 커진 듯한 사례들이 등장했다. 누구나 평소보다 외로움을 많이 느끼고 있으니, 자가격리 중인 사람들이 문자나 SNS로 옛 연인에게 연락하는 일이 늘어나는 것도 이상할 게 없다.[31] 소셜미디어 콘텐츠 생산과 이용 빈도의 증가, 신체적 거리두기로 인한 연애 욕구 좌절, 고통스러운 시기에 삶을 되돌아보는 현상 등의 요인이 모두 옛 연인들이 '뜬금없이 소환되는' 경향에 일조하고 있는지도 모른다.[32]

데이트 중계 사이트 매치닷컴Match.com에서 2020년 4월에 회원

6004명을 대상으로 실시한 설문조사에 따르면, 코로나19 이전에 영상 채팅으로 데이트를 해본 싱글은 6%에 불과했지만, 코로나19 이후에는 69%가 연애 상대를 사귀기 위해 영상 채팅을 해볼 용의가 있다고 응답했다. 코로나19가 연애 과정을 더디게 만드는 효과가 있어서 커플들이 시간을 두고 서서히 안정적으로 사랑을 키워가게 되므로, 범유행이 끝난 후 안정적인 결혼 생활을 하는 부부가 늘어나게 될지도 모른다.[33]

자연인류학자 헬렌 피셔Helen Fisher에 따르면, "범유행 시기에 싱글들은 두려움과 희망 등 마음속 깊은 생각을 훨씬 많이 드러낼 테니 서로 상대에 대해 중요한 사실들을 더 빨리 알게 될 것"이라고 한다. 그렇게 속내와 약한 모습을 상대에게 드러내면 친밀감, 애정, 헌신 의지가 더 높아질 수 있다.

한편 단지 성적인 만남을 추구하는 사람들을 위해서는, 뉴욕시 보건국에서 상당히 독창적인 조언을 해주기도 했다. 보건국은 범유행 시기의 안전한 성관계를 위한 교육자료를 놀랄 만큼 솔직하고 쾌활하게 제공했는데, 그룹 섹스를 할 때는 "가급적 넓고 트여 있고 환기가 잘되는 공간을 선택"하라고 권했고, 두 사람 간에 행위를 할 때는 "다양한 체위와 벽 등의 장애물을 창의적으로 활용"하라고 조언했다.[34]

신체적 거리두기를 모두가 적극적으로 준수해야 하는 범유행기에, 교감과 협동이라는 인간의 타고난 능력이 시험대에 올랐다. 긴밀한 접촉을 자제한다는 것은 인간의 본성에 어긋나지만, 우리가 조화로운 협력으로 위기에 맞서나가는 모습에서는 인간의 대단히 진화된 또 다른 역량이 드러난다. 사람들이 각자 떨어져 있는 상황인데도 한데 힘을 모아 강력한 상징적 의미를 띠는 방식으로 범유행에 대응한 사례들이 수없이 많다.

내가 가장 감명받은 사례 하나는 2020년 3월 말에서 4월 초 사이에 있었던 일이다. 집에 격리된 오케스트라 단원들이 각자 맡은 교향곡 파트를 연주했고, 각각의 영상을 합쳐 아름다운 교향곡 연주를 만들어냈다. 이렇게 뉴욕 필하모닉 단원들이 라벨의 〈볼레로〉를 연주한 영상은 많은 사람의 눈물샘을 자극했다. 사회적 동물인 인간은 서로 떨어져 있어도 협동할 수 있는 존재임을 완벽히 예증한 사례다. 세계 각지의 평범한 주민들도 같은 장면을 연출했다. 서로 떨어진 채로 각자 집 발코니에서, 거리에서 합동 공연을 보여주었다. 아예 즉흥적으로 공연을 만들어내기도 하는 모습에서는 인간의 협동 본능이 더욱 여실히 드러났다.

신체적 거리두기와 자택대피의 핵심은, 여기에 참여하는 주된 목적이 **자신을** 위한 것이 아니라 **서로를** 위한 것이라는 점이다. 그 점을 사람들이 온전히 이해하는 데에는 시간이 좀 걸렸다. 범유행 초기에는 평소처럼 일상을 영위하고 바이러스 따위 겁내지 않는 태도를 보이는 것이야말로 용감하고 이타적인 행동이라고 생각하는 사람이 많은 듯했다. 일부 정치인도 그런 자세를 취했다.

2020년 3월 말 범유행이 텍사스주로 번지기 시작할 무렵, 댄 패트릭Dan Patrick 부지사는 텍사스 특유의 호기를 부리면서 지역사회의 경제난을 막기 위해 고령자들이 죽음을 감수할 용의가 있을 것이라는 주장을 했다. "아무도 제게 이렇게 묻는 사람은 없었습니다. '당신은 고령자로서 생사의 위험을 감수함으로써 당신의 자녀와 손주들을 위해 미국의 소중한 가치를 지킬 수 있다면 그럴 용의가 있는가?' 그럴 수 있다면 전 기꺼이 그렇게 하겠습니다." 그는 이렇게 덧붙였다. "제가 숭고하거나 용감한 사람이라서 그러는 건 아닙니다. 이 나라에 저 같은 조부모들이 많으리라고 생각할 뿐입니다. … 우리가 무엇보다 아끼고 사랑하는 건 아이들이지 않습니까. 저도 물론 현명하게 처신하고 싶고, 살아서 유행의 끝을 보고 싶습니다. 하지만 나라 전체가 희생하는 건 원치 않습니다. 그런데 지금이 그런 상황으로 보입니다."[35] 자신을 희생하고 심지어 죽음을 감수할 뜻이 있는 사람이 많으리라는 생각까지는 이해하지만, 그 말은 일의 경중이 뒤바뀐 것 같다. 다른 걸 차치하고서라도, 고령자가 자신의 가족을 위해 위험을 감수하겠다고 결심하는 것과 정부가 그런 결정을 강요하는 것은 전혀 다른 얘기다.

그 발언이 나왔던 즈음에 나는 뉴햄프셔주의 성공회 성직자들 앞에서 강연을 해달라는 요청을 받았다. 목회의 성격을 논의하고 교회를 계속 열어야 할지를 의논하는 자리였다. 성직자들은 기본적으로 교회를 열어야 한다는 생각이었다. "예수님이 [병자를 포함해] 모든 사람을 환영한 것처럼" 그래야 한다고 했다. 동기는 달랐지만 그 목표는 모두 같았다. 그러나 나는 코로나바이러스 상황에서 타인을 배려하는 행동은 병의 확산에 일조하지 않도록 힘쓰는 것이라고 설명했다. 진정 이웃을 돕고자 한다면 집에 있어야 한다고, 서로 간의 접촉을 줄이는 행동은 이기적인 행동도 아니고 소심한 행동도 아니라고 했다.

집 안에 틀어박혀 있는 행동이 곧 선행이라고 설득하는 건 좀 묘하게 느껴지기도 한다. 그래도 사람들은 신체적 거리두기의 주목적이 타인 돕기라는 걸 알게 되면 더 기꺼이 따르는 경향을 보였다.[36] 인간은 자신의 이익을 초월할 줄 아는 도덕적 행위자니까. 한 예로, 어떻게 하면 공중보건 메시지의 효과를 높일 수 있는지 살펴본 연구가 있다. '이렇게 하면 코로나바이러스에 **옮는** 걸 피할 수 있다'와 '이렇게 하면 코로나바이러스를 **퍼뜨리는** 걸 피할 수 있다', 둘 중 어떤 메시지가 더 효과적일까? 공공의 이익을 강조한 메시지가 개인적 위협을 강조한 메시지 못지않게 효과적이고, 때로는 더 효과적인 것으로 나타났다. 이 결과는 사익 추구뿐 아니라 공익 침해 우려가 예방접종의 동기가 된다는 것을 보여주는 또 다른 연구 결과와도 부합한다.[37]

의사 경력 초반기에 나는 호스피스 의사로 일하면서 죽음을 앞둔 환자들 집을 방문해 마지막 희망과 걱정을 들을 귀중한 기회가 많이 있었다. 가장 일관되게 반복하여 나오는 우려 한 가지는 자신의 죽음이 가족들에게 미칠 영향이었다. 중병으로 살날이 몇 주나 몇 달

밖에 남지 않은 환자는 가족을 덜 힘들게 해주려고 화학요법을 줄이거나 중단하는 선택을 내리곤 했다. 방사선치료 때문에 가족 중 누군가가 자신을 날마다 차에 태우고 다닐 일을 걱정하거나, 힘든 부작용이 있는 약물치료를 포기하고 싶어 했다. 자기의 고통 때문이 아니라 가족의 고통을 피하기 위해서였다. 임종을 앞둔 환자들은 자신의 죽음보다는 배우자가 애통해할 일이 걱정된다고 했다.

사회비평가 리베카 솔닛Rebecca Solnit이 주장했듯이, 지진이나 허리케인이나 폭탄 테러 등의 큰 재해가 지나간 후에 사람들은 이타적 행동을 보인다. 가족과 친구뿐 아니라 이웃이나 전혀 모르는 사람 등 주변 사람을 보살피는 일에 나선다. 재난 중에 사람들은 사납고 야만적이며 이기적인 모습을 보일 거라고 흔히 생각하지만, 한데 뭉쳐 공동의 난관에 맞서는 경우도 많다. 아니, 그런 경우가 일반적이라고 생각한다. 2003년에 허리케인이 캐나다 노바스코샤주 헬리팩스를 강타한 후 한 남성은 솔닛에게 이렇게 말했다. "이튿날 아침 일어나보니 세상이 바뀌어 있었어요. … 전기도 안 들어오고, 문을 연 상점도 없고, 방송이나 통신도 전혀 이용할 수 없었어요. 그래서 사람들이 다 거리로 쏟아져 나와 주위를 살폈지요. … 다들 서로 모르는 사람들이었지만 얼굴을 보니 왠지 마음이 밝아졌어요."[38] 사람들은 합심하여 공동 조리시설을 차리고 노인들을 보살폈다. 그러면서 새로운 사회적 관계를 맺어나갔다.

물론 이기적이고 폭력적인 행동도 일어난다. 사람들은 혼란을 틈타 저마다의 잇속을 채운다. 해묵은 원한을 갚기도 하고 취할 수 있는 것을 취해 이익을 챙기기도 한다. 솔닛은 허리케인 카트리나가 휩쓸고 간 현장에서 그런 이야기들을 접했다. 과거 역병의 기록들도 그런 인간의 본성을 고스란히 보여준다. 사람들은 친구를 내팽개치고, 이방인을 탓하며 화형에 처하고, 병자의 집을 약탈하곤 했다. 하지만 극도의 혼란과 이기심의 횡행은 일반적이라기보단 예외적 현상이다. 재난 생존자들은 공동체를 형성해 서로 돕고, 연대의식이 더 강해지는 것이 보통이다. 이 현상을 스탠퍼드대학교 심리학 교수 자밀 자키Jamil Zaki는 '재난 동정심catastrophe compassion'이라고 불렀다.[39] 사람들에게 이런 단결심과 선행 욕구가 있기에 재난 구역 바깥에서까지 기부와 자원봉사의 손길이 쇄도하기도 한다.

재난 속에서 사람들은 정체감을 더 많이 공유하게 되는 경우가 매우 흔하고, 이는 협력 행동과 선의를 낳는 강력한 원천이 된다. 그렇게 되는 한 가지 이유는, 모든 사람이 같은 위험에 놓이면 기존의 구분이 사라지면서 많은 사람이 '우리'의 범주에 들어오기 때문이다. 모두가 같은 문제를 맞닥뜨린 집단의 일원이 되는 것이다. 이렇게 공동의 역경 속에서, 어쩌면 무엇보다 중요한 구분이 생겨난다. 나와 같은 위협을 직면한 사람과 그렇지 않은 사람의 구분이다. 그러면 같은 집단의 일원을 우호적인 시선으로 바라보는 본능적 성향이 발동되고, 자연히 그들에게 잘 대해주려는 마음이 일게 된다.

범유행 시기에 흔히 나타나는 또 한 가지 경향도 동질감을 강화하는 데 기여한다. 이는 서로 비슷하게 느끼는 두려움, 부정적 감정, 취약감 등을 터놓고 이야기하려는 경향이다. 보통은 잘 모르는 사람과는 그렇게 하지 않기 마련이다. 남에게 폐가 될까 봐 또는 자기를 나쁘게 볼까 봐 걱정되기 때문이다. 하지만 누가 봐도 모든 사람이 같은 처지이고 같은 두려움을 안고 있다면, 자기 상황을 터놓기가 그리 어렵지 않다. 그렇게 하기 시작하면 신뢰와 연대감이 쌓이고, 사람들이 더 긴밀한 끈으로 묶이면서 서로 돕기도 더 쉬워진다.

전염병 범유행은 토네이도 등 비교적 국지적인 재해와 달리 개인에서 개인으로, 집단에서 집단으로 번지는 파급효과가 더 쉽게 일어난다. 바이러스는 경계를 따지지 않는다. 그러니 몇몇 사람들이 무모하게 마스크를 쓰지 않고 다니면 규칙을 지키는 시민들에게도 심각한 여파를 미친다. 버몬트주의 한 소도시에서는 이웃 뉴욕주에서 오토바이 운전자 무리가 마스크를 쓰지 않고 들이닥치는 통에 평소 외지인에게 친절한 주민들이 격분하기도 했다. 그렇기에 한 주에서 신체적 거리두기 수칙을 완화하면 다른 지역도 모두 영향을 받는다. 휴대전화 이용자 2200만 명의 데이터를 분석한 연구 결과, 한 카운티에서 외출금지령을 발령하면 그 카운티와 교류가 많거나 지리적으로 가까운 다른 카운티의 주민들도 집에 머무르는 효과가 강하게 나타났다.[40]

이 같은 파급효과를 잘 관리하려면 협력 정신이 필수다. 하지만 연방정부의 지도력이 약하고 주마다 제각기 방역 방침이 난무하는 미국과 같은 상황에서는 협력이 특히 어려울 수밖에 없다. 조직적인 방역이 이루어지지 않는다면, 인터넷에서 누군가가 논평한 것처럼, 수영장 한구석을 소변 구역으로 지정하고 수질이 잘 관리되길 바라는 것과 다르지 않다.

이타적 행위는 (너무 힘든 행위가 아니라면) 대개 행위자의 주관적 행복감과 전반적 정신건강을 증진해준다. 예컨대 자원봉사는 우울 감과 불안을 낮춰주는 효과가 있다.[41] 이타적 행위와 인간 심리의 이 같은 연관성은 감염 우려와 사회적 고립 등으로 정신건강 저하가 우려되는 코로나19 유행기에 특히 더없이 중요한 의미가 있다.[42] 다 시 말해, 이타적 행위와 협동은 4장에서 살펴봤던 여러 부정적 감정 에 대한 해독제가 된다.

○——→

이번 범유행 중에 주목받은 이타적 행위 중 하나는 의료 종사자 들(그리고 비교적 주목을 받지 못하는 마트 점원, 버스 운전사 등)이 직접 위험을 감수한 행위였다. 앞서 살펴봤듯이, 수천 년 동안 유행병이 돌 때면 늘 나타났던 현상이다. 기원전 430년 아테네 역병 때 고대 그리스의 역사가 투키디데스는 이렇게 말했다.

의사도 제대로 된 치료법을 알지 못하여 처음에 아무 도움이 되지 못 한 것은 마찬가지였으되, 의사는 더없이 빈번히 목숨을 잃었으니, 병 자를 누구보다 자주 찾아갔기 때문이다.[43]

14세기에 흑사병이 유행할 때 수도사이자 사학자였던 장 드 베네트Jean de Venette는 이런 기록을 남겨, 20세기에 헤밍웨이가 흠모했던 간호사를 떠올리게 한다.

20명 중 2명도 채 살아남지 못한 곳이 많았다. 사망자가 워낙 많아, 한동안은 파리의 오텔디외병원에서 '무고한 순교자' 묘지로 매일같이 시신이 500구 이상 수레에 실려 나가 묻혔다. 오텔디외의 성스러운 수녀들은 죽음을 두려워하지 않고 상냥하고 더없이 겸허하게 일했으며 세속적 품위를 신경 쓰지 않았다. 수없이 많은 수녀가 죽음으로써 새 삶에 이르렀으며 지금 예수님과 함께 쉬고 있을 것으로 누구나 경건하게 믿는다.[44]

의료 종사자들도 전염병 확산기에 자신들이 처한 상황을 잘 알았다. 사스, 메르스, 에볼라, 인플루엔자, 코로나19에 이르기까지 각종 유행병에 맞서 싸웠던 의사와 간호사들을 조사한 59건의 결과를 종합한 연구가 있다.[45] 감염 의심 환자와 접촉한 의료 종사자는 정신적 고통과 외상 후 스트레스 장애PTSD를 더 높은 수준으로 호소했다. 부정적 심리 상태를 겪을 수 있는 위험 요인으로는 젊은 나이, 어린 자녀, 병원 측의 실질적 지원 부재 등이 있었다. 보호장비 부족은 특히 큰 스트레스 요인이었다. 자원한 것이 아니라 의무적으로 투입된 경우 부정적 심리 상태가 더 빈번히 나타났다(앞서 소개한 2003년 홍콩 프린스오브웨일스병원 사례에서는, 그 때문에 의사들에게 자원해달라고 요청했다). 또 죽음을 눈앞에서 빈번히 목격하는 것 역

시 매우 고통스러울 수 있다. 이는 나도 잘 아는 사실이다.[46]

2020년 3월 중순, 우려했던 것처럼 의료 종사자들의 진료 중 감염으로 인한 사망 사례가 보도되기 시작했다.[47] 미국에서는 2020년 6월 기준 600명에 이르는 의료 종사자가 사망했다.[48] 중국과 이탈리아, 브라질 등 다른 여러 나라에서도 의료체계의 압박이 과중해지면서 많은 간호사와 의사가 사망했다.[49] 전 세계 의료 종사자의 사망 현황을 업데이트하는 웹사이트도 생겼다. 2020년 5월 1일 기준, 64개국 의료 종사자 1000명 이상의 명단이 웹사이트에 게시됐다. 희생자는 젊은 의대생에서 은퇴 후 현장에 복귀해야 했던 의사에 이르기까지, 나이로는 20세에서 99세까지 다양했다.[50] 명단을 읽는 것만으로도 큰 울림이 있다. 그중 몇 명만 여기에 이름과 소속을 실어본다. 베네수엘라 카라카스대학병원 류머티즘내과 교수 이사크 아바디Isaac Abadi(84세), 이탈리아 크레모나 전염병 전문의 루이지 아블론디Luigi Ablondi(66세), 영국 런던 노스이스트런던 신탁재단 의사 마무나 라나Mamoona Rana(48세), 미국 루이지애나주 뉴올리언스 툴레인의료센터 설비운영정비기사 앨빈 샌더스Alvin Sanders(74세), 미국 오하이오주 데이턴 크로스로즈 호스피스 간호사 엘린 슈라이너Ellyn Schreiner(68세), 미국 뉴욕시 벨뷰병원 신생아집중치료실 간호사 수전 시즈군도Susan Sisgundo(50세), 미국 코네티컷주 브리지포트병원 폐질환·중환자의학 전문의 아서 투레츠키Arthur Turetsky, 이란 토르바테 헤이다리에 마취과 전문의 에산 바파카Ehsan Vafakhah(38세), 중국 우한 후베이신하우병원 이비인후과 전문의 량

우둥梁武東(62세). 그 밖에도 수많은 이들의 이름이 실렸고, 그중에는 성 없이 이름과 소속 병원만 알려진 이들도 있었다.

의료 종사자 감염 및 사망 건의 상당수는 개인보호장구가 없어서 위험에 노출된 채 근무해야 했던 것이 직접적 원인이다. 내가 1990년대 HIV 유행기에 의사로 일할 때, 의료 종사자들은 환자의 피를 뽑거나 HIV 양성 환자를 치료할 때 위험을 감수해야 했다. 피와 체액이 몸에 튈 때도 있었으니, 감염이 걱정된 게 사실이다. HIV는 SARS-2에 비해 의료 환경에서 전파될 가능성이 그리 크지는 않았지만, 당시 치명성은 더 높았다. 그러나 그런 위험은 늘 의사가 하는 일의 일부였다. 환자 치료는 그저 직업이 아니라 소명이다. 다만 그때 우리는 위험을 줄여줄 장비를 제대로 갖추고 있었다는 게 큰 차이였다.

반면, 코로나19 범유행 초기에 미국의 의사와 간호사, 응급구조사들은 충분한 보호장비 없이 그런 위험을 감수해야 했다. 상황이 워낙 참담했기에, 미국 전역의 소프트웨어 기술자와 의사들이 힘을 합쳐 www.GetUsPPE.org라는 웹사이트를 만들어 개인보호장구 요청자와 기증자를 연결해주는 일에 나섰다. 2020년 5월 2일 기준으로 50개 주에서 총 6169건의 요청이 올라왔는데, 병원·외래 진료소·요양시설이 수요처의 대부분을 차지했다. 의료기관과 의료 종사자들이 특히 절실하게 찾은 것은 N95 마스크로, 요청 건수의 74%를 차지했다.[51]

코로나19 1차 파동기에 미국 의료 종사자들은 노동부 산하 산업

안전보건청에 4100건의 민원을 제기했다. 개인보호장구 부족과 관련된 '사망 조사'가 최소 275건 있었고, 6월 30일 기준 산업안전보건청에 안전 관련 민원이 이미 접수된 작업장에서만 35명의 의료 종사자가 사망했다.[52] 뉴저지주 클라라마스 의료센터에서 간호사로 일하던 바버라 버치너Barbara Birchenough(65세)는 3월 25일에 딸에게 이렇게 문자를 보냈다. "중환자실 간호사들이 쓰레기봉투로 가운을 만들었어. 혹시 모자랄까 봐 아빠가 큰 쓰레기봉투를 구해준댔어." 그리고 같은 날 다시 문자를 보내 기침과 두통 증상이 있고 코로나19 양성 환자 6명과 접촉이 있었다면서, "의료진을 위해 기도해줘. 물품이 다 떨어져 가고 있어"라고 했다. 4월 15일 그녀는 코로나19로 사망했다.

대형 병원에서 내놓은 절박한 공고문들을 읽어보면 무척 안타까워진다. 예를 들어 예일뉴헤이븐병원과 다트머스히치콕 의료센터에서는 지역 주민들에게 집에 챙겨놓은 개인보호장구가 남는 사람은 지원해달라고 호소했다. "아무리 작은 기증도 의미가 있습니다"라는 문구로 다트머스히치콕 의료센터의 공고문은 끝을 맺었다.

○———→

타인을 도와야 한다는 의무는 인간 본능의 일부이며, 인류가 지금까지 생존할 수 있었던 것도 이타행위자와 무임승차자 사이의 절묘한 균형 덕분이었다. 남을 이용해 제 잇속을 차리는 사람도 있지만,

불길에 휩싸인 건물로 뛰어들어 사람을 살리는 이들도 있었다. 긴 세월에 걸쳐 인간은 사회적으로 살게끔 진화했고, 협력 본능은 결국 다른 본능을 밀어냈다. 하지만 진화 측면에서 볼 때, 집단적 위협에 대응하는 인간의 행동에는 협력보다 더 근본적인 무언가가 작용하고 있다. 범유행이 닥쳤을 때 우리가 어떻게 대처해야 할지 알고 있었다는 사실 자체에서 인간의 또 한 가지 비범한 능력이 드러난다. 그것은 바로, 가르치고 배우는 능력이다.

동물은 대부분 자신의 주변 환경에 대해 학습할 수 있다. 바닷속 물고기는 빛이 있는 쪽으로 가면 먹이가 있다는 사실을 학습할 줄 안다. 이런 학습을 '독립적 학습independent learning' 또는 '개별적 학습individual learning'이라고 한다. 유인원, 돌고래, 코끼리 등 일부 동물은 서로를 지켜봄으로써, 즉 모방과 관찰을 통해 학습할 줄 안다. 이런 학습을 '사회적 학습social learning'이라고 한다. 사람은 불에 손을 넣어보고 뜨겁다는 걸 **독립적으로** 학습할 수도 있고, 다른 사람이 그러는 걸 보고 그러면 안 된다는 걸 **사회적으로** 학습할 수도 있다. 아무 비용을 치르지 않고도 거의 비슷한 수준의 지식을 얻는 것이다. 또 누군가가 숲에서 빨간 열매를 따 먹고 죽으면, 그걸 지켜보고 그러면 안 된다는 걸 학습한다. 이 같은 사회적 학습은 그 효율이 엄청나다.

그러나 사람은 단순한 모방보다 더 획기적인 것도 할 수 있다. 서로에게 무언가를 적극적·의식적으로 **가르칠** 수 있다. 사람은 일부러 나서서 정보를 다른 사람에게 전달한다. 인간이 문화를 형성하고, 유용한 지식을 축적하여 널리 공유하고, 과거에서 배울 수 있는 것은 교육 덕분이다. 그런 교육은 동물계에서 매우 드물게 관찰되지만, 인간에게는 보편적이다.

인간은 북극 툰드라에서 바다표범을 사냥하고 아프리카 사막에서 우물을 파는 등 실로 다양한 환경에서 생존해왔지만, 신체적 적응이 생존에 기여한 부분은 그리 크지 않다. 예컨대 최북단 지역에 사는 사람들은 체지방량이 많고 키가 작아 열량을 보존하는 데 유리하긴 하다. 하지만 인간이 그 연약한 몸만으로는 적응하기 어려운 험난한 환경에서 살아갈 수 있었던 이유로 훨씬 더 중요한 것은, 문화를 형성하는 능력이다. 이 또한 인간에게 깊숙이 내재된 능력으로, 그 덕분에 우리는 카약이나 파카모자가 달린 모피 옷-옮긴이 같은 획기적인 물건들을 발명할 수 있었다. 문화를 형성하고 보존하는 능력에 인간처럼 많이 의존하는 동물은 없다.

이를 보여주는 사례로 내가 가장 좋아하는 것이 하나 있다. 세계 곳곳에 존재하는, 인간의 수명보다 훨씬 주기가 긴 대형 자연재해를 경고하는 전설이나 표지물이다. 일본 북동부 해안에는 '쓰나미 표석'이라고 하는 것이 여기저기 널려 있다. 키가 높게는 3m에 이르는 커다란 비석으로, 쓰나미를 피하려면 마을을 어디에 지어야 한다거나 쓰나미가 닥치면 어디로 피신해야 한다거나 하는 정보가 새겨져 있다. 100년 전에 아네요시 마을에 세워진 쓰나미 표석에는 "이 돌 아래로는 집을 짓지 마시오"라는 경고문이 새겨져 있다. 왜 굳이 시간과 공을 들여, 언제가 될지 모르는 까마득한 후대 사람들에게

경고를 남긴 것일까? 그리고 후대 사람들은 왜 옛사람의 경고에 주
의를 기울이는 것일까?

2011년 일본을 덮친 초대형 쓰나미가 2만 9000명의 목숨을 앗
아가고 처참한 피해를 남겼을 때, 바닷물은 그 돌의 바로 100m 아
래까지 차올랐다. 표석 위로 집을 지은 아네요시 마을의 11가구는
모두 무사했다. 한 마을 주민은 "선조들은 쓰나미의 공포를 알았기
에 후대에 경고하려고 표석을 세웠다"라고 설명한다. 옛사람의 지
혜를 전하는 문구는 비단 돌에만 남아 있지 않다. 나미와케浪分라는
마을 이름은 '파도의 끝자락'을 뜻한다. 해안에서 6km 넘게 떨어진
이 마을의 이름은 1611년의 쓰나미가 그곳까지 이르렀음을 상징한
다.[53] 이와 비슷하게 유럽의 강에도 최저 수위를 표시해놓은 흔적들
이 있다. 체코의 엘베강에는 과거의 가뭄을 기억하기 위한 '굶주림
돌'이라는 것이 곳곳에 놓여 있다. 그 돌들에서는 500년 전에 새긴
"내가 보이면 슬퍼 우시오" 같은 문구를 볼 수 있다.[54]

역시 비슷한 예로, 인도양의 안다만제도와 니코바르제도에 사는
토착 부족들 사이에는 수천 년 된 구전설화가 전해 내려오는데, 땅
이 흔들리고 바닷물이 빠지면 숲속 고지대의 특정한 위치로 당장 피
신하라는 내용이다. 2005년에 닥친 초대형 쓰나미로 기술 문명이
훨씬 앞선 지역에서 수만 명이 목숨을 잃을 때, 이 부족들은 무사히
살아남았다.[55]

문화는 여러 가지로 정의할 수 있지만, '개인이 집단의 다른 성원
으로부터 교육과 모방, 그 밖의 전파 방법을 통해 획득하는, 개인의

행동에 영향을 줄 수 있는 정보'로 정의하면 좋을 듯하다.[56] 여기서 핵심은 개인과 개인 '사이에' 일어나는 어떤 것으로 문화를 정의하고 있다는 점이다. 즉, 문화는 개인이 아닌 집단에 속한 것이다. 학자에 따라서는 도구나 예술이나 약 같은 인공물에 방점을 찍기도 하지만, 그런 것들도 문화적 지식이 선행되어야 존재할 수 있음은 물론이다.

문화는 시간이 지나면서 발전한다. 유전자 돌연변이로 질병에 더 강한 유전자가 나올 수 있는 것처럼, 우연한 사건으로 더 나은 아이디어나 도구가 나올 수 있다. 돌도끼를 쓰다가도 청동검처럼 더 우수한 물건이 발명될 수 있다. 그리고 인구가 많을수록 발견한 것이 잘 보존된다. 어떤 사람이 우연히 불을 더 잘 피우는 방법을 발견했다고 하자. 아니면 물을 더 잘 찾는 방법이나 짐승을 더 잘 잡는 방법이라고 해도 좋다. 그걸 보고 모방하고 기억해줄 누군가가 있어야 한다. 그래서 인구가 많을수록 사회적 학습이 잘 일어나고 혁신을 이룰 기회도 많아진다. 또 부지런히 가르치고 배움으로써 복잡한 전통을 계속 살려나가야 하는데, 인구가 많으면 고수나 달인에게 배울 제자도 많고 가끔 스승을 넘어서는 제자도 나온다.

이처럼 문화는 발전하기에, 오늘날 고등학교에서 미적분을 배운 사람이라면 옛날 기준으로 엄청난 수학 지식을 갖춘 셈이다. 그런 사람이 만약 500년 전 과거로 돌아간다면 전 세계에서 가장 유식한 수학자가 될 수 있다. 단지 20세기 또는 21세기에 태어났다는 이유로, 우리는 이전에 살았던 사람들이 만들어서 다양한 방법(전통문화,

책, 인터넷 등)으로 남긴 과학, 예술, 발명을 모두 배울 수 있다. 세계 거의 어느 곳에서건 우주의 심오한 원리를 배울 수 있고, 작물과 가축을 키워 음식을 얻을 수 있고, 전기와 현대의학의 혜택을 누리고, 고속도로와 지도를 이용하고, 청동과 철뿐 아니라 유리와 플라스틱도 사용할 수 있다.

이것이 바로 **문화의 축적**이다. 인간은 끝없이 지식을 생산해 인류의 지식을 축적해나가고, 새 세대는 이전 세대보다 지식이 한층 풍성해진 세상에 살게 되는 것이 보통이다(물론 가끔 지식이 소실되는 일도 있다. 예컨대 로마제국이 몰락한 후 유럽인들은 로마인들이 남긴 콘크리트 건축물에서 700년 동안 살면서도 콘크리트를 쓸 줄은 몰랐다). 몇몇 동물 종은 제한된 형태의 문화를 갖고 있다. 하지만 인간의 문화는 정교한 형태로 세대 간에 전승되는, 축적되는 문화라는 점에서 유일하다.[57]

이렇게 문화의 축적이 있었기에 인간은 전염병 범유행이 닥쳤을 때 대처 방법을 서로 가르쳐줄 수 있었다. 설령 잊었거나 전혀 모르는 지식이라 할지라도 금방 찾아서 이용할 수 있었다. 그리고 지식을 공유하는 각종 수단(책, 메신저 대화방 등)도 마련되어 있다. 바이러스의 특징, 방역 요령, 환자 치료에 관한 정보가 전 세계에 순식간에 퍼졌다. 중국 과학자들의 논문 수십 편이 이미 1월 초에 인터넷에 게시됐다. 선조들이 과거의 참혹했던 역병에 어떻게 대처했는지 소상히 알려주는 책들도 얼마든지 있다.

인간은 문화를 형성할 수 있기에 과학을 할 수 있고, 과학이 있기에 약물적 개입 수단을 개발함으로써 예부터 써왔던 비약물적 개입수단을 보완할 수 있다. 우리가 곡선 평탄화에 그토록 애썼던 이유도, 바로 치료법이나 백신을 개발할 시간을 벌려는 것이었다.

이번 코로나19 범유행의 가장 큰 특징 하나는 옛날 같으면 전혀 불가능했을 방법으로 대처할 수 있게 됐다는 점이다. 여러 세기 동안 힘겹게 축적된 인체와 의학 관련 지식이 지난 200년간 점점 빠른 속도로 쌓인 덕분이다. 지난 수백 년간 유일한 방역 수단이었던 비약물적 개입에 더해, 지금 우리는 약품과 백신 등 약물적 개입 수단을 개발하려고 분투하고 있다. 3장에서 살펴봤듯이, 과거 유행병들은 약물적 개입이 비약물적 개입만큼 중요하지 않았다. 하지만 코로나19는 그렇지 않을 가능성이 매우 크다.

바이러스가 인간에게 옮겨지고 나서 단 몇 주 만에 과학자들은 약물적 개입 수단의 개발에 들어갔다. 2020년 5월경에는 놀랄 만큼 다양한 종류의 백신 100종 이상이 전 세계 대학 연구실, 제약 회사, 정부의 지원으로 이미 개발되고 있었다.[58] 그중 상당수는 인체실험 단계에 돌입했다.[59] 그러나 과거의 사례를 참고하자면, 역사상 가장 단기간에 개발된 에볼라바이러스 백신도 2019년에 승인을 받기까지 개발에 5년이 걸렸다.[60] 보통의 경우는 10년 가까이 걸린다.[61]

지금까지 나왔던 백신들은 개발에 굉장히 오랜 시간이 걸렸지만,

이번 SARS-2 백신은 빠르게 진행될 수 있으리라는 낙관론이 많다. 한 가지 이유는 코로나바이러스의 생물학적 특징이 다른 바이러스보다(평범한 계절성 독감 바이러스보다도) 덜 복잡한 편이라는 것이다. 또 하나 낙관할 만한 이유는 이번 백신의 개발 방식이다. 문제를 여러 각도에서 동시에 공략하는 전방위적 속전속결 전법을 쓰고 있다는 점에서 해결책을 빨리 찾을 가능성이 크다.

속도는 매우 중요하다. 물론 백신은 언제 나와도 도움이 되지만, 범유행의 추이를 크게 꺾는 효과가 있으려면 세계 인구가 집단면역에 이르기 훨씬 전에 나와야 한다. 그 집단면역 도달 시점은 아마도 2차 파동이나 3차 파동이 지나간 후 햇수로는 대략 2~3년 정도 후일 텐데, 2020년 여름에 나는 백신이 과연 큰 효과가 있을 만큼 빨리 나올지 확신할 수 없었다. 설령 기록적으로 빨리 나온다고 해도 이미 많은 사람이 감염된 후일 것이다. 낙관론과 비관론 사이에서 갈피를 잡기 어려운 상황이기도 했다. 과학자들 사이에는 안전하고 효과적인 백신을 빠르게 개발할 수 있다는 의견도 많았지만, 회의적인 의견도 있었다. 양쪽 다 그럴 만한 이유가 있었고, 내 생각도 계속 양쪽 의견 사이를 오갔다.

그러나 그 속도를 떠나서, 백신 개발이란 이전 수십 년간의 고된 노력이 없었다면 불가능한 일이다. 그동안 방대한 전문 지식이 축적됐고, 전 세계 과학자들의 협력이 있었으며, 여러 임상시험에 자원한 수많은 환자의 이타적 희생이 있었기에 비로소 가능한 일이다. 여러 세대에 걸쳐 환자, 과학자, 의사들이 지식을 축적하고 보존하려고 애쓴 덕분에 오늘날 우리가 혜택을 볼 수 있게 된 것이다.

지금까지 백신을 개발하지 못한 질병도 많다. 인체란 워낙 복잡하기에 인간의 몸이 어떤 백신에 어떻게 반응할지 예측하기란 매우 어렵고, 하물며 개개인이 어떤 반응을 보일지는 더더욱 예측하기 어렵다. 대표적인 예로 HIV는 40년의 노력에도 불구하고 아직 백신이 나오지 않았고, 감기를 일으키는 수많은 바이러스도 마찬가지로 백신이 없다. 물론 두 질병 모두 백신의 수요는 엄청나게 많다. 그럼에도 SARS-2 백신 개발은 워낙 다양한 형태로 시도되고 있어, 성공의 가망성을 짐작하는 동시에 인간의 창의력을 새삼 느끼게 한다.

백신 개발을 향한 첫걸음은 매우 일찍 내디던 편이다. 코로나19에서 회복 중인 환자들의 몸에 항체가 형성된다는 것을 의사들이 관찰하면서였다. 이로써 특정한 종류의 면역반응을 효과적으로 유도해낼 수 있다는 사실이 확인됐다. 그리고 완전히 회복한 환자들이 나오면서 1918년 플루 범유행 때도 효과적으로 이용된, 100년의 역사를 자랑하는 기법을 바로 사용할 수 있었다. 회복한 환자에게서 추출한 혈청(혈액을 구성하는 액체 성분)을 환자에게 주입하는 방법이다. 이 혈청을 '회복기 혈청convalescent serum'이라고 한다. 브루클린의 정통파 유대인들이 자원해 참여했던 치료법이기도 하다. 코로나19에서 회복된 환자는 바이러스의 항체가 몸에 생성된다. 항체는 혈액 속을 순환하므로 추출하여 중증 환자에게 수혈하면 바이러스를 무력화하는 데 도움이 된다. SARS-2에도 이 방법이 효과가 있음을 확인한 초기 연구들이 있지만, 더 큰 규모의 정식 시험이 필요하다.[62] 어찌 됐든 회복기 혈청은 기증받을 수 있는 양이 제한적이고, 코로나19를 예방하는 효과는 없다.

백신의 목표는 장기적이고 예방 효과가 있으며 자연적인 면역반응을 끌어내는 것이며, 그 과정에서 발병 위험이 없어야 한다.[63] 인간의 면역체계는 혈액 속 항체뿐 아니라 병원체를 공격하는 그 밖의 특수한 세포 등 여러 요소가 서로 맞물려 작동한다. 면역체계는 외부에서 침입한 병원체와 맞서 싸우고, 전에 맞닥뜨린 적이 있는 침입자를 기억하기도 한다.

백신 개발 과정을 이해하려면 먼저 백신이 퇴치하려고 하는 대상이 정확히 무엇인지 알 필요가 있다. 코로나바이러스는 세포를 감염시키기 위해 먼저 표면의 돌기 모양 단백질을 이용해 인체 세포 표면의 단백질인 ACE2 수용체에 결합한다. 특히 기도 내벽의 세포에 결합하지만, 1장에서 얘기한 것처럼 다른 조직의 세포에도 결합할 수 있다. 바이러스는 그런 다음 몇 단계를 거쳐 세포 내에 침투하고, 세포 기능을 장악해 자기 자신을 복제한다. 곧이어 수많은 바이러스가 체내로 퍼져 나가면서 병이 발생하고, 다른 사람에게 전염도 가능해진다.

우리 몸이 침입자를 몰아내는 과정은 보통 이렇게 진행된다. 먼저 특수한 세포들이 바이러스를 에워싼 다음 바이러스의 일부를 '도움 T세포helper T cells'에 보여준다. 아이가 입을 벌려 자기가 먹고 있는 음식을 확인시켜주는 행동과 비슷하다. 곧이어 도움 T세포의 도움을 받아 'B세포B cells'가 바이러스에 작용하는 항체를 생성하고, 그 밖의 방어체계를 활성화한다. 코로나19의 경우는 대부분의 환자가 며칠 안에 항체를 충분히 생성해 감염을 물리치게 된다. 또 이와 별도로, '세포독성 T세포cytotoxic T cell'라는 또 다른 T세포는 바이러스에 감염된 세포를 찾아내 파괴하는 역할을 한다. 결정적으로, 이들 면역 세포 중 일부에는 침입자의 특성이 기록되고, 기록된 정보는 급성 감염이 퇴치된 후에도 면역계 내에 오랫동안 보존된다. 이 같은 기록을 통틀어 '기억 면역memory immunity'이라고 한다.

2020년, 과학자들은 이 자연적인 방어체계를 활성화하기 위해 몇 가지 방법을 시도했다. 그중 가장 오래된 방법은 이른바 약독화 생바이러스live attenuated virus를 주입하는 것으로, 그 역사가 무척 길다.

우두는 보통 소가 걸리는 병이지만 가끔 사람이 걸리기도 하는데, 우두에 걸린 사람은 천연두 비슷하면서 훨씬 덜 치명적인 병을 가볍게 앓는다. 1796년 5월 14일, 영국 의사 에드워드 제너Edward Jenner는 소젖 짜는 여성은 천연두에 걸리지 않는다는 상식에 착안해 한 가지 실험을 했다. 소젖 짜는 여성의 손에 난 우두 물집에서 고름을 긁어내 자기 집 정원사의 아들인 8세 소년 제임스 핍스의 몸에 주입했다(자기 자녀에게 시험해도 됐겠지만 그러진 않았다).

양팔에 접종을 받은 소년은 발열 등의 증세를 보였지만 심하지 않았다. 두 달 후에 제너는 다른 사람의 천연두 물집에서 얻은 물질을 소년에게 두 차례 주입했는데, 놀랍게도 소년은 천연두에 걸리지 않았다. 제너의 업적은 우두에 감염된 사람은 그 후 천연두에 면역이 생긴다는 점을 증명한 것이었다.[64] 제너는 이 기법을 '백시네이션vaccination'이라는 이름으로 불렀다. 라틴어로 '소'를 뜻하는 '바카 vacca'에서 따온 말이었다.

오늘날에도 이 발상을 응용해, 인공적으로 독성을 약화한 바이러스를 만들어 쓴다. 그런 약독화 바이러스를 만들어내려면, 시험관 내에서 바이러스를 수백 세대에 걸쳐 증식시켜가며 동물 또는 인간 세포를 감염시키는 과정을, 인간에게 병을 일으킬 가능성이 작은 변이가 나타날 때까지 반복해야 한다. 관건은 병을 일으키지는 않되 기억 면역반응을 충분히 끌어내는 바이러스를 만들어내는 것이다. 천연두, 수두, 로타바이러스, 홍역, 볼거리의 백신은 모두 이런 방식이다. 약독화 생바이러스 백신은 자연적 감염과 워낙 비슷한 원리이기 때문에 지금까지 알려진 가장 효과적인 예방접종 방법의 하나가 됐으며, 일반적으로 매우 우수한 면역을 장기적으로 형성해준다. 돼지, 소, 고양이 등에 접종했을 때 다양한 코로나바이러스 종에 어느 정도 우수한 효과를 보인 동물 백신은 모두 약독화 생바이러스 방식이므로, 인간에게도 이 방법이 잘 통할 수 있으리라는 희망을 품을 만하다.[65]

비슷한 다른 방법으로, 불활성화 바이러스inactivated virus를 이용할 수도 있다. 변이 바이러스를 새로 만드는 대신, 바이러스를 열이나 약품 등으로 처리해 불활성화함으로써 감염성을 제거하고 면역반응은 여전히 유발하게 하는 방법이다. 이 유형의 백신은 한 번의 접종으로 끝나지 않고 추가접종이 필요한 경우가 많다. A형 간염과 계절성 독감의 백신이 이 유형에 속한다. 중국의 시노백Sinovac이라는 회사에서는 2020년 4월에 이미 이 유형의 백신을 시험하고 있었다.[66] 코로나19 유행 시작 후 얼마 되지 않아 원숭이 시험을 마쳤고, 인간을 대상으로 하는 제1상 임상시험을 상하이 북쪽 장쑤성에서 4월에 시작했다.[67]

또 한 방법은 바이러스의 일부, 특히 단백질 단편을 이용해 면역반응을 유도하는 것이다. 바이러스의 단백질은 그것만으로는 감염성이 없지만 항체 생성을 유발할 수는 있다. 관건은 실제 바이러스가 들어왔을 때 퇴치할 수 있을 만큼 강한 면역반응을 유발할 수 있느냐다. 대상포진, 인유두종바이러스HPV, B형 간염, 수막염 백신 등 성공적인 백신 다수가 이 유형에 속한다.

여기에 더해 또 한 가지 방법이 있다. 과거에 한 번도 성공하지 못했던 방법으로, 바이러스의 단백질 대신 핵산을 이용하는 것이다. 구체적으로, 바이러스의 유전정보를 담은 DNA 또는 RNA 단편을 이용한다. DNA 방식의 원리는, 인체 세포에 마치 바이러스에 감염됐을 때처럼 바이러스의 단백질을 만들어내도록 지시하는 것이다. 그러면 평소와 같은 면역반응이 유도된다. 이를 응용하여, 바이러스의 유전정보를 담은 DNA를 전혀 다른 종의 더 약한 바이러스에 추가하는 방법도 있다.[68] 이렇게 변형된 바이러스를 몸에 주입하면 역시 면역반응이 일어나게 된다.

RNA 방식은 DNA 대신 RNA를 사용한다는 점 말고는 대동소이하지만, 추가적인 이점이 있다. 코로나바이러스의 경우는 우리 몸이 RNA 자체를 침입자로 간주함으로써 RNA를 직접 공격하는 방법을 배우고, 이를 통해 향후 감염을 막을 능력을 키우게 될 가능성이 있다는 점이다. DNA나 RNA를 사람 몸에 주입하고 세포에서 이를 흡수해 바이러스의 단백질을 만들어낸다고 하면 무섭게 들릴 수도 있지만, 이 방법은 사실 바이러스가 사람 몸 안에서 일으키는 과정을 덜 해로운 형태로 재현하는 것에 불과하다. 우리 몸에 주입되는 분자들은 실제 바이러스와는 전혀 다른 물질이다.

미국에서 처음 개발된 코로나바이러스 백신이 바로 RNA 백신이었다. 모더나Moderna라는 바이오 기업에서 2020년 2월 24일에 개발했는데, 중국에서 바이러스의 유전자 서열을 공개한 지 단 42일 만이었다.[69] 첫 임상시험은 3월 16일에 시작됐다.[70] 엄청난 속도다. 그날까지 미국의 확진자는 4609명, 사망자는 95명에 불과했다. 2020년 5월 19일에 나온 예비 결과는 희망적이었다.[71]

이 밖에도 백신 개발 방법은 여러 가지가 있다. 그리고 그 밖에도 설명하지 않은 기술적 노하우가 이 모든 방법에 깔려 있다. 그 같은 지식을 인류가 수 세대에 걸쳐 서로 배우고 협력하며 공들여 축적한 덕분에 우리는 과거에 인구를 절멸시키다시피 했던 질병도 극복해 낼 수 있게 됐다.

문화적 지식의 축적과 전승을 훌륭히 보여주는 또 하나의 예는 면역증강제adjuvant의 개발에서 찾아볼 수 있다. 면역증강제는 백신에 첨가되어 효과를 높여주는 물질이다. 1920년대에 가장 흔한 사망원인이던 디프테리아와 파상풍 백신 개발에 크게 공헌한 가스통 라몽Gaston Ramon이라는 프랑스 수의학자가 있다.[72] 라몽은 병원체의

치명적 독소를 폼알데하이드로 불활성화하는 방법을 개발했는데,
이렇게 독소에 화학적 처리를 하면 병은 일어나지 않으면서 면역반
응을 유도하는 효과는 유지됐다. 지금까지도 디프테리아와 파상풍
백신 제조에는 이와 매우 흡사한 방법이 이용된다. 라몽은 155번
이상 노벨상 후보로 추천됐지만 수상하지 못하여, 그 분야의 역대
최고 기록을 보유하고 있다(여러 수상자 못지않게 훌륭한 공헌을 했다
고 생각한다).[73]

그런데 라몽은 연구 중 우연히 어떤 사실을 발견했다. 말에 디프
테리아를 주사하고 나서 보니, 그중 주사 부위에 염증이 생긴 말이
면역반응을 더 강하게 보였다(즉 혈중 항체 수치가 더 높았다). 말의
몸에서 생성된 항체를 채취해 디프테리아 환자를 치료하는 데 사
용하려는 목적 등으로 말을 감염시키고 있던 중이었다(이 치료법은
1901년에 다른 과학자에게 노벨상을 안기기도 했다). 오늘날에도 뱀독
에 대한 항독소를 만들 때 비슷한 방법을 쓴다. 말은 덩치가 커서 소
량의 독은 쉽게 이겨내기 때문이다. 앞에서 언급했던, 회복기 혈청
을 이용한 코로나19 치료법과도 비슷한 면이 있다.

라몽은 염증을 의도적으로 유발함으로써 말의 면역반응을 강화
할 수 있지 않을까 하는 데 생각이 미쳤다. 염증을 일으키는 물질을
첨가해 주사해보면 될 것 같았다. 라몽이 실험했던 물질인 타피오카
전분과 알루미늄염은 오늘날에도 인간 백신에 사용된다. 한편, 이
무렵 영국 면역학자 알렉산더 글레니Alexander Glenny도 독자적으로
비슷한 현상을 발견했다. 디프테리아 백신에 알루미늄염을 첨가해

사람에게 접종하면 면역이 더 강하게 나타나는 듯했다.[74]

이후 온갖 자극 물질을 첨가하는 실험이 이루어졌고, 해조류 단백질과 심지어 빵가루까지 실험 대상이 됐다.[75] 과학자들은 생물학적 원리를 계속 연구했고, 제약 업체는 점점 더 효과적인 자극 물질을 개발했다. 예를 들어 대상포진 백신에는 살모넬라균의 지방과 단백질에 칠레에서 자생하는 퀼라야사포닌 나무의 추출물이라는 특별한 조합이 들어간다. 모두 대상포진 바이러스와는 아무 관련이 없는 물질이지만, 그럼에도 백신의 효과를 높여준다. 인류는 이처럼 협력하여 조금씩 조금씩 지식을 쌓아가고 널리 공유한다.

이렇게 면역증강제는 활성 성분의 면역 유발성을 높여주므로 더 적은 양의 백신으로 같은 효과를 낼 수 있다. 그러면 더 많은 사람이 더 안전하게 예방접종을 받을 수 있다. 그래서 현재 진행 중인 SARS-2 백신 개발 사업의 상당수도 면역증강제를 잘 활용하기 위한 고도의 계획이 병행되고 있다. 이 분야의 선진 기술을 보유한 글락소스미스클라인GlaxoSmithKline 같은 업체들은 성능이 검증된 물질을 여러 백신 개발처에 공급하려고 전력을 다하고 있다.[76]

코로나19 대응을 위한 독창적 기술 활용의 예는 여기서 그치지 않는다. 과학자들은 유전자 조작을 통해 인간과 같은 형태의 ACE2 단백질(코로나바이러스가 결합하는 단백질)을 발현하는 동물을 만드는 시도를 하기도 했다. 이것이 성공하면 현재 개발 중인 백신의 효능을 더 빠르게 판정할 수 있다. 그간 과학 발전을 통해 얻은 전혀 다른 분야의 기술적 도구들을 적용해 바이러스 퇴치에 쓰일 또 다른 도구를 개발하고 있는 것이다. 스티로폼 컵 제조를 위해 개발된 기술이 전혀 다른 분야인 커피 수확 및 제조 기술과 합쳐지는 식이다.

참으로 방대한 지식과 성과가 한데 합쳐지고 있다. 그 모습은 아름답고, 실로 상상을 초월한다. 인류가 신종 코로나바이러스에 지금처럼 대처할 수 있게 되기까지 과학자, 의사, 공학자, 그 밖의 사람들이 얼마나 오랜 세월 공을 들이고 힘을 모으고 지식을 나누어야 했는지 감히 짐작하기도 어렵다.

그럼에도 장차 바이러스 연구의 향방을 점치기엔 아직 알 수 없는 요인들이 많다. 백신 개발 초기인 현재 가장 큰 미지수는 SARS-2에 대한 면역이 얼마나 강하게 형성되어 얼마나 오래 유지될 것인가 하는 점이다(자연 감염으로 인한 면역이든, 예방접종에 의한 면역이든). 그런 지식을 서둘러서 빨리 얻을 방법은 없다. 시간이 흐르기를 기다리는 수밖에 없다. 이전에 코로나바이러스 중 감기를 일으키는 종 하나와 SARS-1을 대상으로 수행된 연구에서는 초기 항체 반응은 시간이 지남에 따라 점차 약해져 1년 정도만 지속되지만, 기억 T세포를 통한 기억 면역은 효과적으로 유지되는 것으로 나타났다.[77]

또 한 가지 중요한 요인은 안전이다. 승인된 인간 백신에서 심각한 합병증이 발생하는 비율은 보통 접종자 100만 명 중 1명 정도다. 계절성 독감 백신의 경우는 대략 1000만 명 중 1명 정도다. 물론 매년 수천수만 명의 목숨을 살리는 것을 생각하면 매우 작은 비율이지만, 인명을 살리는 효과가 아무리 크다고 해도 안전은 매우 중요한 문제다. 특히 어린이처럼 코로나19 감염이나 사망 위험이 비교적 낮은 인구집단의 경우 더 심각하게 고려해야 할 사안이다. 실제로 이전의 다른 코로나바이러스에 대응해 개발한 백신 후보 중에는 동물실험 결과 감염이 **악화**된 경우도 있었다. 동물 몸의 자연적인 감염 퇴치 기능을 방해한 것이 한 가지 이유였다.[78] 또 한 가지 위험 요인은 백신이 잘못된 면역반응을 유도해 우리 몸이 자신을 공격하는 자가면역반응autoimmune reaction이 일어날 가능성이다. 1976년 플루 백신을 접종할 때 그런 일이 일어나 접종자 중 다수가 길랭-바레 증후군이라는 마비 질환을 일으켰다(대부분은 회복했다).[79]

백신을 서둘러 출시하려다 보면 제조 과정에서 그 밖의 안전 문제가 일어날 가능성도 있다. 미국에서는 1955년 소아마비 백신 초기 보급 과정에서 '커터 사건'이라고 불리는 큰 사고가 일어났다. 소아마비 백신이 나오자 지역마다 날을 정해 집단 접종을 추진했다. 그런데 그중 12만 명 이상의 어린이가 접종받은 분량에서 생바이러스가 완전히 불활성화되지 않은 것으로 드러났다. 며칠 후 어린이들의 마비 증상이 보고됐고, 집단 접종 프로그램은 한 달 만에 취소됐다. 조사 결과 커터 연구실Cutter Laboratories에서 제조한 분량에 생바이러스가 들어 있었던 것으로 밝혀졌다. 이로 인해 4만 명에게서 감염 증상이 나타났고, 51명이 영구적으로 몸이 마비됐으며, 5명이 사망했다. 접종받지 않은 어린이들에게도 바이러스가 퍼졌기에 피해는 더 컸다.[80] 회사 측의 허술한 업무 관행, 탐욕, 연방정부의 느슨한 감독이 겹쳐져 일어난 사고였으며, 결과는 피해자들의 안타까운 희생이었다.

빠르면서도 신중하게 나아가기는 쉽지 않다. 2020년 5월 진행된 설문조사에서 미국인의 73%는 백신이 개발되리라고 확신하는 것으로 나타났다. 그럼에도 64%는 과학자와 업체들이 충분한 시간을 두고 약품의 안전을 기해야 한다고 응답했다.[81] 하지만 코로나19 백신 개발 경쟁이 치열한 가운데 일부 제약 회사는 동물실험 등 중요한 단계를 생략하고 있고, 소규모 인원을 대상으로 치러야 하는 예비 절차를 간과하고 있어 만들어질 백신의 안전성에 영향을 미칠 가능성이 있다. 임상시험에서 안전했던 백신이라고 할지라도 수백만 명에게 접종하면 문제가 나오기 마련이니 우려하지 않을 수 없다. 모든 부작용 사례는 바로 언론에 크게 보도될 테니, 예방접종에 대한 대중의 불신을 자극하는 효과도 생겨날 수 있다.

백신 보급 가속화를 위해 취해지고 있는 조치 중 또 하나 이례적인 것은, 백신의 효과가 증명이나 승인도 되기 전에 제조시설을 짓고 있다는 것이다. 자선사업가 빌 게이츠는 어느 백신이 성공할지 알기 전에 각기 다른 제조 방법을 사용하는 공장 7개를 미리 짓기 위해 엄청난 비용을 지원하겠다고 밝혔다.[82] 또 제약 회사들도 자사가 추진 중인 백신 후보가 효과가 있을지 알기 전부터 생산 능력을 키우고 있음을 내비쳤다.

코로나19 백신 개발 과정에는 우려스러운 점이 적지 않다. 지금 우리는 새로운 바이러스를 막기 위해 새로운 백신 개발법을 시도하고 있고, 새로운 제조법까지 필요한 상황이다. 그렇지만 결국에는 여러 종류의 백신이 완성되어 어린이, 고령자, 면역 결핍자 등 인구

집단별로 더 적합한 종류를 선택할 수 있을지도 모른다. 안전하고 효과적인 백신이 언제 나오든, 코로나19로 인한 사망을 줄이는 데 도움이 되리라는 것만은 틀림없다.

○———————→

코로나19 치료제를 찾아내려는 노력 역시 마찬가지로 대대적인 국제적 협조 속에서 신속하게 창의적으로 진행됐다. 유행이 시작된 지 몇 달 만에 수십 가지 화학물질이 바이러스 치료제로 제시됐다. 제약 회사, 대학교, 각국 정부, 심지어 WHO 등 국제기구까지 협력하여 임상시험을 개시했다. 한 예로 2020년 3월, WHO는 10개국에서 연대 임상시험solidarity trial이라는 것을 진행하기도 했다. SARS-2 감염 환자 수천 명의 협조를 받아 이미 다른 질병 치료에 쓰이고 있는 항바이러스제 4종의 유용성을 확인하기 위한 시험이었다.

치료제 연구 대상이 된 약들의 면면은 무척이나 다양하다. 4장에서 언급한 하이드록시클로로퀸, RNA 합성을 억제하는 렘데시비르라는 항바이러스제, 그 밖의 독창적인 생화학적 원리로 작용하는 약들(파비피라비르, 로피나비어 등), 다양한 인간 단클론 항체, 스테로이드에 이르기까지 다양한 약과 접근법이 등장했다.

2020년 5월에 렘데시비르의 중요한 임상시험 결과가 나왔는데, 환자의 중환자실 입원 기간을 며칠 줄여줄 수 있는 것으로 나타났다.[83] 물론 획기적인 결과는 아닐뿐더러 중환자에게만 해당하는 내용이었다. 입원 기간에 미치는 영향과 관계없이, 사망을 줄여주는 효과는 드러나지 않았다. 또 훨씬 수가 많은 무증상 감염자들이 중증으로 발전하는 것을 막아주는 효과를 연구한 것도 아니었다. 하지만 그처럼 다른 이로운 효과가 나타나지 않았다고 하더라도, 이 약이 사회에 도움이 될 수 있다는 것만은 분명하다. 중환자실 공간을 확보하는 건 무척 중요한 목표다.

2020년 6월 16일, 덱사메타손이라는 스테로이드 약물이 입원 환자의 사망률을 실제로 줄여줄 수 있다는 발표가 나왔다. 옥스퍼드대학교 연구팀에서 (논문이 게재되기 두 주 전에) 보도자료를 통해 이같이 밝혔는데, 신속한 정보 공개가 얼마나 중요하다고 느꼈는지 보여주는 대목이다.[84] 덱사메타손은 매우 저렴하고 구하기 쉬운 약물로, 1957년 필립 쇼월터 헨치Philip Showalter Hench가 류머티즘성 관절염 치료법을 연구하다가 발견했다.

덱사메타손 같은 스테로이드 계열의 약물은 면역체계를 **억제하는** 역할을 하는데, 코로나19 중증 환자가 후기에 간혹 보이는 과잉면역반응으로 폐가 많이 손상된 경우에 증상을 완화해주는 것으로 나타났다. 하지만 바이러스를 물리치려면 결국 면역체계가 제대로 작동해야만 한다. 균형을 잡기 쉽지 않은 문제다. 환자마다 병의 경과를 봐서 적절한 투약 시기를 결정해야 할 수도 있다. 이 임상시험에서는 무작위로 정한 2104명의 환자에게 열흘간 덱사메타손을 투여하고, 일반적인 치료를 받은 환자 4321명과 결과를 비교했다. 약을 투여한 집단은 28일 이내의 사망률이 평균 17% 줄어드는 것으로 나타났다. 사망률이 이 정도로 크게 줄었다는 것은 반가운 소식이다. 그런데 기관내 삽관이 필요할 만큼 중증인 환자에게서 효과가 가장 크게 나타났다. 인공호흡기가 필요치 않은 환자는 투약 결과가 오히려 약간 나빴다고 볼 여지가 있었다(면역체계의 바이러스 퇴치 능력이 저해됐기 때문으로 추측된다). 약을 개발하고 시험하고 보급하는 일에는 이처럼 여러 가지 난관이 있다.

그럼에도 렘데시비르나 덱사메타손 같은 약물의 등장은 NPI 수단을 동원하여 곡선을 평탄화했던 전략이 결국 유효했음을 보여주었다. 그렇게 시간을 벌었기에 그동안 인간의 교육 및 학습 능력을 활용하여 우리 자신의 생존 가능성을 높일 수 있었다.

코로나바이러스(그중 감기를 유발하는 229E 바이러스)의 면역 및 증상과 관련해 1990년에 발표된 고전적인 연구가 있다.[85] 15명의 자원자에게 바이러스를 의도적으로 감염시켰다. 모두 감기 증상을 보였고, 혈중 항체량을 1년간 주기적으로 측정했는데 1년 후에는 항체량이 매우 낮아져 있었다. 면역이 완전히 사라진 걸까, 아니면 그래도 기억 면역이 남아 있는 걸까? 알아낼 방법은 하나뿐이었다. 15명 중 9명이 '도전'에 응했다. 즉, 실험실을 다시 찾아 바이러스 재감염 시도에 참여했다. 이미 항체량은 극히 낮거나 검출되지 않았지만, 그럼에도 면역이 어느 정도 남아 있는 것으로 밝혀졌다. 9명 중 6명만 재감염이 일어났고, 증상을 나타낸 사람은 아무도 없었다.

백신이나 약품 개발은 보통 엄청나게 품이 많이 들어가는 일이다. 시작부터 끝까지 전체 과정에 10억 달러 정도가 들어가고, 기간은 일반적으로 10년 정도 걸린다. 개발이 한참 진행된 후 인간 임상시험 단계에 들어가 사람들의 기대가 잔뜩 고조되어 있을 때 심각한 부작용이 드러나 개발을 포기하는 일도 드물지 않다. 약품 개발의 50% 정도는 도중에 중단되어 없던 일이 되며, 상당히 늦은 단계에서 그런 결정이 나기도 한다. 덱사메타손 같은 기존의 약을 새 용도로 쓸 수 있는지 평가하는 것이 아니라 전에 없던 새 물질을 개발할 때는 물질의 안전성, 유독성, 약동학적 특성에 대해 알려진 게 거의 없다. 그래서 과정이 한층 더 복잡하므로, 그 같은 특성을 우선 대략 파악하기 위해 시험실에서 인간 세포나 동물을 대상으로 먼저 실험이 이루어진다.

이어지는 임상시험에서는 인간의 이타적·협력적 경향이 그야말로 큰 역할을 한다. 신약을 시험한다는 것은 아직 정보가 충분치 않은 물질을 투여해야 하는, 위험이 따르는 일이므로 이를 감수할 자원자가 항상 필요하다. 우선 인간에게 최초로 투약하면서 안전한 투여량을 알아보는 임상시험 첫 단계인 임상 1상을 시행해야 한다. 이어지는 임상 2상에서는 좀더 많은 인원을 대상으로 약의 안전성을 더 확인하고, 무엇보다 약의 효능을 일차적으로 판단해본다. 결과가 유망하면 가장 중요한 단계, 임상 3상을 진행한다. 훨씬 더 많은 인원을 대상으로 무작위 대조 시험을 하여 약의 **실제** 효능을 정량화하고자 하는 단계다. 피험자를 무작위로 배정해 그중 한 집단(처치군)에는 약을 투여하고, 다른 집단(대조군)에는 위약을 투여하거나 일반적인 치료를 한다. 또 소규모로 진행된 1상과 2상에서 볼 수 없었던 독성이 드물게 나타나는지도 관찰한다. 마지막으로, 약이 시판에 들어간 후에도 지속적인 추적 조사를 통해 광범위하고 대표성 높은 표본집단에서 약의 효능을 확인하고 매우 드문 독성의 발생 여부를 살펴볼 필요가 있는데, 이 단계를 '임상 4상'이라고도 한다.

임상 3상에서는 두 집단(처치군과 대조군) 간에 중요 결과(발병, 사망, 독성 등)의 발생률을 비교하게 된다. 백신 임상시험의 경우는 환자들이 자연적으로 감염원에 노출되어 질병에 걸리는지 시간을 두고 지켜보아야 하므로, 시간이 1년까지도 걸릴 수 있다. 백신을 접종받은 집단의 발병률이 접종받지 않은 집단보다 낮다면, 백신이 감염을 막아주는 효과가 있다는 근거가 된다.

그런데 코로나19 백신 임상시험을 진행하던 중 한 가지 문제에 봉착했다. 중국을 포함한 세계 여러 지역에서 마스크 착용과 영업 중지 등의 비약물적 개입 덕분에 병에 걸리는 사람이 워낙 적어 효율적인 임상시험이 어려웠던 것이다. 백신의 효능을 평가하려면 백신 접종자와 미접종자의 코로나19 발병률을 비교해야 하는데, 인구 집단에서 코로나19 발생률 자체가 낮으면 대단히 많은 수의 피험자를 임상시험에 참여시킬 수밖에 없다. 바이러스에 자연적으로 노출되는 사람이 없으면 백신을 시험할 방법이 없다. 아이러니하게도,

비약물적 개입을 통한 방역 성공 때문에 약물적 개입의 효능 평가가 더 어려워진 셈이다.

이런 이유에서, 자연적 감염을 기다리는 대신 다른 대안을 채택해 제3상 임상시험의 속도를 높이자는 제안이 과학자들 사이에서 나왔다. 에드워드 제너의 실험과 229E 코로나바이러스 연구에서처럼, 백신 접종자들을 의도적으로 SARS-2에 감염시키는 '도전' 시험을 택하자는 것이었다.[86] 물론 자원자들에게 SARS-2 생바이러스를 주입하는 것이니 장애나 사망을 초래할 위험을 무릅써야 하는 일이다. 하지만 백신을 더 빨리 개발한다면 전체 인구의 사망과 발병을 크게 줄일 수도 있다. 그리고 자원자들에게 끼칠 위험을 최소화하기 위해서는 젊고 건강한 대상자를 선정하고 최고 수준의 의료를 제공하거나, 이미 감염 위험이 높은(다시 말해 참여했을 때 득이 실보다 큰) 자원자를 참여시키는 방법이 있다. 예를 들어 적합한 대상자로는 의료 종사자 또는 만성질환을 앓는 가족을 돌보고 있어서 전염을 우려해 자신의 코로나19 감염 가능성을 차단하고자 하는 사람이 있을 것이다.

이번에도 인간의 이타성을 증명하듯, 자원자들이 등장했다. 뉴욕 브루클린에 거주하는 조시 모리슨Josh Morrison은 신장 기증을 돕는 비영리단체를 운영한다. 2011년에는 생면부지인 환자의 생명을 살리기 위해 작은 사망 위험을 감수하고 본인의 신장 하나를 기증하기도 했다. 이번에도 작은 위험을 감수하고 코로나19 백신 개발 가속화에 일조한다면 수천 명의 목숨을 살릴 수 있으리라 판단했다.

이른바 '도전' 시험이 가능하다는 정보를 접한 모리슨은 '코로나 도전COVID Challenge'이라는 단체를 설립했다. '안전하고 신속한 백신 개발을 돕기 위해 나선 자원자들의 모임'이다. 2020년 4월까지 1550명의 자원자가 등록했는데,[87] 언론인 코너 프리더스도프Conor Friedersdorf가 그중 몇 명을 인터뷰했다.

콜로라도대학교에서 기계공학을 공부하는 개브리얼 클라인왁스(23세)는 유대인으로서 『탈무드』의 '한 생명을 구하는 일이 곧 온 세상을 구하는 일'이라는 구절이 늘 마음에 와닿았다면서 이렇게 말했다. "저는 여러 면에서 운이 좋아요. 몸도 건강하고요. 나이도 젊고, 아플 일도 별로 없어요. 이게 제 행운을 나눌 수 있는 한 방법일 것 같습니다. 다른 사람의 상황이 공감돼요. 소중한 사람을 잃는 아픔은 세상 사람 누구나 똑같잖아요. 제가 그 아픔을 줄여줄 수 있다면 그렇게 해야지요." 그리고 또 이렇게 말했다. "임상시험 참여는 위험이 따르는 일이지만, 그냥 걸어 다니는 것도 위험하긴 마찬가지입니다. 바이러스가 겁나지 않는 건 아니에요. 겁은 나지요. 하지만 그 위험이 다른 위험에 비해 엄청나게 더 큰 것 같진 않습니다."

역시 자원자인 메이블 로즌헥(35세)은 템플대학교에서 역사학을 연구한다. 그녀는 자원 동기를 이렇게 설명한다. "저 말고 다른 분들은 훨씬 더 큰 위험을 감수하고 있어요. 의사와 간호사, 마트 점원, 매일같이 현장에서 일하는 분들이 다 그렇지요. 제가 감수할 위험도 비슷하긴 하겠지만 그렇게 크진 않습니다. 저는 좋은 의료 환경에서 처음부터 철저하게 관리를 받을 테니까요."

약물적 개입 수단은 개발과 시험 외에도 또 다른 면에서 사람들의 협력이 필요하다. 사람들이 백신을 실제로 접종받아야 한다. 그것이 본인뿐 아니라 모든 사람을 위한 길이다. 2020년 5월에는 바이러스에 대한 공포가 수그러들면서 백신이 나오면 맞겠다고 응답한 사람의 비율도 같이 줄어들었음을 보여주는 조사가 나왔다.[88] 백신의 위험성에 관한 허위 정보, 백신 반대 운동, 그리고 아마도 가장 심각한 문제겠지만, 코로나19 대응 과정에서 번번이 불거진 정치적 양극화 등 우려되는 요인은 많다. 따라서 모든 사람이 백신을 맞도록 설득하는 데에는 상당한 노력이 필요할 수도 있다.

백신이 집단적 효과를 발휘하고 집단면역을 형성하기 위해서도 역시 모든 사람의 협력이 필요하다. 앞서 살펴본 것처럼, SARS-2의 R_0를 고려할 때 인구의 약 67%가 면역이 생겨야 집단면역에 도달할 수 있다. 2020년 5월 초의 한 설문조사에 따르면 미국인의 72%가 백신이 나오면 맞겠다고 응답했다.[89] 그런데 인종에 따라 그렇게 응답한 비율에 차이가 있어서 백인은 74%였지만, 흑인 사회에서 피해가 더 크게 나타나고 있음에도 흑인은 54%에 불과했다. 이유를 추측하자면, 과거 미국에서 자행된 인종주의적 의학 실험의 부끄러운 역사 탓에 일부 흑인들 사이에 의료체계에 대한 불신이 남아 있기 때문이 아닌가 싶다. 정치적 성향에 따라서도 차이가 나타나, 민주당 지지자 중 예방접종 의향을 보인 비율은 79%이고 공화당 지지자 중에서는 65%였다. 한편 같은 달에 이뤄진 또 다른 전국 설문조사에서 백신이 나오면 맞겠다는 응답자 중 93%는 그 이유가 자기 자신의 안전을 위해서라고 했다. 거의 비슷한 88%가 가족의 안전을 위해서라고 했고, 78%는 '지역사회의 안전을 위해' 백신을 맞겠다고 했다.[90] 이처럼 사회에 이바지하고자 하는 의지는 어디서나 확인된다.

○——→

4장에서 살펴본 것처럼, 유행병은 공포와 불안을 부추긴다. 그런 심리 상태도 세균이나 바이러스처럼 사람에게서 사람으로 퍼진다. 하지만 좋은 생각 역시 사람에게서 사람으로 퍼진다. 비록 바이러스는 인간의 자연스러운 군집 성향을 공략하고 있지만, 인간의 발달한 사회성에는 바이러스가 건드리지 못하는 또 다른 측면이 있다. 인간은 진화생물학의 큰 수수께끼인, 서로 희생하고 협력하며 가르치는 능력을 진화시켰다. 찰스 다윈조차도 그런 이타성이 어떻게 진화에 의해 생겨났는지 이해하기 어려워했다. 이기적인 존재가 도대체 어떻게 서로를 위해 희생하는 걸까? 그럼에도 인간은 항상 그런 행동을 한다. 우리에게 너무나 근본적인 이타적 행동, 협력, 교육이라는 능력을 바이러스는 해치지 못한다. 그리고 그 같은 능력이 있기에 우리는 바이러스에 맞설 수 있다. 신체적 거리를 유지하면서도 한데 뭉쳐 바이러스와 싸울 수 있다.

1990년대 HIV 범유행기에 내가 일했던 시카고의 호스피스는 에이즈 환자가 전체의 3분의 1이었다. 3분의 1은 암 환자였고, 나머지 3분의 1은 기타 다양한 병을 앓았다. 에이즈 환자는 대체로 젊은 남성이었다. 그들의 죽음을 지켜보는 일은 끔찍하기 그지없었다. 1987년에 최초의 효과적 치료제인 아지도티미딘AZT이 나왔지만, 에이즈에 걸리면 여전히 사형선고로 여겼다. 미국의 에이즈 운동가들은 정부의 노력과 연구 지원 확대를 촉구하며 에이즈의 심각성을 열렬히 호소했다. 그중 한 사람이었던 극작가 래리 크레이머Larry Kramer는 액트업ACT UP, AIDS Coalition to Unleash Power(힘의 분출을 위한 에이즈 연합)이라는 단체를 설립하기도 했는데, 2020년 5월 27일에 84세의 나이로 세상을 떠났다. 크레이머의 표적이 됐던 사람 중에는 당시 국립 알레르기·감염병연구소 소장으로 재직 중이던 앤서니 파우치도 있었다. 크레이머는 그를 향해 날 선 비판을 쏟아내곤 했다. 크레이머가 세상을 뜨자 파우치는 이렇게 말했다. "참으로 각별한 33년간의 관계였다. 우리는 서로를 사랑했다."[91] 액트업은 '국립보건원 점령Storm the NIH' 캠페인의 일환으로 1990년 5월 21일 수백 명의 시위대를 조직해 메릴랜드주 베세즈다의 호젓한 국립보건원 앞뜰에서 행진을 벌였다. 시위대는 '관료주의가 우리를 죽인다' 등의 구호를 들고 이렇게 외쳤다. "국립보건원, 숨지 마라, 네가 대량학살의 주범이다." 진압경찰 200명이 말을 타고 나타나 이들을 가로막았지만,[92] 마침내 운동가들은 치료제 개발의 방향을 바꾸는 데 성공했다.

1995년, 숱한 노력 끝에 사퀴나비르(일종의 프로테아제 억제제)라는 약이 개발됐다. 사퀴나비르, 디디옥시시티딘ddc, 아지도티미딘이라는 세 약을 함께 쓰는 치료법은 고활성 항레트로바이러스 요법highly active antiretroviral therapy, 약자로 HAART라고 불리게 됐다. 1996년, 총 1200명 이상의 자원자를 대상으로 국립 알레르기·감염병연구소의 지원을 받아 시행된 두 차례의 무작위 대조 시험에서 HAART는 대단히 높은 효과를 보였다.[93] 비록 부작용이 상당했고 일일 투약 방법이 매우 복잡했지만, 생명을 살릴 길이 열렸다. HAART를 시행하면서 수많은 환자의 혈중 HIV 양이 검출 불가능 수준으로 떨어졌다. 1997년 초, 내가 있던 호스피스에서는 단 몇 달 만에 HIV 환자를 돌볼 일이 사실상 없게 됐다. 순식간의 일이었다. 예외 없이 치명적이었던 병이 장기간 관리하면서 살 수 있는 병이 돼 여느 만성질환과 크게 다르지 않게 된 것이다. 믿기 어려운 쾌거였다. HAART의 성공에 힘입어, 2003년 조지 W. 부시 대통령은 '에이즈 구호를 위한 대통령 비상 계획President's Emergency Plan for AIDS Relief', 약칭 PEPFAR를 출범시켰다. PEPFAR는 단일 질병에 대처하기 위한 국제적 사업으로는 역사상 가장 큰 규모다. 주로 사하라 이남 아프리카에서 지금까지 수천만 명의 목숨을 살린 것으로 평가된다.[94]

이 모든 것이 협력과 교육 덕분에 가능한 일이었다. 그리고 이번 바이러스를 퇴치할 길도 결국 거기에 있다. 우리가 손잡고, 자원하고, 배움으로써 적극적으로 힘을 모은다면 그 조그만 바이러스의 횡포를 극복하고 피해를 막아낼 수 있다.

7장

변화

무엇이 변하고 무엇이 남아 있을까

그가 몬차에 있을 때 지나가다 보니 가게 하나가 문을 열었는데, 빵을 차려놓고 팔고 있었다. 나중에 어떻게 되건 굶지는 않아야겠다는 생각에 빵 2개만 달라고 했다. 빵집 주인은 들어오지 말라고 손짓하더니, 식초 탄 물을 담은 종지를 삽날에 얹어 내밀었다. 돈을 거기 넣으라고 했다. 그러고는 집게로 빵 2개를 하나씩 집어서 건네주었다.

알레산드로 만초니Alessandro Manzoni, 『약혼자들 I Promessi Sposi』(1827)

유럽 전역에 봉쇄령이 확대되고 있던 2020년 3월, 벨기에 왕립 천문대의 지질학자 토머스 르코크Thomas Lecocq는 지구가 갑자기 고요해졌음을 깨달았다.[1] 인간은 지구 곳곳에서 매일같이 공장을 가동하고 차를 운전하면서, 심지어 보도를 걸으면서, 지구를 덜거덕덜거덕 흔들어댄다. 그 온갖 소리는 신기하게도 미세한 지진파처럼 감지가 된다. 그런데 그런 소리가 별안간 멎은 것이다.

르코크가 처음 이 현상을 언급하자 전 세계 지진학자들은 데이터 공유에 나섰다. 인간 활동으로 인한 지구의 진동이 잠잠해지자, 이제 한참 멀리 떨어진 곳에서 강물이 콸콸 흐르는 소리까지 감지됐다. 뜻밖에 찾아온 고요함 속에서 지진학자들은 먼바다에서 치는 파도 등 자연의 배경 진동을 이용해 지구 지각의 변형을 더 쉽게 연구할 수 있었다. 코로나바이러스가 지구의 움직임을 바꾼 것이다.

세상이 바뀌고 있음을 보여주는 신호는 그뿐이 아니었다. 2020년 봄에는 야생동물이 도시를 활보하는 영상들이 인터넷에서 인기를 끌었다. 야생 염소, 악어, 표범, 심지어 코끼리까지 차들이 사라져 한산한 거리를 어슬렁거렸다. 제조업이 중단되면서 인공위성에서 내려다본 지구의 모습에서 오염이 걷혔다. 대기오염 관련 질병으로 매년 120만 명이 사망하는 나라 인도에서 북부의 잘란다르 주민들은 200km 밖의 히말라야 다울라다르산맥을 맨눈으로 선명하게 볼 수 있게 됐다. 청명한 하늘을 바탕으로 또렷이 드러난 산맥의 위용을, 나이 든 주민들은 어릴 적 이후로 처음 다시 봤다.[2]

자연계는 치유되어갔지만, 인간은 계속 고통받았다. 우리는 바이러스의 확산을 늦추기 위해 삶의 방식을 바꾸었다. 그러나 비약물적 개입 수단은 범유행을 늦추고 누그러뜨릴 뿐, 끝낼 수는 없었다. 일단 바이러스가 인간 세상에 자리 잡은 이상, 어떻게 하든 간에 타격은 불가피했다. 많은 사람의 죽음을 피할 수 없었다. R_0가 약 3.0, 치명률이 0.5~1.2%라는 역학적 특성을 어찌할 수는 없었다.

2020년 여름, 나는 이런 생각들을 떨쳐버리려고 계속 애썼다. 하지만 낙관할 만한 좋은 이유를 찾을 수 없었다. 6월 말 애리조나, 텍사스, 플로리다, 캘리포니아 등지에서 확진자와 사망자가 치솟는 그래프를 들여다보면서 또 트럼프 대통령과 펜스 부통령이 코로나19 검사를 "너무 많이" 해서 그렇다고 주장하는 것을 들으면서 나는 절망감을 느꼈다.[3] 동료 역학자들과 이야기해봐도 비슷한 암울함이 느껴졌다. 파우치 감염병연구소장은 공식 발표 자리에서 신속한 백신 개발 가능성에 "조심스러운 낙관"을 표했지만, 침울한 기색을 감추지는 못했다.

여름에도 우려스러운 조짐이 줄을 이었다. 인도에서는 젊은 층의 사망률이 다른 나라보다 높게 나타났는데 이유가 분명치 않았다.[4] 인도는 워낙 피해가 막대해 수도 뉴델리에서는 열차 차량을 개조해 병상 8000개를 확충하기도 했다.[5] 한편 중국에서도 그리고 한국처럼 이전까지 바이러스 통제에 성공했던 인구 많은 나라들에서도 재확산이 일어나기 시작했다.

브라질에서는 대통령이 코로나19를 "가벼운 독감"으로 치부하며 시종일관 무시하는 통에 연방법원에서 자국 대통령에게 마스크를 쓰라는 명령까지 내려야 했고, 바이러스가 맹위를 떨쳤다. 자이르 보우소나루Jair Bolsonaro 브라질 대통령은 결국 보리스 존슨 영국 총리의 전철을 밟아 코로나19에 걸렸다.[6] 그런가 하면 전 세계 유전학자들의 연구 결과, 인간에게 더 심각한(치명률이 더 높거나 전염성이 더 높거나 둘 다인) 변이 바이러스가 존재할 수 있음을 시사하는 잠정적인 근거가 나왔다.[7] 그리고 시간이 지나면서 바이러스의 장기적 증상 관련 정보가 축적되기 시작했는데, 일부 환자는 회복 후에도 몇 달간 쇠약 증상에 시달렸다.[8]

다시 말해 범유행 초기를 거치면서 바이러스에 대해 배울 만큼 배웠음에도, 여전히 바이러스가 앞으로 우리 사회의 모습을 계속 어떻게 바꾸어나갈 것인가 하는 점은 불확실하기 짝이 없다. 어쨌든 바이러스가 이미 세상을 바꿔놓은 것은 분명하고, 앞으로 한동안 계속 바꿔놓으리라는 것도 분명하다.

우선 기간을 대략 예측해보자. 만약 안전하고 효과적인 백신을 만들어 신속하게 널리 보급하고 많은 사람에게 접종할 수 있다면, 범유행 지속 기간은 단축될 수도 있다. 하지만 그 모든 난관이 해결된다고 해도, 집단면역에 이르기 전에 백신이 나오지 않을 가능성이 있다. 방역 대응과 관계없이 2022년 무렵에는 발병률이 대략 40~50%에 이를 것으로 보이므로, 백신이 2021년 초에 널리 보급 되지 않는 한(그렇게 된다면 역사상 단연 가장 빠르게 개발된 백신이 된 다) 범유행의 전체적 경과에 큰 영향을 주지는 못할 것이다(다만, 그 렇다고 해도 미감염자 보호에 막대한 기여를 하는 것은 맞다).

그 결과가 어찌 되건 간에, 2022년 전까지 미국인들은 마스크를 쓰고 사람 많은 곳을 피하는 등 지금처럼 크게 바뀐 환경에서 계속 살게 될 것이다. 이 시기를 '범유행 진행기immediate pandemic period' 라고 부르겠다. 그리고 집단면역에 도달하거나 백신이 널리 보급된 후에도 몇 년간은 코로나19가 의료, 심리, 사회, 경제에 전반적으로 초래한 충격에서 회복하는 시간이 필요하다. 추측건대 2024년까지 는 그런 상황이 이어질 것이며, 그 시기를 '범유행 과도기intermediate pandemic period'라고 하겠다. 이후에는 상황이 서서히 '정상화'되겠 지만 영구적인 변화도 남을 것이다. 아마도 2024년경에는 '포스트 범유행기post-pandemic period'가 시작될 것이다.

우리 삶이 어떻게 바뀔지는 일일이 예측할 수 없다. 아마도 50년 후에는 코로나19로 인해 바뀐 게 무엇이었는지 까맣게 잊을지도 모 른다. 한 예로, 미국에서는 20세기 초까지만 해도 침 뱉는 그릇이 곳 곳에 놓여 있었고 공공장소에서 침 뱉는 행위가 일상적인 풍경이었 다.[9] 그러다가 1918년 인플루엔자 범유행 등을 계기로 침 뱉는 행 위는 비위생적이라고 인식되면서 사라졌다. 조금 더 최근의 예를 들 자면, 내가 성년이 되고 한참 지나서까지도 비행기 기내 같은 밀폐

공간이나 진료받기 전 병원 대기실에서 담배를 피우는 것이 전혀 이상하지 않았다. 돌이켜보면 터무니없는 관습처럼 생각되지만 말이다. 오늘날에는 식당에 가서 침 뱉는 그릇을 찾는 사람도 없고, 기내의 금연 표시는 다분히 형식적으로 느껴진다. 예전 세상의 모습은 이미 우리 기억에서 잊혔다.

○———→

코로나19는 우리 개인의 사고방식과 습관을 많이 바꾸어놓았다. 가정에서도, 직장에서도 마찬가지다. 밖에는 치명적인 바이러스가 돌고 있고, 사람들과 떨어져 지내야 하며, 경기는 침체된 상황에서 무엇이든 혼자 힘으로 하려는 마음이 커졌다. 손 씻기, 마스크 쓰기, 자가격리 등의 일부 비약물적 개입 조치도 개인이 책임지고 해야 하는 일이었지만, 그 밖에도 자립심을 발휘해야 하는 일들은 많았다. 집에서 요리를 해 먹고, 집에서 머리를 깎고, 간단한 집수리도 알아서 해야 했다. 바이러스를 집에 들일 위험을 무릅쓰고 굳이 출장 기사를 부를 필요가 있겠는가? 수입이 줄었으니 돈을 아껴야 하지 않겠는가? 병원 등 의료시설 방문도 위험이 따르기 때문에 꼭 가야 할지 더 신중히 판단해야 했다.[10]

자율성이 커지면서 가장 득을 많이 본 사람은 아이들일지도 모른다. 범유행 이전에는 부모의 보호와 통제에 일거수일투족이 자유롭지 않은 아이들이 많았지만, 이제 재택교육 몇 주 만에 백기를 들고 손을 놓은 부모들이 많은 듯하다. 10대 청소년들은 밤낮이 뒤바뀌었다. 온종일 자다가 저녁도 건너뛰고, 한밤중에 냉동식품으로 허겁지겁 요기하기 일쑤다. 10대 아들을 둔 어느 아버지는 아침마다 범죄 수사관이라도 된 기분이라며, 이렇게 토로하기도 했다. "뭘 먹었는지 포장지가 나뒹굴고 싱크대엔 그릇이 쌓여 있다. 보던 TV가 그대로 켜져 있을 때도 있다. 밤중에 집에 너구리 한 마리라도 왔다 간 것 같다."[11]

괴상한 식습관을 논외로 하면, 아이들이 가족과 함께 훨씬 의미 있는 시간을 보내고 있으며 야외 활동이나 자율적 활동이 늘었다는 보고도 많이 들린다. 어린이의 독립성 증진을 주장하는 운동가 리노어 스커네이지Lenore Skenazy는 2020년 봄에 '독립 챌린지' 수필 경연 대회를 열었는데, 어른의 감독 없이 즐거운 활동을 벌이는 아이들의 모습을 엿볼 수 있었다. 한 여덟 살 소녀는 자전거를 부모가 허락한 것보다 더 먼 곳까지 더 빠르게 탔다며 좋아했다. 열 살 아이는 자기 힘으로 빨래하는 기쁨을 표현했다. 가스레인지를 무서워하던 일곱 살 아이는 이제 달걀 요리를 한다며 실력을 뽐냈다. "저는 혼자 요리할 줄 알아요. 오믈렛을 야채와 플레인 두 가지로 만들 수 있어요. 달걀을 프라이팬에 바로 깨서 넣는 게 제일 어려워요. 손을 델 수도 있거든요."[12]

집에서 빵을 만들거나 작물을 키워 식비를 줄이고, 불필요한 외부 쇼핑을 줄이려는 사람이 늘어갔다. 나와 같은 지역 주민인 86세의 한 여성은 평생 처음으로 텃밭 농사를 시작했다. 양동이에 흙을 담아 부지런히 나르며, "텃밭도 관리하고 건강도 관리하니 좋다"고 소감을 밝혔다.[13] 자녀에게 재택교육의 하나로 텃밭 가꾸기를 시키는 집들이 있는가 하면, 텃밭 재배를 베풂의 수단으로 삼는 이들도 있다. 키워낸 작물을 기부하거나 이웃과 나누는 모습은 앞서 살펴본 이웃 간 협력의 또 다른 사례다.

또 한 가지 변화는 집에서 보내는 시간이 대폭 늘어난 것이다. 수천만 명의 미국인이 재택근무를 하며, 생활 리듬과 업무 공간을 정비해나갔다. 그런가 하면 또 수천만 명이 실직으로 집에 머물렀다. 집 없는 사람의 고통도 더할 나위 없이 커졌다. 도시 생활의 장점으로 꼽혔던 다양한 문화생활, 직장, 카페, 대중교통 등이 이제는 장점이라 할 수 없게 됐다. 공공장소에는 사람들의 발길이 끊겼다. 앞서 언급했듯이, 대도시에서 교외와 시골로 집단 이주가 일부 일어나기도 했다.

이처럼 바뀐 생활 방식은 어찌 보면 옛 시절을 떠올리게 한다. 오랜 세월 동안 인류는 도시 안보다 도시 밖에서 주로 살았다. 1950년까지도 도시 거주자는 세계 인구 중 29.5%에 불과했고, 선진국에서도 55.5%에 지나지 않았다. 2018년에는 그 수치가 각각 60.4%, 81.4%로 높아졌다.[14] 과거 수천 년 동안 사람들은 주로 농가에 살았고, 지금보다 더 독립적으로 생활을 영위해나갔다. 2020년에 그런 과거의 모습으로 어느 정도 회귀한 가정이 많아져, 집에서 생활하며 가족을 돌보고 있다.

한 조사에 따르면 이성 커플 가정의 경우 재택교육은 주로 여성이 담당했지만, 그 밖의 일은 남성과 여성 사이에 이전보다 균등하게 배분된 것으로 나타났다. 남성이 육아와 집안일을 맡는 비중이 평균적으로 늘어났다.[15] 생활 형태가 바뀌면서 가족과 보내는 시간이 모르는 사람이나 심지어 가까이 사는 친구와 보내는 시간보다 훨씬 많아졌다. 2020년의 미국이 19세기의 생활 모습으로 완전히 돌아간 것은 아니지만, 이 같은 지역적·가족적 생활 방식은 인류에게 그리 낯설지 않은 전통이다.

물론 인류가 농업 사회의 모습에 더 가깝게 살았을 때도 역병은 일어났다. 오늘날의 도시보다 여건이 훨씬 열악하면서 인구가 밀집했던 도시들이 확산을 부채질했다. 그리고 농촌에서 산다고 해서 역병을 막을 수는 없다. 어찌 보면, 바이러스가 인간의 생활 방식을 참 잘 공략한다는 생각이 드는 지점이다. 특히 농업혁명 이후 인간의 생활 형태는 바이러스의 좋은 표적이 됐다. 인류의 과거를 더 거슬러 올라가서 약 1만 년 전에는 농촌도 도시도 존재하지 않았다. 둘 다 인간이 수렵·채집 생활을 그만두면서 생겨난 것들이다. 그 전까지는 집단의 크기도 훨씬 작았고 집단 성원 간 교류도 단순했으므로, 폭발적인 범유행이 일어날 위험이 훨씬 적었다.

하지만 여기엔 반전이 있어 오늘날의 대도시에 희망을 안긴다. 세계에서 인구밀도로 손에 꼽히는 아시아 도시들이 지금까지 코로나바이러스 범유행을 아주 성공적으로 차단해냈다는 것이다. 앞서 살펴본 것처럼, 이 역설적인 상황은 인간이 진화를 통해 물려받은 중요한 특성을 또 하나 보여준다. 그것은 새로운 것을 배우고 문화를 바꿔나가는 능력이다. 현대적 생활 환경은 병원체가 퍼져 나가는 데 유리할지 모르지만, 병원체와 맞서 싸울 방법을 찾아나가는 데에도 유리하다.

○——→

미국은 깨끗한 물이 풍부한 나라이지만 미국인들은 놀랄 만큼 세균투성이다. 한 기업에서 8개국의 위생습관을 조사한 결과, 미국인은 독일인에 이어 두 번째로 손을 안 씻는 것으로 나타났다. 아마 인도 같은 나라에서는 전염병의 막대한 폐해를 더 잘 알고 있을 것이다. 하지만 꼭 몰라서 그렇다고만 할 수도 없다. 미국 미생물학회에서 의뢰한 설문조사에 따르면, 미국인은 손 씻기를 실천하는 데 말과 행동이 크게 다르다(공중화장실에서 실제로 관찰해 비교한 결과다).[16] 다시 말해 손을 씻어야 한다는 건 아는데, 행동이 따르지 않는다. 남성이 특히 더 그렇다. 85개 연구를 정량 분석한 결과에 따르면 여성은 남성보다 손을 잘 씻는 것으로 나타났다(마스크 착용 등 비약물적 개입 조치를 실천하는 비율도 50% 더 높았다).[17]

손 씻기가 특히 중요한 이유는, 미국인의 일상적 관습인 악수가 질병 전파 경로의 구실을 하기 때문이다. 미국인들은 범유행에 따른 생활습관 변화를 실천하기 어려워하는 경우가 많았지만, 사람을 만났을 때 손을 내미는 습관만큼은 일찌감치 사라졌다. 2m 거리두기를 시작하기도 전의 일이었다. 보건 관계자들도 악수를 자제하는 것이 중요하다고 처음부터 당부했다. 파우치 감염병연구소장은 포스트 범유행기의 미국은 "강박적 손 씻기"와 "악수의 종말"을 보게 될 것이라고 단언했다. 그레고리 폴란드Gregory Poland 메이오클리닉 백신 연구단 단장은 악수를 "낡은 관습"이라고 칭하며, "여러 문화권에서는 신체 접촉 없이 인사하는 법을 이미 터득했다"라고 지적했다.[18]

악수의 기원은 확실치 않지만 그 역사는 수천 년에 이른다. 일설에 따르면 처음에 (무기를 쥐지 않은) 빈 오른손을 서로 맞잡음으로써 적의가 없음을 보여주거나 엄숙한 서약을 상징했고, 맞잡은 손을 흔듦으로써 소매에 감춘 무기가 없음을 서로 확인했다고 한다. 그 기원이 무엇이건 고대부터 이어져 온 관습이다. 악수를 묘사한 가장 오래된 기록의 하나인 기원전 9세기의 석조 부조에는 아시리아의 샬마네세르 3세가 바빌로니아 통치자와 손을 맞잡는 모습이 표현되어 있다. 악수의 언급이나 묘사는 호메로스의 서사시에서 로마 동전에 새겨진 형상에 이르기까지 고대의 미술과 문학 속에 두루 나타난다.[19]

악수는 또 인간이 진화 과정에서 터득한, 화학신호를 이용한 소통 방법의 하나인지도 모른다. 어느 연구의 표현에 따르면 "모르는 타인 간의 공공연한 후각 정보 수집 및 조사는 대개 금기 사항"이다. 즉, 우리는 타인에게 다가가 대놓고 냄새를 킁킁 맡지 않는다. 악수는 이 같은 제약을 피해 다른 사람의 냄새를 맡아볼 방법인지도 모른다. 이 가설은 실험으로 뒷받침됐는데, 사람들이 자신과 같은 성별의 타인과 악수한 후에는 자신의 오른손 냄새를 맡는 일이 더 많았다.[20] 침팬지도 가끔 둘이 손을 맞잡아(속한 집단에 따라 손바닥 또는 손목을 이용한다) 위로 쳐들고는 다른 손으로 서로 털을 골라주는 모습이 관찰된다. 집단마다 고유한 침팬지의 악수 관습은 어미에서 자식으로 세대 간에 전해지며, 일종의 문화 학습이 이루어지고 있는 것으로 추측된다.[21]

손이 없는 동물도 친근하게 인사하는 방법을 진화 과정에서 체득했다. 공격적인 개는 몸을 꼿꼿이 펴고 꼬리를 바짝 세우며 고개는 정면을 향한다. 반면 우호적인 개는 자세를 낮추고 웅크리며 고개는 위로 쳐들고 꼬리를 흔든다. 다윈은 이런 차이를 '대립의 원리'라는 이론으로 설명했다. 어떤 기능을 수행하기 위해 진화한 동작과 반대되는 동작으로 그 반대의 감정을 나타낸다는 것이다. 인간도 공격적인 동작과 반대되는 동작으로 친근함을 나타낸다. 주먹을 쥐는 대신 손을 활짝 펴고, 상대를 경계하며 거리를 두는 대신 가까이 다가가고, 얼굴 등 다치기 쉬운 신체 부위를 가리지 않고 드러낸다. 물론 그 구체적인 동작은 문화에 따라 다르지만, 모든 문화에는 위협적인 동작과 우호적인 동작을 구분하는 나름의 관습이 있다.

다행히 악수를 많이 하는 문화권에서도 악수 습관을 비교적 어렵지 않게 중단할 수 있었던 것은, 인간은 똑똑한 동물이라 새로운 진화적 압력에 부딪혔을 때 필요한 행동을 빠르게 학습할 수 있기 때문이다. 전염병이 확산되는 가운데 살아남기 위해 행동을 바꾼 것이다. 코로나19로 인해 세계 여러 곳에서는 악수와 입맞춤, 포옹, 홍이 hongi(서로 코를 맞대고 하는 마오리족의 전통 인사) 등 신체를 친밀하게 접촉하는 인사법을 포기해야 했지만, 많은 문화권에서는 신체 접촉이 없는 인사법을 이미 오랜 세월 실천하고 있었다.[22] 예컨대 대개 두 손바닥을 모아 합장 자세를 취하면서 하는 '나마스테 namaste'는 수천 년 된 인사법으로, 힌두교 경전 『리그베다』에 기록되어 전해진다. 역시 합장하면서 고개를 숙이는 '와이 wai' 인사법은 태국에서 널리 쓰인다. 손을 오므려 손뼉을 치면서 '물리브완지 Mulibwanji(안녕하세요)'라고 말하는 인사법은 잠비아에서 흔히 쓰인다. 고개를 숙이는 일본의 인사법은 7세기에 중국에서 전해졌다. 원래는 귀족 계급의 인사법이었으나 12세기에 사무라이들 사이에서 많이 쓰이다가 500년쯤 뒤 에도시대 이후에 평민들에게도 전해졌다. 고개 숙이는 인사법은 미국에서도 퍼져 나갈 기회가 있었다. 식민지 시대에 청교도 사회에서 그렇게 인사를 했는데, 보통 경의의 표현이었다. 하급자가 상급자에게, 남성이 여성에게 고개를 숙였다. 그러나 독립전쟁 시기에 고개 숙이기는 민주적이지 않다고 보는 시각이 있어 대신 악수가 널리 행해지게 됐다. 17세기와 18세기에 퀘이커 교도들 사이에서도 위계를 강조하는 인사법 대신 악수가 인기를 끌게 됐다.

보건 전문가들이 악수 자제를 권고한 것은 코로나19 때가 처음이 아니었다. 1929년, 간호사 레일라 기븐 Leila Given은 "손은 세균 전파 매체"라면서 미국인들은 악수 이외의 인사법을 채택해야 한다고 주장했다.[23] 그 전에도 1793년 필라델피아에서 황열병 유행이 지나간 후 "악수라는 옛 관습은 워낙 전반적으로 사라져서, 누가 손을 내밀기만 해도 기겁하며 물러나는 사람이 많았다"고 한다.[24]

물론 악수 습관은 그 후에도 미국에서 전혀 사라지지 않았지만, 악수를 자제하는 모습은 이제 훨씬 일반적인 풍경이 됐고 보건 당국에서도 올바른 방역 수단으로 널리 홍보하고 있다. 우리가 하는 수많은 행동이 그렇듯 인사법도 나름의 생물학적·역사적·문화적 배경이 있지만, 치명적 범유행이 닥친 상황에서는 그조차도 얼마든지 바뀔 수 있다.

○────→

코로나19가 닥치면서 우리가 맞닥뜨린 아이러니 한 가지는, 프라이버시 과잉과 프라이버시 결핍이 동시에 벌어지는 현실이다. 가족과 집에서 시간을 보내니 어떤 면에서는 친밀감이 증대됐다. 하지만 또 어떤 면에서는 친밀감이 감소했는데, 신체를 접촉하는 인사를 하지 않아서만은 아니었다. 한 예로, 마스크 착용은 사람의 신원을 감추는 효과가 있다. 또 가족과 떨어져 타인들 사이에서 죽음을 맞는 미국인들이 많아졌다. 이 같은 프라이버시의 변화는 과거 역병 때도 마찬가지였지만, 코로나19 시대의 프라이버시 문제는 21세기의 발달한 기술과 결부되어 근본적인 우려를 자아냈다.

집단 감시 기술은 그 전부터 점점 정교해지고 보편화해가고 있었지만, 2020년 봄에는 수백만 명의 학생을 대상으로 시험감독이라는 분야에 새로 적용됐다. 3월 초, 수천만 대학생의 등교 수업이 갑자기 중단되면서 대학들은 온라인 학습으로 빠르게 전환했다. 시애틀의 워싱턴대학교에서는 2020년 3월 6일 금요일 오후에 4만 명의 학생에게 모든 수업은 오는 월요일부터 바로 온라인으로 전환된다는 통지가 나갔다.[25] 집에서 원격수업을 받게 된 전국의 대학생들은 민간 시험감독 업체 직원들의 원격 감시를 받으며 시험을 치러야 했다. 전혀 모르는 타인이 학생들의 일거수일투족을 관찰하고, 얼굴을 살피며, 집에서 일어나는 대화 소리를 듣고, 카메라 방향을 조정하라고 주문하면서 수상쩍은 문제가 없는지 감시했다. 그러나 학생들은 감독관의 얼굴을 볼 수 없었다. 그러다 보니 불편한 상황도 벌어졌다. 한 예로, 플로리다대학교 2학년생 샤이엔 키팅은 시험을 보는 중 속이 불편해 토하고 싶었지만, 화장실에 갔다 오는 것이 허락되지 않았다.[26] 컴퓨터에 달린 카메라를 들여다보며 감독관에게 책상에 앉은 채 토하는 건 괜찮냐고 물었다. 감독관이 허락하자 근처에 있던 바구니에 토하고, 손 닿는 곳에 있던 담요로 최대한 수습했다.

  부정행위를 막기 위해 자동화된 기법도 동원됐다. 학생의 시선이 모니터 밖으로 1분에 2회 넘게 4초 이상 벗어나면 의심 행동으로 간주됐다. 대리 시험을 방지하기 위해 소프트웨어가 수험자의 얼굴을 인식해 신분증과 대조했다. 심지어 학생의 타이핑 리듬을 관찰해 개인별 고유 패턴과 비교하기도 했다. 감독 업체는 학생의 각종 개인정보뿐 아니라 감독 중 수집한 음성 및 영상 데이터에 대해서도 권리를 보유했으므로, 교수들 사이에서 대학을 감시 도구로 만들 셈이냐며 비판의 목소리가 나오기도 했다.

원격학습 현장에서의 프라이버시 침해는 다른 방면으로도 문제를 빚었다. 한 예로, 초등학교 5학년 남학생이 집에서 원격수업을 받던 중 뒤의 벽에 BB탄 총을 걸어놓은 모습을 교사가 발견했다. 교사는 화면을 캡처해 경찰에 신고했고, 경찰은 학생의 집을 불시에 방문 조사했다. 경찰은 20분 동안 살펴보고 범법 사항이 없어 돌아갔다.[27] 학교 교장은 진짜 총이든 BB탄 총이든 가상 교실에서 눈에 보이게 비치한 행위는 실제 교실에서 그렇게 한 것과 똑같다는 의견을 밝혔다.

타인의 눈에 집 안이 고스란히 노출되는 경험을 한 것은 학생들뿐만이 아니었다. 전국의 전문가들이 집에서 인터뷰에 응하고 직장인들이 온라인으로 화상회의를 하면서, 본의 아니게 남들 사는 모습을 구경할 기회가 종종 생겼다. 2020년 3월, 나는 집 서재에서 TV 시사 프로그램의 인터뷰에 응했다. 나중에 한 기자가 연락해왔는데 미술인 내 딸이 그린 그림에 대해 궁금해했다. 기자는 《로스앤젤레스 타임스》에 실린 기사에서 내 서재의 이런저런 물건을 묘사하고 그 밖에도 여러 전문가의 집 안 풍경을 설명했다(주방 냉장고 앞에서 인터뷰에 응한 상원의원 이야기도 있었다). 조금 영광인 것도 같았지만, 그보다는 묘한 기분이었다. 결국 예일대학교 로고가 그려진 휘장을 사서 뒤에 가림막으로 펼쳐놓았다.

원격 감시는 더 방대한 규모로도 이루어졌다. 각종 빅데이터와 인터넷 추적 기술을 이용해 자가격리자를 감시하고, 감염 위험 활동을 발견하고, 인구 전체의 방역 협조 상황을 관찰했다. 3장에서 살펴봤듯이, SARS-2는 워낙 빠른 속도로 광범위하게 퍼져 나가서 수작업으로 접촉자를 추적하기는 거의 불가능해졌다. 하지만 접촉자 추적 앱을 이용한다면 더 빠르고 광범위하면서도 효율적으로 접촉자를 추적할 수 있다. 환자와 가까운 거리에 있었던 사람을 모두 자동으로 추적하고 있다가 환자 발생 직후 각자에게 통보해줄 수 있다면, 방역에 큰 도움이 될 수 있다. 기술 전문가들은 SARS-2의 무증상 전파력을 고려할 때 휴대전화의 위치 데이터에 접근할 수 있는 접촉자 추적 앱이 방역 당국에 특히 유용할 것이라고 얘기했다. 하지만 그러려면 일단 앱 사용자가 충분히 많아야 한다. 인구의 상당 비율을 대상으로 정부의 전화기 데이터 접근을 허락하도록 설득하거나 강제해야만 가능한 일이다.[28] 그런 전면적·자동적 추적 시스템의 시행을 주장하는 사람들은 프라이버시를 일부 포기하는 대신 자유를 더 얻고자 하는 사람이 많으리라고 봤다. 정부의 명령으로 집에 갇혀 있느니 정부의 추적을 받으면서 집 밖에 나가겠다는 사람이 많지 않겠냐는 것이었다.

중국·싱가포르·이스라엘 등 각국 정부는 다양한 기술을 동원해 그 같은 데이터 활용에 나섰고, 유럽에서도 다양한 민간단체와 기업들이 연합을 결성해 나섰다. 애플과 구글도 함께 협력하여 휴대전화로 (동의자에 한해) 접촉자 추적이 가능한 기술을 개발했으나, 일부 주에서 반발에 부딪혔다.[29] 러시아와 중국에서는 비슷한 기술을 적용하면서, 바이러스 확산 차단에도 이용했던 방대한 얼굴 인식 카메라망을 함께 활용했다. 한국에서는 스마트폰 위치 데이터, CCTV 영상, 신용카드 거래 기록(방문한 매장 위치와 시각을 파악할 수 있다) 등 다양한 정보를 종합해 접촉자 추적을 벌였다. 미국에서도 많은 국민이 프라이버시를 희생할 용의가 있음을 보였다. 정부가 블루투스와 GPS 신호 등 스마트폰 데이터를 감시할 수 있게 허락해야 한다고 주장하는 의견까지 있었다.[30] 이렇게 코로나19는 9·11 테러 이후 프라이버시와 시민 자유의 균형을 놓고 불거졌던 논쟁에 다시 불을 붙였다.

하지만 실질적으로 따져보면, 이 같은 앱들은 프라이버시 침해를 감수할 만큼 방역 관련 이점이 크지 않다. 휴대전화 기반 접촉자 추적 앱이란 게 큰 효과를 발휘하기 어려운 것이, GPS 신호는 두 사람 간 2m 이내 근접 여부를 판단할 만큼 정밀도가 높지 않기 때문이다. 또 블루투스 신호는 벽을 통과하므로 다른 공간에 있던 사람들을 함께 있었다고 잘못 판단할 수도 있다. 부정확한 정보에 이끌려 막대한 시간을 낭비하게 될 수도 있다는 얘기다. 그러나 설령 앱이 효과가 있다고 하더라도, 문제가 있을 수 있다. 벤저민 프랭클린은 (좀 다른 맥락에서 한 말이지만) "일시적 안전을 조금 얻으려고 근본적 자유를 포기하는 자는, 자유도 안전도 누릴 자격이 없다"라고 했다. 자유의 침해는 민주주의의 근간을 흔든다.

이런 우려에 대처하고자, 내가 이끄는 휴먼네이처랩Human Nature Lab의 연구팀에서는 2020년 5월에 '후날라'라는 이름의 앱을 발표했다. 후날라는 이용자의 프라이버시를 존중하며 자발적 참여를 통해 동작하는 방식으로, 위험 관리에 유용한 도구가 될 수 있다. 대부분의 접촉자 추적 앱은 감염자와 이전에 접촉한 적이 있는지 알려주는 **후행적** 방식이지만, 이 앱은 감염자와 앞으로 접촉할 위험이 있는지 미리 알려주는 **선행적** 방식이다. 마치 교통정보 앱이 정체 구간 정보를 여러 이용자에게서 수집한 다음에 종합하고 익명화하여 근처를 지나는 다른 이용자에게 전하는 것과 비슷한 방식이다.

후날라 앱은 이용자가 제공하는 정보를 토대로 이용자의 사회연결망을 파악하고, 이용자에게 원하는 빈도로 증상 여부를 앱에 통보해줄 것을 권한다. 그런 다음 계산 알고리즘을 이용해 이용자가 호흡기질환에 걸릴 위험이 높아진 경우 알려준다. 근거는 예를 들면 20일 전에 친구의 친구의 친구가(물론 모르는 사람이다) 발열 증상을 통보했다거나 하는 것이다. 이용자의 연결망을 분석해, 바이러스가 몇 다리를 건너 이용자에게 옮겨질 확률을 예측할 수 있다.[31] 특정 개인에 관한 정보는 전혀 공유되지 않는다(교통정보 앱이 고속도로에서 사고를 낸 운전자가 누구인지 알리지 않는 것처럼). 하지만 이용자에게 위험이 높아졌다고 알려주면 이용자는 일테면 집에 머문다든지 하는 식으로 예방 조치를 취할 수 있다. 운전자가 전방 몇 킬로미터에 정체 구간이 있다는 알림을 받으면 고속도로에서 미리 빠져나갈 수 있는 것과 마찬가지다.

○———→

범유행병은 그 밖에도 지극히 개인적인 영역을 파고들 수 있다. 과거에 역병이 유행할 때도, 무차별적으로 닥치는 죽음을 목도하다 보면 그에 대처하려는 마음에서 종교에 대한 열기가 높아지곤 했다. 두려움에서건 공경심에서건, 세속적인 설명이 불가능한 재앙에 맞닥뜨리게 되면 자연히 신에게 호소하고 싶어질 만하다. 그러나 역병으로 죽는 사람이 매우 많아지면 종교에 대한 환멸도 흔히 나타난다. 인간을 아낀다는 신이 어떻게 이런 참변을 일으키거나 허락할 수 있단 말인가? 믿는다고 달라지는 게 있겠는가? 기원전 430년 아테네 역병 때 투키디데스는 동료 시민들의 행동을 가리켜 이렇게 말했다.

신에 대한 두려움은… 그들을 말리지 못했다. 누구나 할 것 없이 죽어나가니, 신을 섬기건 섬기지 않건 똑같다는 생각이었다.[32]

범유행 진행기에 코로나19는 개인의 종교적 행동에 영향을 주었다. 특히 독실한 신자들에게 영향이 컸다. 한 예로, 2020년 봄에 시행된 전국적 설문조사에서 성인의 55%는 바이러스가 종식되게 해달라고 기도한 적이 있다고 응답했고, 기독교인의 73%와 평소에 매일 기도하는 사람의 86%가 그런 응답을 했다. 덜 독실하던 사람들도 조금 더 독실해지는 변화가 있었다. 평소에 기도를 전혀 하지 않는 사람의 15%, 종교가 없는 사람의 24%도 범유행 종식을 위해 기도했다고 밝혔다.[33] 다른 한 설문조사에서는 응답자의 78%가 범유행기에 자신의 신앙이나 믿음에 변화가 없었다고 밝혔으나, 신앙이나 믿음이 '더 굳건해졌다'고 답한 사람이 '더 약해졌다'고 답한 사람보다 많았다(20% 대 3%).[34] 4월 말에 시행된 또 다른 설문조사에서는 미국 성인의 24%가 코로나바이러스로 인해 신앙이 더 강해졌다고 답했고, 더 약해졌다고 답한 사람은 2%에 불과했다.[35] 신앙이 굳건해졌다는 비율은 여성과 소수민족, 소수인종 응답자에게서 상대적으로 높았다.

신앙심은 높아진 경우가 더 많았지만, 범유행 초기 몇 개월간 전국의 교회, 시너고그유대교 예배당—옮긴이, 모스크이슬람 사원—옮긴이, 절 등 종교시설 다수가 온라인 예배로 전환하면서 대면 예배는 대체로 금지됐다. 예배 공간은 식당과 상점 등 다른 실내 공간보다 SARS-2 전파 위험이 특히 높다. 예배 공간은 신도들이 더 장시간 더 근접해 머무는 경향이 있고, 큰 목소리로 노래하기도 하므로 전파 위험이 더욱 높아진다. 그런 점에서는 술집이나 나이트클럽과 비슷하다. 전 세계에서 일어난 집단감염 사태 중 다수가 종교단체나 예배에서 유래했다. 그중 몇 사례를 들자면 2020년 2월 한국에서는 신천지 교단에서 대규모 집단감염이 발생했고, 미국에서는 3월의 교회 성가대 집단감염을 비롯해 몇 건의 사태가 있었으며, 독일에서는 5월 프랑크푸르트의 한 예배에 참여한 신도 중 100명 이상이 감염되는 사태가 있었다.[36]

4월 말의 조사에 따르면 2019년에 매월 1회 이상 종교 예배에 참석했던 성인의 91%는 소속된 모임의 공개 예배가 중단됐으며 대개는 실시간 스트리밍으로 대신하게 됐다고 응답했다.[37] 전체적으로, 교회에 정기적으로 출석하는 신자의 40%가 대면 예배에서 가상 예배로 전환했다.[38] 가상 예배는 무언가가 부족하다고 느끼는 사람이 많았기에, 일부 종교시설에서는 신체적 거리두기를 지키면서 창의적인 방법을 도입했다. 일테면 교회 주차장이나 자동차 극장에서 차에 탄 채로 참석하는 드라이브인 예배 등이다. 2020년 4월 12일 부활절에는 수십 곳의 교회가 이 방식으로 예배를 봤다. 그 무렵 인터넷에서는 한 성직자가 아기에게 2m 거리에서 물총으로 세례를 주는 사진이 인기를 끌기도 했다. 5월에는 모스크 몇 곳에서 이슬람교의 희생제를 라이브 음악과 아이들 선물 바구니를 동원해 드라이브스루 방식으로 치렀다.[39]

가상 예배에 만족하지 못하는 신도들도 있지만, 이를 영적인 성장의 기회로 여기는 신도들도 있었다. 뉴햄프셔주 하노버의 가이 콜린스Guy J.D. Collins 성공회 신부는 신도들에게 보낸 교서에서 "기술의 신학"을 언급하면서, 2020년의 온라인 예배를 수백 년 전부터 혁신적 기술을 이용해 하느님의 말씀을 전파해온 전통의 연장선으로 설명했다. 새로운 기술은, 예컨대 인쇄기가 그랬듯 당시에는 이단으로 취급되는 일이 많았다면서 이렇게 말했다. "기술은 예배를 가로막는 걸림돌이 될 수도 있습니다. 하지만 그보다는 은총의 통로가 되어줄 때가 더 많습니다. 특히 시각적 기술은 문해율이 낮고 공식 예배 언어인 라틴어를 이해하는 사람이 소수이던 중세 시절, 기독교 신앙 이야기를 전승하는 데 더없이 중요한 역할을 했습니다."

2020년 늦봄에는 다중 집합 금지령이 풀리면서 주마다 온갖 다양한 규칙을 시행했다. 텍사스주에서는 신도석을 한 줄 걸러 한 줄씩 비워놓게 했는데, 공중보건 관점에서는 거의 무의미한 조치였다. 같은 줄의 신도들은 여전히 붙어 앉을 수 있고, 한 줄을 걸러도 2m 간격이 채 안 될 수 있기 때문이다. 매사추세츠주에서는 예배 장소에서 마스크를 쓰게 했다. 뉴욕주에서는 10명 미만만 예배를 볼 수 있게 했다.[40]

5월경, 대면 예배 허용 여부가 불행히도 정쟁의 대상으로 떠올랐다. 한쪽에서는 종교의 자유와 집회의 자유를 헌법에 따라 보호해야 한다고 주장했고, 또 한쪽에서는 헌법 전문에 명시된 대로 정부가 "공공복지를 증진"할 의무가 있다고 주장했다. 캘리포니아주의 몇 개 교회에서는 외출금지령이 종교의 자유에 어긋난다면서 주지사를 고소하기도 했으나, 연방 항소법원에서는 외출금지령이 유효하다고 인정했다. 대법원도 항소법원의 판결을 최종적으로 확정했다. 정부의 공중보건 정책이 오로지 교회만을 대상으로 특별한 규제나 혜택을 적용한 것이 아니라면, 해당 규제는 수정헌법 제1조에 어긋나지 않는다는 판단이었다.[41]

인생의 유한함을 자각하면서일까 아니면 자택 칩거에 따른 고독감 때문일까, 종교적 신념과 관계없이 삶의 의미를 깊이 성찰하는 사람도 많았다. 그 같은 개인적 성찰 기회는 2020년 6월에 인종차별 반대와 사회정의를 외치는 대규모 시위가 촉발되는 데 중요한 요인이 됐다고 생각한다. 범유행은 또 사람들에게 평소의 사회적 소통을 돌아보고 타인에 대한 공감과 인식을 높이는 계기가 되기도 했다. 예컨대 앙숙 간이던 옛 배우자들끼리 자녀 양육 문제를 놓고 서로를 더 배려하며 소통하는 법을 깨닫게 됐다거나 하는 이야기들이 들려왔다.[42] 6장에서 봤듯이, 재난은 사람들을 공동의 적에 맞서 똘똘 뭉치게 함으로써 사람의 가장 선한 면과 가장 악한 면을 모두 드러내게 한다. 나는 사람들이 스스로 가치관을 돌아보며 유한한 삶을 어떻게 살 것인지 고민하는 가운데, 좀더 높아진 도덕심으로 활기 있게 삶에 임하고 있다는 느낌을 받았다.

○——————▶

범유행 진행기 중 코로나19는 오랫동안 지속돼온 의료 관행이 바뀌는 계기를 촉발했다. 그리고 그 변화의 상당 부분은 정착되어 포스트 범유행기까지 이어질 가능성이 매우 크다. 앞서 살펴본 것처럼, 코로나19 환자들을 돌보는 과정에서 말기 의료 등의 치료에 영향이 있었다. 또한 코로나19 환자 중 다수는 폐나 신장 또는 심장이나 신경의 손상으로 장기적 후유증을 겪게 된다.[43] 따라서 앞으로 몇 년간은 과거 소아마비 유행이나 (뒤에서 상술할) 1918년 플루 범유행 이후에 그랬던 것처럼 장애 발생이 늘어날 것이다. 그런 이유에서 병원들은 코로나 이후를 대비한 의료시설을 신설해 많은 환자를 돌보기 위한 준비에 나서고 있다.

하지만 평소의 의료 관행이 범유행기에 그토록 많이 중단됐으나 문제가 없었다는 점에서, 그렇다면 왜 지금까지는 그런 식으로 유지되어온 것인가 하는 의문이 자연히 든다. 한 예로, 코로나19 백신은 개발 속도를 여러 가지 방법으로(임상시험의 빠른 시행, 유전자 서열 정보의 광범위한 공유 등) 높일 수 있었음을 6장에서 살펴본 바 있다. 하지만 그뿐만이 아니다. 나는 환자를 진료하지 않은 지 좀 됐지만, 꽤 오랫동안 코네티컷주와 매사추세츠주의 의사 면허를 둘 다 유지하고 있다. 그런데 범유행 중 의사 수요가 치솟자 주 간 면허 적용에 관한 규정이 완화되면서, 둘 중 한 가지 면허만 있으면 두 주 모두에서 진료할 수 있게 됐다. 의사 면허와 관련한 누더기투성이의 주별 법규는 범유행이 잠잠해지고 나면 아마 바뀔 것으로 보인다. 과거엔 의사 교육이 덜 표준화돼서 자격 미달 의사가 양산되는 주도 있었기에 이런 잔재가 남아 있지만, 다 옛날이야기다.[44]

미국의 메디케어노인·장애인 대상-옮긴이, 메디케이드저소득층 대상-옮긴이 등 공공의료보험과 민간의료보험사들도 여러 규정과 절차를 신속히 수정했다. 특히 대면 의료 비용 상환과 관련하여 큰 변화가 있었다. 정부의 정책 담당자와 전문가들은 오랫동안 전화나 인터넷상으로 이루어지는 의료 제공을 허용해야 한다고 주장해왔는데, 이런 의료 형태가 갑자기 허용됐을 뿐 아니라 적극적으로 권장되는 상황이 됐다. 의료 행위의 상당 부분이 의료시설 혼잡을 줄이기 위해 온라인으로 전환됐다.

예컨대 산부인과 의사들은 정상적인 임신부에 대한 정기적 진단을 전화상으로 실시했다. 피부과 의사들은 간단한 피부질환을 환자가 보여주는 영상이나 사진을 보고 진단했다. 내 형 콴양 더Quan-Yang Duh는 샌프란시스코의 내분비외과 의사인데, 수술 후 후속 진료를 영상으로 해보니 대부분 어렵지 않게 할 수 있었다고 말한다. 다만 수술 전에는 환자를 꼭 대면 상담한다는 원칙을 지키고 있다. 심리치료사들도 온라인으로 전환했는데 결과는 다양했다. 내과 의사들도 온라인 영상회의로 환자의 병력을 듣고 권고를 하거나 처방을 전해주는 방법으로 많은 경우 진료가 가능했다. 일차 진료의가 전문의에게 의뢰하는 건도 원격으로 처리할 수 있는 경우가 많았다. 내 예일대학교 동료이자 의사인 패트릭 오코너Patrick O'Connor는 원격의료와 관련해 "5년 동안 이루어진 것보다 더 많은 변화가 2주 만에 이루어졌다"라고 내게 말했다.

대면 의료의 상당 부분이 얼마나 무의미한지에 대해서는 역시 내 동료이자 의사인 마이클 바넷Michael Barnett이 핵심을 찌르는 말을 했다. 환자들이 의사를 보러 오는 큰 이유 하나는 진료를 잘 받기 위해서라거나 꼭 그렇게 해야 할 질환이 있어서가 아니라며, 원격으로도 얼마든지 처리할 수 있는 정기적인 용무(예컨대 같은 처방전을 다시 받는 일)도 보험 규정상 반드시 병원에 방문해 처리하게 되어 있어서 그렇다는 것이다. 사실, 일차 진료의의 진료 행위 상당 부분은 꼭 검사실에서 해야 할 이유가 없다. 그리고 환자의 병력을 경청하는 일이야말로 좋은 의료의 한 요건인 만큼, 원격의료 전환은 그런 면을 더 활성화하는 효과가 있다.

실제로 그 같은 가능성이 확인되면서 반가워하는 의사들이 많았다. 보스턴에 있는 브리검여성병원의 외래환자 진료과는 2020년 봄에 온라인 위주의 진료로 전환했는데, 환자의 5%만 대면 진료가 필요한 것으로 나타났다.[45] 범유행 1차 파동의 정점이 지나간 후인 2020년 5월, 예일뉴헤이븐병원에서는 "이 방면의 진료를 확대해 나갈 전략적 기회"를 활용하겠다고 발표하면서, 2020년 7월까지 "외래 방문의 3분의 1 이상을 원격의료로 전환"하는 것을 목표로 정했다.

이번 범유행을 계기로 재택으로도 많은 의료 서비스를 제공할 수 있다는 사실이 분명해졌다. 특히 가정용 혈압측정기, 혈당측정기, 산소측정기 등의 장비를 통한 기본적 정보 수집이 병행된다면 더욱 유리했다. 위기의 정점에서 재택의료를 제공하기 위해 도입된 변화들은 범유행이 진정된 후에도 폐지되지는 않을 것으로 보인다. 각종 의료 서비스의 제공처와 제공자 유형은 시간이 흐르면서 점차 바뀔 것이며, 앞으로 피임약이나 여행자 백신 등 특정한 투약은 병원을 방문하지 않고도 제공받을 수 있게 될지 모른다. 현재 미국에서는 이미 약국에서 정기적인 독감 예방접종 서비스를 제공하고 있다.

의사이자 윤리학자인 지크 이매뉴얼Zeke Emanuel을 비롯한 정책 전문가들은 이 같은 발상에 착안해 몇 가지 정책 개입을 통해 미국 의료체계를 개선할 수 있다고 주장했다.[46] 한 예로, 동일한 질환을 진료하는 경우 온라인 진료도 내원 진료와 동일한 비율로 진료비가 상환되어야 한다. 그러지 않으면 수가 구조상 의사 입장에서는 환자가 내원하는 편이 유리해진다. 놀랍게도 많은 병원이 범유행 중 적자를 보거나 파산 위기에 처했다. 환자가 매우 많았고 생명을 살리는 중대한 임무를 수행했음에도 그렇게 된 이유는, 감염 중증 환자 치료의 경우 사소한 증상을 다루는 선택적 의료보다 진료비를 더 적게 상환받기 때문이다. 이런 제도는 범유행 이전에도 불합리했고, 범유행 이후에도 불합리하다. 범유행이 잦아들면서 상환 정책은 분명히 바뀔 것으로 보인다.

역시 이번 범유행을 통해 잘 드러난 주제로, 해묵은 문제인 '의인성iatrogenic' 질환과 상해가 있다. 의인성이란 의사의 행위로 인해 발생하는 것을 뜻한다. 조사하기에 따라 이 문제는 미국에서 손꼽히는 사망 원인으로, 매년 병원 안팎에서 5만 명에서 10만 명이 이로 인해 사망한다. 의료 오류는 수술 실수(가령 환자의 배 속에 스펀지를 남겨두는 것)에서 투약 실수(가령 위산 분비 억제제인 로섹 대신 이뇨제인 라식스를 처방하는 것)에 이르기까지 다양하다. 보통 의료 오류라고 하면 엉뚱한 쪽 신장을 제거하는 실수를 떠올리지만, 압도적으로 더 자주 일어나는 실수는 병원에서 일어나는 원내감염으로 예컨대 요로 감염, 수술 부위 감염, 폐 감염, 혈류 감염 같은 것이다. 불편한 진실은 그런 실수의 대부분이 살균 절차 미준수, 즉 위생 불량에서 기인한다는 사실이다. 미국에서 입원 환자가 의료 실수로 사망하는 비율은 1%에 이를 수 있다.[47] 의사들도 알고 있는 사실이다. 내가 1989년에 펜실베이니아대학교 의료센터에서 인턴으로 일할 때, 한 선배 의사는 신입 인턴들에게 입원 환자를 받기 전에 신중히 생각하라고 조언했다. "입원은 무해한 의료 행위가 아니다"라는 게 그의 경고였다.

미국인들은 의료에 관해서라면 많으면 많을수록 좋다고 생각하는 경향이 있지만, 그렇지 않음을 보여주는 데이터가 많다. 의료 행위가 치명적일 수 있음을 보여주는 한 가지 지표는 의사들이 파업할 때 나타나는 변화다. 물론 드물게 일어나는 일이지만, 1976년에서 2003년까지 세계 각지에서 일어난 5건의 의사 파업을 분석한 연구가 있다. 파업 기간은 최단 9일부터 최장 17주까지 다양했는데, 그 기간 중 전반적으로 사망률이 평소와 같거나 오히려 **줄어든** 것으로 나타났다.[48] 사망률이 줄어든 원인은 몇 가지로 설명할 수 있는데, 선택적 수술을 보류하면서 수술에 따르는 위험이 사라진 것, 의료 오류와 의료 상해가 줄어든 것 등이다.

파업 이외에 의사 인력이 상대적으로 부족했던 시기를 살펴보면 어떨까? 매년 열리는 미국 심장학 학술대회 기간에(즉 근무하는 심장 전문의가 적을 때) 심근경색이나 심부전으로 입원한 고령자의 사망률을 조사한 연구가 있다. 학술대회가 열린 날에 심부전으로 입원한(즉 심장 전문의가 **아닌** 의사에게 치료받은) 환자 수만 명 중 17.5%가 사망했고, 평상시에 심부전으로 입원한(즉 심장 전문의에게 치료받은) 환자 수만 명 중 24.8%가 사망했다. 그렇다. 심장병 환자가 심장 전문의에게 치료받지 않을 때 덜 사망한 것이다. 심장병 환자가 종양학, 위장병학, 정형외과학 학술대회 기간에 입원한 경우는 사망률에 영향이 없었다. 논문 저자들은 혹시나 해서 심장학 학술대회 기간에 입원한 위장출혈 환자와 고관절 골절 환자의 사망률도 조사해봤다. 영향이 없었다.[49] 심장 전문의의 의료 행위 때문에 일부 심장병 환자가 더 높은 비율로 사망하고 있다는 것은 부인할 수 없어 보였다. 역시 의사인 나로서도 기운이 빠지는 연구 결과다.

2020년 봄, 각급 병원은 모든 질환의 선택적 수술과 비응급 내원 치료를 보류했다. 환자가 감염원에 노출되는 것을 막고 코로나19 환자의 급증에 대비하기 위해서였다. 환자들도 증상이 가벼운 경우(심지어 심한 경우에도) 알아서 병원을 멀리했다. 따라서 의료 실수나 과잉치료로 인한 사망이 줄었을 것으로 보인다. 내 동료이자 의사인 H. 길버트 웰치H. Gilbert Welch는 이전에 의사들이 사소한 문제를 너무 많이 치료했을 가능성이 크다고 주장했다. 일테면 유방 촬영 결과 비대칭성(저절로 사라질 수 있다), 가벼운 심근경색(치료를 받지 않는 편이 결과가 나은 경우가 많은데, 환자의 필요보다는 병원과 의사의 경제적 사정에 이끌려 위험한 시술이 이루어질 때가 많다) 등이다.[50] 범유행기에 여러 병원에서는 코로나19 환자의 병상을 확보하기 위해 일반 환자의 입원 기준을 강화해야 했다. 또 의사들은 매년 수십억 달러어치의 불필요한 검사와 시술을 시행하지만, 코로나바이러스 범유행은 큰 효용이 없었다는 교훈을 남겼다.

우리는 이번 범유행을 계기로 자동차가 줄어든 세상의 모습을 엿봤지만, 이렇게 의료 상해가 줄어든 세상의 모습도 엿볼 수 있었다. 의료계는 이번에 얻은 교훈을 깊이 새길 가능성이 크다. 의료 종사자들이 사람에게 해를 끼치고 싶어 할 리 없기 때문이다. 포스트 범유행기에는 코로나19로 인해 수행된 방대한 자연실험 결과의 심층 분석이 이루어지면서, 각종 질환의 치료 기준이 재고될 것으로 보인다.

비록 의인성 질환은 엄연히 실재하는 문제이지만, 의료인들을 비난하려는 뜻은 없다. 의료인들의 노고와 헌신은 지대하며, 그들의 노력이 수많은 코로나19 환자의 목숨을 살렸다. 의료는 단순한 직업이 아닌 전문 영역이다. 하지만 앞서 개인보호장구 부족 실태를 외부에 알렸다고 의료진을 입단속시킨 사례에서 봤듯이, 의료 종사자는 점점 거대한 관료체계의 부속품으로 여겨지는 추세다. 그럼에도 의사와 간호사는 결국 자신의 필요보다 환자의 필요를 더 중시할 수밖에 없다. 근무 시간이 끝났다고 해서 도움을 필요로 하는 환자를 내버려두고 갈 수는 없다. 병상을 지켜야 한다. 또한 전염병이 유행할 때는 위험을 무릅써야 한다. 따라서 코로나19가 의료계에 가져올 마지막 변화는, 재난 속에서 의사가 되려고 공부하고 수련하는 이들에게 두려움을 직면하고 의사라는 일을 새롭게 생각해보는 기회가 되리라는 것이다. 범유행 중에 수련을 받다 보면 소명의식이 높아질 것으로 생각한다. 수련의들의 전공 선택에도 영향이 있을 것이다. 감염병이나 공중보건 분야에 더 관심을 갖는 이들이 분명히 있을 만하다. 누구나 죽음을 맞닥뜨리게 되면 삶의 의미를 찾아 나서기 마련이고, 의사도 예외가 아니다.

어쩌면 가장 중요한 점일 수도 있는데, 치명적인 전염병이 대유행하는 동안 받는 수련은 목적의식과 책임의식을 길러주는 등 수련생 집단 전체의 성숙에 기여하리라 생각한다. 일부 의대와 간호대는

2020년 봄에 학생들의 졸업을 앞당겨 현장에 즉시 투입될 수 있도록 했다.[51] 내가 1989년에 갓 인턴이 되어 의사로서의 정체성을 찾으려고 애쓰고 있을 때, 산부인과 의사였던 장인이 들려준 이야기가 있다. 1961년에 자신이 인턴 생활을 할 때의 일이라고 했다. 처음 당직 근무를 서야 하는 날이었다. 선임인 신경외과 레지던트가 한쪽으로 데려가더니 그날 밤 감당해야 할 힘든 업무를 교육해주었다. 시카고의 쿡카운티병원은 엄청난 업무 강도로 유명했다. 당시 전 세계에서 가장 큰 병원이었을 만큼 규모가 커서 관할 경찰서가 따로 있을 정도였다. 한밤중에 만약 인턴으로서 도저히 엄두가 나지 않는 일이 닥친다면? 선임 레지던트는 이렇게 조언했다. "지미, 오늘 밤은 둘 중 하나야. 의사를 부르거나 자네가 의사가 **되거나.**"

○———▶

코로나19는 경제에도 단기적·중기적으로 수없이 많은 측면에서 큰 영향을 끼치며, 역사상 손꼽히는 규모의 세계 경기 침체를 불러일으켰다.[52] 2020년 3월 27일, 미국 의회는 '코로나바이러스 원조, 구제 및 경제안보법', 약칭 CARES 법을 통과시켰다. CARES 법은 1조 달러라는 막대한 규모의 포괄적 구호 대책이다(화성에 식민지를 건설하고도 남을 만큼의 돈이다). 2020년 7월 30일 상무부에서 발표한 2분기 미국 경제 보고서에는 심각한 타격이 고스란히 드러났다. 국내총생산GDP은 9.5% 감소했다. 연간 감소폭으로 환산하면

32.9%로, 그 속도와 폭에서 미국 역사상 유례없는 수준이다. 신규 실업수당 청구 건수가 19주 연속 100만 건을 넘었고, 3000만 명이 실업수당을 받는 상태였다. CARES 법 등의 조치가 없었더라면 피해는 더 심각했을 것이다. 바이러스는 단 몇 달 만에 미국 경제의 5년간 성장을 무위로 되돌렸다.[53] 만약 2020년 겨울에 사망자가 다시 크게 늘고 비약물적 개입 조치의 재개가 불가피해진다면, 코로나19가 경제 전체에 미칠 타격은 대공황기 수준을 웃돌 수 있다는 우려도 나왔다. 바이러스가 계속 생명을 위협하는 한, 평소에 하던 활동(외식 등)이나 구매 행위를 온전히 재개하지 않을 사람이 많을 것이다. 수요가 회복되지 않으면 범유행 과도기에도 미국의 경기 침체 지속은 불가피하다.

전반적인 경제는 침체됐지만, 일부 업종은 비상근무가 불가피했다. 각급 병원과 의료시설이 감당해야 했던 몫은 이미 살펴본 바 있다. 그러나 그 밖에도 영안실, 장례식장, 화장장, 묘지 등의 시설이 사망자 급증에 바삐 대처해야 했다. 브루클린의 한 장례식장에서는 화장 소각로가 과중한 처리량을 견디지 못하고 고장을 일으키기도 했다. 역시 브루클린에서 장례식장을 43년간 운영해온 조 셔먼은 "사망자가 이렇게 많이 나올 수 있으리라곤 상상도 하지 못했다"라고 했다.[54]

특정 물품의 수요도 늘어났다. 검사 장비, 손 세정제, 약품 및 백신, 인공호흡기, 개인보호장구 등이었다. 2020년 3월, 펜실베이니아주 브래스켐 석유화학 공장의 노동자 43명은 28일간 휴일 없이 공장에 머물면서 일하겠다고 자진해 나섰다. 개인보호장구 제조에 필요한 원자재를 엄청난 양으로 생산해야 하는 상황이었다. 에어매트와 면도용품을 공장에 가져다 놓고, 탕비실을 식당으로 개조하고, 12시간씩 교대로 일하며 공장을 24시간 가동했다. 집에도 가지 않고 다른 사람이 들어오지도 못하게 했다. 노동자들은 폴리프로필렌 약 2만 t을 생산했다. N95 마스크 5억 개를 만들 수 있는 분량이었다. 경영진도 거들고 나서, 노동자들에게 매일 24시간 치의 임금을 지급했다. 노동자들은 더욱 큰 목적의식으로 일했다. 이 공장에서 27년 일한 조 보이스Joe Boyce 작업반장은 한 달 후 마침내 동료들과 함께 공장 밖으로 나오면서 이렇게 말했다. "도움이 된다는 것만으로도 다들 뿌듯해했습니다. 간호사, 의사, 응급구조사분들이 SNS로 고맙다는 메시지를 계속 전해주셨는데, 그분들이 지금껏 그리고 앞으로도 수고하시는데 저희가 고맙죠. 그분들에게 도움이 될 수 있다는 생각을 하니 저 안에서 보낸 시간이 그리 길게 느껴지지 않습니다."[55]

그런가 하면 생산 품목을 바꾼 회사도 많았다. 증류주 공장은 손 세정제를 생산했고, 무료로 기증하기도 했다.[56] 스포츠 의류 제조사는 티셔츠 대신 마스크를 생산했다.[57] 포드 자동차 회사는 GE, 3M과 협력해 팬과 배터리 등 자동차 부품을 활용한 간이 인공호흡기를 만들었다.[58] 방역에 직접 소요되는 물품을 공급하는 업종의 다수는, 1차 파동 때만큼은 아니더라도 범유행 진행기가 이어지는 동안은 계속 수요가 높을 것이다.

증류주 공장은 술을 다시 만들 것이고 포드는 차를 다시 만들겠지만, 경제구조의 일부 변화는 계속 유지될 것이다. 글로벌 공급망이 위축되면서 제약업과 첨단 기계 제조업 등 일부 업종은 제조시설을 미국 내로 온전히 옮겨 오게 될 수도 있다.[59] 코로나19 이전에는 '적시 생산just-in-time production'이 강조됐다. 제조 공정상 필요할 때마다 그때그때 부품을 조달하는 방식이다. 재고를 쌓아두고 관리하려면 비용이 들고 능률이 떨어지기 때문이다. 그러나 포스트 범유행기에는 위기에 대처하기 유리한 '비상 대비 공급망just-in-case supply chain'으로 강조점이 어느 정도 옮겨 갈 것으로 보인다. 앞으로 확대될 것으로 보이는 한 가지 모델은, 소비처와 가까운 곳에 유연하고 자동화된 소규모 공장을 두고 필요한 물품을 제조하는 방식이다. 그러면 비용 절감까지 기대할 수 있다.

신체적 거리두기와 자택대피령이 시행되면서 바이러스는 경제에 간접적 영향도 미쳤다. 초기에는 막연한 불안감에 따른 사재기 현상도 일어났다. 쇼핑카트에 통조림, 밀가루, 세제, 배터리 등을 가득 담으면서 앞날을 대비해야 한다는 불안을 느끼는 사람이 많았다. 그런가 하면 앞서 5장에서 살펴봤듯이, 두려움과 불안감은 총기 구매로도 이어졌다. 비필수적 물품은 구매를 미루는 경향에 따라 소비가 줄었다. 코로나19 감염자나 사망자와 사회적 접촉도가 높은 사람일수록 비필수적 물품 소비량이 적었다. 한 예로, 개인이 아는 사람들 중에서 코로나19 감염자가 10% 늘어나면 그 개인의 의류와 화장품 구매량이 2% 줄어드는 효과가 관찰되기도 했다.[60]

맥주, 와인, 증류주 등 주류 판매량이 유례없이 급증하면서 2020년 3월 사상 최고치를 기록했다.[61] 그 상당 부분은 술집과 식당 등 기존 구매처가 문을 닫은 데 대한 반사 효과였다. 범유행 초기 몇 개월간 빚어졌던 두루마리 휴지 부족 사태도 비슷한 이치로 설명할 수 있다. 물론 사재기도 일부 있었지만 그것만으로는 설명되지 않는 기이한 사태였다. 손 세정제나 청결용품이면 몰라도, 바이러스 때문에 휴지를 더 많이 사용할 일은 없었으니 말이다. 원인은 다른 게 아니라, 사람들이 하루의 절반을 보내던 직장에 나가지 않게 되면서 집에서 화장실에 가는 횟수가 늘어난 것이었다. 그런데 산업용 휴지 제품은 용도 전환이 쉽지 않다. 잘 알려지지 않은 사실이지만, 미국은 두루마리 휴지의 제조 및 유통 경로가 이분화되어 있다. 사무실과 공장용 휴지는 가정용 휴지와 공급망이 전혀 다르다. 그래서 일반 마트는 몇 개월 동안 두루마리 휴지 공급난을 겪을 수밖에 없었다.[62]

UPS와 페덱스 등 택배 업체의 이용 수요도 2020년 3월 초에는 감소했지만, 4월부터는 거의 크리스마스 수준으로 늘어나 배송에 추가 요금을 부과해야 할 정도가 됐다.[63] 온라인 쇼핑몰 아마존은 주문 폭증으로 창고 직원 10만 명을 추가로 고용하면서 직원들 임금도 올려주었다.[64] 식료품과 음식 배달 서비스도 호황을 맞았다.

각종 배달비는 더 비싸졌지만, 수요가 적은 상품과 서비스는 가격이 내려갔다. 유가도 가파르게 폭락하면서 주유소의 휘발유 가격에 반영됐다. 2020년 4월에는 일시적으로 유가가 마이너스를 기록하기도 했다. 정유 업체가 구매자에게 돈을 받은 게 아니라 돈을 주면서 휘발유를 떠넘겨야 했다는 뜻이다.[65] 의류, 자동차, 항공권도 수요가 고갈되면서 가격이 내려갔다.[66] 신차 판매량이 40% 줄었고, 제너럴모터스와 포드는 공장 문을 속속 닫았다.[67] 그러나 달걀과 육류는 귀해지면서 값이 올랐다.

범국가적 연대의식과 영리한 마케팅이 성황을 이루면서, 여러 업체가 무료로 서비스를 제공했다. 특히 한계원가가 낮은 서비스의 경우 무료 제공이 많았다. 파일 전송이나 영상회의 등 원격 소통용 온라인 도구를 제공하는 업체들은 재택근무를 촉진하기 위해 제품을 무료로 배포했다. 컴캐스트Comcast와 버라이즌Verizon 등 케이블 통신 회사들의 연합체에서는 2020년 3월 미국인들의 통신권 보장을 위해 요금 미납 고객에게도 인터넷 서비스를 중단하지 않기로 하는 서약을 연방통신위원회FCC에 제출했다.[68] 이사 차량 및 보관소 대여 회사 유홀U-Haul에서는 2020년 3월 대학교들이 문을 닫으면서 우여곡절을 겪는 대학생들을 위해 물품 보관 서비스를 30일간 무료로 제공했다.[69]

한편 2020년 여름에는 공항이나 호텔을 피해 가족끼리만 휴가를 보내고자 하는 이들에게 RV 차량이 환영받으면서 RV 수요가 폭증했다.[70] RV의 늘어가는 인기에 찬물을 끼얹듯, 질본에서는 경고의 목소리를 냈다. "RV 여행자는 보통 주차장에서 야영을 하고 휘발유나 기타 물품을 공공장소에서 구매하게 되는데, 그 과정에서 타인과 밀접 접촉하게 될 가능성이 있다."[71]

식당, 스포츠 경기장 등 다중 집합에 의존하는 사업장은 범유행 초기에 타격이 컸다. 범유행 과도기까지 타격은 이어질 전망이다. 2020년 3월 말에 이미 식당의 3%가 폐업했고, 11%가 4월을 버티기 힘들 것 같다고 응답했다.[72] 2020년 늦봄에 대부분 지역에서 식당 영업이 재개된 후에도, 손님은 전체 좌석의 50%만 입장이 허용됐다. 웨이터, 요리사 등 식당 고용 노동자 약 1500만 명 중 절반이 실직했다. 숙박업도 사정은 비슷했다. 투숙객이 완전히 사라지다시피 했다. 극장과 공연장도 마찬가지였다. 회의장도, 차량 렌털업도, 항공업도 마찬가지였다. 전국의 소기업 6만 개를 대상으로 신용카드 거래 내용을 분석한 연구 결과, 최저점인 2020년 4월에는 30%가 문을 닫았고 5월 말에는 19%가 여전히 문을 닫은 채 재개업 여부가 불확실한 상태였다.[73] 충격적인 수치다.

위험을 바라보는 관점을 바꾸어 '안전을 서비스로', '안전을 고객가치로' 제공하는 회사들도 등장했다. 인도의 다국적 기업집단 타타그룹Tata conglomerate의 N. 찬드라세카란N. Chandrasekaran CEO는 호텔, 항공사, 식당, 미용실, 운동시설 등의 업종에서 "가격과 안전 중 안전을 택하는 쪽으로 변화가 있을 것"이라고 내다봤다.[74] 실제로 그렇게 마케팅 방향을 잡은 호텔들이 나오기 시작했다. 뉴욕 워릭호텔의 광고 전단에 실린 문구는 "고객을 안전하고 청결하게, 그리고 편안하게 모실 수 있도록 정성을 다하고 있습니다"였다. 이전처럼 위치나 오락, 식사 등 부대시설을 강조하는 모습은 찾아볼 수 없었고, 대신 '최신 위생 및 청결 기준에 따른 특급 위험 예방 조치'를 내

세웠다.

경제 전반에 나타난 엄청난 파급효과는 이제 겨우 시작일 뿐이다. 중기적으로는 작은 가게들이 문을 닫고 자금력 풍부한 대형 체인들만 남아 거리 풍경을 메우면서 도시의 모습이 단조로워질 가능성이 있다. 재택근무자가 계속 늘면서 사무실 공간을 줄이려는 사업주가 많아질 것이다. 그러면 경비 및 시설 관리 인력, 렌털 업체에 대한 수요도 줄어든다. 도시에 사는 4인 가족이 외출금지령 기간에 방 2개짜리 아파트에 갇혀 지내보고 나면 답답증이 나서 외곽 지역으로 이동하고자 하는 수요도 생겨날 것이고, 따라서 부동산시장의 지형 변화가 예상된다. 도시도 변화를 모색하고 있다. 뉴욕시는 2020년 5월에 총 60km 구간의 거리에 차량 통행을 막아, 신체적 거리두기를 준수하는 실외 여가 활동의 지원에 나섰다. 앞서도 잠깐 언급했듯이, 전국의 다른 도시들도 주차 공간을 개조해 유럽 스타일의 야외 식당을 만들었다.[75] 이런 변화들은 범유행이 가라앉은 후에도 상당히 유지될 것이다.

여러 산업 분야에서 새로운 기회가 부상했다. 집에 갇힌 발명가들이 아이디어를 고민할 시간이 늘면서 특허 출원 건수가 늘고 있는 것으로 나타났다.[76] 로봇공학 분야도 발전에 박차를 가할 것으로 보인다.[77] 코로나19 환자가 사용한 병실에는 약품이나 자외선으로 각종 표면을 소독하는 로봇이 도입되어, 청소 노동자와 의료진의 감염 위험을 막아주고 있다. 식료품과 식당 음식을 배달해주는 로봇도 전국 각지에 도입됐다.[78] 비접촉 결제 방식은 이미 확대되고 있었지만,

388 신의 화살

이제 완전자동화된 무인 편의점도 등장할 것으로 보인다.

노동 조건도 변화할 전망이다. 범유행 이전 미국에서는 교대근무 노동자의 절반 이상이 유급 병가를 쓸 수 없었다. 그래서 몸이 아파도 출근하는 경우가 대부분이었다.[79] 하지만 전염병의 특성상 이는 대단히 위험한 행동임을 모두 확실히 알게 되고 나서, 애플 같은 큰 기업부터 피자 배달 업체에 이르기까지 많은 회사가 시급 노동자에게 유급 병가를 처음으로 제공했다. 5장에서 살펴본 육가공 공장의 실수를 반복하지 않기 위해, 회사들은 직원이 코로나19에 걸렸을 때 집에서 쉴 수 있도록 각종 수당을 강화했다. 그 같은 정책들은 범유행이 진정된 후에도 유지될 가능성이 크다. 회사에서 그 필요성을 깨닫거나 법제화가 이루어질 수도 있고, 그게 아니면 노동자들이 요구할 것으로 보인다.

재택근무 전환 추세도 꾸준히 이어질 전망이다. 포스트 범유행기에는 많은 직장인의 근무 시간이 짧아지거나 자녀들의 수업 시간과 더 잘 맞물리게 조정될 것으로 보인다. 이미 사무실 출근을 없앤 회사들도 있고, 앞으로도 계속 나올 것이다. 찬드라세카란 타타그룹 CEO의 예상에 따르면, 세계적인 규모와 실적을 자랑하는 경영 컨설팅 회사 타타컨설팅 서비스는 직원 45만 명 대부분이 범유행 이후에도 재택근무를 하게 될 것으로 보인다. 인도 · 미국 · 영국 등지에 사무소를 둔 이 회사 직원의 약 5분의 1은 범유행 이전에도 재택근무를 했지만, 범유행 이후에도 4분의 3이 재택근무를 하리라는 것이다. 찬드라세카란은 "디지털 붕괴digital disruption디지털 혁신으로 인한 기존 질서의 붕괴-옮긴이는 우리 상상을 초월할 만큼 막대하다. 범유행이 가속화한 디지털화 추세는 범유행 이후에도 확고히 자리 잡을 전망이다"라고 말했다.[80] 트위터, 스퀘어, 페이스북 등의 IT 회사들은 포스트 범유행기에도 직원들이 계속 재택근무를 할 수 있게 하겠다고 발표했다. 소프트웨어 업체 퀄트릭스Qualtrics의 라이언 스미스Ryan Smith CEO는 "우리는 이미 일방통행 문을 지나왔다. 이미 여러 조직에서 원격근무를 앞으로도 계속 허락하기로 한 마당이니, 이제는 되돌아갈 수 없다"라고 논평했다.[81]

게다가 몇몇 초기 연구에 따르면 재택근무 전환은 뜻밖에도 원활했던 것으로 나타났다. 직장인들의 직무 만족도와 몰입도는 미국에 봉쇄령이 내려지고 재택근무가 시작된 첫 2주 동안 크게 떨어졌으나, 8주쯤 지나니 적응하면서 직무 만족도가 급속히 회복된 것으로 조사됐다. 한 직장인은 이렇게 말했다. "묘하게도 이제 모든 게 일상이 됐다. 가상회의, 이메일, 동료들의 추레한 몰골⋯." 그런가 하면 한 CEO는 "1시간짜리 회의에 참석하려고 비행기로 미국을 횡단할 일이 이제 드디어 없어진 것 같다"는 소감을 밝혔다.[82]

경험들이 긍정적이었기에 이번에 시도된 변화는 상당 부분 자리 잡을 것으로 보인다. 이전에도 회사별로 재택근무 시도는 이루어졌지만, 생산성이 떨어지고 동료 관계만 소원해지는 경우가 많았다. 이번에 어쩔 수 없이 전국적으로 대대적 재택근무 실험을 벌인 결과는 왜 더 긍정적으로 나타날까? 두 가지 요인이 크게 작용한다고 볼 수 있다. 우선, 회사의 구성원 전원이 재택근무를 하고 있다. 거래하는 타 업체들도 모두 재택근무를 하고 있다. 그래서 재택근무를 하는 일부 직원을 나머지 직원들이 특이하게 바라보는 문제가 없다. 또한 기왕 하는 김에 합심해서 제대로 해보자는 마음들이 강하다. 이전에는 재택근무를 하던 일부 직원은 소외감을 느끼고 업무에 남들만큼 기여하지 못하는 경우가 많았다.

하지만 재택근무를 본격화하면 다른 문제가 있을 수 있다. 신입 직원을 맞아들이고 회사 문화에 적응시키기도 어렵고, 사무실에서 사람들과 마주치면서 우연한 아이디어를 얻을 기회도 사라진다. 더군다나 재택근무에는 달갑지 않은 변화가 따라올 수도 있다. 즉, 앞서 살펴봤던 시험감독 서비스처럼 직원을 감시하고자 하는 회사도 있을 수 있다(가령 타이핑 상황을 모니터링해 일하고 있는지 확인한다거나 이메일 또는 캘린더의 내용을 엄격히 감시한다거나 할 수 있다).

교육산업의 경제적 측면과 운영 모델, 그리고 교육 종사자들의 상황도 여러 면에서 변화하고 있다. 유아 보육과 학교 혁신 문제는 수 세기 동안 논의된 주제이지만, 비로소 어떤 변화가 정착될 가능성이 보인다. 우선 보육 접근권은 범유행 진행기를 넘어 범유행 과도기에까지 만만치 않은 문제가 될 전망이다. 보육업은 대단히 수익률이 낮은 업종이며, 보육 비용이 많은 미국 가정에 큰 부담이 되고 있음에도 보육시설 및 관련 종사자 200만 명의 경제적 어려움은 범유행 중 더 심각해졌다(보육업 종사자의 2017년 중위 시급은 10.72달러였다).[83]

미국유아교육협회에서 2020년 7월에 시행한 설문조사에 따르면, 보육시설의 40%(소수집단 구성원이 운영하는 보육시설의 경우는 약 50%)가 코로나19로 인해 상당한 공공 투자 없이는 폐업이 불가피한 위기에 처한 것으로 나타났다.[84] 설문조사 당시 운영 중인 보육시설의 약 90%는 등록 아동 수가 현저히 줄어들었는데, 개인보호장구와 강화된 청결 관리 등 방역 관련 각종 변화에 따른 비용 증대로 어려움을 겪고 있었다. 보육시설의 4분의 3은 강제 휴가, 일시 해고, 임금 삭감 등의 조치를 시행 중이거나 시행할 예정이라고 밝혔다. 이 같은 운영난이 계속되면서, 맞벌이 부모와 보육 종사자가 함께 겪고 있는 고질적 문제를 창의적으로 해결할 방법을 제시하는 행정가와 정치가에게 미국 유권자들의 표심이 향할 것으로 보인다.

K-12유치원부터 고등학교까지-옮긴이 교육으로 옮겨 가면, 비록 2020년 시행된 원격교육에 대한 반응은 주로 부정적이었지만, 원격-대면 교육의 혼합 모델은 증가할 전망이다. 특히 고교생이나 기존 교실 교육의 재개를 원치 않는 가정을 대상으로 그런 방식이 시행될 것으로 보인다. 한편 급여가 낮고 보람이 많지 않아 그렇지 않아도 충원이 어려운 대체교사를 확보하는 데에도 위기가 예상된다. K-12 교육 과정의 6%가 대체교사에 의해 수행되는 현실에서, 엄격해진 보건 기준에 따라 몸이 아픈 교사는 출근할 수 없으므로(허용된다고 하더라도 우려와 불안 심리로 사실상 어려우므로) 범유행 진행기와 과도기 동안 교사 결근이 늘면서 대체 인력 문제가 심해질 것으로 예상된다.[85]

시야를 더 멀리 두어 포스트 범유행기까지 바라본다면, 100년 묵은 K-12 교육 모델을 정비해 해묵은 폐단을 개혁할 기회의 창이 열리고 있다. 학교는 늘 두 가지 역할을 해왔다. 아이들의 교육, 그리고 부모가 일하는 동안 아이를 맡아주는 일이다. 하지만 그러다 보니 우리는 학습이라는 것을 편협한 관점으로 바라보기 쉽다. 다름 아니라 학습은 특정한 건물에서, 시간표와 일정에 맞추어서 해야 한다는 관점이다. 그런 틀로 바라보면 아이들의 발달에 필요한 것들을 간과하기 쉽다. 한 예로, 실외 공간이 전혀 없는 학교도 있다. 21세기 미국에 걸맞게 학습을 좀더 포괄적인 관점에서 바라보려면, 좀더 창의적인 고민이 필요한 때인지도 모른다. 아이들이 어떤 장소에서 어떤 방식으로 가장 잘 배우는지, 그리고 부모의 근무 시간에 지장을 주지 않으면서 그런 학습 기회를 구현하려면 어떻게 해야 할지 생각해볼 필요가 있다.

교육자들은 이런 우려를 수십 년간 제기해왔다. 범유행이 지나간 뒤 질병 예방 필요성, 새로운 경제 현실, 발전한 첨단 기술 등의 요인이 힘을 발휘한다면 마침내 교육체계도 근본적 혁신을 모색하지 않을 수 없을 것이다. 결과적으로는 바퀴 축을 중심으로 바큇살이 펼쳐진 모양처럼, 지금보다 적은 수의 학교가 학습 거점 또는 '바퀴 축'의 역할을 하면서 가정, 도서관, 박물관, 지역 전문대학(커뮤니티 칼리지), 동아리, 심화학습 프로그램 등 지역사회의 공간들이 '바큇살'의 역할을 하는 형태가 될 수도 있을 것이다. 공립학교들이 더 개인화된 교육 방식을 도입하고 다양한 위치의 어른들(강사, 상담가, 대학생, 부모, 온라인상의 전문가 등)이 아이들의 학습과 관련해 더 큰 책임을 지면서, 학교 통합이나 학교 선택제를 두고 벌어지고 있는 열 띤 논쟁은 앞으로 더 가속화될 것으로 보인다.

범유행이 빚어낸 혼란은 고등교육 분야에서도 사고의 전환을 이 끄는 동력이 될 수 있을 것으로 보인다. 범유행 이전부터도 대학들 은 온라인 강의를 늘리려고 시도하고 있었다. 바이러스가 잠잠해지 고 나서도 대면 강의와 온라인 강의를 모두 계속 제공할 것은 분명 하다. 물론 유럽의 대학교나 미국의 지역 전문대학과 달리, 미국의 4년제 대학교는 상당수가 학내 거주와 대면수업을 전제로 하고 있 다. 여기엔 대인 교류가 정서적·지적 성장에 매우 중요하다는 인식 이 깔려 있다. 하지만 근래에 학내 생활 환경의 무한경쟁 비슷한 것 이 확산되고 있어 학생 센터나 고급 편의시설이 완비된 기숙사 등에 막대한 투자를 하는가 하면, 중간급 학장과 관리자를 많이 두고 있 어 등록금 상승은 물론 엄청난 부채의 원인이 되고 있다. 온라인 강 의가 제공된다면 그런 지출이 덜 중요시되거나 입학 지원자들이 그 효용을 더 의문시할 것으로 보인다.

나는 늘 대면수업과 캠퍼스 생활의 유용성을 옹호해온 사람이지 만, 학생들이 반드시 동시에 한곳에 있지 않아도 되는 비동기식 온 라인 수업은 나름의 장점이 있다. 한 예로, 교수가 온라인 강의를 미 리 녹화해놓고 학생들이 수업에 들어오기 전에 온라인 강의를 먼저 보게 하는 방법이 있다. 그러면 수업 시간은 더 개별적인 소통이나 질문과 토론 위주로 진행할 수 있다. 내 동료 교수인 물리학자이자 교육 혁신가 에릭 머주어Eric Mazur는 이런 방식을 '거꾸로 교실flipped classroom'이라고 부른다. 학생들이 교사보다 더 말을 많이 하는 방식이다.

온라인 학습으로 옮겨 가게 되면 대학들이 제공할 수 있는 효용 자체가 많이 달라진다. 큰 대학들은 온라인 수업을 낮은 한계비용으로 추가로 제공할 수 있을 것이다. 하지만 수백 개의 작은 대학은 문을 닫아야 할지도 모른다. 학생과 일반인들이 아예 캠퍼스 없는 학교에서 온라인 강의를 듣는 편을 택하는 경우가 많아질 것이기 때문이다. 그러면 여기서도 연쇄 효과가 일어나 교직원들이 실직 상태에 내몰리고 술집, 서점 등 연관된 업종이 모두 영향을 받게 된다. 전국의 수많은 소규모 대학 도시에서 그런 현상이 일어날 것이다.

학술대회와 그 밖의 대규모 회의도 범유행 이전부터 이미 온라인으로 전환하는 움직임이 있었다. 이는 환경 문제를 고려한 선택이기도 하다. 추산에 따르면 매년 학술대회에 참석하는 780만 연구자들이 발생시키는 탄소 배출량은 작은 나라 하나의 배출량에 필적한다고 한다.[86] 학술대회를 온라인으로 전환하면 장애가 있는 학자, 어린 자녀를 둔 부모, 종교 휴일 관계로 참석이 어려운 사람들도 반길 것이다.

가장 여파가 오래갈 경제적 타격의 하나는 경기 침체기에 배출될 대학 졸업자들과 관련이 있다. 이 졸업자들은 경제적 격차를 만회할 가능성이 작기에 최소 20년 이상 낮은 임금을 감내해야 할 것으로 예측된다.[87] 하지만 아이러니하게도, 이전 경기 침체기에 배출된 졸업자들은 직업 만족도가 **더 높은** 것으로 조사된 바 있다. 심지어

15년 후에도, 직종·업종·소득의 차이를 고려해도 마찬가지였다. 경기 침체기에 취업한 사람은 취업한 사실 자체를 더 다행스럽게 여기는 듯하다.[88] 심리학자 애덤 그랜트Adam Grant는 코로나19의 파급 효과로 대기업 경영진의 윤리의식이 더 높아질 수도 있다고 주장했다. 어려운 시기를 버텨내고 실업률이 높을 때 취업한 사람은 특권의식이나 자아도취 성향이 낮은 경향이 있으므로(특히 남성의 경우 더 그렇다), 이후에 탄생하는 기업 경영자는 남다른 목적의식을 지닐 수도 있다는 것이다.[89]

○──────→

2024년 무렵 범유행 과도기가 끝나고 나서도 여전히 일상과 사회, 기술과 경제에는 코로나19와 우리의 방역 대응으로 인한 여파가 남아 있을 것이다. 그중엔 짐작하기 어려운 것도 있지만, 비교적 쉽게 예측되는 변화도 있다. 과거 역사를 참고할 때, 아마 소비는 맹렬한 기세로 회복될 것으로 보인다. 전염병으로 궁핍하던 시기가 지나간 후엔 보통 더없이 활발한 소비의 시기가 뒤따랐다. 그 사례는 오래전까지 거슬러 올라간다. 1348년에 흑사병의 경과를 기록한 아뇰로 디 투라Agnolo di Tura라는 제화공이자 세리가 있었는데, 이런 글을 남겼다.

그리하여 역병이 가라앉자 살아남은 이들은 모두 향락에 몰두했다. 수도사, 사제, 수녀, 평범한 남녀 할 것 없이 모두 마음껏 즐겼으며, 아무도 돈 쓰는 일과 노름을 우려하지 않았다. 또한 누구나 화를 면하고 세상을 되찾은 것만으로 부자가 된 기분이었으니, 가만히 있고 싶어도 몸이 가만히 있지를 않았다.[90]

1918년 범유행 이후에 찾아온 '광란의 1920년대'를 생각해보면, 이번에도 범유행 진행기와 과도기에는 종교 귀의와 자기성찰의 분위기가 일어나다가도 포스트 범유행기에는 위험 감수, 무절제, 향락의 경향이 팽배해질 수 있다. 도시 생활의 매력이 다시 확연해질 것이다. 사람들은 스포츠 경기, 콘서트, 정치 집회 등 큰 규모로 어울릴 기회를 열렬히 찾아 나설 것이다. 그리고 심각한 유행병이 지나간 후에는 목적의식뿐 아니라 새로운 발상도 샘솟는 경향이 있다. 1920년대에는 라디오, 재즈, 흑인 예술·문화, 여성 참정권이 널리 확대되고 성행했다. 물론 1918년 플루 범유행은 제1차 세계대전에 뒤이어 일어났고 그 피해도 더 치명적이었으니 같은 비교는 어려울지 모른다. 하지만 이번 범유행이 지나간 후에도 기술과 예술, 더 나아가 사회 분야에 여러 혁신이 일어나리라 예상할 수 있다. 예를 들면 재택근무의 일상화로 인한 파급효과가 있을 것이다.

코로나19는 경제에도 상당히 큰 여파를 남길 것으로 예상된다. 중기적으로 세계화, 이민자, 도시 생활에 대한 반발이 일어날 수 있음은 이미 살펴봤지만, 그에 따른 변화가 2024년 이후까지 지속될 가능성은 크지 않아 보인다. 그와 같은 장기적 추세들은 모두 경제적 이점이 워낙 막강하기 때문이다. 하지만 더 오래 지속될 후유증도 있다. 경기 침체가 이어진다면 더 장기적인 불황으로 발전할 수 있다.

바이러스가 경제에 미친 타격과 사람들이 바이러스를 막기 위해 취한 비약물적 개입 조치가 경제에 미친 타격을 구분하기는 어려울 것이다. 바이러스는 환자와 사망자를 낳음으로써 경제에 직접 피해를 준다. 한편 그에 따른 예방 조치로 사람들이 지갑을 닫거나 사회적 교류를 피하는 행위 역시 경제에 타격을 준다. 미국의 1918년 범유행을 그런 점에서 치밀하게 분석한 연구가 있다. 지역마다 바이러스가 도래한 시점이 다르고 비약물적 개입 조치 시행 시점이 다른 점을 이용한 일종의 자연실험이었는데, 경제불황을 초래한 것은 범유행 자체이고 공중보건 대응이 아니었다는 결론이 나왔다. 게다가 비약물적 개입 조치를 더 엄격하게, 더 일찍 시행한 도시라고 해서 경제 성적이 더 나쁘지도 않았다. 오히려 범유행이 끝난 후 경기 회복 속도는 더 빨랐다. 예를 들어 지역에 범유행이 처음 도래한 시점 기준으로 10일 일찍 대응한 경우, 유행이 끝난 후 제조업 고용이 5% 더 높았다.[91]

그런가 하면 범유행이 장기적으로 경제에 미친 영향을 분석하기 위해 유럽에서 일어난 열두 차례의 범유행 자료를 공들여 취합한 연구가 있다. 1340년대 흑사병 첫 발병에서 1816년 콜레라 유행, 1918년·1957년·1968년의 인플루엔자 범유행, 2009년의 비교적 가벼웠던 H1N1 범유행에 이르기까지 다양한 전염병이 연구 대상에 포함됐다. 보통 범유행이 휩쓸고 간 후에는 **노동 연령** 성인이 많이 사망한 반면 농토·건물·광산·귀금속 등 고정자산은 비교적 무탈했으므로, 전반적으로 실질임금은 상승하고 이자율은 장기적으로 하락하는 결과가 초래됐다.

심각한 범유행으로 많은 사람이 죽고 나면 일반적으로 노동력이 자본보다 희소해진다(반면 전쟁의 경우는 인명 피해뿐 아니라 자본 파괴도 일어난다). 자본이 남아도니 투자 기회를 찾기가 어렵다. 더군다나 범유행 후에는 저축도 늘어나는 경향이 있다.[92] 그 결과 자연이자율이 거의 40년간 낮은 상태를 유지하는데, 특히 전반 20년간은 실질이자율이 2%포인트까지 큰 폭으로 하락한다. 실질임금은 정반대의 패턴을 보인다. 범유행으로 노동 연령 성인이 많이 사망한 후 수십 년간 실질임금은 높은 수준을 유지하여, 평소보다 최고 5%까지 높아진다. 물론 이 같은 효과는 앞서 살펴본 '경기 침체기에 졸업하는 대학생 집단'처럼 특정 집단에만 해당하는 것이 아니라 장기간에 걸쳐 지속된다.

과거 범유행을 겪은 이들도 그 같은 효과를 알고 있었다. 14세기 중반 영국 로체스터를 휩쓴 흑사병을 기록한 어느 문헌에서는 계급 갈등의 조짐을 엿볼 수 있다.

일꾼이 워낙 모자랐기에 미천한 이들은 고용을 제의해도 콧방귀를 뀌었고, 임금을 3배로 쳐주지 않는 한 지체 높은 사람들 밑에서 좀처럼 일하려 하지 않았다. 예전에는 일해야 했던 이들이 장례를 치르며 받은 부조 덕분에 오히려 이제는 빈둥거리며 도둑질 따위 만행을 저지를 여유가 생겼으니, 그리하여 빈민과 농노가 부유해지고 부자가 가난해지기에 이르렀다. 그런 까닭에, 성직자와 기사를 비롯한 귀인들도 입에 풀칠하려면 곡식을 타작하고 땅을 가는 등 온갖 서투른 일을 직접 해야만 했다.[93]

그러나 코로나19의 경우는 노동 연령 인구의 피해가 거의 없었고 페스트나 천연두처럼 치명적인 질병이 아니기에 과거 전염병처럼 자본과 노동의 세력 균형점이 이동할 가능성은 매우 작다. 그렇긴 하나 정치적 요인이 임금 인상의 압력으로 작용할 가능성은 매우 크다. 코로나19는 미국 경제가 저임금 필수 노동자에 얼마나 의존하고 있는지 여실히 드러내는 계기가 됐다. 따라서 노동 연령 성인의 사망이 많지 않다고 하더라도, 포스트 범유행기에는 노동자 보호를 강화하기 위한 법규가 제정될 가능성이 크다. 앞서 살펴봤듯이 유급 병가와 육아휴직, 유연근무제, 더 나아가 보육료 지원 등의 분야에서 개선이 이루어질 만하다. 범유행 초기에 주목받았던 마트 점원, 배송 기사, 요양보호사의 처지에 대한 공감이 반짝 관심에 그치지 않고 지속적 정치 운동으로 이어진다면 더 그렇게 되기 쉽다. 물론 그 과정이 순탄하지는 않겠지만, 코로나19가 닥친 시점은 우연히도 미국의 소득 불평등이 한 세기 동안 심화하면서 많은 국민 사이에 이대로는 안 된다는 의식이 높아지고 있던 때였다.[94] 또한 필수적이지만 주목받지 못하는 직업 종사자들 덕분에 일상이 가능하다는 사실을 국민이 절감하면서, 임금 인상 요구에 더 공감하는 여론이 형성될 수도 있다.

앞으로 미국이 다른 나라에 비해 얼마나 빨리 회복하느냐에 따라 미국의 국제적 위상이 좌우될 수 있을 것으로 보인다. 이미 미국 지도자들이 1차 파동 대응에 실패하면서 대외적 위상 하락의 기미는 확연해졌다. 런던의 언론인 톰 맥테이그Tom McTague는 이렇게 말하기도 했다. "지금 미국은 더없이 굴욕적인 순간을 겪고 있다는 느낌을 지우기 어렵다. 우리는 미국이 만들어놓은 세상에 사는 시민으로서, 미국을 혐오하거나 숭상하거나 두려워하는(때로는 그 모두가 섞인) 목소리에는 익숙하다. 하지만 미국을 불쌍해한다? 그건 새로운 감정이다."[95]

미국의 경제력 상실과 지도력 부재라는 공백을 틈타 중국이 영향력을 확대할 공산도 크다. 특히 개발도상국들 사이에서 영향력을 키울 가능성이 큰데, 많은 개발도상국이 바이러스 대처에 도움이 절실히 필요한 상황이지만 미국의 세계적 범유행 대응은 예전 수준에 못 미쳤기 때문이다(다만 중국은 바이러스의 발원지인 데다 초기 대응이 투명하지 못했기에 중국에 대한 반감도 예상된다). 또한 우수한 백신이나 효과적인 치료제를 개발하는 나라에도 상당한 권력 지분이 흘러 들어갈 것으로 보인다.

미국의 지위가 하락한다면, 미국 어린 세대의 미래가 불투명해지기도 하면서 역설적으로 오히려 활짝 열릴 수도 있다. 자신이 세계 공동체의 일원이자 세계 공동체에 의존하고 있다는 인식이 높아질 수 있기 때문이다. 범유행 시기에 성장한 경험은 틀림없이 어린 세대의 인격 형성에 다른 여러 면으로도 큰 영향을 끼칠 것이다. 범유행은 청년 세대에도 지속적인 영향을 남기고 삶의 궤적을 바꿀 수 있다. 앞서 대학 졸업생들의 소득 추이 예상에서도 살펴본 바 있는데, 좀더 어린 나이로 가면 효과가 좀 다르다. 예컨대 내 열 살짜리 아들을 보면, 일상이 붕괴해도 대체로 태평했다. 바깥에서 놀고, 학교에 안 가서 좋아하고, 집에서 공부했다. 하지만 엄마와 아빠가 죽을까 봐 걱정된다고 털어놓기도 했고, 사회적 고립을 매우 견디기 힘들어했다.

형편이 넉넉지 않은 가정의 많은 아동은 훨씬 더 큰 어려움을 겪어야 했다. 부모가 실직했거나 사망한 경우를 포함해 코로나19 시기가 정신적 충격으로 남는 아동도 많을 것이며, 그 기억은 오래도록 남을 것이다. 미국인의 45%는 아동기의 부정적 경험이 하나 이상 있고(부모 중 한쪽의 사망이나 정신질환 등), 10%는 그런 경험이 셋 이상 있는 것으로 조사됐다. 어린이와 청소년들이 이미 행동 문제 증가와 자살률 상승 등 정신건강 면에서 우려스러운 추세를 보이는 현실에서, 코로나19는 문제를 심화할 가능성이 있다.[96] 부정적 경험을 한 아이들이 성장하면서 포스트 범유행기에는 외상 후 스트레스 장애PTSD가 유행할 수도 있다. 특히 부모가 불안 조절이 어렵거나 아이들의 정신건강을 위한 기존의 배출구(운동이나 자유로운 놀이 등)가 제한될수록 문제가 일어나기 쉽다. 교육계 일각에서는 음악, 미술, 체육, 사회 등 다양한 교과목의 축소가 이미 문제가 되는 상황에서 범유행 진행기에 핵심 과목 위주로 학교 교육이 이루어짐으로써 그런 추세가 한층 가속화하리라는 우려도 나오고 있다. 이런 변화는 여파가 오래갈 수 있다. 하지만 소수의 아이는 더 회복력이 강해져서 학교에 돌아올 수도 있고, 그런 아이들은 장기적으로도 더 잘 해나갈 수 있을 것으로 보인다.

범유행병은 유아기 이전 시기에도 영향을 미칠 수 있다. 태아기 또는 출생 직후에 스페인 독감에 노출된 사람은 이후 질병에 걸리는 비율, 사망률, 사회경제적 지위에 모두 장기적으로 영향을 받았다. 한 예로, 1919년에 태어난 타이완 아이들은 그 전해와 다음 해에 태어난 아이들에 비해 키가 작았고 급성장기가 더 나중에 왔다.[97] 1915년에서 1923년 사이에 태어난 미국인을 관찰한 결과, 출생 전 스페인 독감에 노출된 경우 노출되지 않은 경우에 비해 60세 이후 관상동맥질환에 걸리는 비율이 20% 이상 높았다.[98] 출생 전 스페인 독감 노출은 또한 교육 정도(어머니가 감염된 경우 자녀의 교육기간이 5개월 더 짧고 고교 졸업률 4~5% 낮음), 연소득(어머니가 감염된 남성의 경우 2500달러 적음), 신체장애 발생률(직업 활동 불가능한 장애 발생률 8% 높음)과도 연관이 있었다.[99] 태아기 스페인 독감 노출의 유해 효과는 브라질과 스웨덴의 연구에서도 관찰됐다.[100]

마지막으로, 미술과 문학 작품 속에도 범유행을 상징하는 표현들이 등장할 것으로 보인다. 이미 2020년 여름부터 마스크 등 코로나19를 암시하는 물건이 담긴 정물화 작품이 미술가들의 인스타그램 계정에서 눈에 띄었다. 과거에도 극심한 유행병이 지나간 후에는 새로운 미술 사조가 등장했다. 예를 들어 1918년 이후에는 미술가, 패션 디자이너, 건축가들이 세기 전환기의 방종을 탈피하려고 시도하는 가운데 낭만주의가 저물고 고전주의가 부활했다. 1918년 이후 10년은 미술가들이 이렇게 말한 시기였다. "우리는 결국 고대인보다 나을 게 없었다."[101] 현대인도 재난과 죽음 앞에 무력하긴 마찬가지였다. 작가 버지니아 울프Virginia Woolf는 「아프다는 것에 대하여 On Being Ill」라는 수필에서 문학가들이 좋은 주제를 외면한 것에 불만을 표했다. "인플루엔자를 주제로 한 소설도 있을 만하지 않은가. 장티푸스를 다룬 서사시, 폐렴을 다룬 송가도 있을 만하고. 그런데 없다."[102] 사실 1918년 인플루엔자 범유행은 문학에 어느 정도 흔적을 남겼다. 6장에서 살펴본 헤밍웨이의 작품이 한 예다.

그런가 하면 페스트는 서구 미술에 매우 극적인 자취를 남겼다. 화가들은 충격적일 만큼 생생한 묘사로 인간을 늘 괴롭히는 죽음, 고통, 죄라는 주제를 전면에 내세웠다. 피터르 브뤼헐Pieter Bruegel의 〈죽음의 승리〉(1562)는 신체 훼손이 난무하는 지옥의 풍경도다. 뼈만 남은 인간들이 수레 가득 해골을 싣고 다니거나 사람을 참수하고 목매달고 익사시키는 가운데 개가 시체를 뜯고 있다. 에드바르 뭉크Edvard Munch의 〈스페인 독감을 앓는 중의 자화상〉(1919)은 전염병 투병자의 몰골을 섬뜩하게 묘사하고 있다. 겁에 질린 듯 입을 벌린 화가의 얼굴에 그의 더 유명한 작품 〈절규〉의 모습이 겹친다. 에이즈로 31세에 요절한 미술가 키스 해링Keith Haring은 1989년에 HIV 범유행을 주제로 한 유명한 포스터를 그렸다. 3명의 인간 형상

역사 속 인간들은 답을 알고 있다!

바보의 세계 _ 한 권으로 읽는 인류의 오류사

어리석음의 지분은 늘 악의 지분보다 컸다

장프랑수아 마르미옹 엮음 | 박효은 옮김 | 22,000원

인간의 흑역사 _ 인간의 욕심은 끝이 없고 똑같은 실수를 반복한다

인간, 그 화려한 실패의 역사

톰 필립스 지음 | 홍한결 옮김 | 14,800원

진실의 흑역사 _ 인간은 입만 열면 거짓말을 한다

진실한 미래에 다가가기 위해 알아야 할
모든 거짓의 역사

톰 필립스 지음 | 홍한결 옮김 | 15,800원

총보다 강한 실 _ 실은 어떻게 역사를 움직였나

총보다 강하고, 균보다 끈질기며,
쇠보다 오래된 실의 역사

카시아 세인트 클레어 지음 | 안진이 옮김 | 17,800원

컬러의 말 _ 모든 색에는 이름이 있다

우리가 몰랐던 75가지 색의 이름들

카시아 세인트 클레어 지음 | 이용재 옮김 | 15,800원

willbooks@naver.com | 031.955.3777

트렌드를 만드는 윌북의 책들

신의 화살 _ 작은 바이러스는 어떻게 우리의 모든 것을 바꿨는가

신이 겨눈 전염병의 화살,
그 화살이 인류에게 던지는 가장 중요한 질문들

니컬러스 A. 크리스타키스 지음 | 홍한결 옮김 | 19,800원

엄마 마음 설명서 _ 엄마가 처음인 사람들을 위한 위로의 심리학

'나만 이렇게 힘든 걸까?' 고민하는 엄마들을 위해

나오미 스태들런 지음 | 김진주 옮김 | 17,800원

스토리의 과학 _ 팔리는 브랜드에는 공식이 있다

모든 마케터의 스토리텔링 바이블

킨드라 홀 지음 | 이지연 옮김 | 16,800원

처음 보는 비밀 미술관

소설처럼 흥미진진한 세계 미술 명작의 비화들

데브라 N. 맨커프 지음 | 안희정 옮김 | 28,000원

원소의 이름 _ 118개 원소에는 모두 이야기가 있다

신화와 과학을 넘나드는 색다른 세상 읽기

피터 워더스 지음 | 이충호 옮김 | 18,000원

willbooks@naver.com | 031.955.3777

이 '사악한 것은 보지도, 듣지도, 말하지도 말라'라는 속담의 세 마리 원숭이를 흉내 내고 있고 '침묵=죽음'이라는 문구가 쓰여 있는 이 포스터는 하나의 상징이 됐다.[103]

◦———▶

코로나19는 내가 보기에 최근 우리 사회에서 문제가 되고 있는 어떤 정치적·문화적 경향을 되돌릴 수도 있을 듯하다. 범유행이 닥쳤을 때, 나는 지난 20년간 우리 삶의 지성적 측면이 취약해진 결과가 바이러스 통제에 걸림돌이 되리라는 걱정이 들었다. 사람들은 정치적으로 고착화되고 지리적으로 격리되어 생활하다 보니 자신과 반대되는 생각에 마음을 점점 닫고 있다. 이 같은 태도는 기후변화에서 대량구금 정책에 이르기까지 다양한 사회문제에 대응하는 데 걸림돌이 되고 있다. 이런 지성적 퇴보 현상에 그 밖의 몇 가지 문제가 겹쳐지면서 범유행 대응이 만만치 않을지도 모른다는 우려가 들었다.

우선 첫째로, 과학을 깎아내리는 태도가 확산되고 있다. 과학은 정치적 목적을 거들 뿐이라고 보는 사람이 너무나 많아졌다. 심지어 객관적 진실에 접근할 수 있다는 생각 자체를 포기한 사람도 많다. 일테면 우파 정치인들은 기후변화나 총기 폭력 관련 연구 결과를 받아들이려 하지 않고, 좌파 정치인들은 인간 행동의 유전적 요인을 부인하고 싶어 한다. 최선의 객관적 연구를 통해 까다로운 주제를 정면으로 파고드는 대신, 차라리 불편한 진실을 외면하고 진실을 드러내는 과학 연구를 억압하는 게 쉽다고 보는 사람들이 늘고 있다.

일반 대중의 과학 이해도도 낮은 수준이다. 미국인의 38%는 하느님이 지금으로부터 1만 년이 되지 않은 어느 시점에 인간을 지금의 모습으로 만들었다고 믿는다.[104] 미국인의 25%는 태양이 지구 주위를 돈다고 믿는다. 그리고 미국인의 61%는 우주가 대폭발로 생겨났다는 것을 알지 못한다.[105] 백신의 효용성을 부인하는 사람도 상당 비율 존재하고, 정부가 비행기 배기가스로 유해물질을 살포하고 있다는 따위의 허황한 음모론을 믿는 사람들도 있다.

과학의 폄하와는 별도로, 전문성을 깎아내리고 반엘리트주의로 기우는 흐름 또한 우리 사회에 커지고 있다. 이를 좌파와 우파의 극단주의자들이 부추기고 있는 흐름이다. 전문가를 현실과 유리된 엘리트로 보고, 전문 지식이란 특권층이 대중을 희생하여 자원을 획득하기 위한 일종의 음모라고 본다. 그러나 수많은 직종의 수많은 이들이 지식과 기술을 쌓기 위해 평생을 바쳐 노력한다. 사회학자 에버렛 휴스Everett C. Hughes는 "누구에겐 비상사태가 누구에겐 평범한 일감"이라는 유명한 말을 했다.[106] 집이 배관 고장으로 물바다가 되면 그야말로 비상사태다. 하지만 수리하러 온 배관기사에게는 예삿일일 뿐이다. 사람들이 도시에 모여 살면서 저마다 재주와 수완을 키워 물건뿐 아니라 지식을 교환하기 시작하던 먼 옛날부터 사회는 그런 원리로 구성됐다. 우리가 수리기사나 의사를 찾는 이유는 전문성과 실력이 필요하기 때문이다.

한 가지 아이러니한 점은, 이렇게 과학과 전문성을 깎아내리는 경향과 함께 과학자를 존경하는 태도가 나란히 존재한다는 사실이다. 2020년 4월 말에 시행된 전국적 설문조사에 따르면, 미국인들 중 과학자와 의사를 신뢰하는 비율은 매우 높았다. 예컨대 질본을 어느 정도 또는 많이 신뢰한다고 응답한 비율이 88%였고, 병원과 의사에 대해선 96%, 과학자와 연구자에 대해선 93%였다.[107] 그렇다면 미국의 코로나19 대응 과정에서 그렇게 숱한 논란이 불거졌던 이유는 어떻게 이해해야 할까? 내가 생각하기엔, 사람들은 과학을 기본적으로 신뢰하면서도 자신의 개인적·종교적·윤리적 가치와 충돌하는 순간부터 신뢰하지 않는 게 아닐까 한다. 대부분의 미국인(73%)은 과학이 사회에 대체로 긍정적 영향을 끼친다고 믿고 있다. 그리고 86%는 과학자들이 공익에 부합하는 행동을 하리라고 '아주 많이' 또는 '어느 정도' 확신하고 있다.[108] 한 설문조사에서는 과학자들이 '정책 토론에 적극적으로 참여해야 한다'는 의견이 60%, 과학자들은 그저 '과학적 사실을 증명하는 데만 집중해야 한다'는 의견이 39%로 나타났다. 이 같은 반응은 정치 성향에 따라 갈리는데 민주당 지지자의 73%가 과학자들의 적극적 참여를 지지하는 반면, 공화당 지지자의 43%가 같은 의견이었다. 그러나 과학자들은 지금까지 핵전쟁에서 장애인 인권에 이르기까지 여러 중요한 문제의 전면에 나서서 역할을 해왔다.

과학자들이 정책 결정을 남들보다 더 잘하느냐는 질문에서는 의견이 백중세다. 그렇다는 응답이 45%, 그렇지 않다는 응답이 48%

였다(7%는 아예 남들보다 더 못한다는 의견이었다). 그런데 여기서도 정치 성향에 따라 의견이 갈린다. 민주당 지지자의 54%는 과학자들이 정책 결정을 보통 더 잘한다고 했지만, 공화당 지지자는 34%만이 그렇다고 했다. 그리고 전반적으로는 과학을 신뢰하면서도, 의심을 표하는 사람이 많았다. 63%는 과학적 방법이 '대개 정확한 결론을 끌어낸다'고 했지만, 35%는 과학적 방법이 '연구자가 원하는 결론을 무엇이든 만들어낼 수 있다'고 했다.

미국인의 이처럼 안타까운 문화적 특성 그리고 예언자, 사기꾼, 돌팔이 의사가 횡행했던 수백 년의 역사가 2020년의 유달리 양극화된 정치적 환경과 맞물리면서 이미 나빴던 상황이 더 나빠졌다.[109] 2020년 4월에 시행된 한 전국적 설문조사에서는 전문가들이 권고하는 각종 공중보건 수칙의 준수율이 정치 성향에 따라 얼마나 다르게 나타나는지 살펴봤다. 민주당 지지자와 공화당 지지자는 준수율에서 차이를 보였다. '타인과의 접촉을 피한다'고 한 비율은 75% 대 67%, '사람이 많은 곳을 피한다'는 사람은 79% 대 72%, '집 밖에서 마스크를 쓴다'는 사람은 64% 대 50%였다.[110] 모두 역학적으로는 논란의 여지가 없는 수칙들이다.

시시각각 최대한 정확한 증거를 확보하려는 노력은 방역 대응에 더없이 중요했다. 파우치 감염병연구소장은 한 인터뷰에서 유행병과의 싸움에서 과학의 중요성을 이렇게 설명하기도 했다. "어떤 사실이 정말로 옳다면 언젠가는 확증이 되고, 계속 되풀이해서 확증됩니다. 그리고 어떤 사실이 최선의 증거로 볼 때 옳은 것 같긴 한데 실제로는 옳지 않은 경우는, 과학적인 절차를 계속 반복하다 보면 어느 순간 갑자기 '이건 뭔가가 옳지 않은데?' 하는 깨달음이 딱 옵니다. 그래서 과학이란 것은 겸허하고 개방적이고 투명하게 스스로 수정을 받아들일 수만 있다면, 아름다운 과정입니다."[111] 하지만 (일테면 마스크나 백신의 유용성에 대한) 과학적 발견이 정치적 발언으로 해석되는 한, 과학은 그렇게 제대로 돌아갈 수 없다.

마지막으로, 공적 담론에서 뉘앙스 이해력이 사라져버렸다는 문제가 있다. 모든 문제와 정책을 흑 아니면 백으로 제시하고, 또 그렇게 판단한다. 미묘한 차이와 복잡성을 좀처럼 받아들이지 못한다. 그러니 과학자들이 이 범유행이 앞으로 정확히 어떻게 될지는 모르지만 선택할 수 있는 몇 가지 방안이 있고, 각각 성공 확률은 어떠하니 그에 따라 행동해야 한다는 이야기를 전하기가 쉽지 않다. 맹목적으로 신뢰할 이유도 없지만, 무턱대고 겁먹을 이유도 없다. 짤막한 문구와 영상으로 모든 소통이 이루어지는 시대에, 과학자들도 이제 조금씩 파악해가고 있는 복잡한 바이러스에 사회가 대처하기는 쉽지 않았다. 게다가 전염병은 늘 그러듯 기하급수적으로 확산되며 정책결정자들을 당황하게 했으니, 결과적으로 대중의 대응은 늘 한발 늦곤 했다.

물론 복잡하고 불확실하고 위험한 시기에는 단순하고 확실한 것에 대한 갈망이 커지기 마련이니, 정치인과 장사꾼들의 거짓말과 거짓 약속이 횡행할 여지가 커진다. 대통령과 백악관 참모들을 비롯해 전국 각지의 정치인들이 애초부터 과학적으로 명백히 거짓인 정보를 퍼뜨렸다. 그들의 말과 달리, 무증상 전파는 가능했고 비약물적 개입 조치가 수많은 생명을 살렸다. 코로나19는 독감보다 훨씬 더 심각했다.

이 모든 것에도 불구하고 코로나19의 예기치 않은 효과 중 하나로, 바이러스의 위협과 씨름하는 사회에서 앞으로는 과학자뿐 아니라 과학적 정보를 점점 진지하게 대하는 변화가 있지 않을까 생각한다. 다른 나라에서도 그런 현상이 나타나고 있다. 미국의 파우치 감염병연구소장도 그랬지만, 이전에는 아무도 몰랐던 의사와 전문가들이 차분한 목소리로 전염병 관련 사실을 설명하면서 이제 누구나 아는 유명인이 됐다.[112] 이 역시 코로나19가 남길 장기적 여파 중의 하나인지도 모른다. 다시 말해, 사람들이 과학과 전문성을 좀더 존중하게 되는 것이다. 설령 그러다 보면 어쩔 수 없이 달갑지 않은 행동을 해야 한다고 해도 말이다. 어쩌면 범유행의 소동이 가라앉고 나서 인류가 기후변화라든지 과학적 이해가 필요한 또 다른 문제로 관심을 옮길 때, 전문가들의 목소리에 좀더 무게가 실릴지도 모른다.

아닌 게 아니라 과거에도 규모가 컸던 위기는 과학적 혁신을 불러일으키곤 했다. 이번에도 그렇게 될 가능성이 있다. 1918년 범유행은 미생물학과 공중보건 분야의 발전을 촉진했다. 제2차 세계대전 중에 시행된 맨해튼 계획은 물리학 발전에 지대한 기여를 했다. 1957년 소련의 인공위성 스푸트니크호 발사는 미국의 우주과학 및 우주공학 투자 확대를 이끌었다. 1971년 '암과의 전쟁' 선언도 비슷한 효과가 있었다(암을 치료하지는 못했지만 기초의학의 발전을 이끌었다). 어쩌면 코로나19가 미국 경제에 수조 달러의 피해를 끼친 마당에 바이러스학, 의학, 역학, 데이터 과학 등의 과학 분야에 수십억 달러 정도는 충분히 투자할 만하다는 인식이 커질지도 모른다.

전염병을 계기로 정부와 지도층을 바라보는 국민의 관점도 장기적으로 바뀔 수 있다. 중세 시대에는 통치자, 성직자, 의사 등 권위를 누리던 이들이 전염병의 횡포를 전혀 막지 못하는 모습에서 기존 제도에 대한 신뢰가 깡그리 사라지고 새로운 권위에 대한 갈망이 싹텄다. 이로써 자본주의 부상의 계기뿐 아니라 더 나아가 종교개혁의 토대도 마련됐다고 보는 학자들이 있다. 성직자도 역병으로 인한 죽음을 손쓸 도리가 없다는 게 확실해졌기 때문이다. 의사 역시 죽음의 행렬을 막을 재간이 없었으므로 이를 계기로 경험의학의 발전이 촉진됐다고 볼 수 있다.[113]

미국 정치제도의 방역 무능도 비슷한 결과를 초래할 가능성이 있다. 앞서 살펴봤듯이 범유행 진행기와 과도기에는 국가적 집단행동에 대한 관심이 높아지는데, 이때 그런 행위가 무능하게 이루어진다면 정치제도에 대한 신뢰도는 하락할 수밖에 없다. 정부가 범유행 대응 과정에서 (특히 다른 나라의 대응에 비해) 보인 무능함에 강력한 집단행동이 방역에 필수적일 수밖에 없는 상황이 겹쳐지면서, 기존 질서를 재편하는 쪽으로 정치적 지향이 이동하는 결과가 빚어질 수도 있다.

강력하고 조직적인 국가 행위가 방역 달성의 필수 요건인 만큼, 앞으로 정부의 역할 자체가 커질 것으로 보인다. 그런 추세는 범유행 진행기부터 시작해 포스트 범유행기까지 이어질 수 있다. 범유행이 심해질수록 사람들은 자신과 타인에게, 그리고 국가에 더 많은 것을 바라기 마련이다.

8장

전염병의 종식

혼돈이 지나간 자리, 인류의 길을 묻다

리외는 이 사건들을 기록하리라 마음먹었다. … 그 부당하고 야만스러운 희생을 길이 기억할 수 있게 무언가를 남겨야 했다. 그리고 역병의 교훈을 한마디로 표현하고 싶었다. 인간의 내면에는 경멸할 점보다 존경할 점이 더 많다고.

알베르 카뮈, 『페스트』(1947)

1902년 어느 날, 조지 마셜George Marshall이라는 미군 소위가 필리핀 민도로섬의 작은 강을 건너 어느 마을 촌장의 집을 찾았다. 촌장의 아이들은 웃으며 재잘거렸고, '근사하게' 노래도 불러주었다. 당시는 한낮의 불볕더위를 피해 아침에 남의 집을 찾곤 했다. 마셜 소위는 얼마 있다가 떠났다. 그런데 같은 날 그 마을을 다시 찾아야 했다. 촌장 가족의 장례식에 참석하기 위해서였다. 불과 몇 시간 전 자신을 환대해주었던 가족이 마을을 덮친 콜레라에 이미 저세상 사람이 되어 있었다. 콜레라는 결국 마을 주민 1200명 중 500명의 목숨을 앗아갔다.

　　그로부터 46년 후, 연단에 선 조지 마셜 국무장관(제2차 세계대전으로 황폐해진 유럽의 재건을 지원한 '마셜 플랜'으로 유명한 인물)은 젊은 장교 시절의 암울한 경험담을 좌중에 들려주었다. 워싱턴 D.C.에서 열린 열대병 국제학회의 개회사 자리에서였다. 전후 미국에 팽배하던 낙관과 자부심을 대변하듯, 마셜 장관은 민도로섬의 비극과 같은 일이 다시는 일어나지 않는 세상을 만들자고 했다. 감염병 박멸은 해결 불가능한 의학적 난제가 아니라, "여러 나라가 머리를 맞대고 자원을 투입해 해결해야 할 국제적 문제"라고 선언했다.[1]

낙관론은 팽배했고, 오래갔다. 1963년, 의사이자 인류학자로서 제2차 세계대전 중 말라리아 확산 통제에 일조한 고대 질환 전문가 T. 에이든 콕번T. Aidan Cockburn은 "앞으로 한 100년 후라든지 머지않은 미래에 주요 감염병은 모두 사라지고 없을 것"이라고 했다.[2] 1978년, 감염병 분야의 세계적 권위자 로버트 피터스도프Robert Petersdorf는 미래의 감염병 전문의들에게 연설하는 자리에서 이렇게 말했다. "감염병 분야에 한 몸 바치고 있는 저로서도, 감염병 전문가가 309명이나 더 어디에 필요할지 알 수가 없습니다. 서로의 지식을 함양하는 일을 한다면 모르겠습니다만."[3]

지금에 와서는 순진한 발상으로 들리지만, 1960년대에 이르기까지 수십 년 동안 이루어진 발전상은 실로 놀랄 만했다. 피해가 막심했던 질병 중 상당수가 속속 퇴치되어갔다. 경제 수준 향상, 위생 개선, 음식 조리법 개선 등 여러 가지 요인이 일조했고, 항생제 발명이라는 결정적인 한 방도 있었다(3장에서 살펴본 바 있다). 1928년에 발견된 페니실린은 그야말로 기적의 약이었고, 그 뒤에도 온갖 세균을 잡는 여러 종류의 항생제가 나왔다. 그리고 다양한 질병에 대해 백신이 속속 보급됐다. 백일해(1914), 파상풍(1924), 소아마비(1953), 홍역(1963)의 순서였다. 살충제의 발명으로 말라리아를 옮기는 모기 등 해충을 구제할 수 있게 된 것도 희망적이었다(1948년 노벨의학상은 DDT를 발명한 파울 헤르만 뮐러Paul Hermann Müller에게 돌아갔다).

제너의 우두법 실험 이후 150년 만에 천연두가 박멸될 길이 열리고 마침내 1980년 천연두 박멸이 선언되면서, 자신감은 더욱 확고해져 갔다. 천연두는 동물 숙주가 존재하지 않는다는 결정적 이점이 있다. 다시 말해 사람에게서 사라졌으면 영원히 사라진 것이다. 오늘날 소아마비도 비슷한 쾌거를 눈앞에 두고 있다. 수십 년간 계속된 국제사회의 공조와 빌앤드멀린다게이츠재단의 지원 덕분에, 2016년 기준 소아마비 환자 발생 사례는 전 세계에서 46건뿐이었다.

20세기 중반, 질병 박멸을 낙관하는 분위기는 상당히 일반적이었다. 그러나 천연두와 소아마비는 예외적인 병이다. 심지어 1957년과 1968년의 인플루엔자 범유행을 겪으면서도 이런 낙관적 시각은 변함이 없었는데, 지금 돌이켜보면 왜 그렇게 안이하게 생각했는지 이해하기 어렵다. 물론 이런 자신감은 부유한 서구 국가에 국한된 이야기였다. 세계 다른 지역에서는 여전히 감염병이 수많은 사람에게 고통과 죽음을 안기면서 지구촌의 사회경제적 불평등을 고스란히 드러내고 있었다.

다른 것은 차치하고라도, 진화라는 군비경쟁 속에서 인간이 세균과 바이러스를 누르고 승리하리라고 볼 이유부터가 뚜렷하지 않았다. 세균과 바이러스 등의 미생물은 인간보다 지구에서 훨씬 오래 살았고, 수적으로 더 많으며, 죽음을 두려워하지 않고, 빠르게 변이하여 인간의 방어기제를 회피할 수 있다. 그런 녀석들을 어떻게 종식할 수 있단 말인가? 분자생물학자 조슈아 레더버그Joshua Lederberg는 그런 맥락에서 이렇게 말했다. "미생물 유전자와의 싸움에서 우리가 가진 수단이라곤 거의 '기지wits'밖에 없다."4 게다가 앞서 살펴봤듯이, 기지를 발휘한다고 해봤자 대개는 뭔가 고도의 약물적 방어책을 개발한다기보다 원시적 수단에 기대는 정도일 뿐이다. 이름하여 '2m 거리두기'라는 수단 말이다. 물론 우리는 기지를 발휘함으로써 특정한 병을 일으키는 병원체와 싸워 이길 수 있을지도 모른다. 가끔은 천연두 같은 바이러스를 완전히 퇴치할 수도 있다. 하지만 모든 병원체와 싸워 이길 수 있을지는 대단히 의심스럽다. 감염병은 박멸보다는 치료와 통제가 더 현실적인 목표로 보인다.

역사학자 프랭크 스노든Frank Snowden이 말한 것처럼, 1980년대 HIV의 전 세계적 범유행은 이런 낙관론의 종말을 고했다.5 하지만 높았던 기대를 현실화하는 데에는 시간이 걸렸다. 1992년, 미국 정부는 감염병 감시 예산만 7400억 달러를 편성했다.6 1994년, 미국 질본은 《신종 감염병Emerging Infectious Diseases》이라는 학술지를 창간했다(2020년에는 탁월한 코로나19 논문이 여러 편 실리기도 했다). 1996년, 클린턴 대통령은 성명을 내어 신종 감염병이야말로 "세계 공동체가 직면한 최대의 보건 및 안전 문제 중 하나"라고 강조했다.7 1998년, 미 국방성은 "새천년의 역사가들은 20세기의 가장 큰 오해가 감염병이 퇴치되어간다는 생각이었다고 기록할지도 모른다. 그로 인해 안이해진 태도가 위협을 오히려 더 키웠다"라고 경고했다.8 2000년, CIA는 감염병을 심각한 위협으로 규정지었다.9 감염병은 '비전통적 도전nontraditional challenges'이라고 했다. 특히 탈냉전 시대에 들어 미국을 위협하는 군사적 요인이 감소하면서 그 같은 시각이 확산됐다. 그리고 2003년에는 앞서 살펴본 것처럼 조지 W. 부시 대통령이 HIV와 말라리아를 겨냥한 전 세계적 프로그램을 각각 출범시켰다. 이렇게 보면 2019년 SARS-2의 출현은 놀라울 게 전혀 없었다. 감염병이 종식되리라는 소문은 크게 과장됐다고 확실히 말할 수 있다.

세계화, 집단 이주, 신속한 항공망, 끝없는 인구 증가 그리고 거대하고 조밀한 대도시의 인구 집중 경향도 치명적인 감염병이 사라질 수 없는 이유다. 신종 질병의 발생은 인간과 동물의 접촉 양태가 바뀐 것에도 기인한다. 사실 인류가 안고 있는 최대의 범지구적 문제 두 가지, 즉 기상이변과 심각한 질병의 주기적 발생은 기후변화라는 공통 원인에서 기인한다고 볼 수 있다. 기상이변으로 사람들이 삶의 터전에서 내몰리고 새 땅을 개간하면서 야생동물과 접촉이 늘고 있어(그 야생동물도 삶의 터전에서 내몰린 경우가 많다), 신종 병원체가 인간에게 옮겨질 가능성이 커지고 있다. 2008년에 발표된 보고서는 인류가 40년 전 품었던 희망을 무색하게 했다. 1940년에서 2004년 사이에 새로 출현한 감염병은 335종이고, 감염병은 세계인의 건강을 점점 더 크게 위협하고 있는 것으로 나타났다.[10]

오늘날 인간 사회의 모든 전염병은 그 기원이 **야생동물**이라는 사실을 짚고 넘어갈 만하다. 천연두, 결핵, 홍역 등 인간의 주요 전염병은 대부분 1만 년 전부터 인간이 키우던 동물들에서 유래했다. 그래서 그동안 인간은 병원체와 공진화하면서 유전적 저항력을 어느 정도 기를 시간이 있었다. 그런 병들은 한때 소, 돼지, 양, 닭, 낙타의

조상인 야생동물들이 걸렸다. 예를 들어 홍역은 기원전 6세기에 인간에게 옮겨진 것으로 보이는데, '우역rinderpest'이라는 소의 병을 일으키는 바이러스가 그 기원이다. 그 무렵은 인간이 이미 수천 년 전 가축화된 소와 밀접하게 접촉하며 살던 시기일 뿐 아니라 큰 도시가 세워지던 시기이기도 하다. 도시는 무척 중요한 요인이었는데, 병원체가 인간에게 퍼진 후 토착화되어 뿌리를 내리려면 '임계집단 크기 critical community size' 이상의 인구가 필요하기 때문이다.[11] 숙주가 될 인구집단이 너무 작으면 병원체는 더 퍼질 데가 없어 저절로 박멸된다. 어떤 병원체든 계속 전파되려면 인구수가 어느 정도 이상 되어야 한다.

그렇게 보면 유럽인이 아메리칸 인디언과 처음 접촉했을 때 치명적인 병이 묘하게 일방향으로만 전파된 사실도 어느 정도 설명이 된다(예외는 매독 정도다).[12] 신대륙에는 가축이 없었기에(페루의 라마를 제외하고), 신대륙에 살던 사람들은 가축에서 유래한 병에 미리 유전적 저항력을 키울 기회가 없었다. 게다가 인구 크기도 상대적으로 작았다. 마야, 잉카, 아즈텍 같은 대문명이라고 해도 마찬가지였다. 따라서 유라시아에 비하면 신대륙은 '세균과 바이러스의 청정지대'였다. 심각한 토착 감염병이란 게 없었다.[13]

동물의 가축화는 인간이 동물의 병에 지속적으로 접촉하는 계기도 됐지만, 그 밖에도 예기치 않은 결과를 낳았다. 축산업, 더 넓게 보아 농업은 무엇보다 식량을 안정적으로 공급해줌으로써 도시의 탄생에 이바지했다. 도시가 발전하면서 원거리 교역로가 개척됐고, 주거 밀도가 높아졌다(그러면서 위생 환경도 열악해지곤 했다). 이렇게 마련된 토양 위에서 전염병은 고대 문명에 퍼져 나가기 시작했다. 그리스도, 로마도 예외가 아니었다(서기 2세기에 로마의 인구는 100만 명이 넘었다). 하지만 집적된 공간에 살며 다양한 제도를 축적해놓았던 인간들은 심각한 전염병을 극복해낼 수 있었고, 그리할 수 있었던 이유는 6장에서 살펴본 바 있다. 정리하자면, 좀 복잡한 그림이다. 전염병 유행은 사회를 무너뜨리고 변화를 유발했지만, 결국 유행을 다스린 것은 인간의 힘이었다. 인간은 모여 살고 협력하면서 질병 퇴치법을 배워나갈 힘이 있었고, 그 힘을 가능케 한 것은 인간의 한층 더 오래된 본성이었다.

인간은 수천 년 동안 그렇게 살아왔고, 지금도 그렇게 살고 있다. 감염병이라고 달라질 이유가 있을까? 이전의 심각한 전염병 유행이 그랬듯이, 코로나19 범유행도 하나의 역사적 전환점이 될 것이다.

코로나19를 지난 한 세기 동안 미국에서 사망자를 양산한 주요 감염병들과 비교하면 그 위력이 어느 정도라고 할 수 있을까? 일단 이 신종 바이러스가 인간 사회에 유입된 것만으로 인간의 기대수명이 줄어든 것은 분명하다. 하나의 외생적 요인이 우리가 사는 환경을 한층 악화시킨 것이다. 핵 사고로 인한 오염 사태나 기후변화처럼 인간의 생존을 더 어렵게 만든 것이다. 그 전반적인 타격을 수치화하기란 간단치 않지만, 우선 사망자 수를 따지는 게 한 방법일 것이다. 거듭 말하지만, SARS-2 바이러스의 기본적 역학 특성을 고려할 때 만약 우리가 방역에 손을 놓았다면 미국에서 1차 파동으로 100만 명은 족히 사망하고 전 세계적으로도 더 막대한 사망자가 나왔을지 모른다. 앞으로도 종식 전까지 사망자가 그 수준에 이를 가능성이 있다.

개인 차원의 사망 위험은 어떻게 될까? 판단 기준을 잡기가 좀 모호할 수 있다. 절대적 수치를 볼 수도 있고, 다른 사망 원인과 비교해서 볼 수도 있다. 2장에서 살펴봤듯이 병에 걸렸을 때의 사망률, 즉 치명률은 70~80세 이상을 제외하면 1% 미만이다. 낮아 보일지 모르지만, 의사 관점에선 꽤 나쁜 수치다. 조금 더 관점을 좁혀서, 코로나19로 입원한 환자의 사망률을 생각해보자. 나이와 중증도에 따라 크게 다르긴 하지만, 평균적으로 10~20% 정도다. 40세 환자라면 대략 2~4%다. 미국에서 심근경색으로 입원한 70세 환자의 사망률과 비슷한 수준이다.[14] 모든 연령대에서 코로나19 입원 환자의 사망률은 심근경색 입원 환자의 사망률보다 유의미하게 높게 나타난다.

병에 걸리거나 입원한 경우가 그렇다는 것이고, 평상시와 비교하면 어떻게 될까? 미국 인구 3억 3000만 명 중 연간 사망자는 약 300만 명이므로, 전반적인 사망률이 1000명당 9.1명이다. 비교를 위해 코로나19로 미국에서 연간 100만 명이 사망한다고 가정하자. 그러면 전반적인 사망률은 1000명당 12.1명으로 늘어난다. 그리고 어떤 사람이 1년 중 코로나19로 사망할 절대적 확률은 1000분의 3 정도가 된다. 낮아 보일지 모르지만, 1년 중 발생하는 어떤 사망 원인보다 훨씬 높은 수치다. 코로나19가 사망 원인 1위가 되는 것이다.

스웨덴의 한 연구는 2020년 일간 사망자 수를 이전 해와 비교했다. 초과사망자 수를 계산해 모든 연령대에서 사망률에 어떤 영향이 있었는지 파악했다(2장에서 논한, 19세기에 윌리엄 파가 창시한 기법이다). 코로나19는 이대로 지속될 경우 남성의 기대수명을 3년, 여성의 기대수명을 2년 감소시킬 것으로 추정됐다. 스웨덴처럼 부유하고 원활히 돌아가는 사회에서 SARS-2 바이러스의 위력이 그 정도로 예상된 것이다.[15]

또 하나 간과하기 쉽지만 중요한 점은, 코로나19 사망자의 절대다수가 고령자인 것은 맞지만 사실상 거의 모든 사망 원인이 그렇다는 사실이다. 코로나19가 사망률에 미치는 영향을 온전히 이해하려면(장애와 각종 질환을 유발하는 효과도 크지만 일단 논외로 한다면), 나이를 고려하여 전체적인 사망 위험의 증가를 비교해야 한다. 나이가 어려서 코로나19가 겁나지 않는다고 한다면, 물론 그럴 수도 있다(남들을 감염시키지 않도록 조심하지 않는다면 그건 안 되지만). 하지만 나이가 어린 사람은 평상시에도 어떤 원인으로든 사망할 위험이 크지 않다. 그런데 코로나19는 **전 연령대에서** 사망 위험을 높이는 결과를 가져온다. 자기 자녀에게 탈이 날까 봐 흔치 않은 온갖 일에도 걱정하는 게 부모다. 자녀가 익사할까 봐, 유괴당할까 봐 걱정하는 부모라면 코로나19에 대해서는 그보다 더 걱정해야 마땅하다.

코로나19로 인한 사망 위험 증가가 어느 정도인지를 (비록 그 절대적 수치는 낮다고 하더라도) 나이와 관계없이 좀더 와닿게 표현할 방법은 없을까? 정교한 인구통계학적 추산을 통해 가능하다. 가령 3개월간 미국에서 코로나19로 12만 5000명이 사망했다면, 이는 모든 사람의 나이를 인위적으로 1.7세 늘린 것과 같다. 다시 말해, 그런 기간에 20세인 사람의 사망 위험은 평상시 21.7세인 사람과 같아지고, 60세인 사람의 사망 위험은 평상시 61.7세인 사람과 같아진다. 이렇게 보아도 별로 크지 않다고 생각될지 모르겠다. 하지만 인구 전체로 보면 작은 문제가 아니다. 그리고 만약 피해 저감 조치를 취하지 않아 같은 기간 코로나19 사망자 수가 더 많았다면, 방금 전 얘기한 나이 상승 폭도 그에 비례해 커진다. 가령 2020년 10월 말까지 범유행 첫 6개월 동안 50만 명이 사망한다면, 3.3세를 더해야 한다. 즉, 60세인 사람은 사망 위험이 63.3세와 같아진다.[16]

비교적 짧은 기간에 그렇게 많은 사람이 죽었는데, 개인 차원의 사망 위험은 그리 커 보이지 않는 건 왜일까? 앞서 거듭하여 살펴봤듯이, 코로나19는 비록 심각하긴 하지만 그 치명성이 지난 수백 년간 닥쳤던 주요 전염병에 견줄 만큼은 되지 않는다. 그리고 21세기 현재, 특히 선진국의 경우, 죽음이란 평상시 대부분의 사람이 일생 대부분에 걸쳐 통계적으로 비교적 드물게 맞닥뜨리는 사건이다. 80세 남성도 한 해 동안 사망할 위험은 5%에 '불과'하다. 게다가 코로나19의 위험은 고령자에게 가장 크게 나타나므로, 사망 위험의 증가를 실감하지 못하기 쉽다.

하지만 공중보건 전문가이자 의사로서 내가 가장 중요하게 생각하는 점은, 개인 차원의 사망률이 조금만 높아져도 그 효과가 눈덩이처럼 불어나 인구 차원에서는 굉장히 심각해진다는 사실이다. 코로나19의 심각성을 더 잘 이해하기 위해서는 다시 인구 차원으로 돌아가 '수명손실연수years of life lost'라는 기준으로 비교해보는 방법이 있다. 인구통계학자 조슈아 골드스타인Joshua Goldstein과 로널드 리Ronald Lee가 추산한 결과를 그림 16에 나타냈다.[17] 비교를 위해 코

그림 16 — 미국의 코로나19 사망 피해를 현대의 다른 위험 요인들과 수량적으로 비교해본 결과.

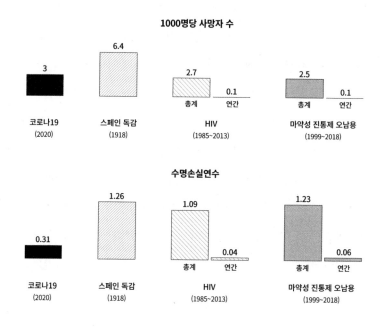

로나19 범유행이 미국에서 몇 차례의 파동을 거쳐 100만 명의 사망을 낳은 후 끝난다고 가정했다(충분히 가능한 시나리오다). 총사망자 수가 달라진다고 해도 거기에 비례하여 그래프를 조정하면 된다. 가령 총사망자가 50만 명이라면 사각형의 높이를 절반으로 줄이면 된다.

인구 규모, 나이 분포, 평상시 발생하는 사망 원인을 고려한 후 코로나19의 심각성을 다른 위험 요인과 나란히 비교해볼 수 있다. 그림을 보면, 코로나19가 심각한 질병이라는 점이 분명히 드러난다. 다만 그 피해가 스페인 독감만큼은 아니고, HIV가 미국에서 30년 가까이 유행하는 동안 일으킨 수명 손실과 비교해도 3분의 1 정도다.

이런 식으로 인구통계학적 계산을 해보면, 인명을 구할 때의 경제적 혜택을 추산해 비약물적 개입 조치 시행으로 인한 경제 봉쇄의 경제적 비용과 비교해볼 수도 있다. 이때 표준적으로 쓰는 기준은 수명 1년의 **경제적** 가치를 50만 달러로 잡는 것이다(또는 나이와 관계없이 1명의 생명을 1000만 달러에 대응시키기도 한다). 그렇게 해서 코로나19 사망자 100만 명의 경제적 가치를, 사망자의 대략적인 나이 분포를 반영해 추산해본다면 약 6조 달러가 된다. 정부의 지출을 포함하여 미국 경제에 예상되는 피해를 아무리 크게 추산해도 그 수치에는 미치지 않는다. 철저히 경제적 관점에서 봤을 때, 미국이 벌인 대응은 위협의 크기에 상응하는 수준이었다. 코로나19는 심각한 전염병이다.

아주 단순하게 생각할 때, 범유행이 일종의 '종식'을 맞는 시나리오 하나는 비약물적 개입 조치 시행으로 병의 전파가 가로막히는 것이다. 신규 환자를 0에 가깝게 찍어 누르는 것이다. 중국과 뉴질랜드가 그 예다. 하지만 이는 진정한 의미에서 전염병이 종식된 상태는 아니다. 바이러스는 여전히 존재하고, 사람들이 일상적 활동을 재개하는 순간 다시 나타나기 마련이므로 일종의 착시 현상이라 볼 수 있다. 2020년 여름 미국의 재발 사태가 그 예였다.

코로나19는 막강했던 첫 등장을 뒤로하고 종국엔 풍토병으로 자리 잡을 것이다. 작지만 일정한 규모로, 꾸준히 인간 사회를 돌게 될 것이다. 이는 곧 두 번째 종식 시나리오, 즉 앞서 살펴봤던 집단면역이다. 바이러스는 여전히 돌고 있는데 확산이 대단히 어려운 상태다. 어떤 감염병에 대해 인구집단 내에 백신 접종이 잘되어 있는 경우처럼, 면역이 없는 사람들 사이에 이따금 소규모로 발병이 일어날 뿐이다.

2022년 무렵이면 우리는 자연적으로든 예방접종을 통해서든 그 상태에 도달할 것이다. 물론 안전하고 효과적인 백신을 신속하게 개발하고 보급한다면 더 적은 사망자를 내고 집단면역에 도달할 수도 있다. SARS-2의 기본 R_0로 볼 때, 2장에서 살펴봤듯이 최종적으로는 인구의 60~67%, 미국의 경우 약 2억 명이 감염되리라는 추산이 가능하다. 실제 필요한 감염 비율은 그보다 낮은 40~50% 정도일

수도 있다. 사회연결망 구조상 사람마다 바이러스를 퍼뜨리는 정도
가 다르기 때문이다(역시 2장에서 살펴본 바 있다). 아니면 더 높을 수
도 있다. 유행이 극히 빠르게 퍼져 집단면역에 필요한 수준을 초과
달성해버리는 경우다. 정확한 비율이 어떻게 되든, 바이러스 확산
과정에서 어떤 사람은 죽고 어떤 사람은 회복해 면역이 생기므로 바
이러스는 결국 갈 곳이 없어진다. 생물학적 관점에서 일반적이고 자
연적인 전염병 종식은 그렇게 이루어진다.

  그게 바로 어떤 전염병이 통제됐다고 하는 상태다. 하지만 때로는
사회가 전염병에 처참히 파괴되어 영영 옛 모습을 되찾지 못하기도
한다. 코로나19의 위력은 물론 심각하지만, 과거 페스트, 콜레라, 천
연두와는 비할 바가 아니라는 사실이 무척 중요하다. 그 병들은 인
구의 훨씬 더 큰 비율을 희생시켰으며 여파가 훨씬 더 크고 오래갔
다. 어찌나 큰 공포를 자아냈는지 「요한 묵시록」의 네 기사가 역병,
전쟁, 기근, 죽음이라고 해석될 정도였다. 그리하여 "살아남은 자가
워낙 적어 죽은 자를 묻을 수도 없었다"라는 옛말이 헛되지 않음을
증명하곤 했다.

  그런 역병들은 처참한 피해를 남긴다. 일부 아메리칸 인디언 부족
은 유럽인의 식민화 이후 거의 절멸해 부족의 단 5% 미만이 살아남
았다. 1519년에는 홍역 또는 천연두로 추정되는 병이 오늘날 과테
말라 땅에 살던 마야인들을 덮쳤다. 당시의 한 기록이 이렇게 전해
진다.

사람들은 병을 막을 방도가 전혀 없었다. 시신에서 풍기는 악취가 고약했다. 우리의 아버지들과 할아버지들이 병마에 쓰러지자 주민들 절반이 벌판으로 도망쳤다. 개와 독수리가 시체를 먹어 치웠다. 끔찍하게 많은 사람이 죽어 나갔다. 그렇게 우리는 고아가 됐다.[18]

다행히도 이런 식의 결말은 매우 드물다. 도시를 통째로 집어삼킨 페스트조차도 사회 전체를 무너뜨리지는 않았다.

○——→

앞서 살펴봤듯이, 진화적 관점에서 볼 때 병원체로서는 숙주가 죽으면 불리하다. 병원체는 숙주가 돌아다니면서 다른 사람들에게 자신을 퍼뜨려주는 것이 유리하다. 독한 바이러스는 덜 퍼지고 약한 바이러스가 살아남기에 바이러스의 치명성은 시간이 갈수록 점점 떨어지는 게 보통이다.

아직은 SARS-2가 언제 어떤 식으로 돌연변이를 일으킬지 판단하기에 이르다. 장기적으로는 사람에게 유리한 방향으로 변이하기 쉽지만, 단기적으로는 좋은 방향으로도 나쁜 방향으로도 변이할 수 있다. 이미 SARS-2는 자연적으로 수천 개의 돌연변이가 출현했지만, 바이러스의 작용에는 대부분 영향이 없다. 2020년 여름 현재 바이러스가 더 심각한 쪽으로 변이했다는 증거는 충분치 않다. 다만 현재 돌고 있는 변이체 중 하나는 전파력이 더 높아졌을 수 있다는 주장이 있다(돌기단백질에 D614G 변이가 일어난 형태다).[19] 초기에 중국의 대중 언론에 보도된 임상 연구에 따르면, 주로 폐 손상을 유발하는 변이와 주로 장, 신경, 신장, 심장 등 폐 이외 부위에 손상을 유발하는 변이 등 상당한 정도의 변이가 이미 일어났을 가능성이 있는 것으로 나타났다.[20] 뉴욕시와 시애틀 등 지역별로 바이러스가 치명성에 차이를 보이는 이유도, 어느 정도는 각지에 퍼진 변이체의 독성 차이 때문일 수 있다. 하지만 2020년 여름 시점에서는 그 어떤 사실도 분명하게 확인되지 않았다.

그럼에도 SARS-2 같은 바이러스의 범유행은 몇 년에 걸쳐 아주 약하게 변이함으로써 종식될 가능성이 있다. 아닌 게 아니라 오늘날 감기를 일으키는 4종의 코로나바이러스도 오랜 옛날 범유행이 길들여지고 남은 흔적일 수 있다. 아마 집단면역과 유전자 변화를 거쳐 그렇게 됐을 것이다. 그중 OC43 코로나바이러스의 경우는 흥미로운 증거가 있다. 과학자들은 코로나바이러스 몇 종의 유전자를 분석하고 기본 돌연변이 속도를 바탕으로 분화 시점을 추정한 결과, OC43이 1890년경 동물 숙주에서 인간에게 옮겨졌을 것이라는 결론을 내렸다.[21]

그런데 그 무렵은 어떤 범유행병이 기승을 부렸던 때이기도 하다. 최근까지 일종의 인플루엔자 유행으로 여겨졌던 1889년 범유행은, 오늘날 우즈베키스탄의 도시인 부하라에서 5월에 발생한 것으로 알려져 있다. 러시아 독감 또는 아시아 독감이라는 이름으로 불린 이 전염병은 러시아를 빠르게 관통해 서유럽과 전 세계로 퍼져 나갔다. 1889년 12월에는 첫 대도시인 상트페테르부르크를 강타해 인구의 절반을 감염시켰다(절반이면 그런 부류의 바이러스의 경우 보통 집단면역에 도달하는 수준이다). 거기서부터 철도망을 타고 겨울 동안 퍼져 나가 베를린, 브뤼셀, 파리, 빈, 리스본, 프라하 등 각국 수도를 휩쓸고 각국 지도자들까지 감염시켰다. 러시아 차르, 벨기에 국왕, 독일 황제가 모두 병에 걸렸다.

이 바이러스는 1892년까지 해마다 유행하며 유럽에서 25만 명의 목숨을 앗아갔다. 범유행은 단 4개월 만에 지구를 한 바퀴 돌았고, 상트페테르부르크에 처음 퍼진 후 오래 지나지 않아 미국에서 정점을 이뤘다. 발병률은 지역에 따라 45%에서 70%에 이르렀다. 치명률은 0.1%에서 0.28%를 기록했고, 감염재생산수는 도시마다 크게 달랐지만 R_0가 2.1로 파악됐다.[22]

1890년 런던에서는 신문들이 미리 불길한 소식을 전했다. 당시 신기술이었던 전신을 이용해 다른 도시들의 발병 사태를 알리며, 무시무시한 이야기를 때로는 과장을 섞어 보도했다. 그러자 오늘날 코로나19 때도 그랬듯이, 일부 사람들은 전염병이 실체가 없으며 '전신이 만든 헛소문'에 불과하다고 생각했다. 이에 영국의 의학 저널 《랜싯》에 실린 익명의 기사는 "병원과 약국에 몰려드는 인파만 보아도 그 주장에 충분한 답이 될 것"이라고 반론하며, 이 병은 "이 시기에 보통 유행하는 감기와 콧물, 가래보다 증상이 심하다"고 지적했다.[23] 그러고는 다음과 같이 경고했다. "식자들 사이에 이 유행병을 진지하게 고민할 필요도 없는 사소한 것이라고 간주하는 경향이 커지고 있다. 그러다 보니 심지어 간단한 약이나 먹고 몸 관리만 잘하면 우습게 낫는다고까지 생각한다. 그러나 당황할 이유가 없다고 말하는 것과 경솔한 무관심을 촉구하는 것은 전혀 다른 이야기다."

뉴욕시의 신문들은 처음엔 그야말로 무관심했다. 《이브닝 월드》의 기사는 이 병이 "치명적이지도 않고, 그리 위험하다고도 할 수 없다"라며, "업자들에게는 남아도는 스카프 재고를 처리할 절호의 기회"라고 했다. 그러나 미국의 사망자 수가 늘면서, 사람들의 인식은 심각하게 바뀌어갔다. 늘 그랬듯 뉴욕시는 피해가 컸고, 1890년 1월 첫째 주에는 사망자 1202명이 발생해 평상시보다 월등히 높은 기록을 세웠다. 《이브닝 월드》는 나중에 이렇게 보도했다. "오늘 아침 6번가 고가철도의 열차에 탄 승객들은 절반이 기침과 재채기를 하며 손수건으로 코와 눈을 가리고 있었다. 얼굴과 목을 스카프와 머플러로 둘둘 만 사람도 많았다. 음울하고 쓸쓸해 보이는 모습들이었다."[24]

이 범유행병의 정체는 최근까지 인플루엔자 바이러스의 한 종류인 H3N8, 아니면 H2N2로 추정되어왔다.[25] 그런데 그게 아니라 코로나바이러스였을 가능성이 있다. 1890년에 이 바이러스가 런던을 강타했을 당시 의사들의 기록을 보면 세 종류의 증상을 언급하고 있다. "어떤 환자는 폐 관련 증상이 두드러지고, 또 어떤 환자는 위장 관련 문제가 주로 나타남. 두 경우 모두 극심한 두통 또는 팔다리 통증을 빈번히 호소하기도 함."[26]

흥미롭게도 코로나19 환자 역시 세 종류의 증상을 모두 보인다.

코로나19의 주된 증상은 호흡계통, 소화계통, 그리고 근골격 및 신경계통이다.[27] 반면 인플루엔자 환자는 호흡계통 증상(기침, 인후통, 코막힘, 호흡곤란)은 뚜렷하지만, 근골격계 증상(근육통, 근력 저하, 두통)이나 소화계통 증상(메스꺼움, 구토, 설사)은 일반적이지 않다.[28] 1889년 범유행병은 중추신경계 증상 역시 일반적인 인플루엔자보다 두드러지게 나타났는데, OC43 코로나바이러스도 신경계통에 침입하는 것으로 알려져 있다.[29] 의미심장한 증거를 또 하나 밝힌 연구가 있는데, 1889년 범유행병은 환자의 나이가 많을수록 치명률이 크게 높아졌으므로 사망률이 역 L자형 곡선이었을 가능성이 있다는 주장이다. 인플루엔자로서는 드문 경우다. 앞서 살펴봤듯이 인플루엔자는 보통 U자형 곡선을 나타낸다.[30]

OC43은 소에게 병을 일으키는 코로나바이러스 종과 대단히 많이 닮아서, 유전자 서열이나 면역반응 유발 단백질의 화학구조가 모두 비슷하다. 그리고 OC43을 소 이외의 동물이 걸리는 다른 코로나바이러스와 비교해보면 그 진화 과정을 재구성할 수 있다. 인간에게 감기를 일으키는 코로나바이러스 OC43이 그 사촌 격인 소 코로나바이러스에서 분화된 시점은, 앞서 말했듯이 1890년경으로 밝혀졌다.

바이러스가 소에서 인간으로 훌쩍 옮겨 간 과정은 SARS-1 또는 SARS-2와 비슷했을 것이다. 실제로 19세기 후반에 소의 호흡기질환이 유행했는데, 전염성과 치명성이 굉장히 강했다. 확실히는 알 수 없으나, OC43의 사촌뻘 소 코로나바이러스가 그 원인이었을 가능성이 있다. 한 가지 확실한 것은, 1870년에서 1890년 사이에 여러 산업국가에서 대규모로 살처분을 벌였다는 사실이다. 그 도살 과정에서 인간이 소의 호흡기 분비물과 접촉했을 가능성이 꽤 크다. 분비물에는 소 코로나바이러스가 변이한 어떤 코로나바이러스가 들어 있었고, 그 바이러스가 1889년 범유행을 일으켰으며 오늘날까지 OC43이라는 이름으로 남아 있으리라는 추측이다.

그 바이러스가 100년 동안 인간들 사이에 돌면서 계속 진화하다 보니 힘이 약해졌고, 오늘날 그저 감기를 일으키는 바이러스가됐다고 볼 수 있다. 우리가 바이러스와 타협점을 이룰 수 있었던 데는 바이러스가 약하게 진화한 것 외에도 한 가지 요인이 더 있었다. OC43은 워낙 광범위하게 퍼져 있기에, 대부분의 사람은 어릴 때노출되어 심각한 병을 앓지 않고 지나간다(사망률 곡선이 역 L자형임을 기억하자). 그 후 다시 OC43에 노출되면, 이미 기억 면역이 형성되어 있으므로 그냥 지나가거나 감기를 가볍게 앓는다. 지금 상황은그와 완전히 다르다. 지금 SARS-2는 면역이 전혀 없는 숙주들의 천국에서 제 세상 만난 듯 활개를 치고 있다. 하지만 앞으로 몇 년 후우리가 집단면역에 도달하면 상황이 달라진다. 어릴 때 SARS-2에노출되어 대부분 가볍게 앓고 지나가고, 면역을 형성하고, 나중에 다시 노출되어도 큰 탈을 겪지 않는 시나리오가 가능하다. SARS-2의종식은 그렇게 이루어질 가능성이 상당히 있다.

이런 양상을 보이는 바이러스는 그 밖에도 많이 알려져 있다. 아이들 그리고 어릴 때 앓아봤던 어른은 가볍게 앓고, 처음 감염되는 어른은 심하게 앓는 식이다.[31] 수두는 15~44세에 걸리면 5~14세에 걸릴 때에 비해 사망률이 20배 높다. 하지만 어릴 때 앓아봤던 어른은 대개 큰 탈이 없다.[32] 엡스타인-바Epstein-Barr 바이러스도 마찬가지다. 어린아이는 가볍게 앓고 지나가지만, 청년기에 감염되면 감염성 단핵구증을 앓을 수 있고 다발경화증으로 진행될 위험마저 있다.[33] 또 아이가 감염되면 가벼운 상기도질환만 앓지만, 어른이 처음 감염되면 호지킨 림프종에 걸릴 위험이 있다는 연구 결과도 있다.[34]

○——→

병원체도 인간에 대응해 진화하지만, 인간도 좀더 느린 속도로 병원체에 대응해 진화한다. 감염병은 워낙 오랫동안 인간의 진화사를 함께해왔기에 우리 유전자에 지워지지 않는 흔적을 남겼다. 예를 들면, 인간은 말라리아 대응에 유리한 방향으로 유전자를 변화시키는 진화를 10만 년 전부터 시작했다. 결핵은 9000년 전부터, 콜레라와 페스트는 6000년 전부터, 천연두는 3000년 전부터 그런 진화가 이루어졌다.[35]

감염병은(비전염성 감염병도 포함) 인류의 진화 과정 내내 결정적인 선택압으로 작용했다고 할 만하다.[36] 진화 역사를 통틀어 인간의 생명을 앗아간 가장 큰 원인은 다른 인간이었다. 자연계에 인간의 생존에 크게 영향을 미치는 포식자는 존재하지 않는다.[37] 유일한 예외라면, 병원성 미생물이다.

SARS-2 바이러스는 생식 연령 인구에 대한 치명성이 매우 낮고 현대의학이라는 강력한 무기로 대처할 수 있으므로 인류 진화에 미치는 영향이 미미할 것이다. 하지만 적어도 이론상으로는, 숙주가 진화하여 저항력을 키우는 것도 유행병 종식의 한 가지 시나리오다. 사실 지금도 인구집단마다 자연적으로 존재하는 유전적 차이가 코로나19 피해의 차이를 낳는 요인일 가능성이 있다. 그렇다면 그 차이가 앞으로 일어날 진화의 토대가 될 수도 있다. 여러 세대 후에는 피해를 겪은 인구집단의 유전자 구성에 변화가 일어날 수 있다.

예컨대 수천 년간 말라리아에 노출된 결과 말라리아가 토착화된 지역 사람들은 그에 맞서 여러 가지 유전적 차이를 진화시켰다. G6PD라는 효소 수치에도 차이가 있고, 헤모글로빈 구조에도 차이가 있다. 하지만 북유럽 사람들은 말라리아에 노출된 적이 없어 그런 유전적 저항력을 진화시키지 못했다. 그래서 말라리아가 토착화된 지역으로 이동하거나 식민화를 시도할 때 큰 피해를 볼 수밖에 없었다. 반대로 천연두 같은 병에 대해서 유럽인은 유전적 저항력이 (그리고 아동기에 생긴 면역도) 일부 있었지만, 유럽인이 접촉하거나 정복한 토착민들은 엄청난 희생을 당해야 했다.

암울한 사례는 끝이 없지만 하나만 들어보자면, 1837년 미주리 강을 운행하던 세인트 피터스호라는 증기선이 있었다.[38] 4월 29일경 선원 1명이 천연두 증상을 보일 때 맨던족 원주민 여성 3명이 배에 탔다가 마을로 돌아갔다.[39] 천연두는 유전적 저항력이 없던 원주민들 사이에 순식간에 퍼졌다. 7월에 맨던족 인구는 약 2000명이 었는데 10월에는 30명 미만이 남았다는 기록이 있다. 천연두를 비롯한 감염병은 15세기 이래 아메리카의 식민화 과정에서 계속된 원주민 인구의 몰살에, 전쟁과 노예화 등 다른 참사를 능가하는 가장 큰 요인이었다고 할 만하다.[40] 감염병은 심지어 의도적으로 무기로 쓰이기도 했다.

인류학자 리펀 말리Ripan Malhi가 이끄는 연구팀의 분석 결과는 그 같은 재앙이 유전자에 영향을 남길 수 있음을 짐작게 하며, 인간에게도 자연선택이 매몰차게 작용할 수 있음을 잘 보여준다.[41] 캐나다 브리티시컬럼비아주의 프린스루퍼트항 지역에서 고대부터 살아온 침시안족은 토착 질병에 잘 적응되어 있었으나 천연두 같은 외래 질병에는 그렇지 못했다. 연구팀은 침시안족의 협조를 받아 500년에서 6000년 전 이 지역에 살았던 침시안족 선조의 유해 25구에서 DNA를 채취하여 현재 주민 25명의 DNA와 비교해봤다. 그 결과 면역 관련 유전자 몇 개의 보유율에서 차이가 발견됐다. 예를 들어 HLA-DQA1이라는 유전자는 고대인에게서는 거의 100% 발견됐지만, 현대인에게서는 36%에서만 발견됐다. 유전자 변화가 일어난 시점은 약 175년 전으로 추정됐다. 바로 그 지역에 천연두가 대유행했던 시기다. 이 유전자 분석 결과를 토대로 인구통계학적 모형을 돌려보니 유럽인 출현 이후 수십 년 만에 전체 주민의 거의 80%가 사망했을 것으로 추측됐는데, 역사적 기록과 일치하는 결과였다.[42]

비슷한 연구 결과, 역사 속의 다른 치명적 전염병들도 유사한 영향을 미친 것으로 드러났다. 한 예로, 유럽인과 롬인^{인도에서 기원한 것으로 여겨지는, 흔히 '집시'로도 불리는 민족-옮긴이} 인구집단 사이의 수렴 진화를 밝혀낸 연구가 있다. 두 집단 모두 흑사병을 겪으면서 페스트 면역 반응에 관여하는 몇 가지 유전자를 공통으로 진화시킨 것으로 나타났다.[43] 그 변이 유전자들은 대체로 페스트를 겪지 않은 인구집단에서는 상대적으로 희박하게 나타나므로, 페스트가 그런 유전적 변화를 이끄는 방향으로 자연선택을 일으켰다고 볼 근거가 된다. 이 주제는 현재 연구가 진행 중이며, 더 확실한 결론을 내기 위해서는 고대인 DNA의 연구가 더 이루어져야 한다.

이처럼 전염병에 유전자가 적응하면 후손들이 병에 잘 걸리지 않는 유전적 특성을 누릴 수 있지만, 여기엔 부작용이 따를 수도 있다. 가령 유전병에 걸릴 위험이 커질 수 있다. 가장 유명한 예는 겸상적혈구빈혈이라고 하는 병이다. 적혈구가 낫 모양으로 변형되어 모세혈관을 막고 다양한 질환을 일으키는 병으로, 과거에는 조기 사망까지 초래하곤 했다. 그리고 특정한 변이 유전자로 인한 유전병이다. 그렇게 해로운 변이 유전자를 왜 그렇게 많은 인구가 보유하는지 과학자들은 처음에 영문을 알 수 없었다. 그러다가 1954년, 유전학자 앤서니 C. 앨리슨Anthony C. Allison이 겸상적혈구빈혈과 말라리아의 유병률 간에 연관성을 발견했다. 앨리슨의 연구는 이 분야에 획기적인 업적이 됐다.[44] 결국, 적혈구를 낫 모양으로 변형시키는 그 유전자가 말라리아에 면역을 형성해준다는 사실이 밝혀졌다.

그 밖에도 여러 유전병이 어느 정도는 감염병 예방 효과로 인해 더 만연하게 됐을 가능성이 있다. 낭포성 섬유증이라는 유전병은 각종 염증, 조직 손상, 폐와 췌장의 이상을 일으키며 상당히 최근까지도 대개 조기 사망을 초래했다. 백인에게 많이 나타나는데, 그 이유가 감염병 관련 유전적 이점과 관련이 있을 것으로 보인다(그 대상 감염병은 결핵일 가능성이 커 보이지만 콜레라나 장티푸스일 수도 있다).[45]

코로나19 범유행 중에 유전학자들은 혹시 일부 유전자가 SARS-2 바이러스에 잘 감염되거나 저항력을 갖는 효과가 있는지 탐색에 나섰다. 그런 유전자를 찾아내면 어떤 환자가 특히 위험한지도 알 수 있고, 유전적 차이를 참고해 효과적인 약리학적 전략을 발견하고 치료 약 후보를 물색하는 데에도 도움이 되리라는 기대에서였다. 초기 연구 결과 코로나19 증상이 극히 심한 환자들에게서 몇몇 특정 유전자가 이례적으로 빈번히 발견됐다.[46] 또 환자의 혈액형이 A형이면 산소 흡입 조치와 인공호흡기 착용이 필요해질 확률이 다른 혈액형보다 50% 높았고, 혈액형이 O형인 사람은 감염이 더 잘 안 됐다(묘하게도 콜레라 생존율은 혈액형 관련성이 그 반대로 나타난다). 3번 염색체에서 코로나19 증상 악화와 연관된 유전자 6개도 발견됐다. 그중 한 유전자는 ACE2에 영향을 주는 것으로 알려져 있고 한 유전자는 기도 감염에 대한 면역반응에 관여하므로, 생리학적으로 타당한 결과다. 또한 이 6개의 유전자는 네안데르탈인에게서 현생 인류에 전해졌으며, 특히 동남아 지역 사람들이 흔히 보유하는 것으로 밝혀졌다.[47]

이상의 인간 진화 사례를 통해 알 수 있듯, 범유행병은 수천 년 이상의 장구한 세월에 걸쳐 인간을 바꾸어놓음으로써 종식되기도 한다. 현존하는 유전적 다양성은 코로나19 범유행의 추이에 큰 역할을 하지는 않겠지만(예외라면 소규모의 국지적 거주 집단이 감염을 막아주는 변이를 가진 경우), 감염병이라는 문제는 사회적 측면과 생물학적 측면이 늘 서로 연관된다는 사실을 잘 보여준다. 기나긴 세월이 흐르고 나면, 인류는 감염병과 불편한 유전적 '휴전'에 이른다.

○———▶

정리하자면, 앞으로 우리가 집단면역에 이르거나, 병원체가 진화해 치명성이 약해지거나, (아주 오랜 세월이 흐른 후에) 인류가 진화해 저항력을 갖게 될 것이다. 이상이 생물학적 종식 시나리오다. 하지만 범유행은 인간의 관념과 행동이 몰아가는 사회적 현상이기도 하므로, **사회적** 종식 또한 존재한다. 그 종식 시점은 공포와 불안과 사회경제적 혼란이 가라앉거나 어쩔 수 없는 현실로 받아들여지는 순간이다.

역사학자 앨런 브랜트Allan Brandt는 질병을 생물의학적으로만 좁게 바라보면 사회적·환경적 맥락을 간과하기 쉽다고 주장했다. 그런 맥락에서는 원인을 찾거나 치료법을 찾으려는 생각을 하지 못한다는 것이다. 의사가 '묘약'을 처방해 아픈 환자를 낫게 해주기만을 기대할 뿐이다.[48] 하지만 감염병과 전염병 유행은 단지 세균과 바이러스만의 문제가 아니다. 누가 병에 걸리는지, 병이 나면 사회가 어떻게 대처하는지, 더 나아가 무엇을 병으로 치는지 등이 모두 문화적으로 정해진다. 모든 병이 그렇다. 전쟁의 혼란으로 인한 인플루엔자나 콜레라 발병에서부터 마케팅으로 초래된 흡연이나 당뇨 관련 사망에 이르기까지, 모두 마찬가지다. 병을 앓는 사람은 환자 자신일지 몰라도, 병의 근원과 의미는 사회적 환경에서 찾을 수 있는 경우가 많다.

범유행을 단지 생물학적 요인에 따른 현상으로만 바라본다면(가령 박쥐의 바이러스가 어떤 돌연변이를 일으켜서 인간에게 퍼졌다거나 약물이 우리 몸 안에서 어떤 작용을 일으킨다거나 하는 측면에만 주목한다면), 병을 예방하거나 저지하기 위해 우리가 할 수 있는 일이 아무것도 없다는 착각에 빠지기 쉽다. 하지만 범유행을 사회적 현상으로도 바라본다면, 인간의 주체적 행위가 하는 역할을 더 뚜렷이 인식할 수 있다. 범유행병의 출현과 확산 양상에 우리가 기여하는 면을 더 자각할수록, 대응도 더 선제적이고 효과적으로 할 수 있다.

코로나19 범유행을 온갖 악재가 동시에 겹쳐 일어난 '완벽한 폭풍perfect storm'이라고 단정하기는 쉽다. 어떤 바이러스가 적절한 숙주 내에서 적절한 형태로 변이해, 적절한 역학적 특성(R_0, 치명률, 잠재기 등)을 갖추고, 첫 감염자와 우연히도 적절히 접촉하여, 시기도 적절하게 중국의 인구 대이동이 일어나는 춘원 기간에 그리고 국제 항공 여행이 가능한 시대에 출현했으니 말이다.

하지만 범유행을 '완벽한 폭풍'에 비유한다면, 이례적 현상이고 예견이 전혀 불가능하다고 말하는 것과 같다. 둘 다 사실이 아니다. 심지어 자연재해도 그렇지 않다. 2010년 아이티 지진 또는 2005년에 뉴올리언스를 강타한 허리케인 카트리나를 생각해보라. 처참한 인명 피해와 사회 붕괴를 낳았지만 '완벽한 폭풍'은 아니었다.[49] 지진과 허리케인은 인간의 행위와 전혀 관계가 없어 보이지만, 대규모 인명 피해의 큰 원인이 된 것은 아이티와 뉴올리언스의 기나긴 경제적 불평등과 필수적인 사회 기반시설의 미비였다.

범유행병은 인간의 시각으로 보는 현상이기에 강력한 상징적 의미가 부여되기도 한다. 그리고 그에 따라 우리의 대응 양상도 달라진다. 코로나19 범유행에는 숙주와 병원체의 생물학적 차원을 넘어 특별한 의미가 부여됐다. 예를 들면 마스크가 그런 상징물의 하나였다. 마스크가 단순히 바이러스를 함유한 비말의 전파를 막는 도구가 아니라, 자유와 공익의 문제를 환기하는 수단이 됐다. 쓰지 않는 사람들은 자유의 표상으로, 쓰는 사람들은 공익의 표상으로 정치적 의미를 부여했다. 미국에서만 그런 논란이 있었다. 대부분 나라의 사람들은 마스크 착용을 정치적 행위로 보지 않았다.

SARS-2의 명칭을 둘러싼 논란 역시, 언뜻 사실 차원에 불과해 보이는 문제에 자의적 의미를 부여하는 예의 하나였다. '중국 바이러스'라는 명칭은 이미 경색된 미·중 관계를 고스란히 드러내면서 명칭 문제를 둘러싼 인종차별 우려를 자극했다. 트럼프 대통령 등의 인사들은 이 분위기에 편승해 바이러스를 '우한 플루'라고 하거나 중국의 쿵후에 빗대어 '쿵 플루'라고 불렀다.[50] 지금까지 살펴봤듯이 병원체의 명칭은 발원지의 이름을 따서 붙이는 경우가 많았다. 상징적 의미가 갖는 힘을 보여준 또 한 사례는 범유행 이후 미국의 맥주 애호가들을 대상으로 한 설문조사였다. 응답자의 38%가 코로나 Corona 맥주를 '어떤 경우에도' 사지 않겠다고 답했다.[51]

범유행이 일어나면 우리는 다양한 이야기를 만들어 상황을 이해하려고 한다. 각자의 바람과 우려를 뒤섞어, 어느 정도는 사실이고 어느 정도는 거짓인 이야기들을 만들어낸다. 가령 계절성 독감이라는 일상적이고 별 불만 없이 넘어가는 병이 있었기 때문에 그보다 훨씬 치명적인 코로나19를 받아들이고 대처하는 일이 수월치 않았다. 좀 귀찮지만 크게 위험하진 않은 정도로 인식되는 계절성 독감이 주변에서 가장 쉽게 비교할 만한 대상이었기에(그리고 여기에 감기를 '독감'이라고 부르는 경향, 그리고 SARS-2의 중증도가 실로 다양한 차이를 보이는 현상까지 겹쳐져) 사람들이 당면한 위협을 제대로 이해하고 대응하는 데 적잖은 난관이 있었다.[52]

이렇게 생물학적 존재인 바이러스나 세균이 하나의 사회적 상징이 되면, 통제하기가 훨씬 복잡해진다. 이를 가장 잘 보여주는 사례가 지난 세기의 성병 유행이었다. 성병 유행은 제2차 세계대전 참전 군인과 1980~1990년대 동성애 남성의 성적 관습 개혁을 설교하는 도구로 이용됐다. 이는 감염병을 하나의 사회적 문제로 바라보게 해, 그런 시선에 가려져 효과적인 통제 방법이 덜 주목받게 하는 결과를 빚었다. 그런 현상은 과거의 전염병 발발 때도 마찬가지여서, 앞서 살펴봤듯이 전염병에는 늘 종교적·도덕적·정치적 함의가 덧

씌워지곤 했다.

그런가 하면 범유행이 **누구 관점에서** 종식됐는가 하는 문제에도 사회적 변수와 가치관이 개입된다. 고령자, 만성질환자, 빈곤층, 수감자, 사회적 취약자는 남들보다 코로나19의 생물학적 위험에 오래 노출될 수 있다. 인구 대부분이 심리적·실질적으로 회복하고 나서도, 유행이 전반적으로 가라앉고 나서도, 그런 계층이 겪는 위험은 한동안 계속될 수 있다. 사회적 특성이 범유행의 종식 시점을 결정하리라고 볼 수 있는 또 한 가지 이유다. 2020년 여름에도 그런 식의 갈등 관계가 나타난 바 있다. 맞벌이 부모와 아동 발달 전문가들은 가을 학기 등교 재개를 강력히 주장했지만, 교원노조와 건강 위험군 가정 등에서는 반대했다. 양측은 같은 병을 다르게 봤고, 따라서 다르게 행동했다.

이처럼 코로나19가 사회적 구성물이라면, 범유행의 종식도 사회적으로 정의할 수 있을 것이다. 다시 말해 모든 사람이 끝났다고 생각하면 그게 끝이라고 할 수도 있고, 모든 사람이 높아진 위험을 감수하고 바뀐 일상을 받아들이고자 하면 그때 끝난 것이라고 할 수도 있다. 누구나 감염 위험을 무릅쓰고 평상시와 비슷한 생활로 돌아간다면(또는 가능성은 희박하지만 누구나 신체적 거리두기를 영원히 지키기로 한다면), 바이러스가 아직 돌고 있다고 하더라도 유행은 종식됐다고 말할 수 있다. 이 현상도 2020년 여름에 살짝 엿볼 수 있었다. 봉쇄에 진력이 난 여러 주에서 생물학적으로는 유행이 끝나지 않았음에도, 마치 유행이 끝났다는 듯한 행동을 보였다. 유행을 어서 벗어나고 싶다는 모든 이의 바람은 충분히 이해할 만했다. 하지만 역학적 현실은 우리 바람에 따라주지 않았다. 사람들은 그 현실에 둔감해져 있는 듯했지만, 코로나19는 여전히 미국에서 매일 약 1000명의 목숨을 앗아가고 있었다. 사욕에 사로잡힌 정치인뿐 아니라 많은 사람이 코로나19 유행을 자기 마음대로 끝낼 수 있다고 생각하는 듯했다.

2020년 5월 초에 미국이 비약물적 개입 조치를 완화하기 시작할 무렵, 토머스 프리든 전 질본 본부장은 이렇게 말했다. "우리는 지금 정치, 이념, 여론의 압력에 밀려 봉쇄를 풀고 있다. 그 결말은 좋지 않을 것이다."[53] 상황의 역학적 요구를 고려하고 나서 경제적 요구가 더 크다거나 대중이 너무 지쳤다고 결론짓는 것과 역학을 무시하고 아무 탈이 없으리라고 자신을 기만하는 것은 전혀 다른 얘기다. 2020년 7월, 남부 주들에서는 병원에 과부하가 걸리고 환자 수가 치솟았다. 아니나 다를까, 많은 사람이 놀라는 반응을 보였다. 휴스턴은 뉴욕시의 전철을 그대로 밟았다. 그레그 애벗Greg Abbott 텍사스 주지사는 뉴욕 정치인들처럼 한때 상황이 잘 통제되고 있다고 했다가, 3주 후에 "최악의 상황은 이제부터다"라고 말했다.[54]

각 주가 경제활동을 재개하기에 타당한 기준은 확진자 수의 14일간 감소였지만, 사실상 모든 주가 그 기준을 충족하기 전에 경제활동을 재개했다. 미국인들은 대대적인 신체적 거리두기에 흥미를 잃은 게 분명했다. 최소한 당시의 전체적인 사망률 수준에서는 그랬다 (사망률이 더 높아지면 생각이 바뀔 수도 있겠지만). 염려했던 것처럼,

2020년 여름 첫 봉쇄 이후 경제활동을 재개한 첫 시도는 몇몇 대도시에서 결과가 좋지 않았다. 급히 서둘러서 얻은 이익이 무엇이었는지 분명치 않다. 또 대중에게 앞으로 일어날 수 있는 사태를(그리고 전염병 유행 중에 등교와 영업을 재개하는 데 따르는 득과 실을) 미리 교육하는 노력의 부재도 실망스러웠다. 과학 이해도, 뉘앙스 이해력, 정직한 지도자의 부재로 미국은 엄청난 피해를 봤다.

2020년 여름에 걸쳐 범유행 대응 의지가 시들해진 이유 또 하나는 중증 환자나 사망자가 여전히 주로 눈에 띄지 않는 곳에서 발생하고 있었다는 점이다. 6월 말까지 13만 명이 사망했지만, 절반에 가까운 사망 건은 사회에서 고립된 요양시설에서 발생했고 그 외의 사망 건 대부분은 환자가 넘치는 병원에서 발생했으므로 홀로 사망한 경우가 많았다. 따라서 바이러스의 참상을 직접 목격한 사람은 소수에 지나지 않았다. 사람들은 자기 집에 머물렀고, 사망자의 가족이 아니면 사망 사건을 접하기 어려웠으므로, 코로나19의 위험성이 잘 드러나지 않았다. 그러나 범유행이 2020년 말과 2021년으로 계속 이어지면서 사망자는 계속 늘 테니, 아는 사람 중에 사망자가 발생하여 피해를 직접 체험하는 사람이 많아지면서 사람들의 태도는 바뀔 것이다.

미국이 범유행 진행기에 평상시와 조금이라도 비슷한 일상으로 돌아갈 수 있으려면, 마스크 착용이 훨씬 더 보편화되어야 한다(마스크 착용을 의무화하는 법규와 정책도 필요하다). 그리고 검사도 훨씬 더 보편화되어야 한다(전국적으로 검사 건수가 일일 2000만 건에서

3000만 건 정도 되어야 하는데, 2020년 7월 현재는 일일 80만 건에 불과하다). 기본적으로 다른 노동자와 접촉해야 하는 노동자는 모두 정기적으로 검사를 받아야 한다. 검사 비용이 1건당 10달러라면 국가적으로 매주 15억 달러 정도가 들겠지만, 그래도 대대적인 경제 봉쇄를 한 번 더 하는 것보다 훨씬 적은 비용이다. 이미 미국 대부분 주에는 바이러스가 워낙 만연하여 접촉자 추적은 효과를 보기 어렵다. 다만 그 밖의 디지털 도구로 자발적 자가격리를 유도할 수는 있다. 그리고 집합 금지를 통한 사회적 교류 감소 조치도 두어 해 더 시행해야 할 것이 확실하다.[55] 고용주들은 직장과 영업장의 배치를 조정해 신체적 거리두기가 가능하게 해야 할 것이다. 학교는 실외 수업으로 전환하는 등 여러 가지 변화를 도입해야 하며 여기엔 국가적 투자가 필요하다.

그리고 안전하고 효과적인 백신이 나온다면 신속한 보급과 광범위한 접종이 이루어져야 하며, 그렇게 되려면 대중 교육 캠페인을 대대적으로 실시해야 한다(모델로는 코로나19에 걸렸던 배우 톰 행크스처럼 대중의 신뢰도가 높은 유명인, 파우치 감염병연구소장처럼 신뢰받는 전문가 등이 이상적일 것이다). 백신에 대한 무지와 백신 거부에 대해서는 강력히 맞서 싸워야 한다. 이 문제는 굉장히 복잡한 게, 꼭 백신 반대론자들만 거부 의사를 보이는 게 아니라는 점이다. 이례적으로 빠른 백신 개발 속도에 대한 우려, 그리고 코로나19 대처가 전반적으로 미숙했던 정부에 대한 불신이 이유가 되고 있다. 그런가 하면, 부작용이 없는지 일단 관망하려는 사람도 있을 것이다. 그러므로 백신 접종의 길을 열어줄 대대적 대중 교육 프로그램이 필요한데, 2020년 여름 현재로서는 이렇다 할 진행 상황이 확인되지 않았다.

역사학자 앨런 브랜트는 이렇게 말했다. "이른바 종식에 대한 여러 질문의 답을 결정하는 것은 의학적·공중보건적 데이터가 아니라 사회정치적 과정이다."[56] 나도 긴 세월 미국인들의 반응(또는 무반응)에서 확인했던 사실이다. 집단 총격 사건, 자동차 사고 사망, 자살률 증가, 약물 과용 등 그런 예는 숱하게 많았다. 사람들은 불안감과 논평을 한참 쏟아낸 후, 결국 이전 같으면 용납하기 어려웠을 문젯거리를 묵묵히 받아들이는 듯하다. 그 반대의 경우도 일어난다. 20세기 중반 실제 소아마비에 걸리는 아동이 비교적 적었음에도 발병 사태가 그토록 대중의 관심을 끈 이유 중 하나는, 우주여행 시대에 어린이가 감염병으로 죽는다는 것이 너무나 사리에 어긋나 보였기 때문이다. 미국인들은 소아마비를 박멸해야 할 대상으로 봤다. 그래서 실제로 그렇게 됐다.

어찌 보면 코로나19에 대한 우리의 반응은 정신의학자 엘리자베스 퀴블러로스Elisabeth Kübler-Ross가 말한, 죽음에 대처하는 다섯 단계로 해석할 수 있는지도 모른다.[57] 미국인들은 처음 부인과 분노를 보였다가, 타협과 우울로 넘어갔고, 결국은 수용하게 될 것이다. 그리고 바로 그때, 코로나19 범유행은 마침내 사회적으로 종식될 것이다.

2015년에 빌 게이츠가 발표한 TED 강연의 제목은 〈다음 발병 사태? 우리는 준비되지 않았다〉였다. 게이츠는 범유행의 심각한 위험성을 명료하게 설명했고, 영상은 3600만 뷰를 기록했다. 미국 질본은 여러 해 동안 웹사이트와 수십 편의 보고서를 통해 범유행 대비 현황 정보를 발표해왔다. 미국에는 유능한 역학자도 수없이 많고, 여러 전문가가 꾸준히 경고의 목소리를 내고 있었다.[58] 그러나 전염병은 우리의 집단 기억에 너무나 희미하기에, 그리고 지금 세상 사람 중 코로나19처럼 규모가 큰 범유행을 직접 겪어본 사람은 소수에 불과하기에, 그 모든 경고를 흘려듣기 쉬웠다. 그뿐 아니라, 앞서 살펴봤듯이 전염병 유행에는 공포와 부인 등 감정의 전염이 늘 뒤따른다.

그래서 미국인들은 허를 찔렸다. 심리적으로도, 정치적으로도, 실제적으로도 준비가 되어 있지 않았다. 필요한 장비조차 없었다. 생명을 살릴 개인보호장구도, 검사 도구도, 인공호흡기도 모자랐다. 하지만 무엇보다, 우리는 당면한 위협의 실체를 잘 이해하지 못했다. 코로나19는 미국인들에게 공중보건의 중요성을 일깨웠다. 9·11 테러가 심각한 국가안보 위협 요인을 깨닫게 하고, 2007년 금융위기가 금융체계의 취약성을 깨닫게 하고, 21세기에 세계 각국에서 포퓰리스트 지도자들이 선출된 사건이 정치적 극단주의의 위험을 깨닫게 한 것처럼.

그림 17 — 심각한 인플루엔자 범유행은 지난 300년간 수십 년 주기로 찾아왔다.

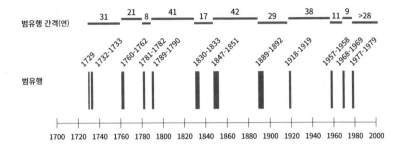

호흡기질환 범유행은 계속 찾아온다. 그림 17은 지난 300년간 인플루엔자로 유발된 범유행만을 나타낸 것이다.[59] 몇십 년마다 꾸준히 일어났음을 알 수 있다. 특히 심한 호흡기질환 범유행은 50년에서 100년마다 찾아온다. 코로나19가 마지막 범유행은 아닐 것이다. 아닌 게 아니라 코로나19 초기 대처가 한창이던 2020년 여름, 중국에서 돼지들을 정기 검진하던 중 심각성이 불분명한 신종 인플루엔자 바이러스가 발견됐다는 보도가 나왔다.[60] 코로나바이러스가 범유행하는 도중에 종류가 전혀 다른 바이러스가 동시에 범유행할 수 있다는 생각은 떠올리기만 해도 끔찍하다. 하지만 그런 위험은 항상 존재한다.

우리는 코로나19를 겪으며 고통도 많이 치렀지만 새로운 가능성도 발견했다. 사람들이 이동을 멈추면서 공기가 맑아졌고, 탄소 배출량이 감소해 기후변화 대응에 요구되는 수준까지 떨어졌다(물론 더 지속적으로 감소해야 하지만). 합심하여 다양한 비약물적 개입 조치를 시행하면서 집단적 의지의 중요성을 깨달았을 뿐 아니라 경제적 불평등에서 인종차별, 의료 부실에 이르기까지 해묵은 사회문제를 정치적 운동으로 풀어나갈 계기도 마련했다. 정부는 순식간에 막대한 지출을 단행함으로써, 막중한 위협이라면 얼마든지 대응할 수 있는 엄청난 경제력을 확실히 보여주었다. 이번 범유행은 우리에게 본보기가 됐고, 우리가 무엇을 할 수 있는지 깨닫는 계기가 됐다.

코로나19를 통해 여실히 드러난 사실이 또 있다. 우리는 모두 뗄 수 없이 긴밀하게 엮여 있으며, 사회 전체의 복지는 결국 최약자의 복지에 달려 있다는 것이다. 미국과 전 세계의 취약집단이 병원체를 상시 품고 있는 병원소 구실을 할 수 있는 상황은, 도덕적으로 매우 심려스러울 뿐 아니라 연대의 손길을 내밀어야 할 실질적 이유를 뚜렷이 보여준다. 치명적인 전염병이 기승을 부릴 때, 강자는 자신의 이익을 위해서라도 약자를 보살펴야 한다. 확산을 효과적으로 차단하려면 개인보다 집단의 필요를 우선시해야 함이 당연하다.

고대 그리스 작가 아이스킬로스Aeschylos의 비극 작품 「결박당한 프로메테우스」에서 프로메테우스는 인간에게 불(즉, 기술)을 선물한 죄로 바위에 사슬로 묶이는 벌을 받는다. 그런데 프로메테우스가 인간에게 준 선물은 하나가 더 있었다. 인간이 자기 죽음을 내다보지 못하게 한 것이다. 하지만 남들의 사례를 보고 자신도 고통받고 죽으리라는 것은 알고 있으니, 그런 무지와 불확실성은 인간을 괴롭힌다. 기술의 힘을 빌려 미래를 예측할 수 있지만, 예측이 정확하면서 암울하다면 그것도 문제다. 연극의 코러스는 프로메테우스에게

"그들의 괴로움을 낫게 할 치료법이 무엇이오?"라고 묻는다. 프로메테우스는 "가슴에 맹목적 희망을 단단히 심어주었소"라고 대답한다. 하지만 맹목적 희망은 우리 역경의 동반자로 삼기에는 미덥지 못하다. 그것으로는 부족하다. 그럼에도 희망은 요긴한 구실을 한다. 고개를 들어 미래를 바라보게 함으로써 앞날을 준비하게 한다.

미생물은 인류 탄생 이래 인간의 진화에 지대한 영향을 미쳤다. 그리고 유행병은 수만 년 동안 우리의 진화에 기여했다. 신화 속 아폴론의 화살처럼, 인류 역사와 늘 함께해왔다. 우리는 이전에도 우리 손에 쥔 생물학적·사회적 수단으로 번번이 유행병을 이겨냈다. 우리는 일상을 되찾을 것이다. 역병은 끝나기 마련이다. 그리고 역병처럼, 희망도 인간이 존재하는 한 늘 인간과 함께한다.

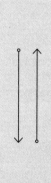

넥스트 팬데믹, 새로운 바이러스를 마주하기 전에

범유행 첫해에 SARS-2 바이러스는 그 위력을 여실히 드러냈다. 4인 가족 기준으로 미국의 모든 가족이 한 가족당 20만 달러(약 2억 원)를 잃었다고 생각해보자. 아니면 수백만 명의 집이 전소되었다고 생각해보자. 코로나19가 미국 경제에 미친 타격을 그렇게 가늠해볼 수 있다. 미국 경제학자들은 이른바 '16조 달러(약 1경 6000조 원)짜리 바이러스'라는 표현을 쓴다. 발병과 사망으로 인한 피해가 8조 달러(약 8000조 원), 경제에 직접 끼친 피해가 8조 달러다. 이처럼 막대한 경제 피해 때문에 코로나19는 "대공황 이후 미국의 번영과 안녕을 위협하는 최대 요인"으로 일컬어진다.[1]

미국의 코로나19 사망자 수는 2020년 4월에 첫 정점을 찍었다. 얼마 후 2020년 7월에 다소 특이한 정점이 한 번 더 나타났다. 겨울 들어 전형적인 재유행 양상을 보이며 2021년 1월에 다시 정점을 기록했고, 이 무렵 미국의 총 사망자가 약 60만 명에 이르렀다. 하루 평균 4000명 이상의 사망자를 내면서 코로나19는 암과 심장 질환을 제치고 미국 사망 원인 1위로 올라섰다.[2] 2020년 코로나바이러스의 타격으로 인해 미국인의 기대수명은 1.13년이 줄어들어 2003년 수준으로 되돌아갔다.[3]

광범위한 백신 접종에도 불구하고 2021년 겨울에 다시 한 차례의 (아마 좀 작은) 파동이 일어날 수 있고, 그다음 해에도 일어날 수 있다. 파동을 다시 유발할 만한 요인으로는 인간 행동의 계절적 변화(2장에서 논한 바 있다), 그리고 비면역자나 미접종자(아동, 백신 접종을 주저하는 성인, 면역이 소멸된 사람 등)를 병원소로 삼아 바이러스가 잔존하리라는 사실을 꼽을 수 있다. 우려스러운 신종 변이 바이러스의 출현도 재확산의 한 원인이 될 것이다. 그럼에도 역사에 비추어 볼 때, 바이러스가 예상치 못한 심각한 돌연변이를 일으키지 않는 한, 재파동은 그 규모가 점점 작아질 것으로 예상된다. 코로나19 범유행은 결국 종식될 것이다.

○——→

백신을 기록적 속도로 개발해낸 것은 우리의 독보적인 업적이다. 백신 개발에 이용된 수단은 다양했다. 옛 방식(약독화 생바이러스), 새로운 방식(아데노바이러스 벡터), 완전히 새로운 방식(mRNA)이 모두 쓰였다. 백신이 나온 시점은 내 예상보다 조금 더 빨랐다(나는 몇년이 걸릴 수 있지만 빠르면 2021년 1분기에 나올 수도 있으리라고 추측했는데, 2020년 말에 나왔다). 그러나 백신이 나왔다고 해서 범유행의 국면이나 대체적인 향방 또는 최종 결과가 바뀌지는 않았는데, 이는 7장과 8장에서 논한 바와 같다.

그럼에도 백신이 수많은 인명을 구했고 앞으로도 구하리라는 사실은 분명하다. 개발된 백신의 안전성과 효과성은 가장 크게 낙관했던 역학자, 바이러스학자, 임상의들의 예상조차 뛰어넘는 수준이었다.

화이자와 바이오엔텍이 손잡고 개발한 mRNA 백신은 2020년 11월 9일 발표된 임상 3상 잠정 분석에서 유증상 코로나19를 예방하는 효과가 있는 것으로 나타났고, 이 결과는 2020년 12월 10일에 논문으로 발표됐다.[4] 임상시험에는 4만 3538명의 자원자가 참여해 무작위로 백신 또는 위약을 투여받았다. 그 결과 코로나19 발병 건수가 위약군(85건)에서 치료군(9건)보다 훨씬 높게 나타났다. 백신 투여자의 발병률이 0은 아니었다는 것도 주목할 만하다. 모더나도 자사 mRNA 백신에 대해 비슷한 결과를 3주 후인 2020년 12월 30일에 발표했다.[5] 모더나의 임상시험은 3만 420명의 자원자가 참여했다(그리고 유증상 코로나19 발병이 위약군에서는 183건, 백신군에서는 단 11건이었다). 두 백신의 예방 효과는 약 95%로 나타났다. 이는 바이러스에 노출되어도 발병할 확률이 매우 낮은(그리고 사망할 확률은 훨씬 더 낮은) 것을 의미한다.

존슨앤드존슨(얀센) 백신과 아스트라제네카 백신은 6장에서 논의한 아데노바이러스 벡터 기반으로 만들어졌고, 예방 효과는 각각 66%와 70%로 나타났다(사망 예방 효과는 더 높았다). 존슨앤드존슨 백신은 1회 접종만 하면 된다는 점 등 몇 가지 이점이 있었다. 중국에서 개발된 시노백 백신과 시노팜 백신은 비활성화 바이러스 기반으로 만들어졌고, 효과는 각각 51%와 79%로 알려졌다. 비슷한 방

식이나 그 밖의 방식에 기반한 또 다른 백신들도 공급이 시작됐거나 곧 선보일 예정이다.[6]

일부 백신은 범유행 시작 후 6개월도 되지 않아 임상시험에 들어 갔다(모더나는 중국 과학자들이 2020년 1월 11일 SARS-2의 RNA 서열 을 온라인에 게시한 지 일주일 안에 유전공학에 바탕을 둔 개발 작업에 착 수했고, 그로부터 약 두 달 만에 첫 임상시험 참가자가 백신을 투여받았 다!).[7] 백신 몇 종은 1년 안에 각국 정부의 잠정적 승인을 받아냈다. 이처럼 엄청난 속도는 전례가 없었다. 백신 개발 속도가 빨라질 수 있었던 여러 요인을 꼽자면, 바이러스 유전자 정보의 신속한 공유, 수십 년간의 기본 연구로 토대가 마련된 각종 기술(새로운 아데노바 이러스 방식과 mRNA 방식 등), 전 세계 과학자와 의사들의 활발한 협력, 자원자 수만 명의 적극적인 임상시험 참여, 이례적 규모의 공 공·민간 자금 지원, 막대하고 긴급한 세계적 수요 등이 있었다.

과거 SARS-1과 메르스의 백신 개발 시도도 백신 개발 속도를 높 이는 데 분명히 기여했다. 과학자들은 SARS-2 바이러스 내 돌기 단 백질의 작용기전을 이미 알고 있었고, 그 단백질을 백신의 표적으로 삼는 방식이 유용함도 알고 있었다. 그리고 SARS-1과 메르스의 과 거 연구에 기반한 동물 모형은 SARS-2의 생리적 특성과 SARS-2 백신 후보의 작용기전을 평가하는 데 유용했다. 범유행 시작 후 1년 만인 2021년 2월경에는 이미 256종의 코로나19 백신 후보가 개발 됐다. 74종이 임상시험 진행 중이었고, 그중 16종은 임상 3상 진행 중이었다.[8] 백신 제조사들은 앞으로 필요해질 가능성이 높은 부스터샷백신 면역 효과를 지속 또는 강화하기 위해 한 번 더 백신을 접종하는 것—옮긴이 관련 연구도 이미 진행 중이다.

백신의 안전성과 효능은 백신 접종이 진행된 후 세계 각국에서 벌인 모니터링 결과를 통해서도 입증됐다. 다시 말해 실제로도 임상시험과 비슷한 결과가 나왔다. 한 예로, 이스라엘에서 59만 6618명의 백신 접종자와 동수의 미접종자를 대상으로 수행한 연구에 따르면 화이자 백신은 중증 예방에 92%의 효과가 있는 것으로 나타났다.[9]

백신 중 다수는 놀랄 만큼 성능이 우수했지만, 완벽하진 않았다. 간혹 백신 접종자 중에서도 '돌파감염'이 발생했다. 2021년 5월 미국 프로야구 뉴욕 양키스 구단은 코치 3명, 스태프 5명, 선수 1명 등 9명의 확진자가 발생했다고 밝혔다.[10] 이들은 모두 존슨앤드존슨의 백신을 접종받은 후였다. 양키스는 집단면역 형성 기준을 초과하는 85% 이상의 구성원이 백신 접종을 마친 후 다중 집합과 마스크 착용 관련 방역 조치를 완화한 상태였다. 양키스의 집단감염 사태는 충격으로 다가왔다. 다만 모든 감염자는 증상이 미미하거나 없었다.

동아프리카 인도양의 섬나라 세이셸은 2021년 초 전 세계에서 가장 높은 접종률을 기록한 나라였음에도 불구하고(인구의 60%가 시노팜 백신과 아스트라제네카 백신의 접종을 마친 상태였다), 2021년 5월에 확진자가 대폭 증가했다.[11] 특히 중국산 백신은 실제 조건에서 효과가 떨어지는 것으로 나타났다. 백신의 효과가 낮다는 것은 더 높은 비율의 인구가 면역을 갖추어야 코로나19 확산을 막을 수 있다는 뜻이 된다(미접종자와 접종자 모두에게서 확산이 일어날 수 있다).

2021년 봄, 미국에서 백신 접종을 받았음에도 사망한 환자가 보고되기 시작했다. 다만 그런 경우는 극히 드물었다. 이 후기를 쓰고 있는 2021년 6월 7일 현재, 미국 질본은 접종을 완전히 마친 1억 3900만 명 중 접종 후 코로나19로 사망한 사람은 단 603명에 불과하다고 밝혔다(감염으로 입원한 사람은 3459명).[12] 물론 이 수치에는 여러 가지 다른 요인도 관여되어 있다. 예컨대 바이러스의 전반적 확산 현황과 그에 따른 노출 확률, 짧은 관찰 기간, 사회적 교류가 활발하지 않은 상황인 점, 사망자의 상세한 질환 정보 등을 감안해야 한다.

드물게 일어나는 백신의 합병증도 주목받기 시작했다. 가령 2021년 봄에는 아스트라제네카 백신 접종자 약 100만 명 중 한 명 꼴로 치명적인 결과를 낳는 혈전 발생 문제가 보고되었다.[13] 하지만 백신이 과연 문제의 원인인지, 또 그러한 발생 비율이 다른 백신과 차이가 있는지는 분명치 않았다. 상황을 뚜렷하게 파악하기가 어려웠다. 영국에서는 이 백신을 1000만 명 접종한 시점에서 초과적인 혈전 발생이 나타나지 않았다. 또 이 문제는 공중보건적 판단을 내리기가 더욱 복잡했던 이유가, 더 우수한 안전 특성을 갖춘 백신들이 존재한다는 사실 때문이었다. 만약 아스트라제네카 백신이 현존하는 유일한 백신이었다면, 아스트라제네카의 안전 특성도 무난하거나 심지어 훌륭한 수준으로 여겨졌을 것이다. 하지만 더 좋은 다른 백신(가령 mRNA 백신)이 나와 있는 상황에서, 많은 사람이 '굳이 바꾸지 않을 이유가 뭔가'라는 의문을 가졌다. 이후, mRNA 백신도

젊은 남성에게 심장 염증을 일으키는 등의 문제가 드물게 나타나기 시작했다.[14]

전문가들은 미진한 백신 접종률에 우려를 나타냈다. 2021년 5월 말 갤럽 조사에 따르면 미국 성인의 60%가 접종을 완전히 마쳤으며 4%가 접종을 일부 받았다고 응답했다. 그 외에도 12%는 접종을 받을 계획이라고 밝혔다. 하지만 24%는 접종을 받을 계획이 없다고 밝혔다.[15] 백신 접종을 꺼리는 응답자의 경우 딱히 두드러진 이유는 없었다. 그중 23%는 백신의 안전성이 확인되어야 한다고 답했다. 20%는 자신이 바이러스에 감염돼도 중증에 걸리지 않으리라고 믿었다(그중 일부는 청년이나 사회적 고립자일 수 있다). 16%는 백신이 개발된 속도가 우려된다고 했다. 16%는 모든 백신을 대체로 신뢰하지 않는다고 했다. 10%는 알레르기가 있다고 했고, 10%는 이미 코로나19에 걸린 적이 있어 면역이 있다고 했다(하지만 그런 사람도 백신 접종을 받는 것이 이롭다).

그 밖에도 여러 고려 요인이 드러났다. 접종의 불편이 문제가 되기도 했는데, 그러한 사람은 직장이나 교회에서 접종을 제공하는 경우 생각을 바꿀 용의가 있었다. 백신에 나노 단위 금속 추적 장치가 들어 있을지 모른다는 근거 없는 우려를 품은 사람들도 있었다. 백신 제조 과정을 우려하는 의견도 있었다(실제로 일부 과실 사건이 보도되기도 했으며, 가령 존슨앤드존슨 백신의 경우 오염 사고로 공장 하나의 문을 닫아야 했다).[16] 일부 종교 단체는 몇몇 백신이 오래전부터 사용해온 태아 세포주를 개발 단계에서 사용한 것에 반대를 표명했다.

백신 접종을 주저하는 24%의 응답자 중 78%는 생각을 재고할 뜻이 없다고 밝혔다. 하지만 21%는 생각을 바꾸어 접종을 받을 뜻이 있다고 밝혔는데, 이는 전체 미국 성인의 5%에 해당하는 비율이다. 이 조사 결과에 따르면 도달할 수 있는 접종률 상한은 미국 성인의 81% 정도로 추측할 수 있다. 이는 이미 접종받았거나 접종받을 계획인 사람 76%에 위의 5%를 더한 비율이다. 현재 유행 중인 바이러스 종류들(일부 변이의 R_0 값이 4인 것을 고려하여 3장에서 소개한 공식으로 계산하면 집단면역 형성 기준은 최고 75%가 된다), 그리고 현재 백신들이 나타내는 효과를 토대로 판단할 때, 그 정도 접종률이면 유행 통제에 필요한 수준을 넘어서게 된다. 이는 좋은 소식이다. 하지만 2021년 6월 현재, 내가 거주하는 버몬트주 외에는 그 비율에 도달한 곳이 없다. 또 잊지 말아야 할 것은, 그 비율이 달성된 후라 해도 바이러스는 여전히 사람들 간에 옮겨지면서 사망자를 내리라는 사실이다.

2021년 5월의 조사에 따르면 미국 성인의 절반(53%)은 다른 국민의 접종 거부가 우려된다고 말했고, 이 점은 코로나19 유행과 관련한 대중의 가장 큰 우려 사항이기도 했다. 같은 달, 바이든 행정부는 2021년 7월 4일 독립기념일까지 미국 성인의 백신 접종률을 70%까지 끌어올린다는 목표를 이루기 위한 계획을 보강해 발표했다. 여러 주정부에서도 각종 유인책을 발표했는데, 이를테면 접종소 무료 이송, 사냥·낚시 면허 무료 제공, 무료 복권 등이었다. 워싱턴주에서는 백신을 맞으면 대마초를 경품으로 주겠다고 했다.[17]

이에 질세라 연방정부는 틴더, 힌지, 매치, 오케이큐피드, 범블 등 다양한 데이팅 앱과 제휴에 나서, 백신 접종을 받은 이용자는 각종 유료 기능을 무료로 제공받는 등 특혜를 받도록 했다.[18] 맥주 회사 앤하이저부시는 정부의 접종률 목표가 달성되면 모든 국민에게 맥주(또는 그 밖의 음료)를 무료로 제공하겠다고 발표했다. 미셸 두커리스 CEO는 "우리는 미국이 안전과 건강을 되찾을 수 있도록 힘을 보태고자 하며 국민들이 그리웠던 장소에서 그리웠던 사람들과 다시 함께할 수 있기를 염원합니다. 그래서 국민들의 백신 접종을 성원하며, 백악관의 목표가 달성되면 21세 이상 모든 성인에게 맥주 한 잔씩 돌리겠습니다"라고 밝혔다.[19] 이 무렵 갤럽 조사에 따르면 국민 접종률이 64%였으니, 70%는 충분히 가능한 목표였다.

백신 접종을 주저하는 모습은 인구통계적 특성과도 일부 관계가 있었다. 초기에는 소수집단과 저학력층에서 백신 접종을 꺼렸다. 하지만 이후에는 접종을 주저하는 성향이 백인 복음주의 신자와 공화당 지지자에 집중되었다. 2021년 3월 말 여론조사에 따르면, 이 두 집단에서는 30%에 가까운 응답자가 '절대로' 접종을 받지 않겠다고 답했다. 바이든 행정부는 모든 집단에 접종을 독려하기 위해 다방면으로 큰 노력을 기울였다.[20] 공화당 의원으로 구성된 의사 및 의료종사자 모임에서도 백신 접종의 정치화를 막고자 접종을 설득하는 대국민 메시지를 발표했다.[21]

예방접종을 고용 조건으로 내거는 조치도 접종을 견인하는 역할을 했다. 내가 있는 예일대학교에서는 최근에 모든 학생과 교직원은 백신 접종을 받아야만 2021년 여름 학기에 캠퍼스에 복귀할 수 있다고 발표했다. 노동 차별을 시정하는 연방 기관인 고용평등기회위원회에서는 2021년 6월 성명을 통해 고용주가 예방접종을 요구할 수 있다고 분명히 밝혔다.[22] 미국 질본에서는 "일부 의료 종사자와 필수 노동자에 대해서는 주정부, 지방정부, 고용주 등이 주법 또는 기타 법에 따라 백신 접종을 요구하거나 이를 규칙으로 정할 수 있다"라고 밝혔다.[23]

2021년 3월에 발표된 전국 의료 종사자 대상 설문조사에 따르면, 응답자의 27.5%는 백신을 접종받을 계획이 없거나 미정이라고 답했다.[24] 하지만 접종을 주저하는 의료 종사자의 비율은 봄이 지나면서 낮아진 듯하다. 2021년 6월, 텍사스주의 휴스턴감리교병원은 직원 2만 4947명 중 사실상 전원이 백신 접종을 완료했다고 발표했다. 그러나 285명은 건강 또는 종교를 이유로 접종 의무를 면제받았고, 332명은 임신 등의 이유로 유예를 허락받았다. 하지만 병원 측은 그 밖의 이유로 접종을 거부한 직원 178명에게는 정직 처분을 내릴 것이라고 밝혔다. 마크 붐Marc Boom 휴스턴감리교병원 CEO는 "오늘 백신 접종을 받지 않기로 한 동료를 떠나보내게 되어 안타깝고, 힘든 직원들이 있다는 것을 잘 알고 있습니다. 우리는 떠나는 이들에게 앞으로의 행운을 기원하면서 그간 우리 병원 공동체를 위해 애써준 노고에 감사드릴 따름이며, 그분들이 내린 결정을 존중할 수밖에 없습니다"라고 말했다.[25] 수십 명의 의료 종사자가 병원 밖에 모여 정책에 반대하는 시위를 벌였다. 한 팻말에는 "백신

은 독"이라고 적혀 있었다. "우리의 권리를 잊지 말라"라는 문구도
있었다.

 비용 문제는 백신 접종을 가로막는 요인이 아니었다. 백신은 무료
이고 전국 각지에서 쉽게 접종받을 수 있으며, 정부가 보급을 맡고
있다. 이처럼 백신에서 시장 원리를 배제한 조치는 결과적으로 의
료 전반에 대한 대중의 인식을 바꿀 수도 있다. 코로나19 백신이 보
험 가입이나 진료 여부와 관계없이 무료라면, 모든 백신이 무료가
아니어야 할 이유가 무엇일까? 만약 모든 백신이 무료라면, 다른 약
은 무료가 아니어야 할 이유가 무엇일까? 물론 감염병의 경우 특수
한 면이 있는 것은 사실이다. 한 사람이 병에 걸리면 다른 사람도 걸
릴 수 있다는 점에서, 정부 개입이 정당화되는 고전적 상황이다. 하
지만 비전염성 질환 중에도 비록 덜 직접적일망정 그런 특성이 있는
병은 많다(정신질환, 각종 신경질환 등).

 마지막으로, 미국이 전 세계인의 무료 백신 접종을 지원해야 할
도덕적, 경제적, 역학적 이유가 있다. 미국의 부, 지도적 위상, 가치,
과학 발전 수준을 고려할 때 미국이 가난한 나라에 예방접종을 제
공할 의무가 있다고 생각하는 사람이 (나를 포함해) 많다. 이른바 '백
신 민족주의'를 내세워 백신의 국외 반출을 막는 행위는 지정학적
으로도 합당하지 않다. 국제통화기금IMF의 추정에 따르면 2022년
4월까지 세계 인구의 70%를 접종하는 데 500억 달러가 든다. 하지
만 그로 인한 경제 생산량의 증가분은 2025년까지만 약 9조 달러
로 예상된다.[26] 실로 어마어마한 투자수익률이다. 게다가 수많은 인

명도 구할 수 있다. 미국이라면 다른 부국들과 협력하는 등의 방법으로 쉽게 감당할 수 있는 비용이고, 국격도 엄청나게 높이는 효과가 있을 것이다. 여기엔 미국의 경제적 이익도 걸려 있다. 미국은 교역 상대국이 필요하고 원자재와 제품의 공급망이 필요하므로, 다른 지역의 코로나19 부담을 덜어주면 미국에도 도움이 된다. 마지막으로, 역학적 이유가 있다. 바이러스가 세계 곳곳의 크고 작은 근거지에서 퍼져 나가도록 오래 방치할수록 우려스러운 돌연변이가 출현할 가능성이 높아지며, 그러한 변이는 필연적으로 미국에도 상륙하게 된다. 남을 도우면 나에게도 이롭다.

∘⟶

이론상 장기적으로 볼 때 바이러스는 숙주에게 덜 치명적인 형태로 진화하는 경향이 있다(숙주를 빨리 죽이는 것은 바이러스의 진화적 이익에 일반적으로 부합하지 않는다는 사실은 8장에서 살펴봤다).[27] 하지만 단기적으로는 아무리 고약한 짓이라도 못 할 게 없다.

2021년 봄, 범유행은 전 세계에 여전히 퍼져 나가고 있었다. 그리고 세계 곳곳에서 바이러스는 끊임없이 변이 중이었다. 그러한 변이는 보통 특별한 결과를 초래하지 않았다. 하지만 때로는 바이러스의 작용을 변화시켜 인간에게 영향을 미치는 변이가 일어났다. 이러한 변이 바이러스는 영국, 남아프리카공화국, 브라질, 인도 등 처음 발견된 곳의 이름을 붙여 부르곤 했다(처음 발견된 곳은 바이러스의 발원지와 반드시 같지는 않다). 이후 그리스 문자(알파, 베타, 감마, 델타 등)를 쓰는 명명 방식이 도입됐다.

'우려 변이'로 불리는 이 변이들은 전파력과 치명성이 모두 높아진 경우가 많아서, R_0가 4.0 또는 그 이상에 이르거나, 치명률이 우한발 바이러스보다 30% 높은 것으로 추정되기도 했다. 2021년 1월 21일, 영국 보건당국은 영국발 변이 또는 알파 변이로 불리는 B.1.1.7 변이가 그 두 특성을 모두 충족한다고 밝혔다.[28] 그 후에도 몇 달간 중요한 변이들이 발견됐고, 2021년 6월에는 인도발(델타) 변이가 논란의 중심으로 떠올랐다.

물론 전파력과 치명성이 더 낮은 종류의 바이러스도 생겨났다. 하지만 유전자형 데이터와 그 표현형이 인간에 초래하는 결과의 데이터를 광범위하게 수집하는 체계가 존재하지 않기에, 자연히 인간에게 심각한 결과를 초래하는 종류만 발견되곤 했다. 환자가 입원하거나 사망하여 의사들이 그 원인을 확인하는 과정에서 발견됐기 때문이다. 증상조차 일으키지 않는 변이 바이러스의 유전자를 굳이 확인할 이유는 없을 것이다.

SARS-2 바이러스의 전파력이나 치명성에 어떤 상한을 설정한다는 것은 불가능하므로, R_0와 IFR이 더 올라갈 가능성도 남아 있다. 확언을 하기는 어렵지만, 한편으로 바이러스는 이미 긴 시간 동안 여러 곳을 돌았으므로 진화생물학에서 말하는 이른바 '적응 지형도'를 충분히 탐색하여 인간에게 끼치는 피해를 최대화할 만한 높은 지점을 찾아갔다고 볼 수 있다. 그러므로 최악의 변이는 어쩌면 이미 다 나왔을 수도 있다. 다른 한편으로는, 더 치명적인 형태의 다른 코로나바이러스도 알려져 있으므로, SARS-2는 어쩌면 높은 전파력을 유지하면서 SARS-1이나 메르스 수준의 치명성을 획득할지도 모른다. 이는 극히 불행하고 암울한 시나리오다.

또 한 가지 심각한 우려는, 바이러스가 현재 나온 백신들을 완전히 회피하는 형태로 변이할 가능성이다. 2021년 여름까지는 그렇게 됐다는 근거가 없다. 오히려 그 반대로 나타났다. 여러 연구에 따르면, mRNA 백신 그리고 아데노바이러스 백신은 신종 변이에 효과가 있는 것으로 확인됐다.[29] 효과는 다소 약화됐지만, 대다수의 접종자에게 중증(또는 사망)을 예방하는 데 여전히 효과가 있었다. 운이 좋다면 백신이 자연 감염보다 우수한 일종의 '슈퍼 면역'을 형성할 수도 있다. 다만 이건 대단히 이례적인 경우다.[30] 보통은 (환자가 사망하지 않는다면) 자연 감염이 향후 감염을 예방하는 효과가 더 큰데, 백신의 한정된 내용물이 아니라 자연 병원체에 들어 있는 복수의 단백질에 대해 면역 반응을 형성하게 되기 때문이다. 코로나19 백신의 경우는, 효능이 다소 떨어졌다 해도 백신 접종의 장점을 무효화할 정도는 아니었다.

바이러스가 '적응 지형도를 탐색한다'는 말은 무슨 뜻일까? 바이러스는 생존 환경이 변화하면서 자연선택의 압력을 강하게 받는다. 가령 우리가 (자연적으로 또는 예방접종으로) 면역을 획득하는 것과 (마스크 착용 등) 행동을 바꾸는 것이 환경 변화의 예다. 바이러스는 이러한 환경 변화에 맞서 생존하기 위해 각종 특성을 획득하는 쪽으로 진화한다. 이를테면 인체의 면역을 회피하는 능력을 갖추거나 (가령 감염 세포가 우리 몸에서 생산되는 항바이러스성 단백질에 잘 반응하지 않게 하는 방법을 찾아냄으로써), 전파력을 높이는 쪽으로(가령 호흡기 세포에 더 쉽게 결합함으로써) 진화하는 등이다. 독립적인 진화를 통해 그런 식의 전략을 구현한 변이들이 나타났다.[31] 그리고 어떤 바이러스가 생존에 유리한 변이를 찾아낸다면, 그 변이를 여러 번 우연히 일으키는 경우가 흔하다. 다시 말해, 바이러스에 유익한 동일 변이가 되풀이해 출현할 수 있다. 이른바 '수렴 진화'라는 과정이다.[32] 하지만 여기엔 또 다른 시사점이 있는데, 바이러스가 2년 가까이 유행했으므로 이제는 그런 변이를 찾아낼 여지가 소진됐을 수도 있다는 것이다. 예컨대 바이러스는 백신을 완전히 회피할 방법도 아직 찾지 못한 상태다.

바이러스가 백신 회피 능력을 갖추지 못하게 막으려면, 최대한 많은 인구가 최대한 신속히 접종을 완료해야 한다. 불완전한 접종은 바이러스에 선택압을 가하게 되기 때문이다. 다시 말해 백신을 회피할 수 있는 변이가 우연히 출현할 경우, 그로 인해 바이러스가 득을 보는 상황과 시간이 충분히 주어지게 된다. 마지막으로, 전 세계인의 신속하고 완전한 예방접종 외에도, 임상 데이터와 변이 유전체 감시를 통합해 위험한 변이의 출현 여부를 파악해야 한다. 이는 부스터 샷의 신속한 개발에도 도움이 된다. 역시 국제적 협력이 필요하다.

백신만으로는 코로나19처럼 치명적인 범유행을 즉시 진정시킬 수 없다. 극심한 유행병은 한 가지 개입만으로 제동을 걸 수 없는데, 앞서 살펴봤듯이 백신도 불완전하기 때문이다. 코로나19 방역은 적어도 당분간은 다면적 접근이 계속 필요하다.

개인·직장·국가 차원에서 유행병에 다각적으로 대응해야 할 필요성을 이해하려면 '스위스 치즈 모델' 개념이 유용하다. 방어막이 여러 겹으로 놓여 있는데 각 방어막이 구멍이 송송 뚫린 스위스 치즈처럼 허점이 있다고 생각해보자.[33] 이 모델은 인간적·기술적·자연적 요소가 복합된 위험 요인에 대처하는 방법을 개념화하기 위한 것이다.[34] 심리학자 제임스 리즌James Reason이 30여 년 전에 핵발전소, 항공, 의료 등 복잡한 시스템에서 일어나는 사고를 설명하기 위해 도입했다. 리즌은 이렇게 말했다. "이상적인 상황이라면 각 방어막이 결함 없이 완전할 것이다. 그러나 실제 상황에서 각 방어막은 얇게 썬 스위스 치즈 조각처럼 구멍이 많이 나 있다. … 한 개의 치즈 조각에 난 구멍 때문에 나쁜 결과가 일어나지는 않는 게 보통이다. 나쁜 결과는 대개 여러 조각의 구멍이 일렬로 겹칠 때에만 일어난다."[35]

이는 코로나19 대응에도 매우 잘 적용되는 개념이다. 3장에서 보았듯이, 치명적인 유행병에 대응하기 위해 우리가 쓸 수 있는 주된 수단은 NPI라는 것이다. 하나하나의 방어막, 예컨대 마스크, 진단검사, 신체적 거리두기, 집합 금지, 휴교, 영업 중단 등이 바이러스의 타격을 줄여줄 수 있다. 직관적으로 생각할 때 치즈 두 조각을 붙여도 우연히 구멍이 겹치면 전체적으로 구멍이 뚫릴 수 있다. 하지만 네 조각을 붙인다면 불규칙하게 뚫린 구멍이 우연히 겹치긴 힘들 것이다. 낱개의 방어막은 완전하지 않으므로 바이러스가 충분히 관통할 수 있다. 하지만 방어막을 여러 겹 쌓을수록 방어막 전체에 허점이 생길 가능성은 줄어든다.

물론 방어막 중에는, 예컨대 우수한 백신처럼, 다른 것보다 더 효과적인 방어막도 있다. 구멍이 더 작거나 적은 치즈 조각인 셈이다. 하지만 바로 위와 같은 이유로, 광범위한 백신 접종 단계에 들어섰다 해도 그 밖의 개입 수단이 여전히 필요할 수 있다.

코로나19 범유행이 전개되고 대응이 이루어지는 가운데, 과학자들은 세계 각지에서 채택한 각양각색의 방역 조치를 하나의 거대한 자연실험으로 활용했다. 유럽 11개국을 분석한 연구에 따르면 봉쇄 조치도 효과가 높긴 하지만 완벽하지는 않아서, SARS-CoV-2 바이러스의 전파를 81% 줄이는 것으로 나타났다.[36] 41개국을 분석한 또 다른 연구에 따르면 휴교, 11인 이상 집합 금지, 대면 영업 중단 등의 조치가 확진자와 사망률을 어느 정도 낮추는 효과가 있는 것으로 나타났다.[37] 또 131개국을 대상으로 각종 개입 수단의 도입과 해제 양쪽을 모두 분석한 연구에서도 다양한 NPI의 효과에 관해 비슷한 결론이 나왔다(예를 들어 국내 이동 제한이 유익한 것으로 나타났다).[38]

과학자들은 또 개인적 개입 수단의 효과도 살펴보았다. 한 연구는 영국 국민보건서비스NHS에서 전국적으로 배포한 코로나19 앱의 효과를 분석했는데, 인구의 약 28%인 1650만 명이 앱을 이용해, 코로나19 발병을 최소 30만 건 예방하고 그에 따라 수천 명의 사망을 막는 효과가 있었던 것으로 나타났다.[39] 마스크 착용의 효과를 확인한 연구들도 있었다.[40] 2020년 말 즈음에는 감염 매개물을 통한 전파 위험이 매우 낮으며 물체 표면의 세척은(집에 들여오는 식료품과 배달 물건의 세척은 말할 것도 없고) 도움이 되지 않는다는 증거가 많이 등장했다(그래서 내가 범유행 초기에 우려했던 것처럼 미국에서 엘리베이터에 이쑤시개가 등장하는 일은 없었다).[41] 물론 과학자들이 이 결론에 이르기까지는 시간이 걸렸고, 이 문제를 상세히 논하는 실험실 연구와 역학 연구가 여러 편 발표됐다. 한 연구에서는 오염된 물체 표면과의 접촉을 통해 SARS-2 바이러스가 옮겨질 위험은 1만 분의 5 미만이라는 결론을 내렸다.[42] 과학은 이런 식으로 발전한다.

또 NPI와 관련해 관찰되는 중요한 점 하나는, 뒤죽박죽식의 대응은 일관된 대응보다, 심지어 무대응보다 나쁠 수 있다는 것이다. 예를 들어 인접한 두 주가 종교시설이나 미용실 등의 운영 중단과 관련해 규칙이 다르다고 하자. 가령 미시간주의 교회는 문을 닫았지만 인디애나주의 교회는 문을 열었다면, 평소보다 많은 인구가 예배를 보려고 주 경계를 넘어 이동하게 되므로, 인구가 섞이게 되고 바이러스 확산을 부추기게 된다. 두 주가 같은 규칙을 시행하거나, 아니면 두 주 모두 교회 문을 닫지 않는 편이 방역 관점에서는 더 나을 것이다. 운영 시간을 제한하는 조치도 마찬가지로 복잡한 면이 있다. 인접한 두 지역의 규칙이 다른 경우는 특히 문제지만, 그렇지 않다고 해도 문제다. 즉, 운영 시간을 제한하면 더 한정된 시간에 이용자가 몰리는 역설적 현상이 일어날 수 있다. 이는 이용자 밀도를 높이고 바이러스 전파를 부추기는 결과를 낳는다.

과학자들이 각종 NPI가 발휘한 효과를 완전히 파악하는 데는 여러 해가 걸릴 전망이다. 바이러스의 피해를 완화하는 데 각 NPI가 개별적으로 기여한 효과, 또 서로 병행하거나 백신과 병행했을 때 나타난 효과에 관해 계속 분석이 이루어질 것이다.

○———→

SARS-CoV-2 바이러스의 확산을 막고 코로나19 유행의 추이를 바꾸기 위해서는 '충분한' 수의 방어막을 갖추는 게 관건이었다. 하지만 어떤 환경에서든, 구체적으로 어떤 개입 수단을 선택하느냐보다 중요한 것은 여러 가지를 동시에 시행해야 한다는 점이었다. 구체적으로 어떤 NPI 조합을 사용하느냐와 상관없이, 각기 일정 수준을 달성하기만 하면 유행병은 통제될 수 있다. 대개는 접촉 감소형 개입과 전파 감소형 개입을 병행하는 형태가 이상적이다. 하지만 개인·가족·기업·국가 차원에서 모두 무언가 해야 하며, 개입의 가짓수는 두세 가지 이상이어야 한다는 점이 중요하다.

그러한 관점에서 보면 범유행 중 일어났던 몇 가지 극적인 사건과 기이한 현상도 어느 정도 설명된다. 한 예로, 2020년 10월 초에 백악관에서 시작되어 트럼프 대통령과 십여 명의 측근이 확진된 슈퍼전파 사건, 그리고 (이와는 별개일 수 있는) 2020년 11월 초에 마크 메도스 백악관 비서실장과 최소 4명의 참모가 확진된 사건을 보자. 부끄러운 사건이었다. 또한 백악관에 극심한 확산이 일어날 경우 국가안보에 미칠 위험을 생각하면 대단히 무책임한 일이었다.

백악관의 코로나19 대응은 왜 백악관 울타리 안에서 실패했을까? 백악관이 '검사'라는 단일한 예방 전략에 거의 전적으로 의존한 게 문제였다. 이미 미국 질본은 확산을 막기 위해 직장마다 몇 가지 수칙을 시행하라고 권고하고 있었다. 이를테면 신체적 거리두기, 유증상자의 휴가 장려, 마스크 제공 등이었다.[43]

나라·도시·기업마다 서로 다른 방역 조치를 해도 방역 면에서 비슷한 결과가 나오는 현상 역시 스위스 치즈 모델로 설명할 수 있다. 가령 어떤 나라는 국경 봉쇄와 검사를 시행하고, 어떤 나라는 마스크 착용과 국내 이동 제한을 시행하고, 또 어떤 나라는 휴교와 집합 금지를 시행하는 등이 가능하다. 관건은 여러 조치를 병행하는 것이다.

○——→

코로나19는 사망뿐 아니라 장애를 유발한다. 사망자 수의 5배 정도 되는 수의 환자가 장기적인 장애를 갖게 될 것으로 추측된다. 다시 말해, 코로나19 환자 중 약 5% 이상은 생존하더라도 장기적 후유증이 있을 것으로 예상되는데, 여기엔 신경질환 및 정신질환, 폐 섬유증, 순환기·신장·췌장질환 등이 포함된다.[44] 미국에서 그와 같은 환자의 수는 약 500만 명에 이를 것으로 예상된다.

그런가 하면 SARS-2에 직접 감염되지 않은 사람도 간접적으로 건강 피해를 입을 수 있다. 1년간 집에서 생활하며 몸무게가 늘어난 사람이 많다. 감염되지 않았는데도 발가락이 부어오르는 '코로나 발가락' 증상이 나타난 사람들도 있었는데, 집에서 신발을 신지 않고 앉은 자세로 오래 생활하다 보니 동창과 같은 병에 걸릴 위험이 있었던 것으로 드러났다.[45] 고립감으로 인해 정신건강 문제를 겪는 사람들도 있었다. 아이들이 가정에서 학대받을 위험이 커졌고, 모든 연령대에서 정신건강 문제를 호소했지만, 우려했던 청소년 자살 증가는 적어도 범유행 후 첫 몇 달 동안은 나타나지 않았다.[46] 그러나 가정 폭력 피해자는 늘었다. 볼티모어·신시내티·솔트레이크시티·로스앤젤레스 등 14개 대도시권의 가정 폭력 관련 911 신고 전화를 분석한 결과, 2020년 3월~5월 신고 건수가 7.5% 증가한 것으로 밝혀졌다.[47] 코로나19 범유행이 건강과 사망률에 미친 여파를 모두 분석하려면 시간이 더 필요하다.

더 넓게 보면 폭력 범죄의 피해를 입은 사람들도 있다. 범유행 후 첫 몇 달 동안은 사람들이 집에서 지내면서 범죄율이 줄어들었지만, 이후 범죄율은 증가하여, 전염병 유행기에 폭력이 증가하는 경우가 많다는 5장의 관찰 결과와 부합하는 모습을 보였다. 2020년 한 해 동안 미국의 대도시에서는 살인 사건이 33% 증가했고, 2021년 첫 석 달 동안은 전년에 비해 총격 사건이 50% 증가했다. 이러한 현상을 일으킨 요인들을 가려내기에는 역시 아직 너무 이르다. 예컨대

살인 사건은 범유행 전부터 이미 증가하는 추세였다.[48]

코로나19 유행을 계기로 많은 환자가 주체적인 건강 관리가 얼마나 중요한지 절감하면서, 코로나19 이외에도 당뇨나 고혈압을 더 잘 관리하는 등 건강 관리에 더 신경 쓰게 되었다. 한 연구에 따르면 2019년에는 미국 소비자의 11%가 원격 의료를 이용했지만, 2020년 첫 몇 달 동안은 이 비율이 46%로 늘었다.[49] 물론 이 시기에는 암 등의 질환 발견을 위한 건강진단이 크게 줄어들었음을 고려하면, 그런 질환의 급증 현상이 언젠가는 나타날 것으로 보인다. 이런 문제도 코로나19가 간접적으로 초래한 피해의 하나로 볼 수 있다. 범유행 과도기에는 이렇게 코로나19에 직간접적으로 기인한 각종 건강 문제를 겪는 환자들을 치료하는 밀린 숙제를 해야 할 것으로 보인다.

NPI 중 사회적 격리 조치는 다른 호흡기 바이러스의 전파에도 영향을 미쳤다. 2020~2021년 겨울 독감 철에 미국에서는 코로나19 이외의 호흡기질환이 크게 감소했다. 사람들이 예년과 달리 사회 활동을 자제하고 마스크를 썼기 때문이다.[50] 코로나19를 막기 위해 취한 예방 조치는 독감 바이러스에 더 강력한 효과를 발휘했는데, 계절성 독감은 코로나19보다 사람 간 전파력이 떨어지기 때문이다 (R_0가 원천적으로 훨씬 낮다). 미국 질본의 발표에 따르면 지난 겨울 미국에서는 독감으로 인한 사망자가 단 600명 발생했는데, 이에 비해 작년은 2만 2000명, 재작년은 3만 4000명이었다. 의사들이 지금껏 본 적이 없던 현상이었다. 2020년 겨울에 독감으로 사망한 아

동은 단 한 명이었는데, 보통은 150~200명의 아동이 사망한다.[51]

하지만 앞으로 반등이 있을 것이다. 각종 호흡기질환의 통상적인 계절적 전파 패턴이 난조를 겪으면서, 향후 확산 시기와 심각성이 모두 영향을 받아 증가할 수 있다. 감염 가능한 사람이 누적되면서 향후 바이러스에 노출될 때까지 대기하게 되므로, 확산이 한번 일어나면 더 크게 터지게 된다. 이러한 호흡기질환의 확산은 코로나19 유행 중에도 일어날 것이므로, 수많은 환자가 호흡기 증상을 호소할 때 원인 규명에 혼란이 예상된다. 이는 광범위한 코로나19 검사 체계를 유지해야 하는 이유 중 하나다. 앞으로 몇 년간은 몸이 아플 때 코로나19가 아닌데도 코로나19로 오인하기 쉽다. 그렇게 되면 백신 접종이 무용한 사례로 인식되기 쉬우므로 접종을 주저하는 경향이 확산될 수 있다. 역시 지속적인 검사가 필요한 이유다.

미국의 토착 감염병인 호흡기세포융합바이러스(RSV)를 예로 들어보자. 2020년 검사 자료로 판단할 때, RSV 전파는 코로나19 범유행 첫해 동안 NPI 시행으로 20% 이상 줄어들었다. 향후 몇 년 내에 상당 규모의 RSV 확산이 일어날 가능성이 있고, 아마 2021~2022년 겨울에 정점을 이룰 것이다. 그때까지 NPI를 시행하고 있을지 여부에 따라 정점이 오는 시기는 달라질 수 있지만, 그때가 아니더라도 언젠가는 RSV 급증이 일어날 것이다. 코로나19를 막기 위한 NPI를 오래 시행할수록, 향후 RSV 확산 규모는 커지기 쉽다.[52] RSV 환자 급증 현상은 이미 2020년 9월 호주에서 포착됐다.[53] 환자 수가 늘고 평균 연령이 올라가, RSV 노출 이력이 없는 환자가 많아졌고 인구 전체의 RSV 면역이 약화됐음을 짐작할 수 있다.

○──────➤

SARS-2 바이러스의 기원에는 앞으로도 한동안 전 세계 과학자
와 정치인의 관심이 쏠릴 것으로 보인다. 2020년 4월에 나온 보도
에 따르면, 백악관은 코로나바이러스 위기에 관해 2019년 11월에
이미 정보기관의 보고를 받았으며(국방부는 이 사실을 부인했다), 유
행병이 퍼질 조짐이 있다는 경고가 2020년 1월 초 대통령 일일 보
고에 포함됐다고 한다. 한 전직 정보기관 관계자는 이렇게 말했다.
"정보기관에서 감염병 확산을 감지했다는 것은 놀랍지 않다. 놀랍
고 실망스러운 것은 백악관이 명백한 경고 신호를 무시했고, 정착된
범유행 대응 절차를 따르지 않았고, 범정부적인 위기 대응 노력을
기울이는 데 시간이 오래 걸렸다는 사실이다."[54]

2021년 6월 현재, 지금까지 학술 문헌에 보고된 첫 SARS-2 감
염자 발생일은 2019년 12월 1일이다.[55] 한편 일부 신문은 2019년
11월 17일에 이미 중국에서 감염자가 발생했다고 보도하면서, 당
시 이미 바이러스가 길게는 한 달 전부터 돌고 있었음을 암시했다.[56]
내가 이끄는 연구팀의 분석에 따르면 그보다 이른 날짜를 추정해
볼 수 있다. 우리 연구팀은 2020년 1월의 휴대전화 데이터를 이용
해 우한을 거친 인구 이동과 2월 말까지 중국 전역의 바이러스 확산
을 추적한 논문을 발표하고 나서(1장에서 논했다), 같은 데이터를 사

용해 시간 순서가 아니라 시간 역순으로 추리할 수도 있겠다는 생각이 들었다.[57] 일단 사람들이 우한을 떠나 중국의 296개 행정구역으로 이동한 시기를 알고 있었고, 각 행정구역에서 이후에 유행이 확산한 속도를 알고 있었으므로, 감염자가 우한을 최초로 떠났을 만한 날짜를 추정할 수 있었다. 우리 연구팀은 그 환자를 '0 프라임(0′)' 환자라고 부르고 있다. 그 최초 이동 감염자가 우한을 떠난 날짜는 2019년 11월 1일로 추정되고, 가능한 날짜 범위는 2019년 10월 20일에서 11월 13일이다. 다시 말해, 2019년 11월 1일경에는 적어도 한 명의 바이러스 보유자가 우한을 떠나 중국의 다른 지역으로 이동했을 가능성이 매우 높다. 그때 이미 세상에 바이러스가 퍼지기 시작한 것이다.

연구팀이 SARS-2의 다른 알려진 전파 특성(가령 감염자 발생 간격의 범위 등)을 이용해 더 이전 상황을 추리해본 결과, 0번 환자, 즉 어떤 감염원에서건 바이러스에 최초로 감염된 사람이 출현한 시점은 가장 이르면 10월 2일(가장 늦으면 11월 13일)이라는 결론이 나왔다. 물론 이 사람은 우한 주민이었으리라고 단정할 수 없다. 다른 곳에서 감염된 후 우한으로 이동했을 수도 있다. 이 날짜는 인구 이동 데이터를 기초로 계산한 값이지만, 바이러스의 돌연변이 속도를 이용하는 분자시계 기법으로 구한 날짜와도 맞아떨어진다. 분자시계 기법으로는 코로나19의 첫 인간 감염이 10월 5일에서 11월 중순 사이에 일어난 것으로 추측된다.[58]

범유행의 기원 시점에 대해서는 어느 정도 갈피가 잡혀가고 있지만, 첫 인간 감염을 일으킨 바이러스가 어디에서 기원했는지는 아직 분명치 않다. 가장 가능성이 높은 가설은 SARS-1처럼 동물에서 기원하여 인간에게 훌쩍 옮겨갔다는 것이다. 하지만 2021년 여름 현재까지 비슷한 바이러스의 동물 숙주가 아직 발견되지 않았다. 일부 전문가는 우한에서 멀지 않은 모피용 동물 농장을 의심하지만, 아직 나온 증거는 없다. 또 묘한 사실 하나는, SARS-CoV-2 바이러스의 지금까지 밝혀진 가장 가까운 친척뻘 바이러스(우한에서 2000킬로미터 가까이 떨어진 윈난성에서 2013년과 2019년에 각각 수집된 RaTG13, RmN02 바이러스)가 딱히 이 바이러스의 전신이라고 볼 수 없다는 것이다. 다시 말해 이 바이러스가 거쳐온 최근의 진화 경로는 아직 밝혀지지 않았다. 또 다른 가설은 이 바이러스가 우한의 어느 실험실에서 (아마도 연구 목적으로 수집되어 있다가) 유출됐다는 것이다. 상상해볼 수 있는 시나리오이며, 중국은 아직 반박할 수 있을 만한 증거를 내놓지 않았다. 미국 정보기관은 이에 대해 알려진 것보다 더 많은 것을 알고 있을 가능성이 있다. 하지만 2021년 여름 현재 대중에 공개된 정보로는, 위의 두 시나리오 모두 입증도 반증도 할 수 없다.

◦———→

SARS-2의 기원을 이해하는 것이 중요한 이유는, 다음 범유행을 어떻게 대비할 것인가 하는 문제와도 관련되기 때문이다.[59] 만약 바이러스가 박쥐에서 인간으로—아마도 중간 숙주를 거쳐서—자연적으로 퍼졌음을 입증할 수 있다면, 그러한 접촉을 규제하거나 제한하는 데 역점을 둘 수 있다. 하지만 만약 바이러스가 실험실에서 유출됐다면, 그와 같은 연구 시설에 대한 규제와 관리에 집중해 다시는 그런 식으로 범유행이 시작되는 일이 없도록 막아야 할 것이다.

하지만 이번 범유행의 기원을 모색하는 작업은 지정학적 우려로 인해 복잡할 것이며 막대한 파급이 예상된다. 만약 중국의 연구실에서 일어난 유출 사고가 원인인 것으로 결국 밝혀졌다고 가정해보자. 그렇게 되면 중국 당국의 은폐 시도가 사실로 드러나면서 국제사회에서 중국의 위상이 크게 떨어질 수 있다. 그런가 하면, 1979년 소련에서 실험실 유출 사고로 탄저병이 집단발병한 경위도 소련 당국에 의해 은폐됐지만 나중에 그 사실이 밝혀진 후에도 러시아의 위상에는 큰 영향이 없었다. 물론 당시의 집단발병은 치명적 범유행으로 번지진 않았다.[60]

현재 미국에서는 국가 차원의 코로나19 위원회를 설립해야 한다는 목소리가 나오고 있다.[61] 그러한 위원회가 만들어져 보고서를 낼 2023년쯤이면, 이번 범유행이 초래한 타격이 사람들의 머릿속에 충분히 생생할 테니, 국민과 지도자들은 위원회의 권고를 이행하고 다음 범유행을 더 잘 대비하려는 의욕이 충만할 만하다. 다음번에는 과연 더 잘 대비할 수 있을까? 다음 범유행을 일으킬 병원체가 얼마나 치명적일지도 중요하겠지만, 범유행이 앞으로 얼마 후에 닥칠지에 따라서도 결과가 아주 달라질 것이다. 30년 안에 닥쳐서 사람들이 아직 기억하고 있다면, 틀림없이 더 잘 대비할 수 있으리라고 생각한다. 하지만 더 오랜 시간이 지나면 아마도 잊힐 것이다.

많은 전문가가 국제 컨소시엄을 설립해 전 세계의 감염병 발병을 감시하고 신속·투명하게 보고할 것을 제안하고 있다.[62] 그렇게 하면 범유행을 미연에 차단할 수 있으리라는 기대에서다. 물론 신종 감염병의 출현을 감시하는 프로그램을 구축한다 해도, 일부 병원체는 워낙 전염성이 높아서(또는 그 밖의 특성 때문에) 성과가 눈에 보일 만큼 일찍 감지하는 건 불가능할 수도 있다.[63] 조기 경보는 아마도 일부 종류의 병원체에 한해 확산을 막는 데 도움이 될 것이다. 하지만 이제 mRNA 백신의 시대가 열렸으므로, 조기 경보는 백신의 개발 속도를 높여줄 수 있다. 앞으로는 적절한 경보와 준비로 백신 개발 기간을 6개월이나 그 이하로 단축할 수 있을 것이다(필요한 임상시험의 성격에 따라 다르겠지만).

하지만 정작 큰 과제는 전 세계적으로 우수한 확산 감시 체제를 구축하는 것이 아닐지도 모른다. 각국은 확산 사태를 감춰야 할(또는 감지 노력조차 하지 말아야 할) 나름의 경제적·정치적 동기가 있기 마련이다. 어떤 나라가 자국 내에서 확산 사태가 일어났다고 발표하면, 다른 나라들이 교역과 여행을 중단할지도 모른다. 따라서 감시 기능을 구축하는 것만으로는 충분하지 않다. 자국 내 확산 사태를 공개하는 데 따르는 비용을 낮춰줄 정책을 개발해야 한다(가령 국가 이외의 주체가 감염병 확산을 보고하면 법적으로 보호해주고, 국가가 보고하면 경제적 보상을 해주는 등).[64] 또 지식재산권 문제(유전자 정보 등 귀중한 공개 정보의 소유권은 누구에게 있는가?)와 공평성 문제(왜 빈국이 부국을 위해 감시를 수행해야 하는가?)도 복잡할 수 있다.[65] 한 나라에서 확산을 감시하여 얻은 정보를 부국의 이익을 위해서만 쓰는 방식은 공정하지도 지속 가능하지도 않다. 마지막으로, 확산 감지 실패뿐 아니라 오誤경보 문제도 풀어나가야 할 것이다.

코로나19 범유행이 국제 협력체의 필요성을 부각해줬다. 이는 인류가 직면한 까다로운 위협이 비핵화, 기후변화 말고도 더 있음을 보여준 셈이다. 8장에서 살펴본 것처럼 기후변화와 범유행은 실제로 연관이 있는데, 기후변화는 인간과 야생동물의 접촉을 늘림으로써 새로운 범유행의 출현을 가속할 수 있기 때문이다. 하지만 두 지구적 재난은 개념적으로도 연관이 있다. 범유행과 관련해 풀어야 할 과제들은 상당수가—국제 협력의 필요성, 인접국 간 비용 부담 문제, 과학에 기반한 전문가의 의견 존중, 복잡한 정치적 요인 등—기후변화와 관련된 과제이기도 하다. 그러므로 어찌 보면, 코로나19 범유행은 향후 다른 범유행뿐 아니라 그 밖의 거대한 지구적 문제에 대비할 예행 연습 기회를 제시한 셈이다.

우리는 이제 역병이라는 오랜 위협에 어느 정도 익숙해졌다. 그리고 똑똑히 알고 있다. 범유행을 헤쳐나가려면 지도자들도, 우리 자신도 지혜를 발휘해야 한다는 사실을.

2021년 6월 버몬트주에서,
니컬러스 A. 크리스타키스

주

2021 한국어판 서문

1 L. Fayer and S. Pathak, "Why Is India Running Out of Oxygen?" *NPR* May 5, 2021.

2 S. McWhinnie, "As India's crematoriums overflow with COVID victims, Pyres burn through the night," *CNN*, April 30, 2021.

3 G.A. Soper, "The Lessons of the Pandemic," *Science* 1919; 49: 501-506.

1장

1 E.N. Lorenz, "Predictability: Does the Flap of a Butterfly's Wings in Brazil Set Off a Tornado in Texas?" *American Association for the Advancement of Science, 139th Meeting*, December 29, 1972.

2 E.N. Lorenz, *The Essence of Chaos*, Seattle: University of Washington Press, 1993, p. 134.(에드워드 N. 로렌츠, 『카오스의 본질』, 파라북스, 2006)

3 E.N. Lorenz, "Deterministic Nonperiodic Flow," *Journal of the Atmospheric Sciences* 1963; 20: 130-141.

4 E.N. Lorenz, "The Predictability of Hydrodynamic Flow," *Transactions of the New York Academy of Sciences* 1963; 25: 409-432.

5 E.N. Lorenz, "The Butterfly Effect," *Premio Felice Pietro Chisesi e Caterina Tomassoni Acceptance Speech*, April, 2008.

6 B. Westcott and S. Wang, "China's Wet Markets Are Not What Some People Think They Are," *CNN*, April 15, 2020.

7 F. Wu et al., "A New Coronavirus Associated with Human Respiratory Disease in China," Nature 2020; 579: 265-269; T. Mildenstein et al., "Exploitation of Bats for Bushmeat and Medicine," *Bats in the Anthropocene: Conservation of Bats in a Changing World*, Cham, Switzerland: Springer, 2016, pp. 325-375.

8 A.C.P. Wong et al., "Global Epidemiology of Bat Coronaviruses," *Viruses* 2019; 11: 174.

9   D. Ignatius, "How Did Covid-19 Begin? Its Initial Origin Story Is Shaky," *Washington Post*, April 2, 2020.

10   J.T. Areddy, "China Rules Out Animal Market and Lab as Coronavirus Origin," *Wall Street Journal*, May 26, 2020.

11   C. Huang et al., "Clinical Features of Patients Infected with 2019 Novel Coronavirus in Wuhan, China," *The Lancet* 2020; 395: 497-506.

12   X. Zhang et al., "Viral and Host Factors Related to the Clinical Outcome of COVID-19," *Nature* 2020; 583: 437-440.

13   Z. Wu and J.M. McGoogan, "Characteristics of and Important Lessons from the Coronavirus Disease 2019 (COVID-19) Outbreak in China," JAMA 2020; 323: 1239-1242; J.L. Zhou et al., "Raising Alarms: A Dialogue with the First Person to Report the Epidemic, Zhang Jixian," *XinhuaNet*, April 20, 2020.

14   W.W. Le and C.Z. Li, "Hubei Government Gives Zhang Dingyu and Zhang Jixian Great Merit Award," *XinhuaNet*, February 6, 2020.

15   D.L. Yang, "China's Early Warning System Didn't Work on COVID-19," *Washington Post*, February 24, 2020.

16   S.P. Zhang, "Huanan Seafood Market Is Closed Starting Today," *Beijing News*, January 1, 2020.

17   S.P. Zhang, "Patients of Unusual Pneumonia in Wuhan Transferred to an Infectious Disease Hospital, Residents near the Huanan Market Found Infected," *Beijing News*, January 2, 2020.

18   Anonymous, "China Detects Large Quantity of Novel Coronavirus at Wuhan Seafood Market," *XinhuaNet*, January 27, 2020.

19   J.Q. Gong, "The Whistle-Giver," *People Magazine* (China), March 10, 2020.

20   J.X. Qin et al., "The Whistleblower Li Wenliang: Truth Is the Most Important," *Caixin*, February 7, 2020.

21   D. Ji, "Third Session of 13th Hubei Provincial People's Congress Will Be Held on January 12th, 2020," *People's Daily Online*, November 29, 2019; P. Zhuang, "Chinese Laboratory That First Shared Coronavirus Genome with World Ordered Closed for 'Rectification,' Hindering Its COVID-19 Research," *South China Morning Post*, February 28, 2020.

22   T. Reals, "Chinese Doctor Was Warned to Keep Quiet After Sounding the Alarm on Coronavirus," *CBS News*, February 4, 2020.

23   K. Elmer, "Coronavirus: Wuhan Police Apologise to Family of Whistle-Blowing Doctor Li

Wenliang," *South China Morning Post*, March 19, 2020.

24   C. Buckley, "Chinese Doctor, Silenced After Warning of Outbreak, Dies from Coronavirus," *New York Times*, February 6, 2020; Anonymous, "China Identifies 14 Hubei Frontline Workers, Including Li Wenliang, as Martyrs," *Global Times*, April 2, 2020.

25   C. Huang et al., "Clinical Features of Patients Infected with 2019 Novel Coronavirus in Wuhan, China," *The Lancet* 2020; 395: 497-506.

26   M.H. Wong, "3 Billion Journeys: World's Biggest Human Migration Begins in China," *CNN*, January 10, 2020.

27   J.S. Jia et al., "Population Flow Drives Spatio-Temporal Distribution of COVID-19 in China," *Nature* 2020; 582: 389-394.

28   C.Q. Zhou, "Xi Jinping Made an Important Directive Regarding Pneumonia Caused by the Novel Coronavirus: Citizens' Health and Safety Are Top One Priorities and the Spread of the Virus Must Be Controlled, Li Keqiang Made Further Arrangements," *XinhuaNet*, January 20, 2020.

29   Y. Wang, "Years after SARS, a More Confident China Faces a New Virus," *AP News*, January 22, 2020; J.C. Hernández, "The Test a Deadly Coronavirus Outbreak Poses to China's Leadership," *New York Times*, January 21, 2020.

30   E. Xie, "Build-Up to Coronavirus Lockdown: Inside China's Decision to Close Wuhan," *South China Morning Post*, April 2, 2020.

31   D.L. Yang, "China's Early Warning System Didn't Work on COVID-19," *Washington Post*, February 24, 2020.

32   S. Ankel, "A Construction Expert Broke Down How China Built an Emergency Hospital to Treat Wuhan Coronavirus Patients in Just 10 Days," *Business Insider*, February 5, 2020.

33   Anonymous, "As Xiangyang Railway Station Closes, All Cities in Hubei Are Now Placed in Lockdown," *Pengpai News*, January 29, 2020.

34   J.B. Zhu, "30 Provinces, Municipalities and Autonomous Regions Announce Highest-Level Public Health Emergency," *Sina News*, January 25, 2020.

35   P. Hessler, "Life on Lockdown in China: Forty-Five Days Avoiding the Coronavirus," *The New Yorker*, March 30, 2020.

36   Q.Y. Zhu, "Why Is China Able to Practice Closed-Off Community Management?" *China Daily*, April 7, 2020.

37   C. Cadell and S. Yu, "Wuhan People Keep Out: Chinese Villages Shun Outsiders as Virus

Spreads," *Reuters*, January 28, 2020.

38 R. Zhong and P. Mozur, "To Tame Coronavirus, Mao-Style Social Control Blankets China," *New York Times*, February 20, 2020.

39 Y. Wang, "Must-See Instructions for Workplace Reopening! Does Your Workplace Implement These Eight Preventive Measures?" *State Council of the People's Republic of China*, February 22, 2020.

40 Anonymous, "March 31: Daily Briefing on Novel Coronavirus in China," *National Health Commission of the People's Republic of China*, March 31, 2020.

41 G. Cossley, "China Starts to Report Asymptomatic Coronavirus Cases," *Reuters*, April 1, 2020; W. Zheng, "Funeral Parlour Report Fans Fears over Wuhan Death Toll from Coronavirus," *South China Morning Post*, March 30, 2020.

42 S. Chen et al., "Wuhan to Test Whole City of 11 Million as New Cases Emerge," *Bloomberg*, May 12, 2020.

43 Anonymous, "First Travel-Related Case of 2019 Novel Coronavirus Detected in the United States," *CDC*, January 21, 2020; M.L. Holshue et al., "First Case of 2019 Novel Coronavirus in the United States," *New England Journal of Medicine* 2020; 382: 929–936.

44 T. Bedford et al., "Cryptic Transmission of SARS-CoV-2 in Washington State," *medRxiv*, April 16, 2020.

45 P. Robison et al., "Seattle's Patient Zero Spread Coronavirus despite Ebola-Style Lockdown," *Bloomberg Businessweek*, March 9, 2020.

46 M. Worobey et al., "The Emergence of SARS-CoV-2 in Europe and the US," *bioRxiv*, May 23, 2020.

47 J. Healy and S.F. Koveleski, "The Coronavirus's Rampage through a Suburban Nursing Home," *New York Times*, March 21, 2020; M. Baker et al., "Washington State Declares Emergency amid Coronavirus Death and Illness at Nursing Home," *New York Times*, February 29, 2020.

48 T.M. McMichael et al., "COVID-19 in a Long-Term Care Facility—King County, Washington, February 27–March 9, 2020," *CDC Morbidity and Mortality Weekly Report* 2020; 69: 339–342; T.M. McMichael et al., "Epidemiology of Covid-19 in a Long-Term Care Facility in King County, Washington," *New England Journal of Medicine* 2020; 382: 2005–2011; J. Healy and S.F. Kovaleski, "The Coronavirus's Rampage through a Suburban Nursing Home," *New York Times*, March 21, 2020.

49   T. Tully, "After Anonymous Tip, 17 Bodies Found at Nursing Home Hit by Virus," *New York Times*, April 15, 2020; H. Krueger, "Almost Every Day Has Brought a New Death from Coronavirus at the Soldiers' Home in Holyoke; 67 Have Died So Far," *Boston Globe*, April 27, 2020.

50   S. Moon, "A Seemingly Healthy Woman's Sudden Death Is Now the First Known US Coronavirus-Related Fatality," *CNN*, April 24, 2020; J. Hanna et al., "2 Californians Died of Coronavirus Weeks before Previously Known 1st US Death," *CNN*, April 22, 2020.

51   I. Ghinai et al., "First Known Person-to-Person Transmission of Severe Acute Respiratory Syndrome Coronavirus 2 (SARS-CoV-2) in the USA," *The Lancet* 2020; 395: 1137-1144; G. Kolata, "Why Are Some People So Much More Infectious Than Others?" *New York Times*, April 12, 2020.

52   M. Worobey et al., "The Emergence of SARS-CoV-2 in Europe and the US," *bioRxiv*, May 23, 2020.

53   S. Fink and M. Baker, "'It's Just Everywhere Already': How Delays in Testing Set Back the U.S. Coronavirus Response," *New York Times*, March 10, 2020.

54   Anonymous, "Coronavirus Disease 2019 (COVID-19) Situation Report—38," *WHO*, February 27, 2020.

55   Anonymous, "Coronavirus | United States," *Worldometer*, July 14, 2020.

56   D. Hull and H. Waller, "Americans Told to Avoid Cruises as Medical Team Boards Ship," *Bloomberg*, March 8, 2020.

57   L.F. Moriarty et al., "Public Health Responses to COVID-19 Outbreaks on Cruise Ships—Worldwide, February-March 2020," *CDC Morbidity and Mortality Weekly Report* 2020; 69: 347-352.

58   M. Hines and D. Oliver, "Coronavirus: More Than 1,000 Passengers Await Their Turn to Leave Grand Princess, Begin Quarantine," *USA Today*, March 11, 2020.

59   L.F. Moriarty et al., "Public Health Responses to COVID-19 Outbreaks on Cruise Ships—Worldwide, February-March 2020," *CDC Morbidity and Mortality Weekly Report* 2020; 69: 347-352.

60   S. Mallapaty, "What the Cruise-Ship Outbreaks Reveal about COVID-19," *Nature* 2020; 580: 18.

61   T.W. Russell et al., "Estimating the Infection and Case Fatality Ratio for Coronavirus Disease (COVID-19) Using Age-Adjusted Data from the Outbreak on the Diamond Princess Cruise

Ship, February 2020," *Eurosurveillance* 2020; 25: pii=2000256.

62 A. Palmer, "Amazon Tells Seattle-Area Employees to Work from Home as Coronavirus Spreads," *CNBC*, March 5, 2020.

63 S. Mervosh et al., "See Which States and Cities Have Told Residents to Stay at Home," *New York Times*, April 20, 2020.

64 F. Wu et al., "A New Coronavirus Associated with Human Respiratory Disease in China," *Nature* 2020; 579: 265–269.

65 P. Zhuang, "Chinese Laboratory That First Shared Coronavirus Genome with World Ordered to Close for 'Rectification,' Hindering Its Covid-19 Research," *South China Morning Post*, February 28, 2020; J. Cohen, "Chinese Researchers Reveal Draft Genome of Virus Implicated in Wuhan Pneumonia Outbreak," *Science*, January 11, 2020.

66 P. Zhou et al., "A Pneumonia Outbreak Associated with a New Coronavirus of Probable Bat Origin," *Nature* 2020; 579: 270–273; T. Zhang et al., "Probable Pangolin Origin of SARS-CoV-2 Associated with the COVID-19 Outbreak," *Current Biology* 2020; 30: 1346–1351.; M.F. Boni et al., "Evolutionary Origins of the SARS-CoV-2 Sarbecovirus Lineage Responsible for the COVID-19 Pandemic," *Nature Microbiology*, July 28, 2020.

67 A. Rambaut, "Phylogenetic Analysis of nCoV-2019 Genomes," *Virological*, March 6, 2020.

68 T. Bedford et al., "Cryptic Transmission of SARS-CoV-2 in Washington State," *medRxiv*, April 16, 2020.

69 M. Worobey et al., "The Emergence of SARS-CoV-2 in Europe and the US," *bioRxiv*, May 23, 2020.

70 J.R. Fauver et al., "Coast-to-Coast Spread of SARS-CoV-2 during the Early Epidemic in the United States," *Cell* 2020; 181: 990–996.e5.

71 J. Goldstein and J. McKinley, "Coronavirus in N.Y.: Manhattan Woman Is First Confirmed Case in State," *New York Times*, March 1, 2020.

72 M. Worobey et al., "The Emergence of SARS-CoV-2 in Europe and the US," *bioRxiv*, May 23, 2020.

73 E. Lavezzo et al., "Suppression of COVID-19 Outbreak in the Municipality of Vo, Italy," *medRxiv*, April 18, 2020.

74 N. Gallón, "Bodies Are Being Left in the Streets in an Overwhelmed Ecuadorian City," *CNN*, April 3, 2020.

75 J.D. Almeida et al., "Virology: Coronaviruses," *Nature* 1968; 220: 650.

76   W.J. Guan et al., "Clinical Characteristics of Coronavirus Disease 2019 in China," *New England Journal of Medicine* 2020; 382: 1708–1720; C. Menni et al., "Real-Time Tracking of SelfReported Symptoms to Predict Potential COVID 19," *Nature Medicine* 2020; 26: 1037–1040; A.B. Docherty et al., "Features of 16,749 Hospitalized UK Patients with COVID-19 Using the ISARIC WHO Clinical Characterization Protocol," *medRxiv*, April 28, 2020.

77   F. Hainey, "How Six People with Coronavirus Describe Suffering the Symptoms," *Manchester Evening News*, March 11, 2020.

78   J. Achenbach et al., "What It's Like to Be Infected with Coronavirus," *Washington Post*, March 22, 2020.

79   C. Goldman, "I Have the Coronavirus. So Far, It Hasn't Been That Bad for Me," *Washington Post*, February 28, 2020.

80   A. de Luca et al., "'An Anvil Sitting on My Chest': What It's Like to Have Covid-19," *New York Times*, May 7, 2020.

81   M. Bloom, "Chicagoan on What It's Like to Have Coronavirus: 'It Feels Like an Alien Has Taken Over Your Body,'" *Block Club Chicago*, May 14, 2020.

82   A. de Luca et al., "'An Anvil Sitting on My Chest': What It's Like to Have Covid-19," *New York Times*, May 7, 2020.

83   M. Longman, "What Coronavirus Feels Like, according to 5 Women," *Refinery29*, April 13, 2020; K.T. Vuong, "How Does It Feel to Have Coronavirus COVID-19?" *Mira*, May 13, 2020.

84   M. Wadman et al., "How Does Coronavirus Kill? Clinicians Trace a Ferocious Rampage through the Body, from Brain to Toes," *Science*, April 17, 2020.

85   S.A. Lauer et al., "The Incubation Period of Coronavirus Disease 2019 (COVID-19) from Publicly Reported Confirmed Cases: Estimation and Application," *Ann Intern Med*, May 5, 2020.

86   W.H. McNeill, *Plagues and Peoples*, New York: Doubleday/Anchor, 1976.(윌리엄 맥닐, 『전염병과 인류의 역사』, 한울, 2019) ; A.W. Crosby, *The Columbian Exchange: Biological and Cultural Consequences of 1492*, Westport, CT: Greenwood Press, 1972.(앨프리드 W. 크로스비, 『콜럼버스가 바꾼 세계』, 지식의숲, 2006)

1   M.S. Asher, *Dancing in the Wonder for 102 Years*, Seattle: Amazon, 2015, p. 7.

2   P. Dvorak, "At 107, This Artist Just Beat COVID-19. It Was the Second Pandemic She Survived," *Washington Post*, May 7, 2020; B. Harris, "Meet the 107-Year-Old Woman Who Survived the Coronavirus and the Spanish Flu," *Jerusalem Post*, May 7, 2020.

3   D.X. Liu et al., "Human Coronavirus-229E, -OC43, -NL63, and -HKU1," *Reference Module in Life Sciences*, May 7, 2020; H. Wein, "Understanding a Common Cold Virus," *NIH Research Matters*, April 13, 2009.

4   Anonymous, "Update 95—SARS: Chronology of a Serial Killer," *WHO*, July 4, 2003.

5   Anonymous, "Summary Table of SARS Cases by Country, 1 November 2002—7 August, 2003," *WHO*, August 15, 2003.

6   Anonymous, "SARS Outbreak Contained Worldwide," *WHO*, July 5, 2003.

7   Anonymous, "Summary Table of SARS Cases by Country, 1 November 2002—7 August, 2003," *WHO*, August 15, 2003.

8   E. Nakashima, "SARS Signals Missed in Hong Kong," *Washington Post*, May 20, 2003.

9   Anonymous, "Update 95—SARS: Chronology of a Serial Killer," *WHO*, July 4, 2003; E. Nakashima, "SARS Signals Missed in Hong Kong," *Washington Post*, May 20, 2003.

10 J.M. Nicholls et al., "Lung Pathology of Fatal Severe Acute Respiratory Syndrome," *The Lancet* 2003; 361: 1773-1776.

11 S. Law et al., "Severe Acute Respiratory Syndrome (SARS) and Coronavirus Disease—2019 (COVID-19): From Causes to Preventions in Hong Kong," *International Journal of Infectious Diseases* 2020; 94: 156-163.

12 T. Tsang et al., "Update: Outbreak of Severe Acute Respiratory Syndrome—Worldwide, 2003," *CDC Morbidity and Mortality Weekly Report* 2003; 52: 241-248.

13 E. Nakashima, "SARS Signals Missed in Hong Kong," *Washington Post*, May 20, 2003.

14 K. Fong, "SARS: The People Who Risked Their Lives to Stop the Virus," *BBC News Magazine*, August 16, 2013.

15 H. Feldmann et al., "WHO Environmental Health Team Reports on Amoy Gardens," *WHO*, May 16, 2003; I.T.S. Yu et al., "Evidence of Airborne Transmission of the Severe Acute Respiratory Syndrome Virus," *New England Journal of Medicine* 2004; 350: 1731-1739.

16 K.R. McKinney et al., "Environmental Transmission of SARS at Amoy Gardens," *Journal of Environmental Health* 2006; 68: 26-30.

17 K. Fong, "SARS: The People Who Risked Their Lives to Stop the Virus," *BBC News Magazine*, August 16, 2013.

18 Anonymous, "Update 95—SARS: Chronology of a Serial Killer," *WHO*, July 4, 2003.

19 B. Reilley et al., "SARS and Carlo Urbani," *New England Journal of Medicine* 2003; 348: 1951–1952.

20 C. Abraham, "How a Deadly Disease Came to Canada," *Globe and Mail*, March 29, 2003.

21 T. Tsang et al., "Update: Outbreak of Severe Acute Respiratory Syndrome—Worldwide, 2003," *CDC Morbidity and Mortality Weekly Report* 2003; 52: 241–248.

22 Y. Ye, *Biography of Zhong Nanshan*, Beijing: Writers Press, 2010, pp. 49–52.

23 Z. Shi and Z. Hu, "A Review of Studies on Animal Reservoirs of the SARS Coronavirus," *Virus Research* 2008; 133: 74–87.

24 A.C.P. Wong et al., "Global Epidemiology of Bat Coronaviruses," *Viruses* 2019; 11: 174.

25 S.J. Olsen et al., "Transmission of the Severe Acute Respiratory Syndrome on Aircraft," *New England Journal of Medicine* 2003; 349: 2416–2422.

26 D.M. Bell et al., "Public Health Interventions and SARS Spread—2003," *Emerging Infectious Diseases* 2004; 10: 1900–1906.

27 Anonymous, "Update 95—SARS: Chronology of a Serial Killer," *WHO*, July 4, 2003.

28 Anonymous, "Coronavirus Never Before Seen in Humans Is the Cause of SARS," *WHO*, April 16, 2003.

29 D.M. Bell et al., "Public Health Interventions and SARS Spread—2003," *Emerging Infectious Diseases* 2004; 10: 1900–1906.

30 K. Stadler et al., "SARS—Beginning to Understand a New Virus," *Nature Reviews Microbiology* 2003; 1: 209–218.

31 Anonymous, "Summary Table of SARS Cases by Country, 1 November 2002—7 August, 2003," *WHO*, August 15, 2003.

32 Anonymous, "Update 49—SARS Case Fatality Ratio, Incubation Period," *WHO*, May 7, 2003.

33 A. Forna et al., "Case Fatality Ratio Estimates for the 2013–2016 West African Ebola Epidemic: Application of Boosted Regression Trees for Imputation," *Clinical Infectious Diseases* 2020; 70: 2476–2483; N. Ndayimirije and M.K. Kindhauser, "Marburg Hemorrhagic Fever in Angola—Fighting Fear and a Lethal Pathogen," *New England Journal of Medicine* 2005; 352: 2155–2157.

34 D. Cyranoski, "Profile of a Killer: The Complex Biology Powering the Coronavirus

Pandemic," *Nature*, May 4, 2020.

35   J. Howard, "Novel Coronavirus Can Be Spread by People Who Aren't Exhibiting Symptoms, CDC Director Says," *CNN*, February 13, 2020.

36   T. Subramaniam and V. Stracqualursi, "Fact Check: Georgia Governor Says We Only Just Learned People without Symptoms Could Spread Coronavirus. Experts Have Been Saying That for Months," *CNN*, April 3, 2020.

37   Z. Du et al., "Serial Interval of COVID-19 among Publicly Reported Confirmed Cases," *Emerging Infectious Diseases* 2020; 25: 1341–1343.

38   W. Xia et al., "Transmission of Corona Virus Disease 2019 during the Incubation Period May Lead to a Quarantine Loophole," *medRxiv*, March 8, 2020.

39   X. He et al., "Temporal Dynamics in Viral Shedding and Transmissibility of COVID-19," *Nature Medicine* 2020; 26: 672–675; S.M. Moghadas et al., "The Implications of Silent Transmission for the Control of COVID-19 Outbreaks," *Proceedings of the National Academy of Sciences*, July 6, 2020.

40   F.M. Guerra et al., "The Basic Reproduction Number (R0) of Measles: A Systematic Review," *Lancet Infectious Diseases* 2017; 17: E420–E428; R. Gani and S. Leach, "Transmission Potential of Smallpox in Contemporary Populations," *Nature* 2001; 414: 748–751; A. Khan et al., "Estimating the Basic Reproductive Ratio for the Ebola Outbreak in Liberia and Sierra Leone," *Infectious Diseases of Poverty* 2015; 4: 13; M. Biggerstaff et al., "Estimates of the Reproduction Number for Seasonal, Pandemic, and Zoonotic Influenza: A Systematic Review of the Literature," *BMC Infectious Diseases* 2014; 14: 480.

41   M. Lipsitch et al., "Transmission Dynamics and Control of Severe Acute Respiratory Syndrome," *Science* 2003; 300: 1966–1970.

42   J.O. Lloyd-Smith et al., "Superspreading and the Effect of Individual Variation on Disease Emergence," *Nature* 2005; 438: 355–359; M. Small et al., "Super-Spreaders and the Rate of Transmission of the SARS Virus," *Physica D* 2006; 215: 146–158.

43   J. Riou and C.L. Althaus, "Pattern of Early Human-to-Human Transmission of Wuhan 2019 Novel Coronavirus (2019-nCoV), December 2019 to January 2020," *Eurosurveillance* 2020; 25: pii=2000058.

44   L.A. Meyers et al., "Network Theory and SARS: Predicting Outbreak Diversity," *Journal of Theoretical Biology* 2005; 232: 71–81.

45   O. Reich et al., "Modeling COVID-19 on a Network: Super-Spreaders, Testing, and

Containment," *medRxiv*, May 5, 2020; A.L. Ziff and R.M. Ziff, "Fractal Kinetics of COVID-19 Pandemic," *medRxiv*, March 3, 2020.

46 G. Kolata, "Why Are Some People So Much More Infectious Than Others?" *New York Times*, April 12, 2020.

47 N.A. Christakis and J.H. Fowler, "Social Network Sensors for Early Detection of Contagious Outbreaks," *PLOS ONE* 2010; 5: e12948.

48 L. Hamner et al., "High SARS-CoV-2 Attack Rate Following Exposure at a Choir Practice—Skagit County, Washington, March 2020," *CDC Morbidity and Mortality Weekly Report* 2020; 69: 606-610.

49 S. Jang et al., "Cluster of Coronavirus Disease Associated with Fitness Dance Classes, South Korea," *Emerging Infectious Diseases* 2020; 26: 1917-1920.

50 E. Barry, "Days after a Funeral in a Georgia Town, Coronavirus 'Hit Like a Bomb,'" *New York Times*, March 30, 2020.

51 Anonymous, "Coronavirus Disease 2019 (COVID-19) Cases in MA as of March 26, 2020," *Massachusetts Department of Public Health*, March 26, 2020; F. Stockman and K. Barker, "How a Premier U.S. Drug Company Became a Virus 'Super Spreader,' " *New York Times*, April 12, 2020.

52 H. Qian et al., "Indoor Transmission of SARS-CoV-2," *medRxiv*, April 7, 2020.

53 Anonymous, "Middle East Respiratory Syndrome Coronavirus (MERS-CoV)," *WHO*, March 11, 2019.

54 M.S. Majumder et al., "Estimation of MERS-Coronavirus Reproductive Number and Case Fatality Rate for the Spring 2014 Saudi Arabia Outbreak: Insights from Publicly Available Data," *PLoS Current Outbreaks* 2014; 6.

55 M.S. Majumder and K.D. Mandl, "Early in the Epidemic: Impacts of Preprints on Global Discourse about COVID-19 Transmissibility," *Lancet Global Health* 2020; 8: e627.

56 R.E. Neustadt and H.V. Fineberg, *The Epidemic That Never Was: Policy-Making and the Swine Flu Scare*, New York: Vintage, 1983.

57 F.S. Dawood et al., "Estimated Global Mortality Associated with the First 12 Months of 2009 Pandemic Influenza A H1N1 Virus Circulation: A Modelling Study," *Lancet Infectious Diseases* 2012; 12: 687-695; J.K. Taubenberger and D.M. Morens, "1918 Influenza: The Mother of All Pandemics," *Emerging Infectious Diseases* 2006; 12: 15-22.

58 C. Reed et al., "Novel Framework for Assessing Epidemiological Effects of Influenza Epidemics

and Pandemics," *Emerging Infectious Diseases* 2013; 19: 85–91.

59   W.P. Glezen, "Emerging Infections: Pandemic Influenza," *Epidemiologic Reviews* 1996; 18: 64–76.

60   A.D. Langmuir, "Epidemiology of Asian Influenza. With Special Emphasis on the United States," *American Review of Respiratory Disease* 1961; 83: 2–14.

61   C. Viboud et al., "Global Mortality Impact of the 1957–1959 Influenza Pandemic," *Journal of Infectious Diseases* 2016; 213: 738–745.

62   US Department of Health Education and Welfare Public Health Service, "Asian Influenza: 1957–1960," *Descriptive Brochure*, July 1960.

63   A.D. Langmuir, "Epidemiology of Asian Influenza. With Special Emphasis on the United States," *American Review of Respiratory Disease* 1961; 83: 2–14.

64   Anonymous, "Pneumonia and Influenza Mortality for 122 U.S. Cities," *CDC*, January 10, 2015.

65   J. Shaman and M. Kohn, "Absolute Humidity Modulates Influenza Survival, Transmission, and Seasonality," *Proceedings of the National Academy of Sciences* 2009; 106: 3243–3248.

66   R.A. Neher et al., "Potential Impact of Seasonal Forcing on a SARS-CoV-2 Pandemic," *Swiss Medical Weekly* 2020; 150: w20224; S.M. Kissler et al., "Projecting the Transmission Dynamics of SARS-CoV-2 through the Postpandemic Period," *Science* 2020; 368: 860–868.

67   W.P. Glezen, "Emerging Infections: Pandemic Influenza," *Epidemiological Reviews* 1996; 18: 64–76.

68   L. Zeldovich, "How America Brought the 1957 Influenza Pandemic to a Halt," *JSTOR Daily*, April 7, 2020.

69   N.P.A.S. Johnson and J. Mueller, "Updating the Accounts: Global Mortality of the 1918–1920 'Spanish' Influenza Pandemic," *Bulletin of the History of Medicine* 2002; 76: 105–115.

70   W.P. Glezen, "Emerging Infections: Pandemic Influenza," *Epidemiological Reviews* 1996; 18: 64–76.

71   L. Spinney, *Pale Rider: The Spanish Flu of 1918 and How It Changed the World*, New York: Public Affairs, 2017, pp. x–xi.

72   J.K. Taubenberger et al., "Initial Genetic Characterization of the 1918 'Spanish' Influenza Virus," *Science* 1997; 275: 1793–1796; T.M. Tumpey et al., "Characterization of the Reconstructed 1918 Spanish Influenza Pandemic Virus," *Science* 2005; 310: 77–80.

73   J.M. Barry, "The Site of Origin of the 1918 Influenza Pandemic and Its Public Health

Implications," *Journal of Translational Medicine* 2004; 2: 3.

74   P.C. Wever and L. van Bergen, "Death from 1918 Pandemic Influenza during the First World War: A Perspective from Personal and Anecdotal Evidence," *Influenza and Other Respiratory Viruses* 2014; 8: 538-546; L. Spinney, *Pale Rider: The Spanish Flu of 1918 and How It Changed the World*, New York: Public Affairs, 2017, p. 38.

75   V.C. Vaughan, *A Doctor's Memories*, Indianapolis: Bobbs-Merrill, 1926, pp. 383-384.

76   S.E. Mamelund, "1918 Pandemic Morbidity: The First Wave Hits the Poor, the Second Wave Hits the Rich," *Influenza and Other Respiratory Viruses* 2018; 12: 307-313.

77   P. Toole, "The Flu Epidemic of 1918," *NYC Department of Records & Information Services*, March 1, 2018.

78   D. Barry and C. Dickerson, "The Killer Flu of 1918: A Philadelphia Story," *New York Times*, April 4, 2020.

79   G.H. Hirshberg, "Medical Science's Newest Discoveries about the 'Spanish Influenza,'" *Philadelphia Inquirer*, October 6, 1918; M. Wilson, "What New York Looked Like during the 1918 Flu Pandemic," *New York Times*, April 2, 2020.

80   Anonymous, "Drastic Steps Taken to Fight Influenza Here," *New York Times*, October 5, 1918.

81   A.M. Stein et al., "'Better Off in School': School Medical Inspection as a Public Health Strategy during the 1918-1919 Influenza Pandemic in the United States," *Public Health Reports* 2010; 125: 63-70.

82   H. Markel et al., "Non-Pharmaceutical Interventions Implemented by US Cities during the 1918-1919 Influenza Pandemic," *JAMA* 2007; 298: 644-654; F. Aimone, "The 1918 Influenza Pandemic in New York City: A Review of the Public Health Response," *Public Health Reports* 2010; 125: 71-79.

83   A.D. Langmuir, "William Farr: Founder of Modern Concepts of Surveillance," *International Journal of Epidemiology* 1976; 5: 13-18.

84   D.M. Weinberger, et al., "Estimating the Early Death Toll of COVID-19 in the United States," *medRxiv*, April 29, 2020.

85   D.M. Weinberger, et al., "Estimation of Excess Deaths Associated with the COVID-19 Pandemic in the United States, March to May 2020," *JAMA Internal Medicine*, July 1, 2020.

86   G. He et al., "The Short-Term Impacts of COVID-19 Lockdown on Urban Air Pollution in China," *Nature Sustainability*, July 7, 2020; R.K. Philip et al., "Reduction in Preterm Births during the COVID-19 Lockdown in Ireland: A Natural Experiment Allowing Analysis of

Data from the Prior Two Decades," *medRxiv*, June 5, 2020; G. Hedermann et al., "Changes in Premature Birth Rates during the Danish Nationwide COVID-19 Lockdown: A Nationwide Register-Based Prevalence Proportion Study," *medRxiv*, May 23, 2020.

87 K.I. Bos et al., "A Draft Genome of *Yersinia pestis* from Victims of the Black Death," *Nature* 2011; 478: 506-510.

88 F.M. Snowden, *Epidemics and Society: From the Black Death to the Present*, New Haven, CT: Yale University Press, 2019, p. 48.

89 R.D. Perry and J.D. Fetherston, "*Yersinia pestis*—Etiologic Agent of Plague," *Clinical Microbiology Reviews* 1997; 10: 35-66.

90 B. Bramanti et al., "A Critical Review of Anthropological Studies on Skeletons from European Plague Pits of Different Epochs," *Scientific Reports* 2018; 8: 17655.

91 L. Mordechai et al., "The Justinianic Plague: An Inconsequential Pandemic?" *Proceedings of the National Academy of Sciences* 2019; 116: 25546-25554.

92 O.J. Benedictow, *The Black Death, 1346-1353: The Complete History*, Woodbridge, UK: Boydell & Brewer, 2004.

93 Anonymous, "Plague in the United States," *CDC Maps & Statistics*, November 25, 2019; N. Kwit, "Human Plague—United States, 2015," *CDC Morbidity and Mortality Weekly Report* 2015; 64: 918-919.

94 John of Ephesus, "John of Ephesus Describes the Justinianic Plague," ed. R. Pearse, *Roger Pearse blog*, May 10, 2017.

95 D. Defoe, *Journal of the Plague Year*, London: E. Nutt, 1722, p. 90.(대니얼 디포, 『페스트, 1665년 런던을 휩쓸다』, 부글북스, 2020)

96 K.E. Steinhauser et al., "Factors Considered Important at the End of Life by Patients, Family, Physicians, and Other Care Providers," *JAMA* 2000; 284: 2476-2482.

97 F.M. Snowden, *Epidemics and Society: From the Black Death to the Present*, New Haven, CT: Yale University Press, 2019, p. 70.

98 G. de Mussis, *Historia de morbo*, in *The Black Death*, trans. and ed. R. Horrox, Manchester: Manchester University Press, 1994, p. 22.

99 A. Cliff and M. Smallman-Raynor, "Containing the Spread of Epidemics," in *Oxford Textbook of Infectious Disease Control: A Geographical Analysis from Medieval Quarantine to Global Eradication*, Oxford: Oxford University Press, 2013.

100 O.J. Benedictow, *The Black Death 1346-1353: The Complete History*, Woodbridge, UK:

Boydell & Brewer, 2004; O.J. Benedictow, *Plague in the Late Medieval Nordic Countries: Epidemiological Studies*, Oslo: Middelalderforlaget, 1992.

101 W.M. Bowsky, "The Impact of the Black Death upon Sienese Government and Society," *Speculum* 1964; 39: 1–34; N. Püyän, "Plague, an Extraordinary Tragedy," *Open Access Library Journal* 2017; 4: e3643.

102 B. Bonaiuti, *Florentine Chronicle of Marchionne di Coppo Stefani*, ed. N. Rodolico, Città di Castello: Coi Tipi dell'editore S. Lapi, 1903, Rubric 643.

103 A.B. Appleby, "The Disappearance of Plague: A Continuing Puzzle," *Economic History Review* 1980; 33: 161–173; P. Slack, "The Disappearance of Plague: An Alternative View," *Economic History Review* 1981; 34: 469–476.

104 W.H. McNeil, *Plagues and Peoples*, London: Penguin, 1976.(윌리엄 맥닐, 『전염병과 인류의 역사』, 한울, 2019); C.E. Rosenberg, *The Cholera Years: The United States in 1832, 1849, and 1866*, Chicago: University of Chicago Press, 1987; D.M. Oshinsky, *Polio: An American Story*, Oxford: Oxford University Press, 2005.

3장

1 L. Spinney, *Pale Rider: The Spanish Flu of 1918 and How It Changed the World*, New York: Public Affairs, 2017, p. 124.

2 T. McKeown and C.R. Lowe, *An Introduction to Social Medicine*, Oxford and Edinburgh: Blackwell Scientific Publications, 1966; T. McKeown and R.G. Brown, "Medical Evidence Related to English Population Changes in the Eighteenth Century," *Population Studies* 1955; 9: 119–141.

3 B. Pourbohloul et al., "Modeling Control Strategies of Respiratory Pathogens," *Emerging Infectious Diseases* 2005; 11: 1249–1256.

4 D. Cole and A. Main, "Top Infectious Disease Expert Doesn't Rule Out Supporting Temporary National Lockdown to Combat Coronavirus," *CNN*, March 15, 2020.

5 J. Kates et al., "Stay-at-Home Orders to Fight COVID-19 in the United States: The Risks of a Scattershot Approach," *KFF*, April 5, 2020.

6 K. Schaul et al., "Where Americans Are Still Staying at Home the Most," *Washington Post*, May 6, 2020.

7 COVID-19 Response Team, "Severe Outcomes among Patients with Coronavirus Disease 2019 (COVID-19)—United States, February 12–March 16, 2020," *CDC Morbidity and*

Mortality Weekly Report 2020; 69: 343-346; Novel Coronavirus Pneumonia Emergency Response Epidemiology Team, "The Epidemiological Characteristics of an Outbreak of 2019 Novel Coronavirus Diseases (COVID-19)—China, 2020," *China CDC Weekly* 2020; 2: 1-10; G. Grasselli et al., "Critical Care Utilization for the COVID-19 Outbreak in Lombardy, Italy: Early Experience and Forecast during an Emergency Response," *JAMA* 2020; 323: 1545-1546.

8   Anonymous, "Hospital Beds (per 1,000 People)," *World Bank Data*, 2015.

9   L. Frias, "Thousands of Chinese Doctors Volunteered for the Frontline of the Coronavirus Outbreak. They Are Overwhelmed, Under-Equipped, Exhausted, and Even Dying," *Business Insider*, February 7, 2020.

10   M. Van Beusekom, "Doctors: COVID-19 Pushing Italian ICUs toward Collapse," *University of Minnesota Center for Infectious Disease Research and Policy*, March 16, 2020.

11   N. Winfield and C. Barry, "Italy's Health System at Limit in Virus-Struck Lombardy," *AP News*, March 2, 2020.

12   S. Hsiang et al., "The Effect of Large-Scale Anti-Contagion Policies on the COVID-19 Pandemic," *Nature*, June 8, 2020.

13   H.M. Krumholz, "Where Have All the Heart Attacks Gone?" *New York Times*, May 14, 2020.

14   Anonymous, "News Release," *US Department of Labor*, July 9, 2020.

15   K. Parker, et al., "About Half of Lower-Income Americans Report Household Job or Wage Loss Due to COVID-19," *Pew Research Center*, April 21, 2020.

16   H. Long and A. Van Dam, "Unemployment Rate Jumps to 14.7 Percent, the Worst since the Great Depression," *Washington Post*, May 8, 2020; D. Rushe, "US Job Losses Have Reached Great Depression Levels. Did It Have to Be That Way?" *The Guardian*, May 9, 2020.

17   J. Lippman, "Retail Meltdown Will Reshape Main St.: Popular Gelato Shop Won't Return, Could Be First of Many Downtown," *Valley News* (Lebanon, NH), May 8, 2020.

18   B. Casselman, "A Collapse that Wiped Out 5 Years of Growth, with No Bounce in Sight," *New York Times*, July 30, 2020.

19   Council of Economic Advisors, "An In-Depth Look at COVID-19's Early Effects on Consumer Spending and GDP," *White House*, April 29, 2020.

20   J. Dearen and M. Stobbe, "Trump Administration Buries Detailed CDC Advice on Reopening," *AP News*, May 7, 2020.

21   N. Qualls et al., "Community Mitigation Guidelines to Prevent Pandemic Influenza—United

States, 2017," *CDC Morbidity and Mortality Weekly Report* 2017; 66: 1-34.

22   J. Rainey et al., "California Lessons from the 1918 Pandemic: San Francisco Dithered; Los Angeles Acted and Saved Lives," *Los Angeles Times*, April 19, 2020.

23   P. Gahr et al., "An Outbreak of Measles in an Under-Vaccinated Community," *Pediatrics* 2014; 134: e220-228.

24   H. Stewart et al., "Boris Johnson Orders UK Lockdown to Be Enforced by Police," *The Guardian*, March 23, 2020.

25   Y. Talmazan, "U.K.'s Boris Johnson Says Doctors Prepared to Announce His Death as He Fought COVID-19," *NBC News*, May 3, 2020.

26   T. Mulvihill, "Sweden's Divisive Lockdown Policy Could See It Excluded from Nordic 'Travel Bubble,'" *The Telegraph*, May 27, 2020.

27   J. Henley, "We Should Have Done More, Admits Architect of Sweden's Covid-19 Strategy," *The Guardian*, June 3, 2020.

28   D. Lazer et al., "The State of the Nation: A 50-State COVID-19 Survey," *Northeastern University*, April 20, 2020.

29   G.H. Weaver, "Droplet Infection and Its Prevention by the Face Mask," *Journal of Infectious Diseases* 1919; 24: 218-230.

30   World Health Organization, "Advice on the Use of Masks in the Context of COVID-19: Interim Guidance," *WHO*, April 6, 2020.

31   N.H.L. Leung et al., "Respiratory Virus Shedding in Exhaled Breath and Efficacy of Face Masks," *Nature Medicine* 2020; 26: 676-680; A. Davies et al., "Testing the Efficacy of Homemade Masks: Would They Protect in an Influenza Pandemic?" *Disaster Medicine and Public Health Preparedness* 2013, 7: 413-418; T. Jefferson et al., "Physical Interventions to Interrupt or Reduce the Spread of Respiratory Viruses: Systematic Review," *BMJ* 2008; 336: 77-80.

32   Y.L.A. Kwok et al., "Face Touching: A Frequent Habit That Has Implications for Hand Hygiene," *American Journal of Infection Control* 2015; 43: 112-114.

33   G. Seres et al., "Face Masks Increase Compliance with Physical Distancing Recommendations During the COVID-19 Pandemic," *Berlin Social Science Working Paper*, May 23, 2020.

34   J. Abaluck et al., "The Case for Universal Cloth Mask Adoption and Policies to Increase the Supply of Medical Masks for Health Workers," *Covid Economics*, April 6, 2020.

35   J. Howard et al., "Face Masks Against COVID-19: An Evidence Review," preprint July 10,

2020.

36 Anonymous, "Czech Video Inspires the World to Wear Face Masks during the Global Pandemic," *Czech Universities*, April 6, 2020; R. Tait, "Czechs Get to Work Making Masks after Government Decree," *The Guardian*, March 30, 2020.

37 D. Greene, "Police in Czech Republic Tell Nudists to Wear Face Masks," *NPR*, April 9, 2020.

38 L. Hensley, "Why Some People Still Refuse to Wear Masks," *Global News*, July 9, 2020.

39 J. Redmon et al., "Georgia Governor Extends Coronavirus Restriction While Encouraging Use of Face Masks," *Global News*, July 9, 2020.

40 S. Ryu et al., "Non-Pharmaceutical Measures for Pandemic Influenza in Non-Healthcare Settings—International Travel-Related Measures," *Emerging Infectious Diseases* 2020; 26: 961–966.

41 Monastery of Neuberg, *Monumenta Germaniae Historica — Scriptorum IX*, in *The Black Death*, trans. and ed. R. Horrox, Manchester: Manchester University Press, 2013, p. 59.

42 D. Lazer et al., "The State of the Nation: A 50-State COVID-19 Survey," *Northeastern University*, April 20, 2020.

43 M. Boyd et al., "Protecting an Island Nation from Extreme Pandemic Threats: Proof-ofConcept around Border Closure as an Intervention," *PLOS ONE* 2017; 12: e0178732.

44 D.F. Gudbjartsson et al., "Spread of SARS-CoV-2 in the Icelandic Population," *New England Journal of Medicine* 2020; 382: 2302–2315.

45 M. Boyd et al., "Protecting an Island Nation from Extreme Pandemic Threats: Proof-ofConcept around Border Closure as an Intervention," *PLOS ONE* 2017; 12: e0178732.

46 H. Yu, "Transmission Dynamics, Border Entry Screening, and School Holidays during the 2009 Influenza A (H1N1) Pandemic, China," *Emerging Infectious Diseases* 2012; 18: 758–766.

47 N. Ferguson et al., "Strategies for Mitigating an Influenza Pandemic," *Nature* 2006; 442: 448–452.

48 F. Stockman, "Told to Stay Home, Suspected Coronavirus Patient Attended Event with Dartmouth Students," *New York Times*, March 4, 2020.

49 S. Cohn and M. O'Brien, "Contact Tracing: How Physicians Used It 500 Years Ago to Control the Bubonic Plague," *The Conversation*, June 3, 2020.

50 A. Gratiolo, *Discorso di peste: Nel quale si contengono utilissime speculationi intorno alla natura, cagioni, e curatione della peste*, Venice: Girolamo Polo, 1576.

51 A. Boylston, "John Haygarth's 18th-Century 'Rules of Prevention' for Eradicating Smallpox,"

주 **501**

Journal of the Royal Society of Medicine 2014; 107: 494–499.

52   G.A. Soper, "The Curious Career of Typhoid Mary," *Bulletin of the New York Academy of Medicine* 1939; 15: 698.

53   G. Mooney, *Intrusive Interventions: Public Health, Domestic Space, and Infectious Disease Surveillance in England, 1840–1914*, Rochester, NY: University of Rochester Press, 2015.

54   A.M. Brandt, *No Magic Bullet: A Social History of Venereal Disease in the United States since 1880*, Oxford: Oxford University Press, 1987; G.W. Rutherford and J.M. Woo, "Contact Tracing and the Control of Human Immunodeficiency Virus Infection," *JAMA* 1988; 259: 3609–3610.

55   F. Fenner et al., *Smallpox and Its Eradication*, Geneva: World Health Organization, 1988, vol. 6; J.M. Hyman et al., "Modeling the Impact of Random Screening and Contact Tracing in Reducing the Spread of HIV," *Mathematical Biosciences* 2003; 181: 17–54; M. Begun et al., "Contact Tracing of Tuberculosis: A Systematic Review of Transmission Modelling Studies," *PLOS ONE* 2013, 8: e72470; K.T. Eames et al., "Assessing the Role of Contact Tracing in a Suspected H7N2 Influenza A Outbreak in Humans in Wales," *BMC Infectious Diseases* 2010; 10: 141; A. Pandey et al., "Strategies for Containing Ebola in West Africa," *Science* 2014; 346: 991–995; L. Ferretti et al., "Quantifying SARS-CoV-2 Transmission Suggests Epidemic Control with Digital Contact Tracing," *Science* 2020; 368: eabb6936.

56   P. Mozur et al., "In Coronavirus Fight, China Gives Citizens a Color Code, with Red Flags," *New York Times*, March 1, 2020.

57   L. Hamner et al., "High SARS-CoV-2 Attack Rate Following Exposure at a Choir Practice—Skagit County, Washington, March 2020," *CDC Morbidity and Mortality Weekly Report* 2020; 69: 606–610.

58   L.H. Sun et al., "A Plan to Defeat Coronavirus Finally Emerges, and It's Not from the White House," *Washington Post*, April 10, 2020.

59   Ibid.

60   D. Coffey, "Doctors Wonder What to Do When Recovered COVID-19 Patients Still Test Positive," *Medscape*, June 9, 2020.

61   T. Frieden, "Former CDC Head on Coronavirus Testing: What Went Wrong and How We Proceed," *USA Today*, March 31, 2020.

62   L.H. Sun et al., "A Plan to Defeat Coronavirus Finally Emerges, and It's Not from the White House," *Washington Post*, April 10, 2020.

63   E. Christakis, *The Importance of Being Little*, New York: Viking, 2015, p. 136.

64   Anonymous, "Map: Coronavirus and School Closures," *Education Week*, March 6, 2020.

65   National Center for Education Statistics, "Digest of Education Statistics: Table 105.20. Enrollment in Elementary, Secondary, and Degree-Granting Postsecondary Institutions," *U.S. Department of Education Institute of Education Sciences, March 2019; National Center for Education Statistics*, "Digest of Education Statistics: Table 105.40. Number of Teachers in Elementary and Secondary Schools," *U.S. Department of Education Institute of Education Sciences*, March 2019.

66   J. Couzin-Frankel, "Does Closing Schools Slow the Spread of Coronavirus? Past Outbreaks Provide Clues," *Science*, March 10, 2020.

67   W. Van Lancker and Z. Parolin, "COVID-19, School Closures, and Child Poverty: A Social Crisis in the Making," *Lancet Public Health* 2020; 5: e243–e244; J. Bayham and E.P. Fenichel, "Impact of School Closures for COVID-19 on the US Health-Care Workforce and Net Mortality: A Modelling Study," *Lancet Public Health* 2020; 5: e271–e278.

68   S.B. Nafisah et al., "School Closure during Novel Influenza: A Systematic Review," *Journal of Infection and Public Health* 2018; 11: 657–661; H. Rashid et al., "Evidence Compendium and Advice on Social Distancing and Other Related Measures for Response to an Influenza Pandemic," *Paediatric Respiratory Reviews* 2015; 16: 119–126; R.M. Viner et al., "School Closure and Management Practices during Coronavirus Outbreaks Including COVID-19: A Rapid Systematic Review," *Lancet Child & Adolescent Health* 2020; 4: 397–404.

69   S. Hsiang, et al., "The Effect of Large-Scale Anti-Contagion Policies on the COVID-19 Pandemic," *Nature*, July 8, 2020; S. Flaxman, et al., "Estimating the Effects of NonPharmaceutical Interventions on COVID-19 in Europe," *Nature*, June 8, 2020.

70   M. Talev, "Axios-Ipsos Poll: Americans Fear Return to School," *Axios*, July 14, 2020.

71   N. Ferguson et al., "Strategies for Mitigating an Influenza Pandemic," *Nature* 2006; 442: 448–452.

72   Ibid.; J. Zhang et al., "Changes in Contact Patterns Shape the Dynamics of the COVID-19 Outbreak in China," *Science* 2020; 368: 1481–1486.

73   H. Markel et al., "Non-Pharmaceutical Interventions Implemented by US Cities during the 1918–1919 Influenza Pandemic," *JAMA* 2007; 298: 644–654; M.C.J. Bootsma and N.M. Ferguson, "The Effect of Public Health Measures on the 1918 Influenza Pandemic in US Cities," *Proceedings of the National Academy of Sciences* 2007; 104: 7588–7593.

74 Anonymous, "School Closures Begin as Japan Steps Up Coronavirus Fight," *Kyodo News*, May 2, 2020.

75 S. Kawano and M. Kakehashi, "Substantial Impact of School Closure on the Transmission Dynamics during the Pandemic Flu H1N1-2009 in Oita, Japan," *PLOS ONE* 2015; 10: e0144839.

76 J. Ang, "No Plans to Close Schools for Now, Says Education Minister Ong Ye Kung," *Straits Times*, February 14, 2020.

77 Anonymous, "Coronavirus: Italy to Close All Schools as Deaths Rise," *BBC*, March 4, 2020.

78 "Interim Guidance for Administrators of US K-12 Schools and Child Care Programs to Plan, Prepare, and Respond to Coronavirus Disease 2019 (COVID-19)," *CDC*, March 25, 2020.

79 H. Peele et al., "Map: Coronavirus and School Closures," *Education Week*, March 6, 2020.

80 N. Musumeci and G. Fonrouge, "NYC Parents, Teachers Worried about Coronavirus Spread in Public Schools," *New York Post*, March 13, 2020.

81 E. Christakis, "For Schools, the List of Obstacles Grows and Grows," *The Atlantic*, May 24, 2020; E. Christakis and N.A. Christakis, "Closing the Schools Is Not the Only Option," *The Atlantic*, March 16, 2020.

82 E. Jones et al., "Healthy Schools: Risk Reduction Strategies for Reopening Schools," *Harvard T.H. Chan School of Public Health Healthy Buildings Program*, June 2020; "COVID-19 Planning Considerations: Guidance for School Re-Entry," *American Academy of Pediatrics*, June 2020.

83 R. Louv, *Last Child in the Woods: Saving Our Children from Nature-Deficit Disorder*, Chapel Hill, NC: Algonquin Books, 2006.(리처드 루브, 『자연에서 멀어진 아이들』, 즐거운상상, 2017); N.M. Wells et al., "The Effects of School Gardens on Children's Science Knowledge: A Randomized Controlled Trial of Low-Income Elementary Schools," *International Journal of Science Education* 2015; 37: 2858-2878; A. Faber Taylor and F.E. Kuo, "Children with Attention Deficits Concentrate Better after Walk in the Park," *Journal of Attention Disorders* 2009; 12: 402-409; M. Kuo et al., "Do Lessons in Nature Boost Subsequent Classroom Engagement? Refueling Students in Flight," *Frontiers in Psychology* 2018; 8: 2253.

84 J.D. Goodman, "How Delays and Unheeded Warnings Hindered New York's Virus Fight," *New York Times*, April 8, 2020.

85 B. Carey and J. Glanz, "Hidden Outbreaks Spread through U.S. Cities Far Earlier Than

Americans Knew, Estimates Say," *New York Times*, April 23, 2020.

86 A.S. Gonzalez-Reiche et al., "Introductions and Early Spread of SARS-CoV-2 in the New York City Area," *Science*, May 29, 2020.

87 A.M. Cuomo, "Governor Cuomo Issues Statement Regarding Novel Coronavirus in New York," *Official Website of New York State*, March 1, 2020.

88 M.G. West, "First Case of Coronavirus Confirmed in New York State," *Wall Street Journal*, March 1, 2020; B. Carey and J. Glanz, "Hidden Outbreaks Spread through U.S. Cities Far Earlier Than Americans Knew, Estimates Say," *New York Times*, April 23, 2020.

89 J.D. Goodman, "How Delays and Unheeded Warnings Hindered New York's Virus Fight," *New York Times*, April 8, 2020.

90 A.M. Cuomo, "Governor Cuomo Issues Statement Regarding Novel Coronavirus in New York," *Official Website of New York State*, March 1, 2020.

91 M. Hohman and S. Stump, "New York's Coronavirus 'Patient Zero' Tells His Story for the First Time: 'Thankful That I'm Alive,'" *Today*, May 11, 2020.

92 J. Goldstein and J. McKinley, "Second Case of Coronavirus in N.Y. Sets Off Search for Others Exposed," *New York Times*, March 3, 2020; J. Millman, "Midtown Lawyer Positive for Coronavirus Is NY's 1st Case of Person-to-Person Spread," *NBC New York*, March 3, 2020.

93 L. Ferré-Sadurní et al., "N.Y. Creates 'Containment Zone' Limiting Large Gatherings in New Rochelle," *New York Times*, March 11, 2020.

94 J. Goldstein and M. Gold, "City Pleads for More Coronavirus Tests as Cases Rise in New York," *New York Times*, March 9, 2020.

95 J.D. Goodman, "How Delays and Unheeded Warnings Hindered New York's Virus Fight," *New York Times*, April 8, 2020.

96 W. Parnell and S. Shahrigian, "Mayor De Blasio Says Coronavirus Fears Shouldn't Keep New Yorkers Off Subways," *New York Daily News*, March 5, 2020.

97 C. Knoll, "New York in the Age of Coronavirus," *New York Times*, March 10, 2020.

98 E. Shapiro and M. Gold, "Thousands of Students in New York Face Shuttered Schools," *New York Times*, March 11, 2020.

99 A.L. Gordon, "NYC's Horace Mann School Closes as Student Tested for Virus," *Bloomberg*, March 9, 2020.

100 T. Winter, "Coronavirus Outbreak: NYC Teachers 'Furious' over De Blasio's Policy to Keep Schools Open," *NBC News*, March 15, 2020.

101 J.D. Goodman, "How Delays and Unheeded Warnings Hindered New York's Virus Fight," *New York Times*, April 8, 2020.

102 L. Stack, "St. Patrick's Day Parade Is Postponed in New York over Coronavirus Concerns," *New York Times*, March 11, 2020.

103 J.E. Bromwich et al., "De Blasio Declares State of Emergency in N.Y.C., and Large Gatherings Are Banned," *New York Times*, March 12, 2020; A.M. Cuomo, "During Novel Coronavirus Briefing, Governor Cuomo Announces New Mass Gatherings Regulations," *Official Website of New York State*, March 12, 2020.

104 J. Silverstein, "New York City to Close All Theaters and Shift Restaurants to Take-Out and Delivery Only Due to Coronavirus," *CBS News*, March 16, 2020.

105 A.M. Cuomo, "Governor Cuomo Signs the 'New York State on PAUSE' Executive Order," *Official Website of New York State*, March 20, 2020; A.M. Cuomo, "Video, Audio, Photos & Rush Transcript: Governor Cuomo Signs the 'New York State on Pause' Executive Order," *Official Website of New York State*, March 20, 2020; H. Cooper et al., "43 Coronavirus Deaths and Over 5,600 Cases in N.Y.C.," *New York Times*, March 20, 2020.

106 Anonymous, "'No Time to Be Lax': Cuomo Extends New York Shutdown, NJ Deaths Top 1,000," *NBC New York*, April 7, 2020.

107 J. McKinley, "New York City Region Is Now an Epicenter of the Coronavirus Pandemic," *New York Times*, March 22, 2020.

108 J. Marsh, "In One Day, 1,000 NYC Doctors and Nurses Enlist to Battle Coronavirus," *New York Post*, March 18, 2020.

109 L. Widdicombe, "The Coronavirus Pandemic Peaks in New York's Hospitals," *The New Yorker*, April 15, 2020.

110 M. Rothfeld et al., "13 Deaths in a Day: An 'Apocalyptic' Surge at a NYC Hospital," *New York Times*, March 25, 2020.

111 M. Myers, "The Army Corps of Engineers Has Two or Three Weeks to Get Thousands of New Hospital Beds Up and Running," *Military Times*, March 27, 2020.

112 J. McKinley, "New York City Region Is Now the Epicenter of the Coronavirus Pandemic," *New York Times*, March 22, 2020.

113 Ibid.

114 H. Cooper et al., "Coronavirus Hot Spots Emerging Near New York City," *New York Times*, April 5, 2020.

115 M. Bryant, "New York Veterinarians Give Ventilators to 'War Effort' against Coronavirus," *The Guardian*, April 2, 2020.

116 C. Campanile and K. Sheehy, "NY Issues Do-Not-Resuscitate Guideline for Cardiac Patients amid Coronavirus," *New York Post*, April 21, 2020.

117 L. Widdicombe, "The Coronavirus Pandemic Peaks in New York's Hospitals," *The New Yorker*, April 15, 2020.

118 M. Rothfeld et al., "13 Deaths in a Day: An 'Apocalyptic' Surge at a NYC Hospital," *New York Times*, March 25, 2020.

119 A. Feuer and A. Salcedo, "New York City Deploys 45 Mobile Morgues as Virus Strains Funeral Homes," *New York Times*, April 2, 2020.

120 "Research, Statistics, Data & Systems: National Health Expenditure Data: Historical," *Centers for Medicare & Medicaid Services*, December 17, 2019.

121 A. Correal and A. Jacobs, "'A Tragedy Is Unfolding': Inside New York's Virus Epicenter," *New York Times*, April 9, 2020.

122 J. Coven and A. Gupta, "Disparities in Mobility Responses to COVID-19," *NYU working paper*, May 15, 2020.

123 Ibid.

124 J.D. Goodman, "How Delays and Unheeded Warnings Hindered New York's Virus Fight," *New York Times*, April 8, 2020.

125 "New York Coronavirus Cases," *Worldometer*, March 31, 2020.

126 Anonymous, "'No Time to Be Lax': Cuomo Extends New York Shutdown, NJ Deaths Top 1,000," *NBC New York*, April 7, 2020.

127 J.D. Goodman and M. Rothfeld, "1 in 5 New Yorkers May Have Had Covid-19, Antibody Tests Suggest," *New York Times*, April 23, 2020.; D. Stadlebauer et al., "Seroconversion of a City: Longitudinal Monitoring of SARS-CoV-2 Seroprevalence in New York City," *medRxiv*, June 29, 2020.

128 B. Carey and J. Glanz, "Travel from New York City Seeded Wave of U.S. Outbreaks," *New York Times*, May 7, 2020.

129 "State of the Restaurant Industry," *OpenTable.com*, July 18, 2020.

130 N. Musumeci and G. Fonrouge, "NYC Parents, Teachers Worried about Coronavirus Spread in Public Schools," *New York Post*, March 13, 2020.

131 John of Ephesus, "John of Ephesus Describes the Justinianic Plague," ed. Roger Pearse, *Roger*

Pearse blog, May 10, 2017.

4장

1　G. Magallon, "Madera Woman Loses Mother and Will Miss Granddaughter's Birth Because of COVID-19," *ABC30 ActionNews*, April 10, 2020; S. Rust and C. Cole, "She Got Coronavirus at a Funeral and Died. Her Family Honored Her with a Drive-Up Service," *Los Angeles Times*, April 8, 2020.

2　C. Engelbrecht and C. Kim, "Zoom Shivas and Prayer Hotlines: Ultra-Orthodox Jewish Traditions Upended by Coronavirus," *New York Times*, April 16, 2020.

3　N.A. Christakis, *Death Foretold: Prophecy and Prognosis in Medical Care*, Chicago: University of Chicago Press, 1999; *Prognosis in Advanced Cancer*, ed. P. Glare and N.A. Christakis, Oxford: Oxford University Press, 2008.

4　K.E. Steinhauser et al., "Factors Considered Important at the End of Life by Patients, Family, Physicians, and Other Care Providers," *JAMA* 2000; 284: 2476-2482.

5　L. Widdicombe, "The Coronavirus Pandemic Peaks in New York's Hospitals," *The New Yorker*, April 15, 2020.

6　Petrarch, *Epistolae de rebus familiaribus et variae*, in *The Black Death*, trans. and ed. R. Horrox, Manchester: Manchester University Press, 2013, p. 248.

7　L. Spinney, *Pale Rider: The Spanish Flu of 1918 and How It Changed the World*, New York: Public Affairs, 2017, p. 31.

8　H. Warraich, *Modern Death: How Medicine Changed the End of Life*, New York: St. Martin's Press, 2017, pp. 43-45; S.H. Cross and H.J. Warraich, "Changes in the Place of Death in the United States," *New England Journal of Medicine* 2019; 381: 2369-2370.

9　Thucydides, *The History of the Peloponnesian War*, trans. Richard Crawley, London: Longmans, Green & Co., 1874, p. 132.(투퀴디데스, 『펠로폰네소스 전쟁사』, 숲, 2011)

10　Marcus Aurelius, *Marcus Aurelius*, trans. C.R. Haines, Cambridge, MA: Harvard University Press, 1916, p. 235.(마르쿠스 아우렐리우스, 『명상록』, 현대지성, 2018)

11　"Coronavirus Pandemic," *Gallup*, accessed May 24, 2020.

12　D. Lazer et al., "The State of the Nation: A 50-State COVID-19 Survey," *Northeastern University*, April 20, 2020.

13　A. McGinty et al., "Psychological Distress and Loneliness Reported by US Adults in 2018 and April 2020," *JAMA* 2020; 324: 93-94.

14 M. Brenan, "U.S. Adults Report Less Worry, More Happiness," *Gallup*, May 18, 2020, accessed May 24, 2020.

15 "Coronavirus Pandemic," *Gallup*, accessed May 24, 2020.

16 M. Brenan, "Targeted Quarantines Top U.S. Adults' Conditions for Normalcy," *Gallup*, May 11, 2020, accessed May 24, 2020.

17 F. Fu et al., "Dueling Biological and Social Contagions," *Scientific Reports* 2017; 7: 43634.

18 J.M. Epstein et al., "Couple Contagion Dynamics of Fear and Disease: Mathematical and Computational Explorations," *PLOS ONE* 2008; 3: e3955.

19 S. Taylor, *The Psychology of Pandemics*, Newcastle upon Tyne: Cambridge Scholars Publications, 2020.

20 K. King, "Daily Cheers Give Morale Boost to Medical Workers Fighting Coronavirus," *Wall Street Journal*, April 18, 2020; A. Mohdin, "Pots, Pans, Passion: Britons Clap Their Support for NHS Workers Again," *The Guardian*, April 2, 2020.

21 A. Finger, *Elegy for a Disease: A Personal and Cultural History of Polio*, New York: St. Martin's Press, 2006, p. 82.

22 J. Dwyer, "The Doctor Came to Save Lives. The Co-Op Board Told Him to Get Lost," *New York Times*, April 3, 2020.

23 E. Shugerman, "Coronavirus Heroes Are Getting Tossed from Their Homes by Scared Landlords," *Daily Beast*, June 23, 2020.

24 A. Gawande, "Amid the Coronavirus Crisis, a Regimen for Reëntry," *The New Yorker*, May 13, 2020.

25 G. Graziosi, "Doctor Loses Custody of Her Child over Coronavirus Fears," *The Independent*, April 13, 2020.

26 N.S. Deodhar et al., "Plague That Never Was: A Review of the Alleged Plague Outbreaks in India in 1994," *Journal of Public Health Policy* 1998; 19: 184–199.

27 H.V. Batra et al., "Isolation and Identification of Yersinia pestis Responsible for the Recent Plague Outbreaks in India," *Current Science* 1996; 71: 787–791.

28 D.V. Mavalankar, "Indian 'Plague' Epidemic: Unanswered Questions and Key Lessons," *Journal of the Royal Society of Medicine* 1995; 88: 547–551.

29 K.S. Jayaraman, "Indian Plague Poses Enigma to Investigators," *Nature* 1994; 371: 547; N.S. Deodhar et al., "Plague That Never Was: A Review of the Alleged Plague Outbreaks in India in 1994," *Journal of Public Health Policy* 1998; 19: 184–199; A.K. Dutt et al., "Surat Plague

of 1994 ReExamined," *Southeast Asian Journal of Tropical Medicine and Public Health* 2006; 37: 755–760.

30   H.V. Batra et al., "Isolation and Identification of Yersinia pestis Responsible for the Recent Plague Outbreaks in India," *Current Science* 1996; 71: 787–791; S.N. Shivaji et al., "Identification of Yersinia pestis as the Causative Organism of Plague in India as Determined by 16S rDNA Sequencing and RAPD–Based Genomic Fingerprinting," *FEMS Microbiology Letters* 2000; 189: 247–252.

31   N.A. Christakis and J.H. Fowler, *Connected: The Surprising Power of Our Social Networks and How They Shape Our Lives*, New York: Little, Brown, 2009.(니컬러스 크리스타키스·제임스 파울러, 『행복은 전염된다』, 김영사, 2010)

32   J.F.C. Hecker, *The Epidemics of the Middle Ages*, trans. B.G. Babington, London: The Sydenham Society, 1844, pp. 87–88.

33   N.A. Christakis and J.H. Fowler, Connected: The Surprising Power of Our Social Networks and How They Shape Our Lives, New York: Little, Brown, 2009.(니컬러스 크리스타키스·제임스 파울러, 『행복은 전염된다』, 김영사, 2010)

34   T.F. Jones et al., "Mass Psychogenic Illness Attributed to Toxic Exposure at a High School," *New England Journal of Medicine* 2000; 342: 96–100.

35   D. Holtz et al., "Interdependence and the Cost of Uncoordinated Responses to COVID-19," *MIT working paper*, May 22, 2020.

36   M.D. Lieberman, *Social: Why Our Brains Are Wired to Connect*, New York: Crown, 2013, p. 8.(매튜 D. 리버먼, 『사회적 뇌 인류 성공의 비밀』, 시공사, 2015)

37   Q. Jianhang and T. Shen, "Whistleblower Li Wenliang: There Should Be More Than One Voice in a Healthy Society," *Caixin*, February 6, 2020.

38   R. Judd, "ER Doctor Who Criticized Bellingham Hospital's Coronavirus Protections Has Been Fired," *Seattle Times*, March 27, 2020.

39   A. Gallegos, "Hospitals Muzzle Doctors and Nurses on PPE, COVID-19 Cases," *Medscape*, March 25, 2020.

40   E. Kincaid, "COVID-19 Daily: Physician Gag Orders," *Medscape*, March 25, 2020.

41   O. Carville et al., "Hospitals Tell Doctors They'll Be Fired If They Speak Out about Lack of Gear," *Bloomberg*, March 31, 2020.

42   S. Ramachandran and J. Palazzolo, "NYU Langone Tells ER Doctors to 'Think More Critically' about Who Gets Ventilators," *Wall Street Journal*, March 31, 2020.

43 M. Richtel, "Frightened Doctors Face Off with Hospitals over Rules on Protective Gear," *New York Times*, March 31, 2020.

44 L.H. Sun and J. Dawsey, "CDC Feels Pressure from Trump as Rift Grows over Coronavirus Response," *Washington Post*, July 9, 2020.

45 R. Ballhaus and S. Armour, "Health Chief's Early Missteps Set Back Coronavirus Response," *Wall Street Journal*, April 22, 2020.

46 L.H. Sun and J. Dawsey, "White House and CDC Remove Coronavirus Warnings about Choirs in Faith Guidance," *Washington Post*, May 28, 2020.

47 A. James et al., "High COVID-19 Attack Rate among Attendees at Events at a Church—Arkansas, March 2020," *CDC Morbidity and Mortality Weekly Report* 2020; 69: 632-635.

48 A. Liptak, "Supreme Court, in 5-4 Decision, Rejects Church's Challenge to Shutdown Order," *New York Times*, May 30, 2020

49 E. Koop, "Surgeon General Koop: The Right, the Left, and the Center of the AIDS Storm," *Washington Post*, March 24, 1987.

50 L.M. Werner, "Reagan Officials Debate AIDS Education Policy," *New York Times*, January 24, 1987.

51 C. Friedersdorf, "Maybe Trump Isn't Lying," *The Atlantic*, May 19, 2020.

52 J. Margolin and J.G. Meek, "Intelligence Report Warned of Coronavirus Crisis as Early as November: Sources," *ABC News*, April 8, 2020.

53 P. Bump, "Yet Again, Trump Pledges That the Coronavirus Will Simply Go Away," *Washington Post*, April 28, 2020.

54 D.J. Trump, "Remarks by President Trump at a Turning Point Action Address to Young Americans," *White House*, June 23, 2020.

55 E. Samuels, "Fact-Checking Trump's Accelerated Timeline for a Coronavirus Vaccine," *Washington Post*, March 4, 2020.

56 N. Weiland, "Anyone Who Wants a Coronavirus Test Can Have One, Trump Says. Not Quite, Says His Administration," *New York Times*, March 7, 2020.

57 C. Paz, "All the President's Lies About the Coronavirus," *The Atlantic*, July 13, 2020.

58 I. Chotiner, "How to Talk to Coronavirus Skeptics," *The New Yorker*, March 23, 2020.

59 M. Segalov, "'The Parallels between Coronavirus and Climate Crisis Are Obvious,'" *The Guardian*, May 4, 2020.

60 J. Bertrand, *A Historical Relation of the Plague at Marseille in the Year 1720*, trans. Anne

Plumptre, London: Billingsley, 1721.

61   D.D.P. Johnson and J.H. Fowler, "The Evolution of Overconfidence," *Nature* 2011; 477: 317-320.

62   D.B. Taylor, "George Floyd Protests: A Timeline," *New York Times*, July 10, 2020; W. Lowery, "Why Minneapolis Was the Breaking Point," *The Atlantic*, June 12, 2020.

63   D. Diamond, "Suddenly, Public Health Officials Say Social Justice Matters More Than Social Distance," *Politico*, June 4, 2020.

64   M. Bebinger et al., "New Coronavirus Hot Spots Emerge across South and in California, As Northeast Slows," *NPR*, June 5, 2020.

65   S. Pei et al., "Differential Effects of Intervention Timing on COVID-19 Spread in the United States," *medRxiv*, May 29, 2020.

66   A. Mitchell and J.B. Oliphant, "Americans Immersed in COVID-19 News; Most Think Media Are Doing Fairly Well Covering It," *Pew Research Center*, March 18, 2020.

67   D. Cyranoski, "Inside the Chinese Lab Poised to Study World's Most Dangerous Pathogens," *Nature*, February, 22, 2017.

68   A. Stevenson, "Senator Tom Cotton Repeats Fringe Theory of Coronavirus Origins," *New York Times*, February 17, 2020.

69   S.W. Mosher, "Don't Buy China's Story: The Coronavirus May Have Leaked from a Lab," *New York Post*, February 22, 2020.

70   A. Stevenson, "Senator Tom Cotton Repeats Fringe Theory of Coronavirus Origins," *New York Times*, February 17, 2020.

71   Anonymous, "Coronavirus: Trump Stands by China Lab Origin Theory for Virus," *BBC*, May 1, 2020.

72   K.G. Andersen et al., "The Proximal Origin of SARS-CoV-2," *Nature Medicine* 2020; 26: 450-455; P. Zhou et al, "A Pneumonia Outbreak Associated with a New Coronavirus of Probable Bat Origin," *Nature* 2020; 579: 270-273.

73   S. Andrew, "Nearly 30% in the US Believe a Coronavirus Theory That's Almost Certainly Not True," *CNN*, April 13, 2020; W. Ahmed et al., "COVID-19 and the 5G Conspiracy Theory: Social Network Analysis of Twitter Data," *Journal of Medical Internet Research* 2020; 22: e19458.

74   D. O'Sullivan et al., "Exclusive: She's Been Falsely Accused of Starting the Pandemic. Her Life Has Been Turned Upside Down," *CNN*, April 27, 2020.

75　L. Fair, "FTC, FDA Warn Companies Making Coronavirus Claims," *Federal Trade Commission*, March 9, 2020.

76　M. Shuman, "Judge Issues Restraining Order to 'Church' Selling Bleach as COVID-19 Cure," *CNN*, April 17, 2020.

77　A. Marantz, "Alex Jones's Bogus Coronavirus Cures," *The New Yorker*, April 6, 2020.

78　L. Fair, "FTC, FDA Warn Companies Making Coronavirus Claims," *Federal Trade Commission*, March 9, 2020.

79　Ibid.

80　D. Lazarus, "LA Animal Rights Advocate Peddled Pandemic Snake Oil, FTC Says," *Los Angeles Times*, April 30, 2020.

81　S. Jones, "As Coronavirus Panic Heats Up, So Do Sales of Snake Oil," *New York*, March 15, 2020.

82　D.D. Ashley and R. Quaresima, "Warning Letter," United States Food and Drug Administration, March 6, 2020.

83　K. Rogers, "Trump's Suggestion That Disinfectants Could Be Used to Treat Coronavirus Prompts Aggressive Pushback," *New York Times*, April 24, 2020.

84　L. Wade, "The Secret Life of Vintage Lysol Douche Ads," *Society Pages*, September 27, 2013.

85　M. Wang et al., "Remdesivir and Chloroquine Effectively Inhibit the Recently Emerged Novel Coronavirus (2019-nCoV) In Vitro," *Cell Research* 2020; 30: 269-271.

86　T. Nguyen, "How a Chance Twitter Thread Launched Trump's Favorite Coronavirus Drug," *Politico*, April 7, 2020.

87　J. Yazdany and A.H.J. Kim, "Use of Hydroxychloroquine and Chloroquine during the COVID-19 Pandemic: What Every Clinician Should Know," *Annals of Internal Medicine*, March 31, 2020.

88　J.C. Wong, "Hydroxychloroquine: How an Unproven Drug Became Trump's Coronavirus 'Miracle Cure,'" *The Guardian*, April 7, 2020.

89　D. Lazer et al., "The State of the Nation: A 50-State COVID-19 Survey," *Northeastern University*, April 20, 2020.

90　R. Savillo et al., "Over Three Days This Week, Fox News Promoted an Antimalarial Drug Treatment for Coronavirus Over 100 Times," *Media Matters for America*, April 6, 2020.

91　E. Edwards and V. Hillyard, "Man Dies After Taking Chloroquine in an Attempt to Prevent Coronavirus," *NBC News*, March 23, 2020.

92   N.J. Mercuro et al., "Risk of QT Interval Prolongation Associated with Use of Hydroxychloroquine with or without Concomitant Azithromycin among Hospitalized Patients Testing Positive for Coronavirus Disease 2019 (COVID-19)," *JAMA Cardiology*, May 1, 2020; J. Yazdany and A.H.J. Kim, "Use of Hydroxychloroquine and Chloroquine during the COVID-19 Pandemic: What Every Clinician Should Know," *Annals of Internal Medicine*, March 31, 2020.

93   K. Thomas and K. Sheikh, "Small Chloroquine Study Halted over Risk of Fatal Heart Complications," *New York Times*, April 12, 2020; J. Yazdany and A.H.J. Kim, "Use of Hydroxychloroquine and Chloroquine during the COVID-19 Pandemic: What Every Clinician Should Know," *Annals of Internal Medicine*, March 31, 2020.

94   K. Kupferschmidt, "Big Studies Dim Hopes for Hydroxychloroquine," *Science* 2020; 368: 1166-1167; J. Geleris et al., "Observational Study of Hydroxychloroquine in Hospitalized Patients with COVID-19," *New England Journal of Medicine* 2020; 382: 2411-2418; E.S. Rosenberg et al., "Association of Treatment with Hydroxychloroquine or Azithromycin with In-Hospital Mortality in Patients with COVID-19 in New York State," *JAMA* 2020; 323: 2493-2502.

95   D.R. Boulware et al., "A Randomized Trial of Hydroxychloroquine as Post-Exposure Prophylaxis for COVID-19," *New England Journal of Medicine*, June 3, 2020; RECOVERY Collaborative Group, "Effect of Hydroxychloroquine in Hospitalized Patients with COVID-19: Preliminary Results from a Multi-Centre, Randomized, Controlled, Trial," *medRxiv*, July 15, 2020.; A.B. Cavalcanti et al., "Hydroxychloroquine With or Without Azithromycin in Mild-to-Moderate COVID-19," *New England Journal of Medicine*, July 23, 2020.

96   John of Ephesus, "John of Ephesus Describes the Justinianic Plague," ed. Roger Pearse, *Roger Pearse blog*, May 10, 2017.

97   L. Bode and E. Vraga, "Americans Are Fighting Coronavirus Misinformation on Social Media," *Washington Post*, May 7, 2020.

98   L. Singh et al., "A First Look at COVID-19 Information and Misinformation Sharing on Twitter," *arXiv*, April 1, 2020.

99   V.A. Young, "Nearly Half of the Twitter Accounts Discussing 'Re-Opening America' May Be Bots," *Carnegie Mellon University press release*, May 20, 2020.

100 W.J. Broad, "Putin's Long War against American Science," *New York Times*, April 13, 2020; M.

Repnikova, "Does China's Propaganda Work?" *New York Times*, April 16, 2020.

101 N.F. Johnson et al., "The Online Competition between Pro- and Anti-Vaccination Views," *Nature* 2020; 582: 230–233; J.P. Onnela et al., "Polio Vaccine Hesitancy in the Networks and Neighborhoods of Malegaon, India," *Social Science and Medicine* 2016; 153: 99–106.

102 M. Baldwin, "Scientific Autonomy, Public Accountability, and the Rise of 'Peer Review' in the Cold War United States," *Isis*, 2018; 109: 538–558.

103 M.S. Majumder and K.D. Mandl, "Early in the Epidemic: Impacts of Preprints on Global Discourse about COVID-19 Transmissibility," *Lancet Global Health* 2020; 8: e627.

5장

1 S.K. Cohn, "The Black Death and the Burning of the Jews," *Past and Present* 2007; 196: 3–36.

2 Anonymous, "Examination of the Jews Captured in Savoy," in *Urkunden und Akten der Stadt Strassburg: Urkundenbuch der Stadt Strassburg*, in *The Black Death*, trans. and ed. R. Horrox, Manchester: Manchester University Press, 2013, p. 219.

3 J. Silver and D. Wilson, *Polio Voices: An Oral History from the American Polio Epidemics and Worldwide Eradication Efforts*, Westport, CT: Praeger, 2007, p. 22.

4 Ibid., p. 26.

5 D.J. Trump, "Remarks by President Trump to Reporters," *White House*, May 6, 2020.

6 K. Fukuda et al., "Naming Diseases: First Do No Harm," *Science* 2015; 348: 6235.

7 J.S. Jia et al., "Population Flow Drives Spatio-Temporal Distribution of COVID-19 in China," *Nature* 2020; 582: 389–394.

8 H. Yan et al., "What's Spreading Faster Than Coronavirus in the US? Racist Assaults and Ignorant Attacks against Asians," *CNN*, February 21, 2020; S. Tavernise and R.A. Oppel, "Spit On, Yelled At, Attacked: Chinese-Americans Fear for Their Safety," *New York Times*, June 2, 2020.

9 D.S. Lauderdale, "Birth Outcomes for Arabic-Named Women in California before and after September 11," *Demography* 2006; 43: 185–201.

10 E.I. Koch, "Senator Helms's Callousness toward AIDS Victims," *New York Times*, November 7, 1987.

11 R. Brackett, "Governor Says State Will Accept Florida Residents from Cruise Ship Stricken with Coronavirus," *Weather Channel*, April 1, 2020; M. Burke, K. Sanders, "Cruise Ship with Sick Passengers and Sister Ship Dock in Florida," *NBC News*, April 3, 2020.

12 D. Quan, "'Dreams Are Not Passports': Remote Arctic Village Residents Recount Bizarre Encounter with Quebec Couple Fleeing Coronavirus," *The Star* [Toronto], March 30, 2020.

13 Procopius, *History of the Wars*, trans. H.B. Dewing, Cambridge, MA: Harvard University Press, 1914, p. 453.

14 D. Haar, "Nobel Economist Shiller Says Crisis May Boost Income Equality," *Middletown Press* (CT), March 23, 2020.

15 Clement VI, *The Apostolic See and the Jews*, in *The Black Death*, trans. and ed. R. Horrox, Manchester: Manchester University Press, 2013, pp. 221–222.

16 J.L. Schwartzwald, *The Collapse and Recovery of Europe, AD 476–1648*, Jefferson, NC: McFarland, 2015, p. 123; D. Wood, *Clement VI: The Pontificate and Ideas of an Avignon Pope*, Cambridge: Cambridge University Press, 2003, p. 51.

17 A.K. Simon et al., "Evolution of the Immune System in Humans from Infancy to Old Age," *Proceedings of the Royal Society* B 2015; 282: 2014.3085.

18 L. Liu et al., "Global, Regional, and National Causes of Under-5 Mortality in 2000–15: An Updated Systematic Analysis with Implications for the Sustainable Development Goals," *The Lancet* 2016; 388: 3027–3035.

19 J.T. Wu et al., "Estimating Clinical Severity of COVID-19 from the Transmission Dynamics in Wuhan, China," *Nature Medicine* 2020; 26: 506–510.

20 WHO-China Joint Mission, "Report of the WHO-China Joint Mission on Coronavirus Disease 2019 (COVID-19)," *WHO*, February 16-24, 2020.

21 Q. Bi et al., "Epidemiology and Transmission of COVID-19 in 391 Cases and 1286 of Their Close Contacts in Shenzhen, China: A Retrospective Cohort Study," *Lancet Infectious Diseases*, May 5, 2020.

22 J.T. Wu et al., "Estimating Clinical Severity of COVID-19 from the Transmission Dynamics in Wuhan, China," *Nature Medicine* 2020; 26: 506–510; J. Zhang et al., "Changes in Contact Patterns Shape the Dynamics of the COVID-19 Outbreak in China," *Science* 2020; 368: 1481–1486.

23 L. Dong et al., "Possible Vertical Transmission of SARS-CoV-2 from an Infected Mother to Her Newborn," *JAMA* 2020; 323: 1846–1848.

24 J.T. Wu et al., "Estimating Clinical Severity of COVID-19 from the Transmission Dynamics in Wuhan, China," *Nature Medicine* 2020; 26: 506–510; H. Salje et al., "Estimating the Burden of SARS-CoV-2 in France," *Science* 2020; 369: 208–211; S. Riphagen et al.,

"Hyperinflammatory Shock in Children during COVID-19 Pandemic," *The Lancet* 2020; 395: 1607-1608.

25   WHO-China Joint Mission, "Report of the WHO-China Joint Mission on Coronavirus Disease 2019 (COVID-19)," *WHO*, February 16-24, 2020; J.T. Wu et al., "Estimating Clinical Severity of COVID-19 from the Transmission Dynamics in Wuhan, China," *Nature Medicine* 2020; 26: 506-510; W.J. Guan et al., "Clinical Characteristics of Coronavirus Disease 2019 in China," *New England Journal of Medicine* 2020; 382: 1708-1720; T.W. Russell et al., "Estimating the Infection and Case Fatality Ratio for Coronavirus Disease (COVID-19) Using Age-Adjusted Data from the Outbreak on the Diamond Princess Cruise Ship, February 2020," *Eurosurveillance* 2020; 25: pii=2000256.

26   Y.Y. Dong et al., "Epidemiological Characteristics of 2143 Pediatric Patients with 2019 Coronavirus Disease in China," *Pediatrics*, March 16, 2020; P. Belluck, "Children and Coronavirus: Research Finds Some Become Seriously Ill," *New York Times*, March 17, 2020.

27   CDC COVID-19 Response Team, "Severe Outcomes among Patients with Coronavirus Disease 2019 (COVID-19)—United States, February 12-March 16, 2020," *CDC Morbidity and Mortality Weekly Report* 2020; 69: 343-346.

28   A. Hauser et al., "Estimation of SARS-CoV-2 Mortality during the Early Stages of an Epidemic: A Modeling Study in Hubei, China, and Six Regions in Europe," *medRxiv*, July 12, 2020.

29   Severe Acute Respiratory Syndrome (SARS) Epidemiology Working Group, "Consensus Document on the Epidemiology of Severe Acute Respiratory Syndrome (SARS)," *WHO Department of Communicable Disease Surveillance and Response*, October 17, 2003.

30   M. Hoffmann et al., "SARS-CoV-2 Cell Entry Depends on ACE2 and TMPRSS2 and Is Blocked by a Clinically Proven Protease Inhibitor," *Cell* 2020; 181: 271-280; H. Zhang et al., "Angiotensin-Converting Enzyme 2 (ACE2) as a SARS-CoV-2 Receptor: Molecular Mechanisms and Potential Therapeutic Target," *Intensive Care Medicine* 2020; 46: 586-590; H. Gu et al., "Angiotensin-Converting Enzyme 2 Inhibits Lung Injury Induced by Respiratory Syncytial Virus," *Scientific Reports* 2016; 6: 19840; U. Bastolla, "The Differential Expression of the ACE2 Receptor across Ages and Gender Explains the Differential Lethality of SARS-CoV-2 and Suggests Possible Therapy," *arXiv*, May 3, 2020; L. Zhu et al., "Possible Causes for Decreased Susceptibility of Children to Coronavirus," *Pediatric Research*, April 8, 2020.

31   P. Verdecchia et al., "The Pivotal Link between ACE2 Deficiency and SARS-CoV-2

Infection," *European Journal of Internal Medicine* 2020; 76: 14–20.

32   E. Ciaglia et al., "COVID-19 Infection and Circulating ACE2 Levels: Protective Role in Women and Children," *Frontiers in Pediatrics* 2020; 8: 206.

33   A.K. Simon et al., "Evolution of the Immune System in Humans from Infancy to Old Age," *Proceedings of the Royal Society B* 2015; 282: 2014.3085.

34   L. Zhu et al., "Possible Causes for Decreased Susceptibility of Children to Coronavirus," *Pediatric Research*, April 8, 2020.

35   M.E. Rudolph et al., "Differences between Pediatric and Adult T Cell Responses to In Vitro Staphylococcal Enterotoxin B Stimulation," *Frontiers in Immunology* 2018; 9: 498; P. Mehta et al., "COVID-19: Consider Cytokine Storm Syndromes and Immunosuppression," *The Lancet* 2020; 395: 1033–1034.

36   L.E. Escobar et al., "BCG Vaccine Protection from Severe Coronavirus Disease 2019 (COVID-19)," *Proceedings of the National Academy of Sciences*, July 9, 2020.

37   M. Rawat et al., "COVID-19 in Newborns and Infants—Low Risk of Severe Disease: Silver Lining or Dark Cloud?" *American Journal of Perinatology* 2020; 37: 845–849; J. Wang and M.S. Zand, "Potential Mechanisms of Age Related Severity of COVID-19 Infection: Implications for Vaccine Development and Convalescent Serum Therapy," *University of Rochester Preprint*, March 21, 2020.; J. Mateus et al., "Selective and Cross-Reactive SARS-CoV-2 T-Cell Epitopes in Unexposed Humans," *Science*, August 4, 2020.

38   P. Brodin, "Why Is COVID-19 So Mild in Children?" *Acta Paediatrica* 2020; 109: 1082–1083.

39   S. Mallapaty, "How Do Children Spread the Coronavirus? The Science Still Isn't Clear," *Nature*, May 7, 2020; L. Rajmil, "Role of Children in the Transmission of the COVID-19 Pandemic: A Rapid Scoping Review," *BMJ Paediatrics Open* 2020; 4: e000722; D. Isaacs et al., "To What Extent Do Children Transmit SARS-CoV-2 Virus?" *Journal of Paediatrics and Child Health* 2020; 56: 978; X. Li et al., "The Role of Children in Transmission of SARS-CoV-2: A Rapid Review," *Journal of Global Health* 2020; 10: 011101; R.M. Viner et al., "Susceptibility to and Transmission of COVID-19 amongst Children and Adolescents Compared with Adults: A Systematic Review and Meta-Analysis," *medRxiv*, May 24, 2020.

40   K.M. Posfay-Barbe et al., "COVID-19 in Children and the Dynamics of Infection in Families," *Pediatrics* 2020; 146: e20201576; A. Fontanet et al., "SARS-CoV-2 Infection in Primary Schools in Northern France: A Retrospective Cohort Study in an Area of High

Transmission," *medRxiv*, June 29, 2020.

41 G. Vogel and J. Couzin-Frankel, "Should Schools Reopen? Kids' Role in Pandemic Still a Mystery," *Science*, May 4, 2020.

42 L. Rosenbaum, "Facing COVID-19 in Italy—Ethics, Logistics, and Therapeutics on the Epidemic's Front Line," *New England Journal of Medicine* 2020; 382: 1873–1875; M. Vergano et al., "Clinical Ethics Recommendations for the Allocation of Intensive Care Treatments," *SIAARTI*, March 16, 2020; Y. Mounk, "The Extraordinary Decisions Facing Italian Doctors," *The Atlantic*, March 11, 2020.

43 S. Fink, *Five Days at Memorial*, New York: Crown, 2013.(셰리 핑크, 『재난, 그 이후』, 알에이치코리아, 2015)

44 L. Duda, "National Organ Allocation Policy: The Final Rule," *Ethics Journal of the American Medical Association* 2005; 7: 604–607; Anonymous, "How Organ Allocation Works," *U.S. Department of Health & Human Services*, n.d.

45 Anonymous, "NY Issues Do Not Resuscitate Guidelines for Cardiac Patients, Later Rescinds Them," *Journal of Emergency Medical Services*, April 22, 2020.

46 C. Huang et al., "Clinical Features of Patients Infected with 2019 Novel Coronavirus in Wuhan, China," *The Lancet* 2020; 395: 497–506.

47 C.M. Petrilli et al., "Factors Associated with Hospital Admission and Critical Illness among 5279 People with Coronavirus Disease 2019 in New York City: Prospective Cohort Study," *BMJ* 2020; 369: m1966.

48 E.J. Williamson et al., "Open SAFELY: Factors Associated with COVID-19 Death in 17 Million Patients," *Nature*, July 8, 2020.

49 S. Kadel and S. Kovats, "Sex Hormones Regulate Innate Immune Cells and Promote Sex Differences in Respiratory Virus Infection," *Frontiers in Immunology* 2018; 9: 1653.

50 P. Conti and A. Younes, "Coronavirus COV-19/SARS-CoV-2 Affects Women Less Than Men: Clinical Response to Viral Infection," *Journal of Biological Regulators and Homeostatic Agents* 2020; 34: 32253888; P. Pozzilli and A. Lenzi, "Commentary: Testosterone, a Key Hormone in the Context of COVID-19 Pandemic," *Metabolism* 2020; 108: 154252.

51 H. Schurz et al., "The X Chromosome and Sex-Specific Effects in Infectious Disease Susceptibility," *Human Genomics* 2019; 13: 2.

52 A. Maqbool, "Coronavirus: 'I Can't Wash My Hands—My Water Was Cut Off,'" *BBC News*, April 24, 2020.

53   T. Orsborn, "'We Just Can't Feed This Many,'" *San Antonio Express News*, April 9, 2020.

54   L. Zhou and K. Amaria, "The Current Hunger Crisis in the US, in Photos," *Vox*, May 9, 2020.

55   HUD, "2017 AHAR: Part 1—PIT Estimates of Homelessness in the U.S.," *HUD Exchange*, December 2017.

56   T. Baggett et al., "Prevalence of SARS-CoV-2 Infection in Residents of a Large Homeless Shelter in Boston," *JAMA* 2020; 323: 2191–2192.

57   Anonymous, "Coronavirus in the U.S.: Latest Map and Case Count," *New York Times*, July 17, 2020.

58   M. Huber, "Smithfield Workers Asked for Safety from COVID-19. Their Company Offered Cash," *Argus Leader* (Sioux Falls, SD), April 9, 2020.

59   K. Collins and M. Vazquez, "Trump Orders Meat Processing Plants to Stay Open," *CNN*, April 28, 2020.

60   Anonymous, "President Donald J. Trump Is Taking Action to Ensure the Safety of Our Nation's Food Supply Chain," *White House*, April 28, 2020.

61   J.W. Dyal et al., "COVID-19 among Workers in Meat and Poultry Processing Facilities—19 States, April 2020," *CDC Morbidity and Mortality Weekly Report* 2020; 69: 557–561.

62   L. Hamner et al., "High SARS-CoV-2 Attack Rate Following Exposure at a Choir Practice—Skagit County, Washington, March 2020," *CDC Morbidity and Mortality Weekly Report* 2020; 69: 606–610.

63   M.M. Harris et al., "Isolation of Brucella suis from Air of Slaughterhouse," *Public Health Rep* 1962; 77: 602–604; M.T. Osterholm, "A 1957 Outbreak of Legionnaires' Disease Associated with a Meat Packing Plant," *American Journal of Epidemiology* 1983; 117: 60–67.

64   M. Ferioli et al., "Protecting Healthcare Workers from SARS-CoV-2 Infection: Practical Indications," *European Respiratory Review* 2020; 29: 2000068.

65   M. Dorning et al., "Infections near U.S. Meat Plants Rise at Twice the National Rate," *Bloomberg*, May 12, 2020.

66   R.A. Oppel et al., "The Fullest Look Yet at the Racial Inequality of Coronavirus," *New York Times*, July 5, 2020; G.A. Millett et al., "Assessing Differential Impacts of COVID-19 on Black Communities," *Annals of Epidemiology* 2020; 47: 37–44.

67   APM Research Lab Staff, "The Color of Coronavirus: COVID-19 Deaths by Race and Ethnicity in the U.S.," *APM Research Lab*, July 8, 2020.

68   J. Absalom et al., *A Narrative of the Proceedings of the Black People, during the Late Awful*

Calamity in Philadelphia, in the Year 1793: And a Refutation of Some Censures, Thrown upon Them in Some Late Publications, Philadelphia: William W. Woodward, 1794, p. 15.

69 APM Research Lab Staff, "The Color of Coronavirus: COVID-19 Deaths by Race and Ethnicity in the U.S.," *APM Research Lab*, July 8, 2020.

70 C.W. Yancy, "COVID-19 and African Americans," *JAMA 2020*; 323: 1891–1892.

71 Anonymous, "COVID-19 Cases by IHS Area," *Indian Health Service*, July 17, 2020.

72 APM Research Lab Staff, "The Color of Coronavirus: COVID-19 Deaths by Race and Ethnicity in the U.S.," *APM Research Lab*, July 8, 2020.

73 D. Cohn and J.S. Passel, "A Record 64 Million Americans Live in Multigenerational Households," *Pew Research Center*, April 5, 2018.

74 P. Mozur, "China, Desperate to Stop Coronavirus, Turns Neighbor against Neighbor," *New York Times*, February 3, 2020; N. Gan, "Outcasts in Their Own Country, the People of Wuhan Are the Unwanted Faces of China's Coronavirus Outbreak," *CNN*, February 2, 2020.

75 R.D. Kirkcaldy et al., "COVID-19 and Post-Infection Immunity: Limited Evidence, Many Remaining Questions," *JAMA* 2020; 323: 2245–2246.

76 M.A. Hall and D.M. Studdert, "Privileges and Immunity Certification during the COVID-19 Pandemic," *JAMA* 2020; 323: 2243–2244.

77 Anonymous, "Immigrant and Refugee Health Frequently Asked Questions (FAQs)," *CDC*, March 29, 2012.

78 K. Olivarius, "Immunity, Capital, and Power in Antebellum New Orleans," *American Historical Review* 2019; 124: 425–455.

79 M. Myers, "Coronavirus Survivors Banned from Joining the Military," *Military Times*, May 6, 2020.

80 S.M. Nir, "They Beat the Virus. Now They Feel Like Outcasts," *New York Times*, May 20, 2020.

81 K. Collins and D. Yaffe-Bellany, "About 2 Millions Guns Were Sold in the US as Virus Fears Spread," *New York Times*, April 1, 2020.

82 T.L. Caputi et al., "Collateral Crises of Gun Preparation and the COVID-19 Pandemic: An Infodemiology Study," *JMIR Public Health Surveillance* 2020; 6: e19369.

83 A.M. Verdery et al., "Tracking the Reach of COVID-19 Kin Loss with a Bereavement Multiplier Applied to the United States," *Proceedings of the National Academy of Sciences* 2020; 117: 17695–17701.

1   J. Tolentino, "What Mutual Aid Can Do during a Pandemic," *The New Yorker*, May 11, 2020.

2   S. Samuel, "How to Help People during the Pandemic, One Google Spreadsheet at a Time," *Vox*, April 16, 2020.

3   C. Milstein, "Collective Care Is Our Best Weapon against COVID-19," *Mutual Aid Disaster Relief*, June 6, 2020.

4   Anonymous, "Find Your Local Group," *Mutual Aid U.S.A*, May 6, 2020.

5   Anonymous, "Bay Area Mutual Aid and COVID-19 Resources," *94.1 KPFA*, n.d.

6   Anonymous, "Resources + Groups," *Mutual Aid NYC*, 2020.

7   D. Fallows, "Public Libraries' Novel Response to a Novel Virus," *The Atlantic*, March 31, 2020.

8   S. Zia, "As Coronavirus Impact Grows, Volunteer Network Tries to Help Health Care Workers Who Have 'Helped Us,'" *Stat News*, March 31, 2020.

9   S.S. Ali, "As Parents Fight on COVID-19 Front Lines, Volunteers Step In to Take Care of Their Families," *NBC News*, March 27, 2020.

10 Anonymous, "America's Hidden Common Ground on the Coronavirus Crisis," *Public Agenda*, April 3, 2020.

11 Anonymous, "Who Gives Most to Charity?" *Philanthropy Roundtable*, n.d.

12 Anonymous, "America's Hidden Common Ground on the Coronavirus Crisis," *Public Agenda*, April 3, 2020.

13 L. Rainie and A. Perrin, "The State of Americans' Trust in Each Other amid the COVID-19 Pandemic," *Pew Research Center*, April 6, 2020.

14 S.F. Beegel, "Love in the Time of Influenza: Hemingway and the 1918 Pandemic," in *War+ Ink: New Perspectives on Ernest Hemingway's Early Life and Writings*, ed. S. Paul et al., Kent, OH: Kent State University Press, 2014, pp. 36–52.

15 L. Stack, "Hasidic Jews, Hit Hard by the Outbreak, Flock to Donate Plasma," *New York Times*, May 12, 2020.

16 T. Armus, "'Sorry, No Masks Allowed': Some Businesses Pledge to Keep Out Customers Who Cover Their Faces," *Washington Post*, May 28, 2020.

17 A. Finger, *Elegy for a Disease: A Personal and Cultural History of Polio*, New York: St. Martin's Press, 2006, p. 63.

18 H. Flor et al., "The Role of Spouse Reinforcement, Perceived Pain, and Activity Levels of Chronic Pain Patients," *Journal of Psychosomatic Research* 1987; 31: 251–259; S. Duschek et

al., "Dispositional Empathy Is Associated with Experimental Pain Reduction during Provision of Social Support by Romantic Partners," *Scandinavian Journal of Pain* 2019; 20: 205–209; J. Younger et al., "Viewing Pictures of a Romantic Partner Reduces Experimental Pain: Involvement of Neural Reward Systems," *PLOS ONE* 2010; 5: e13309; K.J. Bourassa, "The Impact of Physical Proximity and Attachment Working Models on Cardiovascular Reactivity: Comparing Mental Activation and Romantic Partner Presence," *Psychophysiology* 2019; 56: e13324.

19   M. Slater, "'She Was Worth a Beating': Falling in Love through a Fence in a Concentration Camp," *The Yiddish Book Center's Wexler Oral History Project*, August 9, 2013.

20   V. Florian et al., "The Anxiety-Buffering Function of Close Relationships: Evidence That Relationship Commitment Acts as a Terror Management Mechanism," *Journal of Personality and Social Psychology* 2002; 82: 527–542.

21   W. Boston, "Two College Students Marry Quickly Before Escaping New York: 'The Only Way We Could Stay Together,'" *Wall Street Journal*, April 22, 2020.

22   G.L. White et al., "Passionate Love and the Misattribution of Arousal," *Journal of Personality and Social Psychology* 1981; 41: 56–62.

23   C. Cohan and S. Cole, "Life Course Transitions and Natural Disaster: Marriage, Birth, and Divorce Following Hurricane Hugo," *Journal of Family Psychology* 2002; 16: 14–25.

24   J. Lipman-Blumen, "A Crisis Framework Applied to Macrosociological Family Changes: Marriage, Divorce, and Occupational Trends Associated with World War II," *Journal of Marriage and Family* 1975; 37: 889–902.

25   N. Raza, "What Single People Are Starting to Realize," *New York Times*, May 18, 2020.

26   C. Cohan and S. Cole, "Life Course Transitions and Natural Disaster: Marriage, Birth, and Divorce Following Hurricane Hugo," *Journal of Family Psychology* 2002; 16: 14–25.

27   S. South, "Economic Conditions and the Divorce Rate: A Time-Series Analysis of the Postwar United States," *Journal of Marriage and Family* 1985; 47: 31–41.

28   Anonymous, "Domestic Violence Has Increased during Coronavirus Lockdowns," *The Economist*, April 23, 2020.

29   S. Zimmermann and S. Charles, "Chicago Domestic Violence Calls Up 18% in First Weeks of Coronavirus Shutdown," *Chicago Sun Times*, April 26, 2020.

30   A. Southall, "Why a Drop in Domestic Violence Reports Might Not Be a Good Sign," *New York Times*, April 17, 2020.

31   J. Ducharme, "COVID-19 Is Making America's Loneliness Epidemic Even Worse," *Time*, May 8, 2020.

32   A. Fetters, "The Boomerang Exes of Quarantine," *The Atlantic*, April 16, 2020.

33   H. Fisher, "How Coronavirus Is Changing the Dating Game for the Better," *New York Times*, May 7, 2020.

34   Anonymous, "Safer Sex and COVID-19," *NYC Health Department*, June 8, 2020.

35   A. Livingston, "Texas Lt. Gov. Dan Patrick Says a Failing Economy Is Worse Than Coronavirus," *Texas Tribune*, March 23, 2020.

36   J.J. Jordan et al., "Don't Get It or Don't Spread It? Comparing Self-Interested versus Prosocially Framed COVID-19 Prevention Messaging," *PsyArXiv*, May 14, 2020.

37   J.C. Hershey et al., "The Roles of Altruism, Free Riding, and Bandwagoning in Vaccination Decisions," *Organizational Behavior and Human Decision Processes* 1994; 59: 177-187; M. Li, "Stimulating Influenza Vaccination via Prosocial Motives," *PLOS ONE* 2016; 11: e0159780; J.T. Vietri, "Vaccinating to Help Ourselves and Others," *Medical Decision Making* 2012; 32: 447-458.

38   R. Solnit, A Paradise Built in Hell, New York: *Viking*, 2009, p. 4.(리베카 솔닛, 『이 폐허를 응시하라』, 펜타그램, 2012)

39   J. Zaki, "Catastrophe Compassion: Understanding and Extending Prosociality under Crisis," *Trends in Cognitive Sciences* 2020; 24: 587-589.

40   D. Holtz, et al., "Interdependence and the Cost of Uncoordinated Responses to COVID-19," *MIT Working Paper*, May 22, 2020.

41   S. Feigin et al., "Theories of Human Altruism: A Systematic Review," *Journal of Psychiatry and Brain Function* 2014; 1: 5; T.D. Windsor et al., "Volunteering and Psychological WellBeing among Young-Old Adults: How Much Is Too Much?" *Gerontologist* 2008; 48: 59-70; C. Schwartz et al., "Altruistic Social Interest Behaviors Are Associated with Better Mental Health," *Psychosomatic Medicine* 2003; 65: 778-785; T. Fujiwara, "The Role of Altruistic Behavior in Generalized Anxiety Disorder and Major Depression among Adults in the United States," *Journal of Affective Disorders* 2007; 101: 219-225; M.A. Musick and J.Wilson, "Volunteering and Depression: The Role of Psychological and Social Resources in Different Age Groups," *Social Science & Medicine* 2003; 56: 259-269; S.L. Brown et al., "Coping with Spousal Loss: Potential Buffering Effects of Self-Reported Helping Behavior," *Personality and Social Psychology Bulletin* 2008; 34: 849-861; H.L. Schacter and G.

Margolin, "When It Feels Good to Give: Depressive Symptoms, Daily Prosocial Behavior, and Adolescent Mood," *Emotion* 2019; 19: 923; K.J. Shillington et al., "Kindness as an Intervention for Student Social Interaction Anxiety, Affect, and Mood: The KISS of Kindness Study," *International Journal of Applied Positive Psychology*, May 14, 2020.

42 Anonymous, "Mental Health and Psychosocial Considerations during the COVID-19 Outbreak," *WHO*, March 18, 2020; Y. Feng et al., "When Altruists Cannot Help: The Influence of Altruism on the Mental Health of University Students during the COVID-19 Pandemic," *Globalization and Health* 2020; 16: 61.

43 Thucydides, *The History of the Peloponnesian War*, trans. Richard Crawley, London: Longmans, Green & Co., 1874, 2.47.4.(투퀴디데스, 『펠로폰네소스 전쟁사』, 숲, 2011)

44 J. de Venette, *The Chronicle of Jean de Venette*, in *The Black Death*, trans. and ed. R. Horrox, Manchester: Manchester University Press, 2013, pp. 55–56.

45 S. Kisely, "Occurrence, Prevention, and Management of the Psychological Effects of Emerging Virus Outbreaks on Healthcare Workers: Rapid Review and Meta-Analysis," *BMJ* 2020; 369: m1642.

46 J. Hoffman, "'I Can't Turn My Brain Off': PTSD and Burnout Threaten Medical Workers," *New York Times*, May 16, 2020.

47 K. Weise, "Two Emergency Room Doctors Are in Critical Condition with Coronavirus," *New York Times*, March 15, 2020.

48 C. Jewett et al., "Nearly 600—and Counting—US Health Care Workers Have Died of COVID-19," *The Guardian*, June 6, 2020.

49 M. Zhan et al., "Death from COVID-19 of 23 Health Care Workers in China," *New England Journal of Medicine* 2020; 382: 2267–2268; L. Magalhaes et al., "Brazil's Nurses Are Dying as COVID-19 Overwhelms Hospitals," *Wall Street Journal*, May 19, 2020.

50 Anonymous, "In Memoriam: Healthcare Workers Who Have Died of COVID-19," *Medscape*, May 1, 2020.

51 S. Gondi et al., "Personal Protective Equipment Needs in the USA during the COVID-19 Pandemic," *New England Journal of Medicine* 2020; 395: e90.

52 C. Jewett et al., "Workers Filed More Than 4,100 Complaints about Protective Gear. Some Died," *Kaiser Health News*, June 30, 2020.

53 M. Fackler, "Tsunami Warnings, Written in Stone," *New York Times*, April 20, 2011.

54 C. Domonoske, "Drought in Central Europe Reveals Cautionary 'Hunger Stones' in Czech

Republic," *NPR*, August 24, 2018.

55 S. Bhuamik, "Tsunami Folklore 'Saved Islanders,'" *BBC News*, January 20, 2005.

56 P.J. Richerson and R. Boyd, *Not by Genes Alone: How Culture Transformed Human Evolution*, Chicago: University of Chicago Press, 2005, p. 5.(로버트 보이드·피터 J. 리처슨, 『유전자만이 아니다』, 이음, 2009)

57 J. Henrich and C. Tennie, "Cultural Evolution in Chimpanzees and Humans," in *Chimpanzees and Human Evolution*, ed. M. Muller, R.W. Wrangham, and D.R. Pilbeam, Cambridge, MA: Harvard University Press, 2017.

58 T.T. Le et al., "The COVID-19 Vaccine Development Landscape," *Nature Reviews Drug Discovery* 2020; 19: 305-306; Anonymous, "Draft Landscape of COVID-19 Candidate Vaccines," *WHO*, April 20, 2020.

59 Anonymous, "China Has 5 Vaccine Candidates in Human Trials, with More Coming," *Bloomberg*, May 15, 2020.

60 Anonymous, "First FDA-Approved Vaccine for the Prevention of Ebola Virus Disease, Marking a Critical Milestone in Public Health Preparedness and Response," *United States Food and Drug Administration*, December 19, 2019.

61 E.S. Pronker et al., "Risk in Vaccine Research and Development Quantified," *PLOS ONE* 2013; 8: e57755.

62 K. Duan et al., "Effectiveness of Convalescent Plasma Therapy in Severe COVID-19 Patients," *Proceedings of the National Academy of Sciences* 2020; 117: 9490-9496; V.N. Pimenoff et al., "A Systematic Review of Convalescent Plasma Treatment for COVID-19," *medRxiv*, June 8, 2020; L. Li et al., "Effect of Convalescent Plasma Therapy on Time to Clinical Improvement in Patients with Severe and Life-Threatening COVID-19: A Randomized Clinical Trial," *JAMA*, June 3, 2020.

63 D. Lowe, "Coronavirus Vaccine Prospects," *Science Translational Medicine*, April 15, 2020.

64 D.R. Hopkins, *The Greatest Killer: Smallpox in History, with a New Introduction*, Chicago: University of Chicago Press, 2002, p. 80.

65 L.J. Saif, "Animal Coronavirus Vaccines: Lessons for SARS," *Developments in Biologicals* 2004; 119: 129-140.

66 H. Wang et al., "Development of an Inactivated Vaccine Candidate, BBIBP-CorV, with Potent Protection against SARS-CoV-2," *Cell* 2020; 182: 1-9.

67 Q. Gao et al., "Development of an Inactivated Vaccine Candidate for SARS-CoV-2," *Science*

2020; 369: 77–81; J. Cohen, "Covid-19 Vaccine Protects Monkeys from New Coronavirus, Chinese Biotech Reports," *Science*, April 23, 2020.

68 F.C. Zhu et al., "Safety, Tolerability, and Immunogenicity of a Recombinant Adenovirus Type-5 Vectored COVID-19 Vaccine: A Dose-Escalation, Open-Label, Non-Randomised, First-in-Human Trial," *The Lancet* 2020; 395: 13–19.

69 Anonymous, "Moderna Ships mRNA Vaccine against Novel Coronavirus (mRNA-1273) for Phase 1 Study," *Moderna*, February 24, 2020.

70 Anonymous, "Moderna Announces Positive Interim Phase 1 Data for Its mRNA Vaccine (mRNA-1273) against Novel Coronavirus," *Moderna*, May 18, 2020.

71 Anonymous, "Moderna Reports Positive Data from Phase I COVID-19 Vaccine Trial," *Moderna*, May 19, 2020.

72 G. Ramon, "Combined (Active-Passive) Prophylaxis and Treatment of Diphtheria and Tetanus," *JAMA* 1940; 114: 2366–2368.

73 D. Butler, "Close but No Nobel: The Scientists Who Never Won," *Nature*, October 11, 2016.

74 A.T. Glenny and H.J. Südmersen, "Notes on the Production of Immunity to Diphtheria Toxin," *Epidemiology and Infection* 2009; 20: 176–220.

75 G. Ott and G.V. Nest, "Development of Vaccine Adjuvants: A Historical Perspective," in *Vaccine Adjuvants and Delivery Systems*, ed. M. Singh, New York: Wiley and Sons, 2007, pp. 1–31; R.R. Shah et al., "Overview of Vaccine Adjuvants: Introduction, History, and Current Status," in *Vaccine Adjuvants: Methods and Protocols*, ed. C.B. Fox, New York: Springer Science, 2017, pp. 1–13.

76 T.T. Le et al., "The COVID-19 Vaccine Development Landscape," *Nature Reviews Drug Discovery* 2020; 19: 305–306.

77 K.A. Callow et al., "The Time Course of the Immune Response to Experimental Coronavirus Infection of Man," *Epidemiology and Infection* 1990; 105: 435–446; L.P. Wu et al., "Duration of Antibody Responses after Severe Acute Respiratory Syndrome," *Emerging Infectious Diseases* 2007; 13: 1562–1564.

78 S. Jiang, "Don't Rush to Deploy COVID-19 Vaccines and Drugs without Sufficient Safety Guarantees," *Nature*, March 16, 2020.

79 H.C. Lehmann et al., "Guillain-Barré Syndrome after Exposure to Influenza Virus," *Lancet Infectious Diseases* 2010; 10: 643–651.

80 P.A. Offit, *The Cutter Incident: How America's First Polio Vaccine Led to a Growing*

Vaccine Crisis, New Haven, CT: Yale University Press, 2007.

81 C.L. Thigpen and C. Funk, "Most Americans Expect a COVID-19 Vaccine within a Year; 72% Say They Would Get Vaccinated," *Pew Research Center*, May 21, 2020.

82 I.A. Hamilton, "Bill Gates Is Helping Fund New Factories for 7 Potential Coronavirus Vaccines, Even Though It Will Waste Billions of Dollars," *Business Insider*, April 3, 2020.

83 J.H. Beigel et al., "Remdesivir for the Treatment of COVID-19—Preliminary Report," *New England Journal of Medicine*, May 22, 2020.

84 Anonymous, "Low-Cost Dexamethasone Reduces Death by Up to One Third in Hospitalized Patients with Severe Respiratory Complications of COVID-19," *University of Oxford*, June 16, 2020; P. Horby et al., "Effect of Dexamethasone in Hospitalized Patients with Covid-19: Preliminary Report," *medRxiv*, June 22, 2020.

85 K.A. Callow et al., "The Time Course of the Immune Response to Experimental Coronavirus Infection of Man," *Epidemiology and Infection* 1990; 105: 435-446.

86 N. Eyal et al., "Human Challenge Studies to Accelerate Coronavirus Vaccine Licensure," *Journal of Infectious Diseases* 2020; 221: 1752-1756.

87 C. Friedersdorf, "Let Volunteers Take the COVID Challenge," *The Atlantic*, April 21, 2020.

88 Anonymous, "Expectations for a COVID-19 Vaccine," *AP-NORC Center*, May 2020.

89 C.L. Thigpen and C. Funk, "Most Americans Expect a COVID-19 Vaccine within a Year; 72% Say They Would Get Vaccinated," *Pew Research Center*, May 21, 2020.

90 Anonymous, "Expectations for a COVID-19 Vaccine," *AP-NORC Center*, May 2020.

91 D.G. McNeil Jr., "'We Loved Each Other': Fauci Recalls Larry Kramer, Friend and Nemesis," *New York Times*, May 27, 2020.

92 D. Bernard, "Three Decades before Coronavirus, Anthony Fauci Took Heat from AIDS Protestors," *Washington Post*, May 20, 2020.

93 S.M. Hammer et al., "A Controlled Trial of Two Nucleoside Analogues plus Indinavir in Persons with Human Immunodeficiency Virus Infection and CD4 Cell Counts of 200 per Cubic Millimeter or Less," *New England Journal of Medicine* 1997; 337: 725-733; R.M. Gulick et al., "Treatment with Indinavir, Zidovudine, and Lamivudine in Adults with Human Immunodeficiency Virus Infection and Prior Antiretroviral Therapy," *New England Journal of Medicine* 1997; 337: 734-739.

94 A.S. Fauci and R.W. Eisinger, "PEPFAR—15 Years and Counting the Lives Saved," *New England Journal of Medicine* 2018; 378: 314-316.

1   E. Gibney, "Coronavirus Lockdowns Have Changed the Way Earth Moves," *Nature*, March 31, 2020.; T. Lecocq et al., "Global Quieting of High-Frequency Seismic Noise Due to COVID-19 Pandemic Lockdown Measures," *Science*, July 23, 2020.

2   L. Boyle, "Himalayas Seen for First Time in Decades from 125 Miles Away after Pollution Drop," *The Independent*, April 8, 2020; India State-Level Disease Burden Initiative Air Pollution Collaborators, "The Impact of Air Pollution on Deaths, Disease Burden, and Life Expectancy across the States of India: The Global Burden of Disease Study 2017," *Lancet Planetary Health* 2019; 3: e26-e39.

3   M. Vasquez, "Trump Now Says He Wasn't Kidding When He Told Officials to Slow Down Coronavirus Testing, Contradicting Staff," *CNN*, June 23, 2020.

4   S.S. Dutta, "People under 45 Make Up Higher Percentage of COVID-19 Deaths in India Compared to US, China," *New Indian Express*, May 1, 2020.

5   Anonymous, "Coronavirus: India to Use 500 Train Carriages as Wards in Delhi," *BBC*, June 14, 2020.

6   J.T. Lewis and L. Magalhaes, "Brazilian Court Rules President Bolsonaro Must Wear Mask in Public," *Wall Street Journal*, June 23, 2020.

7   L. Zhang et al., "Mutated Coronavirus Shows Significant Boost in Infectivity," *Scripps Research*, June 12, 2020.

8   P. Belluck, "Here's What Recovery from COVID-19 Looks Like for Many Survivors," *New York Times*, July 1, 2020.

9   S. Chapman, "Great Expectorations! The Decline of Public Spitting: Lessons for Passive Smoking?" *BMJ* 1995; 311: 1685.

10   P.H. Lai et al., "Characteristics Associated with Out-of-Hospital Cardiac Arrests and Resuscitations during the Novel Coronavirus Disease 2019 Pandemic in New York City," *JAMA Cardiology*, June 19, 2020.

11   N. Friedman, "Locked-Down Teens Stay Up All Night, Sleep All Day," *Wall Street Journal*, May 22, 2020.

12   L. Skenazy, "COVID Surprise: Kids Are Doing All the Stuff Helicopter Parents Used to Do for Them," *Big Think*, April 30, 2020.

13   N. Doyle-Burr, "Norwich Rallies Together to Grow Gardens as Part of COVID-19 Response," *Valley News* (Lebanon, NH), May 18, 2020.

14 United Nations, Department of Economic and Social Affairs, Population Division, *World Urbanization Prospects: The 2018 Revision (ST/ESA/SER.A/420)*, New York: United Nations, 2019.

15 Anonymous, "Men Pick Up (Some) of the Slack at Home: New National Survey on the Pandemic at Home," *Council on Contemporary Families*, May 20, 2020.

16 Anonymous, "A Survey of Handwashing Behavior (Trended)," *Harris Interactive*, August 2010.

17 K.R. Moran and S.Y. Del Valle, "A Meta-Analysis of the Association between Gender and Protective Behaviors in Response to Respiratory Epidemics and Pandemics," *PLOS ONE* 2016; 11: e0164541.

18 J. Scipioni, "White House Advisor Dr. Fauci Says Handshaking Needs to Stop Even When Pandemic Ends—Other Experts Agree," *CNBC*, April 9, 2020.

19 E. Andrews, "The History of the Handshake," *History*, August 9, 2016.

20 I. Frumin et al., "A Social Chemosignaling Function for Human Handshaking," *eLife* 2015; 4: e05154.

21 S. Pappas, "Chimp 'Secret Handshakes' May Be Cultural," *Scientific American*, August 29, 2012.

22 N. Strochlic, "Why Do We Touch Strangers So Much? A History of the Handshake Offers Clues," *National Geographic*, March 12, 2020; S. Fitzgerald, "6 Ways People around the World Say Hello—Without Touching," *National Geographic*, March 23, 2020.

23 N. Strochlic, "Why Do We Touch Strangers So Much? A History of the Handshake Offers Clues," *National Geographic*, March 12, 2020.

24 S. Roberts, "Let's (Not) Shake on It," *New York Times*, May 2, 2020.

25 A. Witze, "Universities Will Never Be the Same after the Coronavirus Crisis," *Nature*, June 1, 2020.

26 D. Harwell, "Mass School Closures in the Wake of the Coronavirus Are Driving a New Wave of Student Surveillance," *Washington Post*, April 1, 2020.

27 C. Papst, "Police Search Baltimore County House over BB Guns in Virtual Class," *FOX45 News*, June 10, 2020.

28 L. Ferretti et al., "Quantifying SARS-CoV-2 Transmission Suggests Epidemic Control with Digital Contact Tracing," *Science* 2020; 368: eabb6936.

29 Anonymous, "Apple and Google Partner on COVID-19 Contact Tracing Technology," *Apple*, April 10, 2020; S. Overly and M. Ravindranath, "Google and Apple's Rules for Virus Tracking

Apps Sow Division among States," *Politico*, June 11, 2020.

30 M. Giglio, "The Pandemic's Cost to Privacy," *The Atlantic*, April 22, 2020.

31 N.A. Christakis and J.H. Fowler, "Social Network Sensors for Early Detection of Contagious Outbreaks," *PLOS ONE* 2010; 5: e12948.

32 Thucydides, *The History of the Peloponnesian War*, trans. Richard Crawley, London: Longmans, Green & Co., 1874, p. 133.(투퀴디데스, 『펠로폰네소스 전쟁사』, 숲, 2011)

33 Anonymous, "Most Americans Say Coronavirus Outbreak Has Impacted Their Lives," *Pew Research Center*, March 30, 2020; F. Newport, "Religion and the COVID-19 Virus in the U.S," *Gallup*, April 6, 2020.

34 F. Newport, "Religion and the COVID-19 Virus in the U.S," *Gallup*, April 6, 2020.

35 C. Gecewicz, "Few Americans Say Their House of Worship Is Open, but a Quarter Say Their Faith Has Grown amid Pandemic," *Pew Research Center*, April 30, 2020.

36 Anonymous, "Coronavirus: South Korea Church Leader Apologises for Virus Spread," *BBC*, March 2, 2020; W. Boston, "More Than 100 in Germany Found to Be Infected with Coronavirus after Church's Services," *Wall Street Journal*, May 24, 2020; L. Hamner et al., "High SARS-CoV-2 Attack Rate Following Exposure at a Choir Practice—Skagit County, Washington, March 2020," *CDC Morbidity and Mortality Weekly Report* 2020; 69: 606–610.

37 C. Gecewicz, "Few Americans Say Their House of Worship Is Open, but a Quarter Say Their Faith Has Grown Amid Pandemic," *Pew Research Center*, April 30, 2020.

38 Anonymous, "Most Americans Say Coronavirus Outbreak Has Impacted Their Lives," *Pew Research Center*, March 30, 2020.

39 J. Abdalla, "Michigan Muslims Find New Ways to Celebrate Eid amid a Pandemic," *Al Jazeera*, May 22, 2020.

40 I. Lovett and R. Elliott, "America's Churches Weigh Coronavirus Danger against the Need to Worship," *Wall Street Journal*, May 28, 2020.

41 A. Liptak, "Supreme Court, in 5-4 Decision, Rejects Church's Challenge to Shutdown Order," *New York Times*, May 30, 2020.

42 P. Drexler, "For Divorced Parents, a Time to Work Together," *Wall Street Journal*, April 25, 2020.

43 J. Couzin-Frankel, "From 'Brain Fog' to Heart Damage, COVID-19's Lingering Problems Alarm Scientists," *Science*, July 31, 2020; Y. Lu et al., "Cerebral Micro-Structural Changes

in COVID-19 Patients—An MRI-Based 3-Month Follow-Up Study," *EClinicalMedicine*, August 3, 2020.

44   R. Kocher, "Doctors without State Borders: Practicing across State Lines," *Health Affairs*, February 18, 2014.

45   M.L. Barnett, "After the Pandemic: Visiting the Doctor Will Never Be the Same. And That's Fine," *Washington Post*, May 11, 2020.

46   E.J. Emanuel and A.S. Navathe, "Will 2020 Be the Year That Medicine Was Saved?" *New York Times*, April 14, 2020.

47   D.C. Classen et al., "'Global Trigger Tool' Shows That Adverse Events in Hospitals May Be Ten Times Greater Than Previously Measured," *Health Affairs* 2011; 30: 581-589.

48   S.A. Cunningham et al., "Doctors' Strikes and Mortality: A Review," *Social Science and Medicine* 2008; 67: 1784-1788.

49   A.B. Jena et al., "Mortality and Treatment Patterns among Patients Hospitalized with Acute Cardiovascular Conditions during Dates of National Cardiology Meetings," *JAMA Internal Medicine* 2015; 175: 237-244.

50   H.G. Welch and V. Prasad, "The Unexpected Side Effects of COVID-19," *CNN*, May 27, 2020.

51   E. Goldberg, "Early Graduation Could Send Medical Students to Virus Front Lines," *New York Times*, March 26, 2020.

52   J. Lu, "World Bank: Recession Is the Deepest in Decades," *NPR*, June 12, 2020.

53   B. Casselman, "A Collapse That Wiped Out 5 Years of Growth, with No Bounce in Sight," *New York Times*, July 30, 2020.

54   R. Sanchez, "'So Many More Deaths Than We Could Have Ever Imagined.' This Is How America's Largest City Deals with Its Dead," *CNN*, May 3, 2020.

55   M. Flynn, "They Lived in a Factory for 28 Days to Make Millions of Pounds of Raw PPE Materials to Help Fight Coronavirus," *Washington Post*, April 23, 2020.

56   S. Lewis, "Distilleries Are Making Hand Sanitizer and Giving It Out for Free to Combat Coronavirus," *CBS News*, March 14, 2020.

57   L. Darmiento, "How the L.A. Apparel Industry Became Mask Makers," *Los Angeles Times*, June 22, 2020.

58   D. Robinson, "The Companies Repurposing Manufacturing to Make Key Medical Kit during COVID-19 Pandemic," *NS Medical Devices*, April 1, 2020.

59 C. Edwards, "Onshoring in the Post-Coronavirus Future: Local Goods for Local People," *Engineering and Technology*, May 18, 2020.

60 C.A. Makridis and T. Wang, "Learning from Friends in a Pandemic: Social Networks and the Macroeconomic Response of Consumption," *SSRN*, May 17, 2020.

61 Associated Press, "U.S. Online Alcohol Sales Jump 243% during Coronavirus Pandemic," *MarketWatch*, April 2, 2020.

62 W. Oremus, "What Everyone's Getting Wrong about the Toilet Paper Shortage," *Medium Marker*, April 2, 2020.

63 Logistics Management Staff, "Parcel Experts Weigh In on FedEx and UPS So Far throughout the COVID-19 Pandemic," *Logistics Management*, June 8, 2020.

64 A. Palmer, "Amazon to Hire 100,000 More Workers and Give Raises to Current Staff to Deal with Coronavirus Demands," *CNBC*, March 16, 2020.

65 Anonymous, "US Oil Prices Turn Negative as Demand Dries Up," *BBC*, April 21, 2020.

66 A. Tappe, "Prices Are Tumbling at an Alarming Rate," *CNN*, May 12, 2020.

67 M. Wayland, "Worst Yet to Come as Coronavirus Takes Its Toll on Auto Sales," *CNBC*, April 1, 2020; P. LeBeau and N. Higgins-Dunn, "General Motors, Ford and Fiat Chrysler to Temporarily Close All US Factories Due to the Coronavirus," *CNBC*, March 18, 2020.

68 A. Villas-Boas, "Comcast, Charter, Verizon, and Dozens of Other Internet and Phone Providers Have Signed an FCC Pledge to 'Keep Americans Connected' Even If They Can't Pay during Disruptions Caused by Coronavirus," *Business Insider*, March 13, 2020.

69 Anonymous, "College Students: U-Haul Offers 30 Days Free Self-Storage amid Coronavirus Outbreak," *U-Haul*, March 12, 2020.

70 L. Rackl, "Demand for RVs Grows as Coronavirus Crisis Changes the Way We Travel. 'I Can See So Many People Doing It This Summer,'" *Chicago Tribune*, May 20, 2020.

71 Anonymous, "Considerations for Travelers—Coronavirus in the US," *CDC*, June 28, 2020.

72 J. Maze, "A Lot of Restaurants Are Already Permanently Closed," *Restaurant Business Magazine*, March 27, 2020.

73 Anonymous, "Small Business Impact Report," *CardFlight*, April 15, 2020; Anonymous, "Small Business Impact Report," *CardFlight*, May 13, 2020.

74 E. Luce, "Tata's Lessons for the Post-Covid World," *Financial Times*, May 1, 2020.

75 H. Goldman, "NYC to Close 40 Miles of Streets to Give Walkers More Space," *Bloomberg*, April 27, 2020.

76   E. Addley, "Eureka Moment? Law Firms Report Rush to Patent Ideas amid UK Lockdown," *The Guardian*, May 24, 2020.

77   C. Mims, "Reporting for Coronavirus Duty: Robots That Go Where Humans Fear to Tread," *Wall Street Journal*, April 4, 2020.

78   T.B. Lee, "The Pandemic Is Bringing Us Closer to Our Robot Takeout Future," *Ars Technica*, April 24, 2020.

79   D. Schneider and K. Harknett, "Essential and Vulnerable: Service Sector Workers and Paid Sick Leave," *University of California Shift Project*, April 2020.

80   E. Luce, "Tata's Lessons for the Post-Covid World," *Financial Times*, May 1, 2020.

81   E. Bernstein et al., "The Implications of Working without an Office," *Harvard Business Review*, July 15, 2020.

82   Ibid.

83   Bureau of Labor Statistics, U.S. Department of Labor, *Occupational Employment Statistics, Occupational Employment and Wages: 39-9011 Childcare Workers*, May 2017.

84   L. Hogan et al., "Holding On Until Help Comes: A Survey Reveals Child Care's Fight to Survive," *National Association for the Education of Young Children*, July 13, 2020.

85   N. Joseph, "Roll Call: The Importance of Teacher Attendance," *National Council on Teacher Quality*, June 2014.

86   G. Viglione, "How Scientific Conferences Will Survive the Coronavirus Shock," *Nature*, June 2, 2020.

87   L.B. Kahn, "The Long-Term Labor Market Consequences of Graduating from College in a Bad Economy," *Labour Economics* 2010; 17: 303–316.

88   E.C. Bianchi, "The Bright Side of Bad Times: The Affective Advantages of Entering the Workforce in a Recession," *Administrative Science Quarterly* 2013; 58: 587–623.

89   A. Grant, "Adam Grant on How Jobs, Bosses, and Firms May Improve after the Crisis," *The Economist*, June 1, 2020.

90   A. di Tura di Grasso, *Cronica Maggiore*, in "Plague Readings," A. Futrell (University of Arizona), 2002.

91   S. Correia et al., "Pandemics Depress the Economy, Public Health Interventions Do Not: Evidence from the 1918 Flu," *SSRN working paper*, June 11, 2020.

92   Ò. Jordà et al., "Longer-Run Economic Consequences of Pandemics," *Federal Reserve Bank of San Francisco Working Paper 2020-09*, June 2020.

93   Cathedral of Rochester, *Historia Roffensis*, in *The Black Death*, trans. and ed. R. Horrox, Manchester: Manchester University Press, 2013, p. 70.

94   E. Saez and G. Zucman, "Wealth Inequality in the United States since 1913: Evidence from Capitalized Income Tax Data," *Quarterly Journal of Economics* 2016; 131: 519–578.

95   T. McTague, "The Decline of the American World," *The Atlantic*, June 24, 2020.

96   V. Sacks and D. Murphey, "The Prevalence of Adverse Childhood Experiences, Nationally, by State, and by Race or Ethnicity," *Child Trends*, February 12, 2018; D.J. Bryant et al., "The Rise of Adverse Childhood Experiences during the COVID-19 Pandemic," *Psychological Trauma: Theory, Research, Practice, and Policy* 2020; 12: S193–S194.

97   M. Lin and E. Liu, "Does In Utero Exposure to Illness Matter? The 1918 Influenza Epidemic in Taiwan as a Natural Experiment," *Journal of Health Economics* 2014; 37: 152–163.

98   B. Mazumder et al., "Lingering Prenatal Effects of the 1918 Influenza Pandemic on Cardiovascular Disease," *Journal of Developmental Origins of Health and Disease* 2010; 1: 26–34.

99   D. Almond, "Is the 1918 Influenza Pandemic Over? Long–Term Effects of In Utero Influenza Exposure in the Post–1940 U.S. Population," *Journal of Political Economy* 2006; 114: 672–712.

100   R.E. Nelson, "Testing the Fetal Origins Hypothesis in a Developing Country: Evidence from the 1918 Influenza Pandemic," *Health Economics* 2010; 19: 1181–1192; J. Helgertz and T. Bengtsson, "The Long-Lasting Influenza: The Impact of Fetal Stress during the 1918 Influenza Pandemic on Socioeconomic Attainment and Health in Sweden, 1968–2012," *Demography* 2019; 56: 1389–1425.

101   L. Spinney, *Pale Rider: The Spanish Flu of 1918 and How It Changed the World*, New York: Public Affairs, 2017, p. 261.(로라 스피니, 『죽음의 청기사』, 유유, 2021)

102   V. Woolf, "On Being Ill," *The Criterion*, January 1926, p. 32.

103   Z. Stanska, "Plague in Art: 10 Paintings You Should Know in the Times of Coronavirus," *Daily Art Magazine*, March 9, 2020.

104   A. Swift, "In U.S., Belief in Creationist View of Humans at New Low," *Gallup*, May 22, 2017.

105   S. Neuman, "1 in 4 Americans Thinks the Sun Goes around the Earth, Survey Says," *NPR*, February 14, 2020.

106   E.C. Hughes, "Mistakes at Work," *Canadian Journal of Economics and Political Science* 1951; 17: 320–327.

107   D. Lazer et al., "The State of the Nation: A 50-State COVID-19 Survey," *Northeastern University*, April 20, 2020.

108   C. Funk, "Key Findings about Americans' Confidence in Science and Their View on Scientists' Role in Society," *Pew Research Center*, February 12, 2020.

109   K. Andersen, *Fantasyland: How America Went Haywire: A 500-Year History*, New York: Random House, 2017.(커트 앤더슨, 『판타지랜드』, 세종서적, 2018)

110   D. Lazer et al., "The State of the Nation: A 50-State COVID-19 Survey," *Northeastern University*, April 20, 2020.

111   US Department of Health and Human Services, "Dr. Anthony Fauci: 'Science Is Truth,'" *Learning Curve*, June 17, 2020.

112   M. Stevis-Gridneff, "The Rising Heroes of the Coronavirus Era? Nations' Top Scientists," *New York Times*, April 5, 2020.

113   S.K. Cohn Jr., *The Black Death Transformed: Disease and Culture in Early Renaissance Europe*, New York: Oxford University Press, 2002.

8장

1   G.C. Marshall, "Address of Welcome by the Honorable George C. Marshall," *Proceedings of the Fourth International Congress on Tropical Medicine and Malaria*, Washington, DC: Department of State, 1948, pp. 1-4.

2   A. Cockburn, *The Evolution and Eradication of Infectious Diseases*, Baltimore: Johns Hopkins University Press, 1963, p. 150.

3   R.G. Petersdorf, "The Doctor's Dilemma," *New England Journal of Medicine* 1978; 299: 628-634.

4   J. Lederberg, "Infectious Disease—A Threat to Global Health and Security," *JAMA* 1996; 275: 417-419.

5   F.M. Snowden, *Epidemics and Society: From the Black Death to the Present*, New Haven, CT: Yale University Press, 2019, p. 453.

6   Ibid., p. 458.

7   White House Office of Science and Technology Policy, "Fact Sheet: Addressing the Threat of Emerging Infectious Diseases," June 12, 1996.

8   US Department of Defense, *Addressing Emerging Infectious Disease Threats: A Strategic Plan for the Department of Defense*, Washington, DC: USGPO, 1998, p. 1.

9   CIA, "The Global Infectious Disease Threat and Its Implications for the United States," *NIE 99-17D*, January 2000.

10   K.E. Jones et al., "Global Trends in Emerging Infectious Diseases," *Nature* 2008; 451: 990–993.

11   L.A. Dux et al., "Measles Virus and Rinderpest Virus Divergence Dated to the Sixth Century BCE," *Science* 2020; 368: 1367–1370; M.J. Keeling and B.T. Grenfell, "Disease Extinction and Community Size: Modeling the Persistence of Measles," *Science* 1997; 275: 65–67.

12   C. Zimmer, "Isolated Tribe Gives Clues to the Origins of Syphilis," *Science* 2008; 319: 272; K.N. Harper et al., "On the Origin of the Treponematoses: A Phylogenetic Approach," *PloS Neglected Tropical Diseases* 2008; 2: e148.

13   J. Diamond, "The Germs That Transformed History," *Wall Street Journal*, May 22, 2020.

14   COVID-19 Response Team, "Severe Outcomes among Patients with Coronavirus Disease 2019 (COVID-19)—United States, February 12–March 16, 2020," *CDC Morbidity and Mortality Weekly Report* 2020; 69: 343–346; S. Richardson et al., "Presenting Characteristics, Comorbidities, and Outcomes among 5,700 Patients Hospitalized with COVID-19 in the New York City Area," *JAMA* 2020; 323: 2052–2059.

15   K. Modig and M. Ebeling, "Excess Mortality from COVID-19: Weekly Excess Death Rates by Age and Sex for Sweden," *medRxiv*, May 15, 2020.

16   J.R. Goldstein and R.D. Lee, "Demographic Perspectives on Mortality of COVID-19 and Other Epidemics," *NBER Working Paper 27043*, April 2020.

17   Ibid.

18   W.G. Lovell, "Disease and Depopulation in Early Colonial Guatemala," in *"Secret Judgments of God": Old World Disease in Colonial Spanish America*, ed. N.D. Cook and W.G. Lovell, Norman: University of Oklahoma Press, 1992, p. 61.

19   Korber et al., "Tracking Changes in SARS-CoV-2 Spike: Evidence That D614G Increases Infectivity of the COVID-19 Virus," *Cell* 2020; 182: 1–16, August 2020; Q. Li, et al., "The Impact of Mutations in SARS-CoV-2 Spike on Viral Infectivity and Antigenicity," *Cell* 2020; 182: 1–11, September 2020; H. Yao et al., "Patient-Derived Mutations Impact Pathogenicity of SARS-CoV-2," *medRxiv*, April 23, 2020; L. Zhang et al., "The D614G Mutation in the SARS-CoV-2 Spike Protein Reduces S1 Shedding and Increases Infectivity," *bioRxiv*, June 12, 2020.

20   S. Chen et al., "China's New Outbreak Shows Signs the Virus Could Be Changing,"

Bloomberg News, May 20, 2020.

21 L. Vijgen et al., "Complete Genomic Sequence of Human Coronavirus OC43: Molecular Clock Analysis Suggests a Relatively Recent Zoonotic Coronavirus Transmission Event," *Journal of Virology* 2005; 79: 1595-1604.

22 A.J. Valleron et al., "Transmissibility and Geographic Spread of the 1889 Influenza Pandemic," *Proceedings of the National Academy of Sciences* 2010; 107: 8778-8781.

23 Anonymous, "The Influenza Pandemic," *The Lancet*, January 11, 1890, pp. 88-89.

24 G. Daugherty, "The Russian Flu of 1889: The Deadly Pandemic Few Americans Took Seriously," *History*, March 23, 2020.

25 A.J. Valleron et al., "Transmissibility and Geographic Spread of the 1889 Influenza Pandemic," *Proceedings of the National Academy of Sciences* 2010; 107: 8778-8781; J. Mulder and N. Masurel, "Pre-Epidemic Antibody against 1957 Strain of Asiatic Influenza in Serum of Older People Living in the Netherlands," *The Lancet* 1958; 1: 810-814.

26 Anonymous, "The Influenza Pandemic," *The Lancet*, January 11, 1890, pp. 88-89.

27 A.B. Docherty et al., "Features of 20,133 UK Patients in Hospital with COVID-19 Using the ISARC WHO Clinical Characterization Protocol: Prospective Observational Cohort Study," *British Medical Journal* 2020; 369: m1985; Y. Wu et al., "Nervous System Involvement after Infection with COVID-19 and Other Coronaviruses," Brain, Behavior, and Immunity 2020; 87: 18-22; S.H. Wong et al., "COVID-19 and the Digestive System," *Journal of Gastroenterology and Hepatology* 2020; 35: 744-748.

28 A.S. Monto et al., "Clinical Signs and Symptoms Predicting Influenza Infection," *Archives of Internal Medicine* 2000; 160: 3243-3247; J.H. Yang et al., "Predictive Symptoms and Signs of Laboratory-Confirmed Influenza," *Medicine* 2015; 94: 1-6.

29 L. Vijgen et al., "Complete Genomic Sequence of Human Coronavirus OC43: Molecular Clock Analysis Suggests a Relatively Recent Zoonotic Coronavirus Transmission Event," *Journal of Virology* 2005; 79: 1595-1604.

30 E.T. Ewing, "La Grippe or Russian Influenza: Mortality Statistics during the 1890 Epidemic in Indiana," *Influenza and Other Respiratory Diseases* 2019; 13: 279-287; D. Ramiro et al., "Age-Specific Excess Mortality Patterns and Transmissibility during the 1889-1890 Influenza Pandemic in Madrid, Spain," *Annals of Epidemiology* 2018; 28: 267-272.

31 J. Leng and D.R. Goldstein, "Impact of Aging on Viral Infections," *Microbes and Infection* 2010; 12: 1120-1124.

32   H. Rawson et al., "Deaths from Chickenpox in England and Wales 1995–7: Analysis of Routine Mortality Data," *BMJ* 2001; 323: 1091–1093; S. Chaves et al., "Loss of Vaccine-Induced Immunity to Varicella over Time," *New England Journal of Medicine* 2007; 356: 1121–1129.

33   S.K. Dunmire et al., "Primary Epstein–Barr Virus Infection," *Journal of Clinical Virology* 2018; 102: 84–92; S. Jayasooriya et al., "Early Virological and Immunological Events in Asymptomatic Epstein–Barr Virus Infection in African Children," *PLOS Pathogens* 2015; 11: e1004746; A. Ascherio and K.L. Munger, "Epstein–Barr Virus Infection and Multiple Sclerosis: A Review," *Journal of Neuroimmune Pharmacology* 2010; 5: 271–277.

34   T. Westergaard et al., "Birth Order, Sibship Size and Risk of Hodgkin's Disease in Children and Young Adults: A Population-Based Study of 31 Million Person-Years," *International Journal of Cancer* 1997; 72: 977–981; H. Hjalgrim et al., "Infectious Mononucleosis, Childhood Social Environment, and Risk of Hodgkin Lymphoma," *Cancer Research* 2007; 67: 2382–2388.

35   E.K. Karlsson et al., "Natural Selection and Infectious Disease in Human Populations," *Nature Reviews Genetics* 2014; 15: 379–393.; K.I. Bos et al., "Pre-Columbian Mycobacterial Genomes Reveal Seals as a Source of New World Human Tuberculosis," *Nature* 2014; 514: 494–497; B. Muhlemann et al., "Diverse Variola Virus (Smallpox) Strains Were Widespread in Northern Europe in the Viking Age," *Nature* 2020; 369: eaaw8977; S. Rasmussen et al., "Early Divergent Strains of Yersinia Pestis in Eurasia 5,000 Years Ago," *Cell* 2015; 163: 571–582.

36   M. Fumagalli et al., "Signatures of Environmental Genetic Adaptation Pinpoint Pathogens as the Main Selective Pressure through Human Evolution," *PLoS Genetics* 2011; 7: e1002355.

37   N.A. Christakis, *Blueprint: The Evolutionary Origin of a Good Society*, New York: Little, Brown, 2019.

38   J. Ostler, *The Plains Sioux and U.S. Colonialism from Lewis and Clark to Wounded Knee*, Cambridge: Cambridge University Press, 2004.

39   C.D. Dollar, "The High Plains Smallpox Epidemic of 1837–38," *Western Historical Quarterly* 1977; 8: 15–38.

40   R. Thornton, *American Indian Holocaust and Survival: A Population History since 1492*, Norman: University of Oklahoma Press, 1987.

41   J. Lindo et al., "A Time Transect of Exomes from a Native American Population before and after European Contact," *Nature Communications* 2016; 7: 1–11.

42 M. Price, "European Diseases Left a Genetic Mark on Native Americans," *Science*, November 15, 2016.

43 H. Laayouni et al., "Convergent Evolution in European and Roma Populations Reveals Pressure Exerted by Plague on Toll-Like Receptors," *Proceedings of the National Academy of Sciences* 2014; 111: 2668–2673.

44 A.C. Allison, "Protection Afforded by Sickle-Cell Trait against Subtertian Malarial Infection," *British Medical Journal* 1954; 1: 290–294; D.P. Kwiatkowski, "How Malaria Has Affected the Human Genome and What Human Genetics Can Teach Us about Malaria," *American Journal of Human Genetics* 2005; 77: 171–192; K.J. Pittman et al., "The Legacy of Past Pandemics: Common Human Mutations That Protect against Infectious Disease," *PLoS Pathogens* 2016; 12: e1005680.

45 I.C. Withrock et al., "Genetic Diseases Conferring Resistance to Infectious Diseases," *Genes and Diseases* 2015; 2: 247–254; A. Mowat, "Why Does Cystic Fibrosis Display the Prevalence and Distribution Observed in Human Populations?" *Current Pediatric Research* 2017; 21: 164–171; G.R. Cutting, "Cystic Fibrosis Genetics: From Molecular Understanding to Clinical Application," *Nature Reviews Genetics* 2015; 16: 45–56; E.M. Poolman et al., "Evaluating Candidate Agents of Selective Pressure for Cystic Fibrosis," *Journal of the Royal Society Interface* 2007; 4: 91–98.

46 D. Ellinghaus et al., "The ABO Blood Group Locus and a Chromosome 3 Gene Cluster Associate with SARS-CoV-2 Respiratory Failure in an Italian-Spanish Genome-Wide Association Analysis," *medRxiv*, June 2, 2020.

47 H. Zeberg and S. Pääbo, "The Major Genetic Risk Factor for Severe COVID-19 Is Inherited from Neandertals," *bioRxiv*, July 3, 2020.

48 A.M. Brandt, *No Magic Bullet: A Social History of Venereal Disease in the United States since 1880*, New York: Oxford University Press, 1985.

49 A.M. Brandt and A. Botelho, "Not a Perfect Storm—COVID-19 and the Importance of Language," *New England Journal of Medicine* 2020; 382: 1493–1495.

50 A. Wise, "White House Defends Trump's Use of Racist Term to Describe Coronavirus," *NPR*, June 22, 2020.

51 K. Gibson, "Survey Finds 38% of Beer-Drinking Americans Say They Won't Order a Corona," *CBS News*, March 1, 2020.

52 M. Honigsbaum, *A History of the Great Influenza Pandemics: Death, Panic, and Hysteria,*

1830–1920, London: Bloomsbury, 2014.

53   D.G. McNeil, "As States Rush to Reopen, Scientists Fear a Coronavirus Comeback," *New York Times*, May 11, 2020.

54   C. Ornstein and M. Hixenbaugh, "'All the Hospitals Are Full': In Houston, Overwhelmed ICUs Leave COVID-19 Patients Waiting in ERs," *ProPublica*, July 10, 2020; E. Platoff, "Gov. Greg Abbott Keeps Businesses Open Despite Surging Coronavirus Cases and Rising Deaths in Texas," *Texas Tribune*, June 25, 2020; A. Samuels, "Gov. Greg Abbott Warns If Spread of COVID-19 Doesn't Slow, 'The Next Step Would Have to Be a Lockdown,'" *Texas Tribune*, July 10, 2020.

55   S. Gottlieb et al., "National Coronavirus Response: A Road Map to Reopening," *AEI Report*, March 28, 2020.

56   G. Kolata, "How Pandemics End," *New York Times*, May 10, 2020.

57   E. Kübler-Ross, *On Death and Dying*, New York: Macmillan, 1969.(엘리자베스 퀴블러 로스, 『죽음과 죽어감』, 청미, 2018)

58   F.M. Snowden, *Epidemics and Society: From the Black Death to the Present*, New Haven, CT: Yale University Press, 2019; M.T. Osterholm and M. Olshaker, *Deadliest Enemy: Our War Against Killer Germs*, New York: Little, Brown, 2017.(마이클 오스터홈·마크 올셰이커, 『살인 미생물과의 전쟁』, 글항아리, 2020); L. Garrett, *The Coming Plague: Newly Emerging Diseases in a World Out of Balance*, New York: Penguin, 1995; P.E. Farmer, *Infections and Inequalities: The Modern Plagues*, Berkeley: University of California Press, 1999.(폴 파머, 『감염과 불평등』, 신아출판사, 2010)

59   D.M. Morens and A.S. Fauci, "The 1918 Influenza Pandemic: Insights for the 21st Century," *Journal of Infectious Diseases* 2007; 195: 1018-1028.

60   H. Sun et al., "Prevalent Eurasian Avian-Like H1N1 Swine Influenza Virus with 2009 Pandemic Viral Genes Facilitating Human Infection," *Proceedings of the National Academy of Sciences*, June 2020.

에필로그

1   D.M. Cutler and L.H. Summers, "The COVID-19 Pandemic and the 16 Trillion Virus," *JAMA* 2020; 324: 1495-1496.

2   Y. Zhou and G. Stix, "COVID Is on Track to Become the U.S.'s Leading Cause of Death – Yet Again," *Scientific American, January* 13, 2021.

3   T. Andrasfay and N. Goldman, "Reductions in 2020 US Life Expectancy due to COVID-19 and the Disproportionate Impact on the Black and Latino Populations," *PNAS* 2021; 118: e2014746118.

4   F.P. Polack, et al., "Safety and Efficacy of the BNT162b2 mRNA COVID-19 Vaccine," *New England Journal of Medicine* 2020; 383: 2603-2615; and M. Herper, "COVID-19 Vaccine from Pfizer and BioNTech Is Strongly Effective, Early Data from Large Trial Indicate," *STAT News*, November 9, 2020.

5   L.R. Baden et al., "Efficacy and Safety of the mRNA-1723 SARS-CoV-2 Vaccine," New England Journal of Medicine 2021; 384: 403-416.

6   Y. Li et al, "A Comprehensive Review of the Global Efforts on COVID-19 Vaccine Development," *ACS Central Science* 2021; 7: 512-533.

7   Anonymous, "NIH Clinical Trial of Investigational Vaccine for COVID-19 Begins, NIH press release, March 16, 2020.

8   Y. Li et al, "A Comprehensive Review of the Global Efforts on COVID-19 Vaccine Development," *ACS Central Science* 2021; 7: 512-533.

9   N. Dagan et al., "BNT162b2 mRNA COVID-19 Vaccine in a Nationwide Mass Vaccination Setting," *New England Journal of Medicine* 2021; 384: 1412-1423.

10   K. Acquavella and R.J. Anderson, "Yankees COVID Outbreak Up to Nine Cases; CDC to Look Into 'Breakthrough' Positives," *CBS News*, May 16, 2021.

11   A. Taylor, "Why the World's Most Vaccinated Country Is Seeing an Unprecedented Spike in Coronavirus Cases," *Washington Post* May 6, 2021; SL Wee, "World's Most Vaccinated Nation Is Spooked by COVID Spike," *New York Times*, May 12, 2021.

12   CDC, "COVID-19 Vaccine Breakthrough Case Investigation and Reporting," June 12, 2021.

13   G. Vogel and K. Kupferschmidt, "'It's a Very Special Picture.' Why Vaccine Safety Experts Put the Breaks on AstraZeneca's COVID-19 Vaccine," *Science* March 17, 2021.

14   G. Vogel and J. Couzin-Frankel, "Israel Reports Link Between Rare Cases of Heart Inflammation and COVID-19 Vaccination in Young Men," *Science*, June 1, 2021.

15   J.M. Jones, "COVID-19 Vaccine-Reluctant in U.S. Likely to Stay that Way," *Gallup*, June 7, 2021.

16   S. LaFraniere, N Weiland, and S.G. Stolbert, "The FDA Tells Johnson & Johnson that About 60 Million Doses Made at a Troubled Pland Cannot Be used," *New York Times*, June 11, 2021.

17   J. Jimenez, "Washington State Allows for Free Marijuana with COVID-19 Vaccine," New

York Times, June 7, 2021

18   Anonymous, "Vaccinated Daters Have More Luck: The White House Is Teaming Up with Apps to Get More Americans to 'Super Like' COVID vaccines," CBS News, May 21, 2021.

19   "Anheuser-Busch Teams Up with the White House to Support Goal of Getting 70% of Adults Partially Vaccinated by July 4th," Anheuser-Busch press release, June 2, 2021

20   A. Karni, "Biden Administration Announces Ad Campaign to Combat Vaccine Hesitancy," *New York Times*, April 1, 2021.

21   P. Sullivan, "GOP Doctors in Congress Release Video Urging People to Get Vaccinated," *The Hill*, April 27, 2021.

22   Anonymous, "The Equal Employment Opportunity Commission (EEOC) Says Employers Can Mandate COVID-19 Vaccines," *National Law Review*, June 10, 2021.

23   CDC, "COVID-19 Vaccination for Essential Workers," May 25, 2021.

24   Kaiser Family Foundation and Washington Post, "Frontline Health Care Workers Survey," March 2021.

25   P. Villegas and D. Diamond, "178 Hospital Workers Suspended for Not Complying with Coronavirus Vaccination Policy," *Washington Post*, June 8, 2021.

26   Anonymous, "The West Is Passing Up the Opportunity of the Century," *The Economist*, June 9, 2021.18

27   M.A. Acevedo et al., "Virulence-Driven Trade-Offs in Disease Transmission: A Meta-Analysis," *Evolution* 2019; 73:636-647.

28   Z. Du et al., "Risk for International Importations of Variant SARS-CoV-2 Originating in the United Kingdom," *Emerging Infectious Diseases* 2021; 27: 1527-1529.

29   D.T. Skelly et al, "Vaccine-Induced Immunity Provides More Robust Heterotypic Immunity than Natural Infection to Emerging SARS-CoV-2 Variants of Concern," *Research Square*, March 29, 2021; L. Stamatatos, et al, "Antibodies Elicited by SARS-CoV-2 Infection and Boosted by Vaccination Neutralize an Emerging Variant and SARS-CoV-1," medRxiv, February 8, 2021; K. Wu et al, "Serum Neutralizing Activity Elicited by mRNA-1273 Vaccine," *New England Journal of Medicine* 2021; 384; Y. Liu et al, "Neutralizing Activity of BNT162b2-Elicited Serum," *New England Journal of Medicine* 2021; March 9; J. Stowe et al., "Effectiveness of COVID-19 Vaccines Against Hospital Admission with the Delta (B.1.617.2) Variant," *Public Health England*, June 14, 2021.

30   D.R. Burton and E.J. Topol, "Toward Superhuman SARS-CoV-2 Immunity?" *Nature*

Medicine 2021; 27: 5-6.

31 D.P. Martin, et al., "The Emergence and Ongoing Convergent Evolution of the N501Y
    Lineages Coincides with a Major Global Shirt in the SARS-CoV-2 Selective Landscape,"
    medRxiv March 10, 2021.

32 D.P. Martin, et al., "The Emergence and Ongoing Convergent Evolution of the N501Y
    Lineages Coincides with a Major Global Shift in the SARS-CoV-2 Selective Landscape,"
    medRxiv March 5, 2021.

33 A. Rogers and M. Raju," Two GOP Senators Test Positive for COVID-19, Potentially
    Jeopardizing Barrett Confirmation Vote," *CNN*, October 3, 2020; K. Liptak et al., "At Least 5
    People in Trump's Orbit, Including His Chief of Staff, Have Tested Positive for COVID-19,"
    CNN, November 7, 2020.

34 R. Venkayya, "A 'Swiss cheese' Approach Can Give Us a Second Chance to Contain
    Covid-19," *STAT News*, April 24, 2020.

35 J. Reason, "Human error: models and management," *British Medical Journal* 2000; 320,7237:
    768-770.

36 S. Flaxman et al., "Estimating the Effects of Non-Pharmaceutical Interventions on
    COVID-19 in Europe," Nature 2020; 584: 257-261.

37 J.M. Brauner, et al., "Inferring the Effectiveness of Government Interventions Against
    COVID-19," *Science* 2021;371: eabd9338.

38 Y. Li et al., "The Temporal Association of Introducing and Lifting Non-Pharmaceutical
    Interventions with the Time-Varying Reproduction Number (R) of SARS-CoV-2: A
    Modeling Study Across 131 Countries," *Lancet Infectious Diseases* 2021; 21: 193-202.

39 C. Wymant et al, "The Epidemiological Impact of the NHS COVID-19 App," *Nature* 2021

40 D.K. Chu, et al., "Physical Distancing, Face Masks, and Eye Protection to Prevent Person-
    to-Person Transmission of SARS-CoV-2 and COVID-19: A Systematic Review and Meta-
    Analysis," *The Lancet* 2020; 395: 1973-1987.

41 D. Lewis, "COVID-19 Rarely Spreads Through Surfaces. So Why Are We Still Deep
    Cleaning?" Nature January 29, 2021.

42 A.P. Harvey et al, "Longitudinal Monitoring of SARS-CoV-2 RNA on High-Touch Surfaces
    in a Community Setting," *Environmental Science and Technology Letters* 2021; 8: 168-175.

43 CDC, "COVID-19 Employer Information for Office Buildings," April 7, 2021.

44 Z. Al-Aly, Y. Xie, and B. Bowe, "High-Dimensional Characterization of Post-Acute Sequalae

of COVID-19," *Nature* 2021; M. Taquet et al, "6-Month Neurological and Psychiatric Outcomes in 236,379 Survivors of COVID-19: A Retrospective Cohort Study Using Electronic Health Records," *Lancet Psychiatry* April 6, 2021.

45 A. Herman, et al "Evaluation of Chilblains as a Manifestation of the COVID-19 Pandemic," *JAMA Dermatology* 2020; 156: 998-1003; J. Roca-Gines, et al., "Assessment of Acute Acral Lesions in a Case Series of Children and Adolescents During the COVID-19 Pandemic," *JAMA Dermatology* 2020; 156: 992-997.

46 T. Bartlett, "The Suicide Wave That Never Was," *The Atlantic*, April 21, 2021.

47 E. Leslie and R. Wilson, "Sheltering in Place and Domestic Violence: Evidence from Calls for Service During COVID-19," *Journal of Public Economics* 2020; 189: 104241.

48 E. Tucker and P. Nickeas, "The US Saw Significant Crime Rise Across Major Cities in 2020. And It's Not Letting Up," CNN, April 3, 2021.

49 O. Bestsennyy et al., "Telehealth: A Quarter-Trillion-Dollar Post-COVID-19 Reality?" *McKinsey and Company*, May 29, 2020.

50 K. Peek, "Flu Has Disappeared Worldwide During the COVID Pandemic," Scientific American, April 29, 2021.19.

51 CDC, "Influenza-Associated Pediatric Mortality," June 5, 2021.

52 R.E. Baker et al, "The Impact of COVID-19 Non-Pharmaceutical Interventions on the Future Dynamics of Endemic Infections," *PNAS* 2020; 117: 30547-30553.

53 D.A. Foley et al., "The Inter-seasonal Resurgence of Respiratory Syncytial Virus in Australian Children Following he Reduction of Coronavirus Disease 2019-Related Public Health Measures," *Clinical Infectious Diseases* 2021: ciaa1906.

54 J. Margolin and J.G. Meek, "Intelligence Report Warned of Coronavirus Crisis as Early as November: Sources," *ABC News*, April 8, 2020.

55 C. Huang, "Clinical Features of Patients Infected with 2019 Novel Coronavirus in Wuhan, China," *Lancet* 2020; 395: 497-506.

56 J. Ma, "Coronavirus: China's first confirmed Covid-19 case traced back to November 17," *South China Morning Post*, 13 March 2020.

57 J. Jia et al, "Population Flow Drives Spatio-Temporal Distribution of COVID-19 in China," Nature 2020; 582:389-394.

58 J. Pekar et al, "Timing the SARS-CoV-2 Index Case in Hubei Province," *Science* March 18, 2021.

59　D.A. Relman, "To Stop the Next Pandemic, We Need to Unravel the Origins of COVID-19," PNAS 2020; 117:29246-29248.

60　M.D. Gordin, "The Anthrax Solution: The Sverdlovsk Incident and the Resolution of a Biological Weapons Controversy," *Journal of the History of Biology* 1997; 30: 441-480; M. Leitenberg and R. Zilinskas, *The Soviet Biological Weapons Program: A History*, Cambridge: Harvard University Press, 2012.

61　H. Witt, "Broad COVID Commission Planning Group Will Be Based at UVA's Miller Center," *UVA* Today, April 13, 2021.

62　M.J. Mina et al, "A Global Immunological Observatory to Meet a Time of Pandemics," *eLife* 2020; 9: e58989.

63　J. Pekar et al, "Timing the SARS-CoV-2 Index Case in Hubei Province," Science March 18, 2021.

64　C. Z. Worsnop, "Concealing Disease: Trade and Travel Barriers and the Timeliness of Outbreak Reporting," *International Studies Perspectives* 2019; 20: 344-372.

65　M.J. Mina et al, "A Global Immunological Observatory to Meet a Time of Pandemics," *eLife* 2020; 9: e58989.

옮긴이 **홍한결**

서울대학교 화학공학과와 한국외국어대학교 통번역대학원을 나와 책 번역가로 일하고
있다. 쉽게 읽히고 오래 두고 보고 싶은 책을 만들고 싶어 한다. 옮긴 책으로 『인간의 흑
역사』, 『진실의 흑역사』, 『걸어 다니는 어원 사전』, 『한배를 탄 지구인을 위한 가이드』
등이 있다.

신의 화살

펴낸날 초판 1쇄 2021년 7월 30일
　　　　초판 4쇄 2021년 8월 30일
지은이 니컬러스 A. 크리스타키스
옮긴이 홍한결
펴낸이 이주애, 홍영완
편집1팀 문주영, 양혜영, 홍상현, 김애리, 박효주
디자인 박아형, 김주연, 기조숙, 윤신혜
마케팅 김태윤, 박진희, 김슬기, 김미소
해외기획 정미현
경영지원 박소현
도움교정 공순례
펴낸곳 (주)윌북 **출판등록** 제2006-000017호
주소 10881 경기도 파주시 회동길 337-20
전자우편 willbooks@naver.com **전화** 031-955-3777 **팩스** 031-955-3778
블로그 blog.naver.com/willbooks **포스트** post.naver.com/willbooks
페이스북 @willbooks **트위터** @onwillbooks **인스타그램** @willbooks_pub

ISBN 979-11-5581-372-0 (03300)